우리들은 정당하다

우리들은 정당하다

2020년 5월 1일 초판 1쇄 발행

지은이　뤼투
옮긴이　고재원 고윤실
편집　　조정민 최인희
디자인　이경란
인쇄　　도담프린팅
종이　　타라유통

펴낸곳　나름북스
펴낸이　임두혁
등록　　2010.3.16. 제2010-000009호
주소　　서울시 마포구 월드컵로15길 67, 2층
전화　　(02)6083-8395
팩스　　(02)323-8395
이메일　narumbooks@gmail.com
홈페이지　www.narumbooks.com
페이스북　www.facebook.com/narumbooks7

ISBN 979-11-86036-54-9 03300
값 20,000원

이 도서의 국립중앙도서관 출판예정도서목록(CIP)은 서지정보유통지원시스템 홈페이지
(http://seoji.nl.go.kr)와 국가자료공동목록시스템(http://www.nl.go.kr/kolisnet)에서 이용
하실 수 있습니다.
(CIP제어번호: CIP2020013523)

* 이 책은 2020년 아름다운 청년 전태일 50주기를 맞아 기획·출간되었으며, 도서 판매 수익금 일부를
　전태일재단에 기부합니다.

우리들은 정당하다

너는

전 태 일 50주 기
공동 출판 프로젝트

나다 3

**중국 여성노동자
삶, 노동, 투쟁의 기록**

뤼투 지음 | 고재원 고윤실 옮김

나름북스

일러두기

1. 이 책의 인물명, 지명, 도시명은 우리나라 국립국어원의 "한국어외래어표기법"에 따라 표기했다.

2. 이 책에 등장하는 인터뷰 대상자 중 가명을 쓴 경우에는 성 뒤에 '姐(제)'를 붙이거나, 이름 가운데 한 글자를 따 그 앞에 '阿(아)'를 붙이는 방식으로 표기했다. 첫 번째는 여성 연장자를 부를 때 쓰는 방식이고, 두 번째는 동년배 혹은 나이 어린 사람을 부를 때 쓰는 방식이다.

차례

서문   여성노동자 이야기와 주체의 이름
                      –다이진화(베이징대학교 중문과 교수) •7

한국어판 서문 •14

머리말   삶을 증명하고 창조하는 생명력 •25

1951년생 뤼슈위   지난 시대의 주인공 •37

1955년생 쉐제   직공들을 위해 중책을 맡다 •47

1957년생 싼제   생명을 다루는 사명감 •63

1962년생 쑤제   눈부신 결말을 따라가다 •77

1968년생 쥐란   18년의 급여명세서 •88

1968년생 아후이   쓰디쓴 삶과 사랑 •98

1970년생 자오제   단순하고 평범한 삶 •107

1971년생 아잉   목걸이와 월급 •111

1971년생 아룽   우리들은 정당하다 •121

1972년생 리잉   내 생애 가장 잘한 일 •129

1974년생 후이란   사랑받는 아내 •141

1975년생 정센   집과 아이 •154

1976년생 자오   20년의 세월 •166

1976년생 천위   자유와 안전 •178

1978년생 루위   아들을 못 낳으면 어쩌나 •188

1978년생 옌샤   이혼의 대가 •200

1979년생 아펀 아름다운 고뇌 •211

1981년생 아젠 행복과 불행은 함께 온다 •219

1981년생 차이원 모두를 위해 일한 바보 •230

1985년생 톈위 함께 성장하다 •244

1985년생 광샤 두 사람이 한 가정을 이루다 •272

1986년생 펑샤 말하기 힘든 성과 사랑 •282

1986년생 샤오타오 길들여지는 것 •293

1986년생 위안위안 평등의 대가 •302

1986년생 자쥔 해바라기처럼 •319

1987년생 위원 얼떨결에 여기까지 오다 •330

1987년생 샤오멍 병의 원인 •340

1987년생 샤오베이 혼자인 삶을 선택하다 •359

1987년생 샤오춘 자책은 가장 큰 고통 •370

1988년생 민옌 즐거운 신부 •381

1988년생 주주 특별한 여성 •391

1990년생 샤오링 반항과 의존, 탐색과 추구 •418

1993년생 왕치 가방을 메고 출발 •428

1994년생 쥔제 결혼 준비를 하다 •442

후기 대화의 시작 •453

뤼투 이야기 네 번의 내 인생 •465

옮긴이의 말 •482

여성노동자 이야기와 주체의 이름

다이진화戴錦華 베이징대학교 중문과 교수

이 책은 여공들의 이야기다. 혹은 인생, 운명, 현실이라고 하는 편이 나을지도 모른다. 그리고 여성노동자, 전 세계 노동자, 생산자, 생업 종사자, 서비스 노동자 등 모든 이의 이야기다. 굳이 여성이라는 수식어를 붙이지 않아도 이 책의 이야기는 오늘날 이 세상에 존재하는 다수多數—주류 미디어가 담지 않는, 마치 존재하지 않는 듯한 그들—의 모습을 보여준다. 그래도 굳이 여성이라는 수식을 붙여야 한다면, 그것은 그들이 약자 중의 약자이며, 풀뿌리와 같은 강인한 생명력을 가진 사람들이기 때문이다.

스피박Gayatri Chakravorty Spivak의 유명한 말을 인용해 "하위 주체는 말할 수 있는가?"라고 되물을 필요는 없을 것이다. 서민과 노동자는 시종일관 그들의 목소리를 내고 있다. 항상 미디어의 냉담과 외면에 직면해 있을 뿐이다. 그리고 주류이거나 스스로 주류 사회에 속한다고 생각하는 사람들이 의식적으로, 혹은 무의식적으로 경청하기를 거부하고 경시했을 뿐이다. 그러나 이와 상관없이 그들의 목소리는 늘 존재해 왔고 메아리 치고 있다. 세상에서 가장 진실한 이야기를 외치며 말이다.

그렇다고 "계급과 여성의 문제를 같이 보는 것이 결국 숙명적으로 '유쾌하지 못한 결합'"이라는 곤혹스러움에 다시 빠져들 필요는 없다. 오늘날까지 두 이름은 여전히 인간 사회의 가장 중요한 의제다. 20세기에 양자는 고난을 함께하기 어려웠고, 어떤 '대서사'로 인해 서로 배척하게 됐으며, 특정 시기와 지역에서 패권적 지위를 차지했거나, 특정 인물들에 좌지우지됐기 때문이다. 그러나 양자가 서로 융합할 수 없다고 보는 사람들 때문에 혹은 이런저런 이유로 두 의제가 공통적인 것을 지향하고 있다는 사실을 망각해 버렸다. 그것은 바로 인류의 대부분을 차지하는 사람들, 핍박받는 자, 노동과 생산에 종사하는 자, 피라미드형 사회구조 속에 거대한 밑변을 이루는 다수에 대한 문제라는 것을 말이다. 이렇게 중대한 문제를 망각하거나 망각하기로 선택한 것은 20세기 후반 여성이라는 의제가 '소수(자)'라는 유명한 의제가 되면서부터였다. 그리고 지금까지 사람들은 그런 의제들이 '소수를 가장한 다수'—이것이 바로 20세기 소수민족, 이민자, 농민공, 다궁메이打工妹[1], 퇴직 노동자라는 수많은 사회문제와 공통점을 갖는다—의 문제라는 착각 속에 근본적 지향점을 망각하게 되었다. 오늘날 사람들이 그 '소수'적 특징 때문에 계급과 여성문제를 부인하거나 경시하는 것을 보면, 급변하는 20세기 후반 소수(자)의 이름으로 사회적 항쟁과 비판적 의제로 일시에 대체되면서 계급과 젠더의 문제가 잊히고 당시 세계정세가 냉전구도로 재편되면서 계급과 젠더

---

1   [역주] 농촌 출신의 도시 이주 여성노동자.

문제가 진영의 문제로 변색돼가며 잊혔던 것이 떠오른다. 오늘날 냉전의 역사는 이미 애써 묻어 버린 기억이 되었다. 두 진영의 대치와 반목으로 사회 공간이 폐쇄되거나 무너졌으며, 사회적 분화는 전 지구적으로 두드러지는 가장 냉혹한 현실이 되어 버렸다. 지금 여기, 다수가 소수의 문제에 집착하고 있음은 말할 것도 없고, 이에 대해 의혹을 제기하는 것은 심지어 사치에 가깝다. 계급이라는 이름으로 젠더적 차원을 부정하는 사람들에게서 겉으로만 그럴싸한 '계급'—중산계급은 여성주의를 농단하고 여성 중 다수와 새로운 계급에 관한 문제가 고도로 중첩되고 있음을 무시한다—을 목도하게 된다.

여성노동자라는 사회적 신분과 역할은 현대 사회가 발명한 것이며, 마치 현대 사회와 자본주의를 드러내는 배역과 같다. 그들이 가족에 매인 몸의 예속관계를 벗어나자마자 같은 이치로 가장 값싼 노동력이 된 것이다. 여성들은 사회의 가장 중요한, 그러나 단 한 번도 안정과 보장을 누린 적 없는 노동자이자 생산자가 되었다. 그리고 그 이유로 가정에 얽매어 있는 여성은 단 한 번도 그 속박으로부터 벗어난 적이 없다. 그뿐만 아니라 이 종속적 역할은 그녀의 가정에만 국한되지 않는다. 오늘날 여성주의는 종종 중산계급의 분위기에 휩싸여 있기 때문에 저층 여성들의 예속관계에 염증을 느끼는 사람들은 과거 여성주의가 여성노동자들의 목숨을 건 투쟁과 운동의 물결로부터 시작됐으며, 중국 부녀해방과 20세기 중국혁명이 시종일관 함께했고 서로 뗄 수 없는 관계였음을 망각했거나 전혀 모르기도 한다. 젠더문제와 여성주의가 유럽과 미국에서 기원했기 때문에 중국 여성의 문제가 그것과 아무 상관없다고 여기는 사람들은 현대 세계 역사, 현대 중국 역사, 나아가 현재 중국 현실이 바로 유럽과 미국이 주도하는 전 지구화 과정의 일부라고 맹신하기 때문에, 현대 중국 여성 스스로도 이런 과정의 일부가 되어 현대 중국 역사를 창조해야 한다고 여긴다. 그렇기에 이 책의 여공 이야기는 저층, 계급, 노동, 여성에 관한 것이며, 계급과 여성(젠더)의 명제가 다시금 만나는 현실을 드러낸다.

그렇다. 담론을 장악한 세력이 그것을 농단하고 멋대로 서술함으로써 여성 가운데 다수를 보이지 않게 하고 계급 의제의 본질을 흐리며 심지어 '불법'적인 것을 덮어 버리는 것은 여전히 중요하고 긴급히 해결해야 할 사회현실이다. 급속하게 이뤄진, 역전의 가능성이 거의 보이지 않는 빈부 분화는 지금도 계속되고 있으며, 다시 한번 전 지구적 계급 현실을 만들고 있다. 그러나 계급의 이름은 그저 냉전 승리자의 염원에 따라 없어진 게 아니라, 20세기 실패의 역사적 채무로 인해 사그라든 것이다. 계급이라는 이름이 실패와 더불어 다수가 공동으로 행동할 가능성은 희박해졌다. 이는 21세기의 가장 중요한 문제 중 하나다. 우리는 여전히 계급이라는 이름으로 집결할 수 있는가? 우리가 20세기의 소중한 역사적 유산을 계승한다면(동시에 우리 스스로 20세기 역사의 부채를 청산한다는 의미를 포함하여), 또 세계를 개조할 새로운 역사적 과정을 시작한다면 여전히 역사적 주체의 이름이 필요하지 않을까? 그리고 그것은 어쩌면 계급이라는 이름이 아닐까? 냉전 이후 최초의 반反 지구화 역시 반反 자본주의의 '월스트리트 점령 운동'이었다. 그때 "우리가 99%다"라며 터져 나온 구호는 일찍이 '소수'라 불린 수많은 다수가 다시 한번 역사의 무대에 그 모습을 드러낸 것을 의미하며, 다시 한번 무명의 '절대다수'가 재집결을 시도하며 등장했음을 만천하에 고한 것이다. 이 무명의 사람들을 서민, 다

중多衆, 99%의 사람들이라고 명명命名하기 위한 노력은 결코 20세기 노동 계급, 무산계급이라는 계급의 이름을 대체할 수 없으며, 그들의 동원력과 호소력 또한 대체할 수 없었다.

이 책은 다른 방식의 편년체 역사서다. 또한 여성노동자들의 이야기가 담긴 구술사다. 한 해 또 한 해, 이대 혹은 삼대에 걸친 여성노동자들의 삶이 담긴 이야기다. 몇몇 여성들의 운명, 한 사회가 남긴 마찰의 흔적, 그리고 공동체의 궤적이다. 여기에서 세대교체와 인생역정을 드러내려는 건 아니지만, 화자와 청자의 재잘거림 속에서 그 모습을 드러낸 것은 세밀하고도 면면히 이어진 역사의 흔적이며, 전환기에 드러난 시대의 날 선 절벽이다. 또한 그것은 사회 진보에 관한 알레고리 혹은 안티 알레고리다. 또 계급의 분열이자, 사회적 집단의 출현이다. 그것은 향촌이자 도시이기도 하고, 신노동자이자 여성이며, 신여성노동자이기도 하다. 그렇다. 그것은 역사의 쉼 없는 흐름이다. 모든 이야기마다 솔직한 토로와 잔잔한 서술이 이어지는 가운데 보통 사람이자 '주변인'인 여성을 발견할 수 있다. 반세기 동안 급작스러운 변화와 재편을 겪었다 할지라도 그들은 이 땅덩어리 바깥에선 마주하기 어려운 자신감과 자유로움을 지녀왔고, 자기 삶을 돌아볼 때도 여유로움을 잃지 않았다. 여성들은 각자 다른 시기에 태어나 성격도 상황도 제각각이다. 때로는 결연하고 도전적이고 행운이 따르며, 때로는 인내하고 머뭇거리고 온갖 역경을 겪기도 했지만, 비겁하거나 자기 연민에 빠져 슬픔에 허우적대지 않았다. 시기마다 역사는 더욱 급변했고, 여성들은 (생산자와 제조자였음에도 불구하고) 수많은 사회적 자원을 결코 점유하지 못했다. 그래서 사회적 운명이라는 역할에 자유로울 수 없었지만, 여성들은 자기 인생을 직면하고 사회적 '숙명'과 마주하면서 자주와 존엄을 드러내 왔다. 이는 어쩌면 당대 중국 역사가 여성에게 준 가장 풍부한 선물이자, 노동자와 창조자로서 지니게 된 강인함이다. 이 원천은 바로 사회를 길러내고 부양했던 여성의 생명력으로부터 나온다.

그렇다. 마치 모든 편년체의 역사와 같이 지극히 소박한 서술 가운데 역사는 선명하게 단절된 면과 깎인 흔적을 고스란히 드러낸다. 각 편년사의 시작마다 대시대라는 풍랑 속에 새긴 여공들의 이야기가 있다. 그들의 이야기는 시대라는 거대한 조류에 흐르는 작은 물결이며, 때로는 서로 충돌하고 때로는 함께 나아간다. 피동적인, 그래서 더 적극적인 그들의 운명 역시 사회 전체 운명의 일부인 것이다. 이후 보이지 않는 역사의 험준한 절벽 너머로 여공들의 이야기가 시작된 것은 달리 여지가 없는 가운데 내린 선택이자, '사회의 유동성'에 휘말려 들어간 모래 알갱이와 같은 것이다. 그보다 젊은 세대는 항시적으로 흘러가고 떠도는 상태에 처함으로써 더욱 거리낌이 없어졌고, 더욱 뿌리 없는 부평초처럼 떠다니게 됐다. 그러면서 다른 삶의 방식과 가치에 눈떴다. 이 책이 이따금 빛을 발하는 순간이 있다면, 모래 알갱이처럼 흩날리고 떠돌 때도 서로 마주치고 연결되어 나타나 자신과 동반자들을 대변하고 생존과 현실을 바꾸기 위해 목소리를 내는, 그런 전환의 순간을 보여줄 때다. 그 순간은 행동함으로써 노동자의 권리를 쟁취하고, 존엄의 가치를 증명하며, 다양한 열정을 드러낸다. 집체감과 사회성을 재인식하고 회복하는 것은 대부분 기본적 사회보장에 대한 갈망과 필요에서 비롯되며, 바로 여기서 분명한 역사의 분열된 골짜기를 느러낸다. 이 여성들, 즉 신노동사들이 쟁취해 만질 수 있었던 사회의 지평선이 바로 생존이라는 의미에서 가장 기본적인 사회보장 요구였다. 어쩌면 신빈곤인이라는 말의 알레고리가 바로 다음과 같은 문제에 있는지도 모르겠다. 여기서 드러나는 것은 사회적 부의 불균등 분배라는 의제가 아니라, 노동자가 어떤 방식으로 기본적인 사회보장을 얻어낼 수 있는가이며, 이를 기초로 그들이 생명을 부지할 수 있는가의 문제다. 생존하기에 존엄한 것이지, 존엄의 대가로 생존을 맞바꾸는 것이 아니라는 뜻이다. 뤼투를 통해 여공들과 여성들의 이야기에, 그들의 아픔과 즐거움, 사랑과 고통, 욕망과 욕구, 책임과 대가, 그리고 꿈에 귀 기울여 보자. 글의 행간에 떠다니는 재잘거림과 웃음, 낮은 중얼거림과 큰 목소리의 호소까지 느낄 수 있으리라.

그렇기에 우리는 끊임없이 쏟아져 나오는 출판물 가운데 이처럼 독특한 책을 접하면서 자신과 신노동자를 위해 목소리를 내고 여성을 위해 발화하며 주체의 이름을 만들어 주는 귀한 노력을 읽을 수 있다. 사실 많은 사람과 행동할 때 동시에 잃을 수 있는 것은 논리와 합법성이다. 우리가 여전히 집단과 단체의 이름으로 말할 수 없다면, 한 집단 속 개인의 이야기부터 시작해야 할 것이다. 입막음 당한 소리를 전파하고 다른 방식의 경험을 서로 나누는 것은 계급과 여성이 중첩된 곳에서 역사 주체의 이름을 찾고 미래의 가능성을 창조하는 것에서부터 출발해야 한다.

나의 한국에 대한 유대감은 전태일로부터 비롯됐다. 『전태일 평전』(조영래)은 중국에서 『한 점의 불꽃: 전태일 평전星星之火: 全泰壹評傳』(류젠저우劉建洲, 2002)으로 출간됐는데, 나는 이 책을 읽고 형언할 수 없는 감동을 느꼈다. 전태일은 노동자의 투쟁과 존엄을 위해 22세에 자신의 목숨을 바쳤다. 인간의 감정과 정의는 언어와 국경을 초월하기에 전태일처럼 아름다운 생명이 일찍이 꺼져간 사실이 더는 슬프지 않았다. 전태일 정신은 영원할 거라는 믿음 때문이다.

2015년 11월 학술회의에 참석하기 위해 한국을 찾은 적이 있다. 한국에 머무는 동안 전태일이 수습공과 재단사로 일하던 평화시장에 가서 그토록 그리워하던 그를 만났다. 청계천의 '전태일 다리' 바닥에는 '노동가치의 존중', '전태일은 우리의 희망' 등 다양한 추모글이 가득했다. 평화시장은 겉보기엔 화려했지만, 그 안은 중국의 열악한 공장에서 생산돼 들어온 의류와 천으로 가득 차 있었다. 서울 음식점의 설렁탕 한두 그릇 값으로 한 벌을 살 수 있는 염가의 옷들이었다. 여기서는 소위 산업이면의 본질을 자세히 볼 수 없었다. 그 시절 방직공장에서 일하던 여공들은 지금 어디에 있을까?

여성노동자의 삶을 쓴다는 건 내 오랜 숙원이었다. 이 책은 『중국 신노동자의 형성中国新工人: 迷失与崛起』[2], 『중국 신노동자의 미래中国新工人: 文化与命运』[3]에 이어 한국에서 내는 내 세 번째 작업이다. 앞의 두 책이 품팔이 노동자, 즉 농촌에서 도시로 온 신노동자들의 삶과 노동을 다뤘다면, 이번 책에서는 여성노동자들의 인생에 집중했다. 그들은 나이도 처지도 노동자의식도 제각기 다르지만, 행동해서 운명을 바꾸려고 몸부림치고 있다. 수년간 이들과 만나면서 나는 이들의 고통을 직접 보고 이해하며 이제야 여성으로서 부끄럽지 않게 되었다. 이들의 인생 이야기가 사람들에게 희망과 가능성을 주길 바란다.

이 책은 34명 여성의 인생 역정이다. 그들은 살며 노동하며 어떻게 세상을 살아내는지 보여 주었다. 아직도 많은 여성에게 세상에 태어난다는 것은 운명이 부여한 수난을 그대로 받아들이라는 의미다. 이는 농촌의 가난한 가정에서 딸로 태어나면 아들과 동일한 교육의 기회는커녕 방치된 채 자라야 한다는 말이다. 노동자가 되어서도 운명은 결코 반전의 기회를 주지 않는다. 농촌에서는 남성 중심의 질서가 주는 압박을 견뎌야 하고, 도시에서는 자본의 착취를 견뎌야 한다. 결혼한다면 그나마 조금의 변화 가능성이 있다. 예를 들어 도시에서 작은 가정을 꾸리면 농촌 사회에서 제도화된 남성 중심의 질서에서 어느 정도 벗어났다고 할

---

2 [역주] 『중국 신노동자의 형성: 도시와 농촌 사이에서 길을 찾는 사람들』, 나름북스, 2017.
3 [역주] 『중국 신노동자의 미래: 변화하는 농민공의 문화와 운명』, 나름북스, 2018.

수 있다. 이때 부부관계와 여성의 운명을 결정짓는 건 두 부부가 가진 젠더 의식이다. 여성이 기혼 노동자로 살아간다는 건 어쩌면 가정 안의 불평등과 작업장에서 일어나는 자본과 노동의 착취관계를 감내해야 하는 일일 수도 있다. 그러니 여성의 운명이란 정말 정해진 것일까 하는 의문이 든다. 태어난 때와 장소는 운명이라 치더라도 성인이 된 이후엔(물론 성인이 되기 전에 이미 강한 주체의식을 형성하고 자신의 운명을 적극적으로 개척하는 사람도 있다.) '개인과 타인', '개인과 사회'라는 교향곡의 일부가 되어 그 속에서 얽히고설켜 살아가게 된다. 농촌에서는 결혼할 때 예물을 주고받는데, 이 과정에서 종종 마찰이 생긴다. 남자는 남자대로, 여자는 여자대로 이유가 있다. 여자 측에선 "예물을 받지 않으면 상대방에게 무시당하는 것이며, 이로 인해 자신의 가치가 떨어진다"라고 여긴다. 그렇다면 결혼 예물은 여성이 자신의 몸값으로 받는 것이며, 남성 가족의 일원이 됨을 받아들이는 것이니 결국 말 그대로 '시집가는 것'이다. 그러나 예물을 받지 않는다고 해서 여성이 남성에게 종속되는 운명을 벗어날 수 있는 것도 아니니 괜히 '손해' 볼 이유도 없다. 이런 문제는 저마다 생각이 달라 명판관이라도 시비를 가리기 어렵다. 사랑이 있는 결혼이라면 그렇게까지 계산할 일은 아니다. 계산적일수록 사랑이 그만큼이라는 거니까. 곤란하게도 상대방이 본인보다 더 잇속을 따진다면 어찌할 것인가? 이 물음에는 답이 없다. 이때는 그저 스스로 정말 무엇을 원하는지 곰곰이 생각해야 한다. 편안한 거처와 생활을 원한다면, 억울함은 감수할 수밖에 없다. 그러나 스스로 운명의 주인이 되고자 한다면, 어떤 것들은 포기해야 한다. 만약 남녀 모두 개선해 나갈 의지가 있다면, 이는 서로에게 새로운 기회가 된다. 모든 가능성은 존재한다. 그러나 가장 피해야 할 것은 제대로 결정하지 못하면서 이것저것 다 원하는 경우다. 이것은 마치 상대방에 의지하면서 평등과 존중을 받길 원하는 것이며, 잇속을 따지면서 진실한 사랑을 얻길 바라는 것과 같다.

여성에게 가장 큰 시험은 부부 간의 젠더 의식뿐 아니라, 자녀 양육에도 있다. 부부 사이에 문제가 생기면 이혼해 남남이 될 수 있지만, 아이는 혈연으로 연결되어 있기 때문이다. 여기서 나는 임신 전에 아이를 가져야 할 이유를 충분히 고려했는지 묻고 싶다. 안정적인 부부 관계를 위해, 혹은 아이가 노후를 책임져 주길 바라는 마음 때문이라면 이미 그 자체로 꼼짝달싹할 수 없는 곤경의 그물을 엮어 낸 것이다. "세상에 가진 것이라곤 없지만, 아이를 낳아 그나마 약간의 성취감이 생겼다"라고 말했던 여성노동자를 아직도 기억한다. 나라고 그렇지 않았겠는가! 만약 어머니 된 사람으로서 스스로 생의 의미를 발견하지 못했는데 자식을 통해 그걸 찾으려 한다면 헛수고일 수밖에 없다. 물론 그 누구도 처음부터 어머니로서 태어나는 건 아니다. 하지만 내적으로 성숙한 어머니는 아이를 키우면서 인생의 의미를 찾고 아이와 함께 성장할 수 있다. 처음의 질문으로 돌아가 보자. 인생의 어떤 순간에 무엇을 원하는지, 무엇을 해야 하는지 자신에게 물어본 적이 있는가? 어릴 때 외부적 요인이 인생의 많은 부분을 결정했다고 해서 성인이 되어서도 모든 것을 사회와 타인의 탓으로 돌릴 텐가?

나는 성인이라면 책임감을 가져야 한다고 강조하지만, 이때 제도적 요인이 큰 영향을 미친다는 점을 모르는 바는 아니다. 개인과 제도 간에 악순환이 일어날 수도 있고, 어쩌면 좋은 작용을 할 수도 있다. 이러한 관계는 가정 안에서, 그리고 사회 안에서 드러난다.

여성노동자는 공장에서, 슈퍼마켓에서, 그리고 각종 직업과 직책으로 노동하고 있다. 내가 조사한 바에 의하면, 자기 일을 좋아하는 사람은 몇 안 된다. 일을 하는 주요 목적은 먹고살기 위해서다. "좋아하는 일을 하면서도 벌이가 잘되는 일을 찾을 수도 있는 것 아닌가?"라고 묻는다면, 아마 많은 사람이 있을 수 없는 일이라 생각할 것이다. 원치 않는 일을 해야 생계를 유지할 수 있다는 것인가? 만약 그렇다면 그 목적을 이룬 사람들은 어째서 그렇게 불행한가? 어쩌면 생계유지가 그저 기본적인 목적에 지나지 않아서일지도 모르겠다. 그리고 집을 짓고 차를 사는 것과 같은 더 높은 목표를 원할 것이다. 그러면 먹고사는 것 자체는 직업이 아니며, 삶의 목표도 아니라고 할 것인가? 스스로 뭘 하고 있는지 정확하게 파악하지 못했다면, 어째서 그렇게 쫓기듯 살아가고 있는가? 혹은 바쁘게 살아서 내가 뭘 하고 있는지 갈피를 못 잡고 있는 걸까? 이 모든 물음에 대한 답은 없다. 내 의견은 그저 현실적인 고민에서 출발하라는 것이다. 우리는 때로 좋아하지 않는 일을 직업으로 삼아야 하는 경우를 포함해 어떤 타협을 해야 할 것이다. 그러나 그렇다고 해서 어느 사태에 무감각해지거나 사고 능력을 상실해선 안 된다.

나는 가정부 일을 하는 한 여성노동자를 알고 지낸다. 그녀는 내가 운영하는 인터넷 교육 과정을 이수한 학생이다. 그녀는 1년 내내 고용주의 집에서 지낸다. 어떤 고용주는 그녀가 거실에서 지내도록 했고, 어떤 고용주는 혼자 쓸 수 있는 방을 내주었다. 인터넷 교육 과정을 이수할 수 있도록 주인집에서 살펴 줄 때도 있었지만, 와이파이조차 허용되지 않아 몰래 공부할 수밖에 없던 때도 있었다. 공부와 글쓰기는 그녀의 정신적 버팀목이 되었으며, 일과 공부를 병행하면서 정신적 가치도 추구할 수 있었다. 어떤 면에서 그녀는 고용주보다 아는 것이 더 많아졌다. 여러 법률 지식을 이해할 수 있게 되었고, 공평, 존엄, 소통 등의 개념도 깨달았다. 그러나 고용주의 집에선 어쩔 수 없이 그들 앞에 머리를 조아려야 했다. 이를 감내하는 건 인생에 대한 포기가 아니라, 오히려 정신적으로 더욱 강인해지는 걸 의미했다. 그녀는 글쓰기 작업을 통해 자신처럼 '그림자로 살아가는 사람'들을 사회적으로 발견하는 계기를 만들었다. 한 사람에 의해 사회가 변화하는 건 아니지만, 이렇게 깨달은 개인들이 나오지 않는다면 변화는 시작되지 않는다. 조직화를 이루지 않는다면, 집단의 운명은 바뀔 수 없다. 그러나 깨달은 개인들이 나오지 않는다면, 조직화는 아무런 의미가 없을뿐더러 시도조차 못 할 것이다.

과일 농사를 짓는 근면 성실한 한 여성에게 화학 농법의 유해성에 관한 정보나 '고요한 봄날', '제6차 대멸망' 등 내가 읽고 녹음한 파일을 보내 준 적이 있다. 그녀는 내게 다음과 같은 장문의 답신을 보내왔다.

"제초제는 몇 년 전부터 쓰지 않지만, 농약은 지금도 사용해요. 농약을 치지 않으면 해충의 피해를 막을 수 없거든요. 작년(2019년)에 복숭아가 70~80개 정도 열렸는데, 농약을 좀 적게 사용했더니 전부 썩어 버렸어요. 구제가 제대로 되지 않았나 봐요. 요즘 사람들은 생활과 식습관이 많이 변했어요. 과일을 고를 때 크고 예쁘고 당도가 높은 걸 선호하죠. 그런 과일을 생산하지 못하면, 상품 가치가 없어져요. 수입이 없으면, 당연히 생활할 수가 없고요. 그래서 약도 많이 뿌리고, 심지어 색을 선명하게 입히기도 합니다. 먹을 것에 장난을 치는 거죠. 이 얼마나 슬픈 현실입니까? 저는 나이가 있어서인지 그나마 보수적인데요. 가능하면 농약을 사용하지 않으려 하고, 사용하더라도 적게 쓰려 하지요. 그리고 복숭아예 색을 입히는 짓은 감히 하지 않습니다. 그래서인지 제가 생산하는 복숭아는 맛도 좋은 편이에요. 저희 복숭아는 거의 단골손님들이 삽니다. 저는 제 양심을 걸고 농사를 지어요. 만에 하나 고객이 제 복숭아를 먹고 탈이 나면, 그건 돈 문제로 끝나는 게 아니니까요. 오늘날 대자연은 인류에게 엄중히 경고하고 있어요. 인류가 너무 과하게 개발한 탓에 생태계도 많이 파괴됐고요. 20년 전만 해도 꿀이 많이 생산됐어요. 봄꽃이 피면 복숭아밭에 벌이 날아다니는 소리로 가득했는데, 지금은 벌을 찾아볼 수가 없습니다. 각종 벌레도 보기 힘들어졌어요. 농약을 써서 전부 죽어 버렸거든요. 모두 사람이 지은 죄의 대가죠. 정말 재난과 같아요."

사회는 하나로 연결된 전체이기 때문에 농민은 도시인의 소비 관념에 따라 어쩔 수 없는 선택을 할 수밖에 없다. 자연환경이 파괴되고 화학 농법이 난무함에 따라 농민들은 고스란히 문제를 떠안게 되고 고통을 겪는다. 그리고 도시인도 건강하지 않은 농산물을 먹게 되는 피해를 입는다. 이런 먹거리를 보며 생산자의 문제인지 소비자의 문제인지 따져 봐야 하지 않겠는가? 환경보호와 식품 안전에 대한 관심은 공업 생산과 도시화 문제에 반성의 계기를 만들었다. 그리고 도시가 쓰레기와 오염 물질만 배출하는 암적인 존재라면, 공장과 도시의 노동자들의 권익 문제를 어디에 위치시키며 어떻게 쟁취해야 할지도 생각하게 한다. 물론 노동자의 생존은 가장 중요한 문제다. 그러나 현재 도시와 농촌은 생존의 여건 때문이 아니라, 팽창하는 욕망을 만족시키기 위해서만 발전하고 있다.

2020년 1월 중국에 신종 코로나바이러스가 창궐하기 시작했다. 2월 말이 되자 바이러스는 한국과 이탈리아로 확산했다. 중국에서 전염병이 한창일 때 어떤 사람들은 중국인을 바이러스 취급했다. 그리고 이탈리

아에서 전염병이 확산되자 이제 사람들은 이탈리아가 바이러스의 배양지가 되었다고 이야기한다. 바이러스는 피부색과 국적에 상관없이 국경을 넘나들며 유행하고 있지만, 사람들은 심리적으로 분열된 채 통제당하고 있다. 타인을 차별하는 자는 결국 본인도 차별의 시선에서 벗어날 수 없다. 다른 사람이 잘못을 범했다고 해서 우리도 같은 잘못을 되풀이해선 안 된다. 이것이 바로 생활의 태도다.

우리는 저마다 인생의 의미와 목표를 생각하고, 이를 추구하며 산다. 인생이라는 여정 속에 우리는 수많은 일과 마주하고 길흉화복을 겪는다. 그리고 어느 순간 스스로 뜻한 바를 이뤘는지 묻게 될 것이다. 그렇다면 나는 이렇게 대답하리라. 인생의 성과라는 건 인생을 완성해 나가는 여정 그 자체이며, 목표를 향해 내달리는 과정 자체가 되어야 한다고.

이 책의 원고를 싣기 전 편집자가 내 이야기도 수록하는 게 어떠냐고 제안해 왔다. 어떻게 내 복잡한 일생을 충실히 담으면서도 더 상처받지 않도록 묘사할 것인가? 나로서는 어려운 일이었지만, 최선을 다해 내 이야기를 써 이 책의 부록에 실었다. 그리고 그 안에 내가 인터뷰한 여성노동자들에 대한 애착과 존경의 마음도 담았다. 아래 노래에는 나의 경험과 느낌, 내가 기록한 여성노동자들 인생의 온갖 경험이 녹아 있다.

내 인생 한 권의 책처럼

가사·노래: 뤼투

곡: 딴위

내 인생은 한 권의 책

고통과 지은 죄로 가득해

원망과 한, 회한으로 가득해

내 인생은 한 권의 책

바다가 육지가 되듯 변화무쌍한 인생이여

하늘과 땅이 뒤바뀌듯 풍파 많은 인생이여

풀은 푸르고 꽃은 아름다운데

물은 맑고 하늘은 높고 푸르러

풀은 푸르고 꽃은 아름다운데

물은 맑고 하늘은 높고 푸르러 이렇게나 아름다운데

아이와 함께 성장하는 걸 배우고

계곡과 산천 한 걸음 한 걸음 나아가

위를 쳐다보지도 아래를 내려다보지도 않아

인내와 기다림을 배웠어

내 인생은 한 권의 책

흘러온 시간들과 지나온 공간들로 가득해

원망도 없고 후회도 없는

내 인생은 한 권의 책

바다가 육지가 되듯 변화무쌍한 인생이여

하늘과 땅이 뒤바뀌듯 풍파 많은 인생이여

이 노래는 내게, 그리고 우연히라도 이 노래를 듣는 모든 이에게 주는 선물이다. 노래는 마치 산과 들에, 작은 오솔길 위에, 그리고 정원 안에서 알아주는 이 없어도 계절이 오면 생명의 꽃봉오리를 터뜨리는 작은 들꽃과 같다.

고통과 죄, 원한과 회한 같은 감정은 나 혼자만 느끼는 게 아닐 것이다. 그러나 많은 사람이 느끼는 감정이라 하여 가볍게 여길 순 없다. 모든 사람은 홀로서기를 해야 한다. 이것이 바로 인생 수업이다. 고통의 원인이 어디서부터 오는지 알 수 없다 해도 이런 감정은 고스란히 모두의 마음에서 느껴질 것이다. 그러므로 자신을 구하고 세상을 구하는 건 사람의 마음을 구하는 데서 출발해야 한다.

'바다가 육지로 변하는' 시간은 결코 인생의 짧은 순간이 아니다. 지구의 역사와 인류 사회의 잔혹한 역사를 읽고 난 후 나는 그 무엇도 탓하지 않기로 했다. 그저 이 생에서 얻을 수 있는 깨달음을 얻고자 할 뿐이다.

초록의 풀, 아름다운 꽃, 높고 푸른 하늘…. 대자연은 생명과 인간을 품은 어머니다. 환경오염이 가속화되고 있지만, 자연은 여전히 우리에게 호흡할 공기와 마실 물, 그리고 양식을 준다. 나는 인류의 일원으로서 먼저 이 모든 걸 깨닫고 이해하는 데 최선을 다하고, 내게 주어진 사명을 다할 것이다.

나는 자녀와 함께 성장하며 인내와 기다림을 배우고 있다. 두 딸은 내 인생 최고의 선물이며, 생활의 중요한 부분을 차지한다. 세상 그 누구도 어떻게 해야 화목을 이루는지 처음부터 아는 사람은 없으며, 어떤 여성도 처음부터 어머니로 태어난 게 아니다. 그래서 나는 아이들을 통해 배울 수 있다는 걸 고맙게 생각한다.

　내 인생은 한 권의 책처럼 원망과 후회로 가득하다. 나는 내 인생에 일어난 모든 일이 스스로 만든 결과임을 잘 안다. 마치 인류가 지구의 체질과 모습을 바꿔 놓아 수많은 야생동물이 사라지고 인류 스스로 불행을 자초하는 것처럼 말이다. 문제를 회피하는 것으론 결코 해결할 수 없다. 기꺼이 감당해야 쟁취할 수 있다. 주어진 삶 안에서 작은 순간에도 최선을 다할 때에만.

2020년 3월

뤼투

삶을 증명하고 창조하는 생명력

이 책은 다 쓰지 못한 이야기다. 내가 만난 100여 명의 여성노동자 가운데 50명의 이야기를 실으려 했지만, 독자에게는 34명의 이야기로 추려 소개한다. 자신들의 삶 이야기를 공유하도록 허락해 준 34명의 주인공에게 진심으로 감사하다. 아울러 자신의 이야기를 읽은 독자들과 만나 더 많은 이야기를 나누길 바란다.

이 책은 다 쓸 수 없는 이야기다. 책 속 주인공들은 나와 잘 아는 사이다. 어떤 이는 한 번, 어떤 이는 여러 번 만났다. 어떤 이는 막역한 친구이고, 어떤 이는 가족이다. 계속 연락하며 지내던 사람들을 이 책을 쓰기 전에 다시 만났는데, 사람마다 크고 작은 변화가 있었다. 이후 그들과 인연이 있는 독자가 이 책을 읽을 때도 주인공들의 삶은 분명히 변화했을 것이다. 이것이 인생이다. 삶의 예측 불가능과 변화야말로 인생의 신비로운 지점이자 즐거움이다.

이 책은 주의를 기울여 읽어야 할 이야기다. 부족한 글재주 탓에 문장이 직설적이고 이야기 구조에 변화가 없어 가독성이 떨어질 수도 있다.

하지만 심혈을 기울여 썼다. 주인공들과 인터뷰하는 동안 나는 그들의 인생으로 걸어 들어갔다. 책을 쓸 때 내 심신은 그들의 이야기에 완전히 몰입해 그들 삶의 궤적을 하나하나 정리했다. 모든 사람의 삶과 지나온 길은 다양한 모습을 지닌다. 그들이 지나온 경험 자체는 객관적이지만, 그것을 말하는 과정은 주관적이다. 이 기록엔 주인공이 내게 말하고 싶고, 공유하기에 적합하다고 판단한 이야기를 실었다. 그래서 글자와 문장 하나하나를 원래 기록대로 충실히 썼다.

이 책은 대화를 시작하는 이야기다. 출간 후 여성문제에 대한 내 생각이 전문적으로 논의되기를, 이 책 이야기들이 생각과 대화의 토대가 되기를 희망한다. 『중국 신노동자의 미래』에서 모든 이야기 말미에 분석과 의견을 덧붙인 것은 강한 목적성이 있었다. 각각의 인생 이야기에는 풍부하고 복잡한 함의가 있어서 어떤 단언도 전면적이지 않으며, 때론 부당하기도 하다. 인생 이야기를 그대로 보여 주는 것이 주인공의 삶과 본심을 더 존중하는 것이라 생각하면서도 글쓰기 과정에서 주관이 들어갔다는 점을 부인하지는 않겠다. 각각 이야기의 글자 수는 4천 자에서 1만 자 정도로, 평균 5천 자 정도다. 하지만 전체 이야기를 인터뷰한 기록은 5만 자가 넘는다. 5만 자에서 5천 자로 줄이는 선택과 서술 과정에서 원래 기록에 충실하기가 힘들었다. 이야기에 나의 관찰과 대화가 들어가긴 했지만, 그렇다고 주관적인 분석이 많지는 않다. 완벽하고 치밀하지 않은 논리와 판단으로 이야기 자체의 복잡하게 얽힌, 설명할 수 없는, 미세한 부정확성과 움트는 가능성을 깨고 싶진 않았기 때문이다. 가능한 한 토론할 때만 용기를 내 하고 싶은 말을 했고, 세심한 관심을 기울였던 여성노동자들에게 내 생각을 강요하진 않았다. 사람은 신중하게 말해야 하지만, 애매한 태도를 보여선 안 된다. 잘못 분석할 수도 있지만, 판단을 두려워해선 안 된다. 잘못된 판단과 분석으로 비판받는다면, 그것 또한 배움의 과정이다. 모든 사람은 삶의 과정에서 수많은 착오와 아쉬움을 피할 수 없다.

왜 쓰는가

이 책은 세 번째 신노동자 시리즈로, 사회현실과 그에 대한 내 생각을 담은 것이다. 『중국 신노동자의 형성』 집필 당시 현실의 요구는 신노동자 집단에 노동자 집단 현황에 대한 진상과 총체적 인식이 필요하며, 그렇지 않으면 미래를 사유할 수 없다는 것이었다. 『중국 신노동자의 미래』를 쓸 때 현실의 요구는 현재와 미래가 어떻게 전개되든 노동자 개인과 전체가 주체적 사고와 노동 가치관을 확립하지 않으면, 노동자 집단과 사회가 나아갈 길이 없다는 것이었다. 이 책은 삶 자체에 대한 체험이며, 삶의 생명력에 대한 찬가다. 인류 역사와 사회 역사는 매우 오래되었다. 사회 변화 또한 하나의 과정이다. 개인의 삶을 인류 역사와 사회 역사로 바라보면 매우 짧지만, 이 삶이야말로 그에게는 전부다. 인류 사회를 총체적으로 살피면서 자기 삶의 성공과 실패를 탄식할 필요는 없다. 자신의 한평생을 자세히 돌아보며 하루하루를 진지하게 대해야 한다. 말 한마디, 행동 하나가 바로 내 삶이며, 이 시기 사회의 일부이기 때문이다.

신노동자 시리즈 세 권을 회고하면, 『중국 신노동자의 형성』에서 기대한 것은 현실을 직면하고 인식하며, 개개인이 집단과 사회구조의 현실을 바로 보는 것이었다. 이야말로 인식과 사고의 기초이기 때문이다. 『중국 신노동자의 미래』에서 기대한 것은 사고 방향과 나아갈 길, 그리고 가치관이었다. 개인의 운명과 선택이 사회의 운명과 선택을 사고하는 것이며, 이것이 개인과 사회의 미래를 결정하기 때문이다. 마지막으로 이 책에서 기대한 것은 자기 갱신의 힘, 개인의 운명, 사회 역사의 교향곡과 변주곡을 새롭게 쓰는 것이다. 현실을 마주하고 역사를 계승해 방향이 생겨야 비로소 개인이 생명의 힘을 발휘할 수 있으며, 사회에도 희망이 생기기 때문이다.

우리는 태어나서 죽기까지의 과정을 걸어간다. 영원한 삶은 없으며, 이는 인간 사이에 가장 공평한 지점이다. 인간의 일생은 어떻게 지나가는가? 어릴 때의 삶은 대체로 부모와 사회가 결정하고, 성인이 된 후에는 보통 주체적으로 선택한다. 한 사람의 인생 이야기를 통해 인간의 생명력을 인식할 수 있으며, 나아가 공산주의 사회를 기다릴 필요도 없이 주체적인 삶과 해방이 가능함을 인식하게 될 것이다. 내가 말하는 해방은 아무 걱정 근심이 없는 상태가 아니다. 물질, 명성과 재산, 험담과 잔소리에 얽매이지 않고, 다른 사람을 위해서나 사회 여론과 압박 때문에 살지 않는 것이다. 그리고 올바른 삶을 선택하기 위해 그 과정을 살아가는 것이다.

생명력이란 무엇인가? 이는 『중국 신노동자의 미래』에 담긴 쑤하오민 蘇浩民의 인생 이야기를 통해 처음 생각해 본 문제다. 그를 인터뷰한 이후 한동안 평정을 찾을 수 없었다. 하오민은 평범한 청년으로, 말도 많고 탈도 많은 가정에서 성장했다. 가족은 그에게 모범을 보이지 않았고, 오히려 부정적인 영향만 끼쳤다. 하지만 그는 숲속의 작은 나무처럼 빛과 따뜻함을 추구하며 잘못된 것을 본능적으로 거부했다. 당시 나는 온갖 고난과 좌절에도 '평범한 사람'이나 '좋은 사람'이 되려는 마음이 한 그루 작은 나무를 성장하게 했다고 생각했다. 이것이 내가 말하는 생명력이다. 쑤하오민의 인생 이야기가 준 영감에서 더 많은 사람의 이야기를 이해하고 싶었고, 그들의 생명력이 어떻게 펼쳐지는지 보고 싶었다. 다행히도 하나하나의 이야기가 더 많은 긍정적인 생명력을 보여 줬다. 선과 공평, 정의와 존엄을 추구하는 생명력은 어디에서 왔을까? 부모가 몸소 가르쳐준 것도, 사회 환경이 만들어 준 것도 아니라면, 이는 대체 어디에서 온 걸까? 나는 아직 그 답을 모른다. 아마도 삶이 축적되는 가운데 그 축적물이 핏속에 흘러 인간에게 유전되는 방식으로 우리 유전자에 코딩되는 것이리라. 왕양명王陽明의 '심학心學'에서 잘 알려진 것은 '지행합일知行合一'이다. '양지良知'는 모든 사람의 마음과 삶이 가진 도덕과 판단력이다. "인간의 본성은 선하다"라거나 "인간의 본성은 악하다"라는 말로 단순히 인류를 형용할 순 없다. 인류의 진화와 유전이 축적되는 과정에는 분명히 좋은 것도 있고, 나쁜 것도 있기 때문이다. 그러나 우리가 늘 양심에 따라 사는 것은 아닐지라도 인간 생명력의 신비는 천성적으로 좋고 나쁜 것을 판단할 타고난 양심이 있다는 데 있다. 이는 『해리 포터』를 보면 쉽게 이해할 수 있다. 해리는 부모의 용감함과 정의로움을 물려받은 동시에 잠재된 볼드모트의 분열된 영혼도 갖고 있다. 이 둘은 자주 부딪혀 다른 상태의 해리를 만든다. 마법 이야기는 이런 방식으로 해리의 양면성을 드러내고, 이야기를 읽은 아이들은 현실 사회에서 만나는 인간의 양면성을 사유한다. 볼드모트보다 마법이 약한 해리 엄마가 볼드모트에게 죽임을 당할 뻔한 해리를 어떻게 보호할 수 있었는지 해리는 성인이 되어서야 이해할 수 있었다. 엄마가 볼드모트에게 저항할 수 있었던 힘은 바로 자기를 희생해서라도 아들을 보호하려 한 사랑이다. 사랑은 모든 사악한 '마법'을 이길 수 있다. 사랑은 가장 강하고 능동적인 생명력이다.

이런 생명력의 본질 역시 계승된 것이다. 하지만 이는 반드시 삶의 과정을 통해 일어날 수 있으며, 이 과정은 사람마다 유일무이하고 대체 불가능하다. 이것이 바로 살아가는 것이고, 체험의 중요성이다. 기술은 전승할 수 있으나 삶의 체험은 전수될 수 없다. 하루하루를 살아가며 체험하여 얻을 수 있는 것이다. 이것이 인생 이야기를 공유하는 것과 기술·지식을 전파하는 것의 본질적 차이이며, 인생 이야기를 쓰려 한 이유이기도 하다.

글쓰기 과정에서 때때로 이야기 주인공과 동료 학자에게 초고를 보내의견을 구했다. 긍정적인 피드백도 있었지만, 부정적인 것이 더 많았다. 한 이야기 주인공은 "이런 걸 쓰는 게 무슨 의미가 있나요? 저는 제 삶을 누구보다 잘 알고, 이런 이야기는 주변에서 매일 일어나는걸요. 그런데 대체 뭘 어쩌라는 거죠? 별로 읽고 싶지 않아요"라고 말했다. 충분히 이해할 수 있는 반응이었고, 이는 내가 성찰해야 할 지점이다. 한 학자는 이 여성노동자의 반응을 다음과 같이 분석했다. "이야기가 너무 사실적이어서 노동자들이 읽기 싫은 거예요." 글쓰기 과정에서 읽은 관련 서적에는 여성노동자 이야기를 서술한 책이 매우 적었다. 그나마 단편적인 이야기일 뿐 제대로 된 삶의 이야기가 없었다. 60년 전이나 100년 전에 태어난 평범한 여성의 이야기는 더 찾을 수 없을 것이다. 유명인의 전기는 있어도 여성노동자의 이야기는 없기 때문이다. 그 시대 여성노동자들의 삶을 이해하는 게 과연 의미가 있을까? 또한 오늘날에도 의미가 있을까? 역사가 없다면 우리가 누구인지 알 수 없다. 그래서 오늘날 여성노동자의 이야기를 기록하고 싶었다. 이야기 주인공 하나는 "내 이야기를 책으로 읽으니 생각의 방향을 정리하는 데 도움이 됐어요. 내 미래가 정말 중요하다고 믿게 됐죠"라고 긍정적인 피드백을 주기도 했다. 나는 고난에 처한 루위如玉에게 도움이 될까 싶어 옌샤艶霞의 이야기를 들려줬다. 루위는 그녀의 이야기를 읽더니 "제가 어떻게 해야 할지 이제야 알겠어요!"라고 말했다. 나는 "그렇게 빨리 효과가 나타나다니! 당신이 그런 느낌을 받았다니 정말 기뻐요"라고 답했다.

이주노동자 사정에 관해 비교적 형편이 좋은 부부와 이야기를 나눈 적이 있다. 내가 "노동자"라는 단어를 사용하자 그 남편도 나를 따라 "노동자"라는 단어를 썼다. 그러자 부인이 "노동자는 무슨, 농민공이지!"라며 반감을 드러냈다. 그땐 불필요한 갈등을 만들기 싫어 아무 말도 안 했지만 마음이 아팠다. 그녀에게서 노동자를 차별하고 무시하는 시선을 느꼈기 때문이다. 그런 사람들은 무수히 많을 것이다. 모든 사람이 바뀔 수 있는 것도 아니고, 바뀌려 하지 않는다는 것도 안다. 하지만 어떤 사람들은 '노동자'를 이해한 뒤에야 비로소 사상과 생각의 변화가 일어날 수 있다고 생각한다. 따뜻한 마음을 가진 사람들은 노동자들이 곳곳에서 우리와 함께하며 삶의 희로애락을 겪을 뿐 아니라, 수많은 어려움에 부딪혀도 사회에 공헌한다는 사실을 알게 될 것이다. 또한 그들이 꿋꿋하게 살아갈 뿐 아니라, 긍정적인 생명력도 발휘하고 있음을 깨달을 것이다. 나는 모든 사람이 편견을 버리고 노동자들에 대한 애정과 존경이 생기리라 믿는다. 이는 나의 바람이기도 하다. 이런 아름다운 소망에도 불구하고 오늘날 우리 사회의 모두가 안녕하다고 생각하지 않는다. 오히려 오늘날 우리는 잔혹한 투쟁에 직면하고 있으며, 이 책의 이야기 자체가 투쟁하는 내 관점을 표현하고 있다.

이 이야기는 일반적인 전기와는 거리가 멀다. 이 책의 목적은 여성노동자의 전기를 쓰는 것으로, 여성노동자 한 사람의 이야기가 아닌 세대가 다른 많은 여성노동자의 이야기다. 이는 두 개의 역사로 확장되는데, 하나는 시대 변화의 역사, 다른 하나는 개인 삶의 역사다. 한 시대와 그 시대 변화는 당대를 살아가는 사람들에게 영향을 미칠 것이다. 개인의 삶도 당대 역사의 한 측면을 반영한다. 34명 여성노동자의 이야기를 통해 개인과 집단, 역사와 현실 사이의 관계를 그릴 수 있기를 바란다. 에너지가 있어도 삶의 방향이 없다면, 힘이 없어지고 깊은 무력감에 빠지게 된다.

가장 중요한 것은, 이 책이 '노동자의 이야기'가 아닌 '여성노동자의 이야기'라는 점이다. 나는 "사회 진보를 평가하는 지표는 여성해방의 정도에 달려 있다. 여성이 받는 억압은 모든 억압 가운데 가장 심하고 무겁다"라는 말을 늘 기억한다. 한 여성이 받는 고통은 종종 남성이 상상할 수 없는 것이다. 남성도 그럴 순 있지만, 그것을 내가 대변할 수는 없다. 여성의 삶을 쓰는 것은 나의 숙원이었다. 첫 번째 이유는, 나 자신이 여성의 삶을 직접 살아가기 때문이다. 두 번째 이유는, 나의 석사 전공이 '여성과 발전'이어서 얄팍하게나마 그 개념과 이론을 접했기 때문이다. 이는 나를 비롯한 다른 여성들의 고통을 직접 본 뒤에야 이해하기 시작했다. 이처럼 이 책의 목적은 여성으로서 부끄럽지 않기 위해, 나를 키운 어머니에게 부끄럽지 않기 위해, 내 전공에 부끄럽지 않기 위해서다. 그리고 가장 중요한 건 인터뷰를 허락하고 나를 믿어 준 여성노동자들에게 부끄럽지 않기 위해서다. 세 번째 이유는, '여성'과 '노동자'가 '여성노동자' 속에서 하나가 되기 때문이다. 단일한 계급투쟁이나 단일한 여성해방은 없다. 이 둘은 유기적인 전체이며, 한 사람의 인생 이야기와도 분리할 수 없다.

인터뷰 대상 및 과정

앞선 신노동자 시리즈 두 권의 글쓰기 과정처럼 인터뷰 대상 선정은 연구의 진전에 따라 조금씩 정해지고 조정됐다. 한번은 동료 학자가 내 글쓰기 과정을 옛사람이 말한 '도道'와 비슷하다고 말했다. 처음에는 혼란스럽지만, 그 속에 전반적인 저자의 생각이 배태되어 있고, 일이 진척됨에 따라 천천히 구체화됐다는 뜻이다.

이 책의 목적은 두 가지다. 여성노동자 이야기가 그대로 드러나기를, 행동으로 운명을 바꾼 여성노동자들에게서 희망과 가능성을 볼 수 있기를 바란다. 내가 만난 여성 중에는 영웅이나 지도자 같은 인물은 없다. 이는 연구 초기에 정한 것으로, 사회의 희망은 하늘에서 나타난 올바른 지도자 때문이 아니라, 수많은 보통 사람이 진보 역량을 모아 사회를 이끌어가기 때문이다. 즉 보통 사람들에게서 생명력과 역량을 볼 수 없다면, 그 사회엔 희망이 없다.

인터뷰 대상은 무작위로, 혹은 주체적으로 선정했는데, 그들의 연령 차이가 40여 세에 달한다. 주요 서술 대상은 개혁·개방 이후 농촌에서 도시로 온 이주노동자들이다. 그러나 인터뷰 및 집필 과정에서 사회주의 시기의 국유기업 노동자를 만나야겠다는 생각이 들었다. 한두 개의 이야기만으로 효과적인 비교가 불가능하겠지만, 이야기마다 반영된 시대의 역사적 측면에는 분명히 시사적인 의미가 있을 것이라 믿는다.

가능한 한 그들의 생활과 환경으로 들어가 인터뷰했다. 자기 집이기에 더 편안할 것이며, 그들을 이해할 기회이기도 했기 때문이다. 예외적으로 '성생활'을 주제로 인터뷰할 때는 내 집에 초대해 인터뷰했다. 잠시나마 집을 떠나 누구의 방해도 받지 않는 환경을 만들어 민감한 주제를 말할 수 있도록 아늑하고 편안한 공간을 마련했다. 성공할 수 있을지 확신하진 못했지만, 인터뷰 결과로 봤을 때는 예상보다 좋았다.

이 책의 인터뷰 기간은 6년 정도다. 어떤 여성노동자는 첫 인터뷰가 2010년이고, 마지막 인터뷰가 2016년이다. 집중적으로 인터뷰한 시기는 2014년과 2015년이다. 초고는 2015년 10월부터 2016년 4월까지, 2고는 2016년 6월에 완성했다.

집필 과정

여성노동자 수십 명의 이야기를 쓴다고 하자 누군가 걱정하며 말했다. "각각의 이야기에 중복되는 내용이 있어서 재미없지 않을까요?" 그럴 리 없다고 생각했지만, 장담할 순 없었다. 이제 독자의 평가와 판단만 남았다.

각자의 이야기에는 교육 수준, 공장 노동 경력, 결혼, 육아 등 서로 비슷한 부분이 많다. 하지만 가령 학교를 중퇴한 것엔 공부를 쫓아가지 못해서, 집안 형편이 안 좋아서, 가족에게 경제적으로 도움을 주기 위해서 등 자기만의 이유가 있다. 사실 더 많은 이야기를 쓰고 싶었지만, 펜을 놓기로 했다. 이렇게 서로 비슷하면서도 다른 것은 대자연에 대한 생각과 같다. 날마다 해가 뜨고 지는 건 똑같다. 하지만 어느 날은 아침 해가 밝게 비치고 구름 한 점 없지만, 어느 날은 어두운 구름이 짙게 끼고 비바람이 휘몰아친다. 더욱 다른 점은 새로운 하루가 시작될 때마다 사람들은 모두 하루씩 성장하고, 작은 나무에도 여린 잎이 돋아난다는 것이다.

집필 과정에서 줄곧 이야기 방식을 고심했다. 처음 몇 편은 이야기가 반복되거나 무미건조하지 않게, 천편일률적이지 않게 쓰려 했다. 그래서 시험 삼아 극적인 부분을 강조하며 사건 순서대로 쓰지 않기도 했다. 하지만 뒷부분부터는 다시 '정상'적인 시간의 흐름, 즉 출생과 성장 과정을 그대로 서술했다. 독자들이 읽어 나가는 이야기마다 차이점을 자연스레 느끼기를 바랐기 때문이다. 삶이 하루 세끼와 휴식시간으로 이뤄지듯이, 우리는 매일 밥을 먹고 잠을 잔다. 이는 반복적이지만 꼭 필요한 과정이다.

나에게 연구, 인터뷰, 글쓰기는 모두 대화의 과정이다. 대화는 서로 영향을 주고받으며 공부하고 교육하는 과정이다. 연구 과정은 나와 사회의 대화다. 인터뷰 과정은 나와 인터뷰 대상과의 대화다. 글쓰기는 나와 삶과의 대화다. 이런 과정의 구체적 산물이 바로 이 책이다. 또한 이 책이 기대하는 건 독자와의 대화다. 몇몇 이야기에는 나와 여성노동자의 대화 기록을 남겨 놓았다.

'베이징 노동자의 집' 노동자문화예술박물관의 연구를 오랫동안 지원해 준 분들에게 특별히 감사드린다. '중국 신노동자' 시리즈는 이러한 지원으로 이뤄졌다. 특히 연구와 글쓰기 과정에 필요한 공간을 제공해 준 것에 감사드린다. 인터뷰를 허락한 모든 여성노동자에게도 진심으로 감사드리며, 오랫동안 우리 연구를 지지해 준 모든 동료와 친구에게 깊은 우정을 담아 축복을 드린다. 당신들이 있었기에 이 모든 것이 방향을 찾았고 의미를 가질 수 있었다.

2016년 6월 6일

1951년생 뤼슈위

지난 시대의 주인공

이 이야기는 내가 처음으로 쓰는 가족 이야기다. 나의 소중한 숙모 뤼슈위呂岫玉는 셋째 숙부의 아내다. 셋째 숙부는 1999년에 돌아가셨고, 그해 나는 큰딸 시시를 낳았다. 남편을 잃은 슬픔을 잊게 하려고 나는 숙모에게 시시溪溪를 돌봐 달라고 했고, 그렇게 셋째 숙모와 8년 동안 내 두 딸의 출생부터 유년까지 함께했다. 내가 하고 싶은 숙모의 이야기는 젊은 시절 노동자로 산 경험에 관해서다. 숙모는 말하는 걸 좋아하는 낙천적인 사람이다. 말솜씨도 뛰어나서 노동자 시절 재미있었던 이야기를 자주 들려주곤 했다. 숙모는 누구보다 선량해서 거짓말을 할 줄 모른다. 숙모가 해 준 많은 이야기는 실제로 일어난, 몸소 체험한 일이다. 그 시절 대가를 바라지 않고 헌신적으로 일한 사람들에 관해서도 들려줬다. 하지만 집체기업集體企業4이 끝까지 버티지 못한 이유는 숙모도 알지 못했

---

4   [역주] 집체소유제 기업이라고도 하며, 각급 지방정부 또는 일부 농촌 지역 주민이 공동으로 소유하는 기업을 말한다.

다. '어떤 일을 했는지' 물으면 많은 이야기를 해 줄 수 있었지만, '왜 그렇게 됐는지' 묻는 건 선량하고 낙관적인 숙모를 난처하게 했다.

학창 시절

1951년생인 셋째 숙모는 1949년생 큰오빠, 1953년생 여동생, 1959년생 남동생, 1963년생 남동생, 1965년생 여동생 등 다섯 형제자매가 있다. 셋째 숙모는 할아버지와 아버지의 출생지이기도 한 랴오닝遼寧성 슈옌岫岩현에서 태어났다. 그곳은 크고 높은 산들에 둘러싸인 두메산골의 작은 마을이다.

숙모는 1966년에 중학교 1학년이 됐는데, 두 달도 되지 않아 문화대혁명이 일어났다. 혁명이 가열되자 학교에선 수업을 하지 않았다. 숙모는 당시 아무것도 이해하지 못했다. 무엇이 반동인지, 선생님들이 왜 비판받는지도 모른 채 그저 완장을 차게 해 줘서 신났다고 기억했다. 학교에서 최초로 만들어진 학생 조직인 '마오쩌둥주의 홍위대'에는 숙모를 비롯한 모든 학생이 지원했다. 하지만 나이가 어린 숙모는 조직 구성에서 제외되는 바람에 홍위병 완장을 받지 못해 몹시 실망했다고 한다. 나중에 다른 조직들이 만들어졌지만, 조직 명칭은 기억하지 못했다. 이후 숙모는 홍위병 완장을 찬 무리에 끼게 됐을 때 너무 행복해서 집에서뿐만 아니라 어디서든 늘 완장을 찼다. 그러다 나중에야 조직에 참여하면 선생님들을 비판하고 사람들을 때려야 한다는 걸 알게 돼서 너무 놀랐다고 한다. 마음이 여린 숙모는 그런 일을 하고 싶지 않아 조직 활동에서 벗어났다. 그래서 학교 수업도 없고, 집에서 할 일도 없어 옥수수 벗기는 일을 하며 돈을 벌기 시작했다.

셋째 숙모의 학창 시절(1973).

그렇게 혼란스러운 나날이 지나고 1969년이 되자 학교 수업이 재개됐다. 숙모는 학교에 다니면서도 구덩이를 파고, 계단식 밭을 일구고, 김을 매고, 보리와 옥수수를 베었다. 당시엔 학교를 군대처럼 관리해서 반이 아닌 연대로 불렀다. 그래서 숙모는 지금도 3학년 1반을 3대대 1반으로 부른다. 외부에서 노동하는 것을 야영훈련이라 했는데, 학교는 걸핏하면 야영훈련을 시켰다. 실제 수업 시간이 2년도 되지 않았지만, 1970년에 정식 졸업장을 받았다. 그 시절엔 슈옌현에 고등학교가 없어서 중학교 졸업과 동시에 취업할 수밖에 없었다.

숙모는 당시를 일종의 '공부 무용無用론'이 있던 시절이라고 기억했다. 모두가 공부를 중요하게 여기지 않았고, 일자리가 생겨 돈을 벌 수 있으면 그만이었다. 생활환경이나 수준이 낮아 깊이 생각하지 않고, 빨리 돈만 벌면 된다고 여긴 것이다. 숙모의 형제자매들도 차례대로 일자리를 찾았는데, 막내 남동생은 아버지 일을 물려받아 운수회사에서 기사로 일했다.

숙모의 어머니는 글을 모르는 가정주부였다. 아버지도 배운 게 많지 않아 운전기사와 자동차 수리 일을 했다. 셋째 숙부는 고등학교 졸업 성적은 좋았으나 마침 문화대혁명이 일어나 대학에 진학하지 못했다. 나의 아버지와 둘째 숙부는 문화대혁명 전에 대학에 들어가 두메산골을 벗어날 수 있었다.

자동차 공장에서 일하다

숙모는 1970년에 중학교를 졸업했다. 같은 해 졸업한 친구 중 일부는 농촌으로 갔고, 일부는 일자리를 배정받았다. 숙모는 자동차 공장 노동자로 일하게 되었다. 그 공장은 직원이 200명가량 되는 비교적 큰 국유기업에 속했고, 중공업 분야라 여성노동자보다 남성노동자가 많았다. 공장에선 주로 차량과 철근을 다뤘는데, 철근 덩어리를 들어 올리는 일은 여성이 할 수 없었다. 숙모는 처음에 품질 검사 업무를 배정받았으나 앉아서 일하는 게 싫어서 조립공으로 일하겠다고 했다. 일이 재미있을 것 같아서 지원했지만, 그 업무는 자동차 공장에서 가장 힘든 일인 데다 교대근무를 해야 했다. 그래도 그 시절엔 젊었고, 일을 좋아했다. 월급도 다른 직종보다 많아서 만족스러웠다.

숙모가 첫해에 받은 월급은 19위안이다. 그러다 2년 차에 21위안, 3년 차에 24위안, 4년 차에 32위안, 5년 차에는 37.4위안을 받았다. 숙모의 큰오빠가 공장에서 일할 때도 첫해 월급이 19위안이었다. 식량 부서에 근무한 숙모의 둘째 여동생은 첫해 월급으로 30위안을 받았다.

숙모는 하루 8시간씩 일했는데, 공장 일은 정말 근사하고 재미있었다. 그 시절 노동자들은 일을 너무 좋아해서 나들 열심히 일했고, 힐 일이 많아 바쁠 때는 모두가 자원했다. 그러나 일을 많이 하면 돈을 많이 받아야 한다는 생각은 아무도 하지 않았다. 당시에는 얼마나 일하든 상관없이 월급을 받았다. 누군가 일을 잘해서 표창을 받으면 함께 기뻐했다. 그 시절 사상은 기본적으로 단순했다. 숙모는 집이 공장에서 가까워 일이 많을 때면 동료들과 함께 지내며 자원해서 일했다. 공장 정문 열쇠가 없는 날에는 담을 넘어 들어가 일하기도 했다. 당시엔 지도자가 호소하면 모두가 호응했다. 그러나 호소하기도 전에 알아서 집단적으로 행동했다. 한번은 한밤중에 마을에 큰 홍수가 나자 모두 우비를 입고 삽과 괭이를 들고 자발적으로 공장으로 모였다. 숙모는 "그땐 정말 좋았어. 그런 시절이 벌써 가 버렸네"라고 회상했다.

오늘날 사회 여론은 과거 국유기업 시대에 관해 모두가 똑같은 대우를 받아 효율성이 낮았다고 평가한다. 나는 반복해서 숙모에게 물었다. "노동자들이 그렇게 게을렀나요? 월급이 똑같아서 적극적으로 일하지 않았어요?" 하지만 숙모의 기억은 전혀 그렇지 않았다. "그땐 게으른 사람은 하나도 없었어. 모든 사람이 일자리가 있었거든. 만약 게을러서 임무를 끝내지 못했다면 창피한 일이었지."

1970년대 말이 되자 공장에 변화가 일어나기 시작했다. 그때부터 작업량을 계산해 노동시간에 따라 돈을 주기 시작했다. 하지만 말만 그렇게 할 뿐 월급은 예전과 같았다. 공장에서 숙모에게 회계를 담당하라고 했지만 거절했다. 그저 평범한 일이 좋았기 때문이다. 숙모는 모두가 신임하는 사람이었다. 지도자의 말에 따르면, "뤼슈위는 맡은 일이 무엇이든 늘 열심히 했고, 돈을 얼마를 주든 변함없었으며, 지도자가 있든 없든 한결같은 사람"이었다.

개혁 이후 이 공장 제품의 품질이 낮다는 이유로 잘 팔리지 않아서 공장이 망해 버렸다. 숙모 기억에는 동북지역과 슈옌현의 노동자에게 개혁·개방이란 면직과 같은 의미였다. 면직이란 일을 못 하게 되는 것이 아니라, 개인에게 일을 떠넘기는 것이었다. 또한 공장이 망했다는 건 개인이 공장 운영을 맡게 됐다는 뜻이었다.

결혼과 육아

1973년 11월에 결혼한 숙모는 집안에서 인정하는 모범적인 며느리였다. '슈옌 제1인민병원'에서 의사로 일하다가 은퇴한 시아버지는 의술이 뛰어나고 말수가 적었지만, 고집이 세서 집안에선 모든 일을 독단적으로 결정했다. 숙모는 가정의 화목을 위해 월급을 고스란히 시아버지께 드렸다. 그리고 영화 보러 갈 때마다 아이처럼 돈을 타 썼다. 숙모는 "아버님이 기쁘면 온 가족이 기뻤어. 가족이 즐거우면 된 거지 뭐. 돈은 상관없었어. 집안에 필요한 건 아무나 사면 되니까. 오히려 살림에 신경쓰지 않아도 되니 마음이 편했지"라고 말했다.

숙모는 1974년에 딸 샤오단小丹을, 1976년에는 아들 샤오통小彤을 낳았다. 출산휴가는 56일이었고, 의료비는 공장에서 부담했다. 샤오단이 태어났을 때는 공장에 탁아소가 없어서 마침 은퇴한 시아버지가 아이를 돌봤다. 이후 공장 탁아소가 생겨서 그곳에 아이를 맡길 수 있었다. 모유 수유는 1년 반 동안 했는데, 오전 9시와 오후 3시에 집이나 탁아소에 가서 아이에게 젖을 먹였다. 공장은 30~40분 정도 모유 수유 시간을 따로 줬다.

공장에선 남성과 여성의 일이 달랐고, 똑같은 직종이라도 남녀 업무에 차이가 있었다. 가령 조립 작업을 할 때 여성은 작은 것, 남성은 큰 것을 조립하는 식이다. 자동차의 큰 축은 무게가 100근[각주]이 넘어서 여성이 들수 없었다. 하지만 여성노동자를 차별하는 사람은 없었다. 각자 자기 임무가 있었기 때문이다. 남성과 여성의 월급도 같았다. 숙모는 "남성노동자들에게 특별한 불만이 있진 않았어. 왜냐하면 작업장 주임 월급도 보통 노동자와 비슷했거든"이라고 말했다.

숙모는 육아 때문에 다른 사람들보다 일을 적게 한다고 생각하지 않았다. 한 사람이 하나씩 조립라인을 맡았고, 각자 해야 할 일이 있었기에 일을 적게 할 수 없었다. 아이가 자란 뒤 숙모는 다른 사람보다 일을 더 많이 하곤 했다. 또 누군가가 만든 부품 때문에 차가 고장 나면, 재조립을 도와주기도 했다.

방직 공장에서 일하다

1980년 숙모는 방직 공장으로 이직했다. 이 공장도 국유기업이었다. 이직 후 얼마 안 돼서 자동차 공장의 폐업 소식을 들었다. 숙모는 이직 후 처음으로 일이 힘들다고 느꼈다. 아침부터 저녁까지 고개를 숙인 채 옷을 꿰매며 온종일 앉아 있는 건 정말 고역이었다. 방직 공장에서 생산한 편직물이 잘 팔리지 않자 공장은 양탄자를 생산하기 시작했다. 그리고 얼마 뒤 개인이 공장을 인수했다는 소식을 들었다. 이제 개인사업장에서 일하게 된 것이다. 많이 일하면 돈을 많이 받는다고 했지만, 열심히 일해도 많이 받진 못했다. 개인이 공장을 맡은 후로 노동자는 돈을 많이 벌 수 없었고, 일자리에도 문제가 생겼다. 사장 말 한마디에 따라 채용이 결정됐고, 사장이 정규직 노동자를 쓰기 싫으면 더 낮은 임금의 임시직 노동자를 고용하기도 했다.

품질에도 문제가 생겼다. 숙모는 성실해서 일할 때도 매우 꼼꼼했다. 두 사람이 한 조로 일했는데, 좋은 품질의 양탄자를 만들기 위해서는 촘촘하고 견고하게 짜야 해서 속도가 느릴 수밖에 없었다. 하지만 작업장 주임은 수량을 더 중시해서 빠른 작업을 원했다. 이에 숙모도 다른 사람들처럼 일하다 보니 양탄자 품질이 점점 나빠졌다. 이후 공장장이 정규직이 아닌 임시직 노동자를 고용하려 해서 숙모는 어쩔 수 없이 국영기업인 실크 공장으로 옮겼다. 숙모는 양탄자 공장에서 만 10년을 일했고, 월급은 45위안이었다.

실크 공장에서 일하다

숙모는 1990년에 국영기업인 실크 공장으로 옮겼는데, 당시에도 전민소유제 기업이라 불렸다. 1000여 명의 직공이 일하는 큰 규모의 공장이었고, 숙모는 거기서 실 꼬는 작업을 맡았다. 하지만 이곳도 1993년에 문을 닫았다. 숙모가 이 공장에서 받은 첫 월급은 80위안이었고, 떠날 즈음엔 약 100위안을 받았다.

595 화학 공장에서 일하다

1993년 숙모는 595 화학 공장으로 옮겼다. 당시 집체기업에서 국영기업으로의 이직은 쉽지 않았고, 595 화학 공장은 슈옌현에서 비교적 좋은 국영기업이라 더 들어가기 힘들었다. 숙모는 국영기업인 실크 공장에서 일했다는 공문서가 있어서 이곳에 들어갈 수 있었다. 여기선 한 달에 150위안을 받았다. 하지만 유독물실을 배출하는 화학기업이라 국가가 여성 노동자의 경우 45세에 퇴직해야 한다는 규정을 두었다. 그래서 3년 일하

셋째 숙모가 슈옌 방직 공장에서 일할 때.

고 퇴직했다. 숙모가 퇴직하고 몇 년 후 이 공장도 개인이 인수했다.

26년간 노동자로 일한 숙모는 자신의 경험을 회상하며 말했다. "자동차 공장에선 내가 맡은 조립라인에서 성실하게 일하기만 하면 됐어. 아주 안정된 느낌이 들었지. 성실하면 평생 다른 곳으로 옮길 필요가 없으니까. 마음도 편했어. 모두가 평등했거든. 서로 시기 질투도 하지 않았어. 나중에 집체공장과 국영공장이 개인에게 인수됐는데, 그러면 안 됐어. 사람들은 다들 흩어져서 돈을 많이 버는 일을 찾고 싶어 했지. 예전에는 그런 생각이 없었는데 말이야. 많이 일하고 많이 못 받는다고 해도 별일 아니라고 생각했거든. 그 후론 더는 집단으로 일하지 못했어. 어쨌든 대세에 순응했지만, 그렇다고 전망이 있는 것도 아니었어. 맡은 일만 하다가 그냥 퇴직했지."

숙모는 1996년에 퇴직했고, 1999년에는 남편이 죽었다. 그리고 1999년부터 2006년까지는 나와 함께 살면서 각지를 전전했다. 숙모는 활기차고 유쾌한 사람이다. 내 두 딸에게 동북 방언을 비롯해 수많은 홍색가요

⁵를 가르쳐 줬다. 2006년에 숙모는 슈옌현의 고향집으로 돌아갔다. 그 시절 숙모의 퇴직연금은 월 500위안 정도였고, 지금(2015년)은 1937위안을 받는다. 숙모의 딸 샤오단은 대학에서 회계학을 전공하고 졸업 후 우체국에서 일한다. 하지만 10년이나 일했는데 아직 비정규직이라 월급이 숙모 퇴직연금보다 적고, 사회보험⁶도 없다. 샤오단의 딸은 작년에 대학에 들어가 회계감사를 전공하고 있다. 숙모의 아들 샤오퉁은 고향에서 작은 컴퓨터 수리점을 열었다. 숙모는 아들 며느리와 함께 살면서 이제 막 초등학교에 들어간 어린 손자에게 희망을 걸고 산다. 숙모는 "내가 팔자는 안 좋아도 마음은 편해. 그러면 됐지"라고 말했다.

이제 숙모는 모든 걸 운명과 운으로 돌린다. 생각해 보면, 숙모의 좋은 운과 나쁜 운은 분명 시대 흐름에 휩쓸려 여기에 이른 것이다. 숙모의 능동성은 사회적 지위와 직업이 확실할 때 주로 드러났다. 여성노동자로서의 숙모를 통해 그 시절 대다수 노동자의 상태를 추측할 수 있을까? 숙모는 자기 운명을 결정할 수 없었지만, 자신에게 일어난 일과 상황을 분명하게 판단했고, 좋고 나쁨도 명확했다. 시대의 큰 흐름은 어떻게 형성됐을까? 얼마나 많은 성실하고 선량한 노동자들이 운명을 받아들였을까? 만약 당시 국영기업 노동자들이 운명을 받아들이지 않았다면, 그들이 주인공인 사회를 만들어 경제적 지위를 유지했을까? 오늘날 신노동자는 운명을 받아들이고 있는가?

---

5   [역주] 공산당의 혁명 경험과 가치를 담은 이데올로기적 색채가 짙은 가요.

6   [역주] 중국의 사회보험은 크게 양로·산재·의료·출산·실업의 5대보험과 주거비를 지원하는 주택 공적금으로 구성된다. 납부 기준액과 대우 및 보상 기준은 전년도 평균임금에 따라 달라지며, 개인과 직장이 나누어 부담한다. 특히 양로보험은 15년을 납부해야 퇴직 후 받을 수 있다.

1955년생 쉐제

직공들을 위해 중책을 맡다

2015년 4월 하얼빈에 친척을 만나러 가는 길에 국영기업에서 은퇴한 노조위원장 쉐제薛姐를 인터뷰했다. 그와 4시간 넘게 나눈 5만여 자의 기록 중에서 아래 내용을 정리했다. 표현력이 뛰어난 쉐제는 과감하고 유능하며 노련한 여성 간부다. 안타까운 상황을 말할 때는 다정다감한 면을 보이며 연신 눈물을 흘리기도 했다. 쉐제는 대화 내내 단정하고 온화했으며, 직공 대우 문제를 함께 담당하는 남자 동료와 대화할 때도 재치 있고 조리 있게 말했다.

교육을 중시한 문맹인 어머니

쉐제는 1955년 헤이룽장黑龍江성의 농촌에서 태어났다. 형제자매는 오빠 둘, 언니 둘이 있다. 할아버지 집안은 당시 기준으로 중하층 농민 수준이었다. 그래도 아버지는 어릴 때 학교에 다녀서 마을에선 배운 사람에 속했다. 문맹인 어머니는 일곱 살이 되기 전에 전족纏足을 했다.

큰오빠와 큰언니는 대학을 졸업했고, 둘째 오빠는 결석이 잦아 공부를 못 했으며, 둘째 언니는 고등학교를 졸업했다. 쉐제는 어머니 말씀을 지금도 기억한다. "나는 못 배웠지만, 살림살이를 팔아서라도 너희는 공부시킬 거야." 그래서 아들들은 농사일을 하지 않았고, 딸들은 삯바느질을 하지 않았다.

문화대혁명을 회고하다

초등학교부터 고등학교까지 쉐제는 늘 반장을 맡았다. 초등학교 때는 학교가 군대식으로 편성되어 반장이 아닌 소대장으로 불렸다. 농번기에는 전교생이 노동에 참여해야 했다. 쉐제는 늘 가장 많이, 가장 빨리 일했다. 농사일은 정말 힘들었는데, 허리도 곧게 펼 수 없을 정도였다. 그러나 쉐제는 성취욕이 강했고, 선생님도 시간을 재며 누가 빨리 일하고 누가 느린지 경쟁을 부추겼다. 그땐 정말 힘들었지만 즐거웠다.

문화대혁명이 시작되자 지주들을 비판하기 시작했다. 반장인 쉐제는 늘 문건을 써서 발표했다. 학교에서 가정환경을 조사하면 출신 성분란에 중하층 농민이라고 적었는데, 당시 쉐제는 가난한 농민과 머슴이 영예롭지 않다고 생각해서 마음이 불편했다. 쉐제의 할아버지는 소상공인이었고, 토지를 분배받을 때 중하층 농민으로 평가받았다. 그때 마을에서 나눈 등급은 지주, 부농, 중농, 중하층 농민, 빈농, 머슴 순이었다. 쉐제는 지주를 비판할 때 자신과 밀접한 관계가 있다고 생각하지 못했다. 그저 신문에서 인용한 글을 발표할 뿐이었다. 쉐제는 집안에 식량을 쌓아둔 채 농민을 착취하고, 소작농에게 먹을 것을 주지 않았다는 내용으로 마을 지주를 비판했다.

쉐제가 비판했던 지주가 이웃이어서 겸연쩍을 때도 있었다. 쉐제는 당시 투쟁 방식인 조리돌림, 적발하여 비판 투쟁하기, 팻말 걸기 등이 너무 고루하다고 생각했다. 그래서 지방정부 지도자들이 어째서 더 좋은 방법을 생각하지 못하는지, 당시 법률제도가 없어서인지 궁금했다. 마음이 불편한 것과 상관없이 그 상황에서는 모두가 그렇게 했을 것이다. 다들 그렇게 해야만 한다고 여겼기 때문이다.

중학교 때 약 반년간 모든 학교가 수업 대신 군사훈련을 했다. 매일 붉은 술이 달린 창으로 사람을 찌르는 훈련을 하는가 하면, 집체 무용, 마오쩌둥 어록 선전, 마오쩌둥의 시와 사 낭송 등을 했다. 불같이 뜨거웠던 그때를 기억하며 쉐제는 '어리석다'는 말 대신 '고루하다'고 표현했다.

1966년부터 1976년까지 10년간의 문화대혁명 시기 쉐제가 가장 유감스러웠던 건 학교에 진학해 공부할 수 없었다는 점이다. 초등학교 저학년 때 배운 지식은 체계적이고 견고했지만, 나중에 배운 것들은 그렇지 못했다. 이는 고등학교에 들어가서야 정상 회복됐다. 그러나 중학교 때 제대로 배우지 못해서 고등학교 지식과 연결할 수 없었다. 당시 쉐제를 가르친 선생님 중에 농촌으로 내려온 지식청년[7]이 많았는데, 그중에서도 명문대 졸업생들이 잘 가르치고 태도도 좋았다.

쉐제는 지식청년을 매우 동정했다. 그들이 도시에서 농촌으로 온 건 지옥에 온 것과 마찬가지라고 생각했기 때문이다. 당시 모든 생산대에 먹을 것이 부족했다. 지식청년들이 한곳에 모여 사는 곳을 집체호集體戶라고 불렀는데, 집이 정말 훌륭했다. 하지만 이후 생산대가 관리하지 않아 집 벽들이 다 무너져 내렸다.

---

7 [역주] 문화대혁명 시기 농촌이나 변경 지역에 파견되거나 자원해서 간 대학생.

농촌 민영학교[8]에서 일하다

쉐제는 1974년 7월에 고등학교를 졸업했다. 쉐제는 품행이 단정하고 학업 성적도 우수했다. 그때 마침 농촌 초등학교에 교사가 부족해 생산대 지도자의 집단 토론을 거쳐 교사로 배정받았다. 학교에는 10명의 교사가 있었는데, 모두가 담임을 맡았다. 그 시절 학교는 매우 초라해서 교실 벽은 흙벽돌이었고, 두 개의 축판 안에 흙을 넣고 망치로 다져서 담을 쌓았다.

학교에는 정규 사범학교를 졸업한 선생님이 두 명뿐이고, 나머지는 쉐제처럼 고등학교 졸업 후 임용된 교사였다. 당시 학교는 엄격한 규정에 따라 관리됐는데, 교사의 수업 준비 노트를 검사하기도 했다. 쉐제는 학생들을 진솔하게 대했고, 학생이 중퇴하지 않도록 노력했다. 그때 농촌엔 작은 흙집이나 초가집이 많았고, 집집이 아이들도 많았다. 그래서 대다수가 경제적으로 어려워 아이를 공부시키지 못했다. 게다가 땔감을 줍거나 돼지를 치는 데 사람이 필요했기 때문에 아이가 공부하는 걸 원하지 않았다. 그래서 당시 초등학교 중퇴율이 매우 높았다. 쉐제는 학교에 나오지 않는 학생 집으로 찾아가 가장에게 사상 교육을 하며 학생을 되찾아 왔다. 가장들은 그런 쉐제의 열의에 탄복했다. 쉐제가 맡은 반은 규칙을 잘 지키고, 위생 및 학습 상태가 좋았다. 쉐제의 집은 학교에서 도보 7~8분 거리로 가까웠다. 쉐제는 매일 아침 6시에 출근했고, 점심 먹을 시간도 없이 저녁 늦게까지 일했다. 그래서 해마다 마을과 현에서 선진 교사와 우수 교사로 선정됐다.

---

8 [역주] 농촌 학교 중 국가의 정식 편제에 속하지 않고, 지역 소재지에서 민간인이 운영하는 사립학교.

민영학교 교사인 쉐제는 월급이 아닌 노동시간에 따라 임금을 받았다. 민영학교 교사의 임금은 성별과 나이에 상관없이 비슷했다. 임금 심사 기준은 노동의 양에 따랐고, 인민공사 교육국이 기준을 정했다.

쉐제는 그 시절 성실하게 일한 이유를 떠올렸다. 우선, 열심히 일해서 정식 교사가 되고 싶었다. 월급이 차이 나는 건 아니지만, 사회적 지위가 달라진다고 생각했기 때문이다. 둘째로, 일 자체를 열렬히 사랑한 게 가장 중요한 동력이었다. 당시엔 당의 교육사업에 충성했던 것이다. 셋째, 자신을 신임한 생산대 지도자에게 면목이 서야 했다. 고졸에 인맥도 없는 자신을 민영학교 교사로 선발한 그를 비롯해 학생들과 학부모의 믿음도 저버릴 수 없었다. 당시 열심히 일하는 게 모든 학교의 분위기였고, 다들 열정이 있었다. 교사들 간에 차이가 있다면, 각자의 능력과 책임감뿐이었다. 긍정적인 부분은 그 동력이 어디서 왔건 돈과는 상관없었다는 것이다.

쉐제는 자랑스럽게 기억하는 일화가 하나 있다. "당시 저는 5학년 담임을 맡고 있었어요. 종소리가 울려서 학생들에게 교실로 들어가라고 했더니 다른 반 학생들은 와자지껄한데 우리 반 학생들은 조용하게 들어가는 거예요. 한번은 복도에서 떠드는 학생이 있어서 운동장에 전체 집합시킨 뒤 줄지어 교실로 들어가라고 했어요. 그랬더니 학생들이 질서 정연하게 제 말을 따르더라고요. 수업 시작하면 책을 눈에서 30cm 정도 떨어뜨려 두 손으로 잡아요. 필기할 때도 모두가 규정대로 연필심 위 3cm 정도 간격을 두고 연필을 쥐죠."

1984년 하얼빈에서 일하는 남편과 함께 살기 위해 쉐제는 아쉽지만 교직을 떠날 수밖에 없었다. 그즈음 민영학교 교사에게 보조금이 지급되기 시작했는데, 약 18.33위안이었다.

인민공사[9]에 대한 회고

쉐제   그 시절 우리 마을은 정말 컸어요. 생산대[10]가 5개 있었는데, 생
산대마다 독립적으로 결산할 정도였거든요. 1번 생산대는 1년에
노동점수 10점을 1위안으로, 2번 생산대는 노동점수 10점을 6
마오로 모두 다르게 계산했죠. 좋은 점도 있고, 안 좋은 점도 있
었어요. 우리 집은 2번 생산대에 속했는데, 꼴찌를 한 해도 있어
요. 그래서 결산이 끝났는데도 생산대에 빚을 져서 현금을 받지
못했죠.

뤼투   인민공사 시절엔 생산성도 낮고, 농사일도 잘 안했다고 하던데,
정말 그랬나요?

쉐제   전혀 아니에요. 농민들은 단순해서 남의 말을 잘 듣잖아요. 당
시 생산대 대장은 권위가 있었어요. 앞장서서 일하는 사람도 마
찬가지여서 그가 이끄는 속도에 맞춰서 일했어요. 여자가 앞장서
기도 하고, 남자가 앞장서기도 했죠. 그러다 점심때가 되면 쉴 수
있었어요. 집이 가까운 사람은 집에서 점심을 먹었고, 집이 먼
사람들에게는 점심을 제공했어요. 대장이 일하라고 하면 일하

---

9 [역주] 1958년 중국이 농업 집단화를 위해 만든 대규모 집단농장으로, 행정, 경제, 사회, 군사 조직
이 일체화된 중국 농촌의 사회생활 및 행정조직의 기초 단위였다. 인민공사의 규모는 지역 및 시기
에 따라 상당한 격차가 있었다. 보통 20~30호로 이뤄진 생산대, 10개 내외의 생산대로 이뤄진 생
산대대, 8~10여 개의 생산대대로 이뤄진 인민공사 등 3단계 조직으로 구성됐다.

10 [역주] 중국 사회주의 농업경제 기반인 인민공사의 1단계 조직 단위다. 토지 등 생산수단을 집체소
유하며 독립채산을 실시했다. 농가별 생산책임제 시행 이후 인민공사 해체에 따라 촌민소조로 바뀌
었다.

고, 쉬라고 하면 쉬었죠. 일을 다 못 끝내면, 해가 져도 해야 했고요. 앞에서 이끄는 사람도 하나하나 챙겨야 해서 힘들었죠.

뤼투   집체노동이라 일을 제대로 안 했다는 말은 사실이 아니군요.

쉐제   그럼요. 하지만 그땐 왜 그리 가난했을까요? 당시에는 가뭄이다, 침수다 해서 자연재해의 영향이 컸어요. 또 화학비료나 농약, 좋은 종자도 없었고요. 그때는 해충이 들면 농작물을 하나도 수확하지 못했으니까요. 옥수수 대도 지금처럼 이렇게 크지 않고 작았어요. 그래도 그때 먹은 건 다 건강했죠.

결혼생활

쉐제는 1979년에 결혼했다. 농촌 출신인 남편은 중학교 졸업 후 도시에서 일하다가 하얼빈에 정착했다. 그래서 부부가 따로 살아야 했다. 1981년에는 아들이 태어났다. 쉐제는 학생들을 떠나고 싶지 않았지만, 아들이 도시에서 더 좋은 교육을 받을 수 있고, 부부가 너무 오래 떨어져 사는 것도 안 좋을 것 같아서 하얼빈으로 갔다.

남편은 국유기업인 건축회사에서 일한다. 남편의 도움으로 쉐제는 집체기업인 한 성냥 공장에 들어갔다. 당시엔 농촌 후커우[11]를 도시 후커우로 바꾸는 것도, 집체기업에 들어가는 것도 쉽지 않았다. 쉐제는 운이 좋다고 생각했다. 게다가 민영학교 교사 경력도 인정받을 수 있었다.

---

11   [역주] 국민의 신분과 거주지를 증명하는 제도로, 한국의 주민등록제도와 유사하다. 예전에는 도시와 농촌 후커우를 구분하여 거주와 이동의 제한을 두었으나, 2014년 이후 실제 거주에 근거한 거주등록제로 바뀌었다.

성냥 공장에서 일하다

쉐제는 1984년부터 2001년까지 성냥 공장에서 일했다. 이 공장은 국민 생활과 밀접한 관련이 있는 기업으로, 300여 명의 직공이 일했다. 그중 100여 명이 장애인이고, 대다수가 청각장애인이다. 그들은 말할 순 없지만, 일하는 데는 아무 문제가 없었다. 회의할 때는 수화를 할 줄 아는 사람이 있어서 의사소통도 가능했다.

1980년대에는 여성노동자가 남성노동자보다 많았으나, 1990년대 이후에는 기계 설비를 들여와 남성노동자가 더 많아졌다. 남녀 임금 차이가 없었고, 비장애인과 장애인의 임금도 같았다. 쉐제는 모든 부서를 거친 뒤 관리직으로 일했고, 약 50위안의 월급을 받았다. 이곳은 사업단위 기업[12]으로, 공공기관 임금 수준에 따랐다. 해마다 임금이 올랐으나 1년에 몇 위안 정도에 불과했다. 노동자 등급을 평가해 1등급이 오르면 7위안 정도 상승했다. 공장장도 등급에 따라 조금씩 월급이 올랐다. 그 시절 공장장은 모범적이고 투지가 있었으며, 한 가정의 가장과도 같았다.

쉐제의 기억에 따르면, 당시 공장장은 포장 기술을 익히고 통신학교를 졸업했고, 젊은 부공장장은 경영학을 전공했다. 공장장은 전용차로 낡은 지프를 타고 다녔는데, 종종 화물을 운송할 때 쓰기도 했다. 공장장은 자주 외부 회의에 참석했다. 그가 돌아오면 다들 조용히 자리로 돌아가 열심히 일했다. 긴급 작업이 생겨 일손이 부족하면, 관리직원과 공장장도 도와야 했다. 야간 근무 시에도 마찬가지였다. 그 시절 공장장은 적

---

12 [역주] 사업단위는 국유자산으로 교육, 과학기술, 문화, 위생 분야에 종사하는 공공기관을 말한다. 사업단위 기업은 이런 공공기관에서 운영하는 비영리기업이다.

은 월급에도 정말 모범적으로 일했다. 노동자들끼리도 사이가 좋아서 자기 일이 끝나면 다른 사람 일을 도왔다. 공공 재산과 설비를 아끼고 소중히 다루는 등 당시 분위기는 정말 좋았다.

아침 8시에 출근해 11시 반부터 1시간 쉬고, 5시 반까지 하루 8시간씩 근무했다. 각 부서마다 출근 도장을 찍었는데, 지각이나 조퇴하면 월급에서 공제했다. 때로 노동부가 공장에 와서 『노동법』을 교육하고, 간부와 직공이 법률에 따라 일할 것을 요청하기도 했다.

공장 관리는 모두 상부에서 아래로 하달되는 방식이었다. 상부에서 회의를 열어 주요 안건이 있다고 하면, 공장장이 사무실 주임을 시켜 문건을 작성해 노조 회의에서 낭독했다. 그리고 모두가 제시한 의견에 따라 시행했다. 예를 들어, 의료비 청구 기준을 정할 때 입원비의 75%를 청구하되 약값은 그 안에 포함한다는 등의 내용이다. 즉 상부에서 대강의 틀을 제시하면, 기업 차원에서 노조를 통해 토론하고 내용을 확정한 뒤 실행하는 것이다.

각 항목의 직원 복지와 활동은 모두 공장에서 조직하고 배정한다. 공장에는 탁아소, 식당, 직원 보건소, 탁구대, 농구장 등이 있었고, 무료 탁아소는 수십 명의 아이가 놀 수 있는 놀이 기구를 갖추고 있었다. 당시에는 국가의 요구에 따라 모든 기업에 이런 복지 시설이 있었다. 노조는 정기적으로 다양한 문화 활동을 기획했고, 영화표를 나눠 주기도 했다.

그러나 이후 물자 공급과 삼자 간 채무관계 등의 문제가 생겨 기업 사정이 갈수록 어려워졌다. 결국 직원 월급도 제때 지급할 수 없는 지경이 됐고, 공장장이 판매량을 확인하고 결산한 뒤에야 겨우 임금을 지불할 수 있었다. 대출금 상환을 못 해서 차압을 막기 위해 은행에 사람을 보내기도 했다.

1998년 공장은 제도 개혁을 준비하기 시작했고, 2000년에는 개인이 돈 한 푼 들이지 않고 공장을 인수했다. 당시 공증사무처를 거쳐 직공들의 체불임금을 제시했지만, 공장을 인수한 사장이 한 푼도 주지 않았다. 나중에 사장이 몇 번 바뀌었으나 직공들의 임금을 챙기지 않아서 임금 체불 장부도 유명무실해졌다.

쉐제는 "떠올리고 싶지 않은 기억이에요. 지난날은 회상하기도 싫어요. 저는 지도자가 시키는 대로 성실하게 일했어요. 제도 개혁이 끝난 뒤 사기업으로 바뀌었지만, 간판만 바꾼 거예요. 탁아소나 보건소도 없어지지 않고 그대로였어요. 90년대 '새로운 단계'로 올라서는 과정에서 공장이 사라진 건데, 그 원인도 몰라요. 언제 없어졌는지도 모르고요"라고 말했다.

사회 풍조가 변한 탓일까

뤼투   처음에는 기업 운영을 잘하다가 왜 지속하지 못했을까요?

쉐제   저도 나중에야 깨달은 건데, 일하는 것보다 보는 게 낫고, 보는 것보다 소란을 피우는 게 나았던 거죠. 사회 풍조가 너무나 올바르지 않았어요.

뤼투   그런 사회 풍조 변화가 왜 일어났다고 생각하나요?

쉐제   제 생각에는 생산력 발전과 사회 진보, 기술과 설비의 발전에 따라 사람들 생각이 복잡해져서인 것 같아요.

뤼투   기술이 발전했는데 사회 풍조가 오히려 나빠졌다고요? 이론적으로는 기술이 발전하면 더 좋은 걸 많이 생산할 수 있잖아요.

그러면 부를 더욱 축적하고 생활도 향상돼야 하는데, 결과는 오히려 더 나빠졌다는 거네요. 그건 전체 사회의 풍조 때문일까요? 예를 들어, 적게 일하고 많이 얻는 사회 풍조가 공장까지 들어왔다든가.

쉐제　직접적인 관계가 있다고 생각해요. 과거엔 모두가 동일한 출발선에 있었지만, 1980년대부터 1990년대 초 이후로 모든 게 변했죠.

뤼투　이전처럼 공장장도 생산라인에서 일하고 같이 야근을 했다면, 그들의 교묘한 속임수가 실현되진 않았을 거예요.

쉐제　맞아요. 기업을 운영할 때 연관 기관이나 관계자가 많아져서 일이 조금씩 복잡해지기 시작했어요. 공장장이 연줄을 대고, 영업사원이 수수료를 가져가면서부터 변한 거죠.

뤼투　공장이 어려운데 제도 개혁을 안 한 이유가 뭘까요? 왜 꼭 민영화만 고집한 걸까요?

쉐제　적자 때문이죠. 당시엔 누구든 자금이 있으면 기업을 회생시켜 경영하라고 했어요. 그러면서 지금에 이른 거죠. 모든 기업이 우르르 그렇게 변해갔어요. 기업 간부, 특히 최고 책임자가 배를 불렸다는 것도 다들 알아요. 그때는 모든 걸 새롭게 개혁했어요. 온종일 사업 계획을 수정하고, 다음날도 종일 수정해서 상부에 올렸죠. 사업 계획을 올릴수록 대출이 많아졌고, 대출이 많아질수록 적자가 났어요. 기업이 발전하다가 결국엔 생산을 멈추고 파산해 사기업이 되는 걸 제 눈으로 똑똑히 봤어요. 과거에 일하던 방식과 달라져서 직공들 모두가 한탄했고요. 기술이나 능력이 있다면 사기업에서도 돈을 벌 수 있겠지만, 대신 고생도 심하고 대가도 크겠죠. 우리는 마취당한 듯 그들 계획에 따라 한 걸음씩 걸어온 거예요. 당시 집단무용을 수업 시간 낭비로 생각하지 못했던 것처럼, 지금의 제도 개혁도 직공의 생존 상황을 고려하지 않았던 거죠. 가장 피부에 와 닿는 게 의료비예요. 예전에는 직공들이 단위單位[13]에서 진료받고 약도 처방받았으니 정말 좋았어요. 의료비도 싸고, 청구하면 환급도 됐으니까요. 그런데 지금은 의료비가 너무 많이 올랐어요. 그들의 의도대로요. 그 기회를 이용해 한몫 벌 수 있었던 거고요. 손해 본 건 일반 서민뿐이죠. 지금 서민이 몇 명이나 집을 살 수 있을까요?

시계 공장 노조위원장을 맡다

쉐제는 시계 공장으로 옮긴 후 2001년부터 2008년까지 노조위원장을 맡았다. 국영기업인 이 공장이 쉐제를 전근시킨 이유는 노조 조직 목적이 아닌 구조조정을 위한 것이었다. 1998년에 공장은 생산을 일부 중단하고, 2000년에는 전체 작업라인을 멈췄다. 쉐제가 2001년 이 공장에 왔을 때는 위탁관리회사가 관리하고 있었다. 이에 300여 명의 직공이 공동 성명을 내어 상급기관에 청원함으로써 정부기관이 책임자를 재조직해 위탁관리회사와 협상해야 했다. 그렇게 어려운 상황에서 쉐제가 중책을 맡게 된 것이다.

---

13 [역주] 단위 체제는 노동력 관리뿐 아니라 노동자의 주거와 교육, 일상생활에서의 노동력 재생산 등을 비교적 안정적으로 보장하려는 일종의 복지 시스템이었다. 개혁·개방 이전까지는 노동자에게 일자리와 생활 안정을 보장하는 중요한 기능을 했지만, 개혁·개방 이후 점차 해체되고 있다.

위탁관리회사는 민간기업으로, 정부기관과 협상해 직공들의 의견을 처리했다. 그들은 퇴직자와 재직 간부에게 임금을 지불하고, 일부 젊고 건강한 직공만 남기고 나머지는 면직한다고 했다. 면직당한 직공과 남아 있는 직공 모두가 불만을 토로했다. 공장에 남은 직공들은 자유롭게 일하는 게 익숙해서 사기업에 적응하기 어려웠다. 쉐제는 "현재 노동자의 사회적 지위는 중국에서 가장 낮아요. 과거엔 노동자와 당 간부가 함께했어요. 제 또래들은 그 시기의 영광을 누렸죠. 그땐 노동자가 공장장에게 불만이 있으면 관련 기관에 의견을 제시해 공장장을 교체할 수 있었어요. 그런데 사기업으로 바뀐 뒤에는 공장장이 아무리 문제가 있어도 바꿀 수가 없어요"라고 털어놓았다.

쉐제는 노조위원장을 맡고 싶지 않았다. 하지만 오랜 세월 당의 결정에 따랐기 때문에 억지로 맡을 수밖에 없었다. 쉐제는 자신과 당 간부가 아무리 노력해도 모두를 구할 순 없으며, 이 상황 또한 바꿀 수 없음을 깨달았다. 게다가 자신의 임무는 제도 변경이었다. 즉 공장의 전 직원을 퇴출하는 것이다. 이후 부동산 개발업자인 위탁관리회사는 공장을 철거하고 부동산으로 개발했다.

일과 가정

뤼투 여성 간부로 일하며 엄마로서 책임도 다해야 했는데, 이 과정에서 모순이나 갈등이 생긴 적은 없나요?

쉐제 아이가 어릴 땐 저도 젊어서 매일 일찍 일어나고 늦게 잤어요. 아침에 아이를 유치원에 보내고, 퇴근할 때 데려와 씻기고 집안일을 했고요. 밥하기 싫어도 아이 때문에 어쩔 수 없이 했어요. 그러다 회사가 교외로 이전했는데, 집에서 너무 멀었어요. 그래서 남편이 공사장을 그만두고 아이를 유치원에 데리고 다녔어요. 아이 숙제는 제 담당이어서 늘 아이에게 공부하라고 다그쳤어요. 아이의 일과를 들으며 이야기도 나누고, 조언도 했죠. 아이를 기르는 일은 성취감이 있어요. 학부모 회의엔 꼭 참석했는데, 한번은 선생님이 제 아이가 도덕의식이 뛰어나다고 했어요. 아들과 집에 오면서 "넌 엄마 아빠의 도덕의식을 물려받은 거야"라고 말했죠. 아이가 고등학교에 들어간 뒤론 집안일이 줄었어요. 하지만 당시 남편은 제게 불만이 많았죠.

뤼투 무슨 불만이었는데요?

쉐제 그때 월급이 제대로 안 나왔어요. 남편은 망한 회사에 나가서 뭐 하느냐고 화를 냈어요. 전 어쩔 수 없다고 했죠. 상부에서 결정한 일을 동의한 거라 중간에 손을 뗄 순 없다고요. 공장엔 아직 직공들이 많이 남아 있는데, 저만 생각할 수 없잖아요. 당시 공장은 위탁관리회사를 열 번도 넘게 바꿨어요. 그때마다 자료를 새로 정리해야 해서 새벽부터 밤늦게까지 일했어요. 주말에도 쉬지 못했고요. 남편이 "죽을 작정이야?"라고 화내면, "살아야지!"라고 대꾸했죠. 남편이 "당신은 집안일도 안 하잖아!"라고 말해서 부부 갈등도 생겼어요. 남편은 제가 피곤할 정도로 일하는 게 습관이 됐다고 하더라고요. 남편이 해야 할 집안일은 점점 더 많아졌어요. 이제 저는 요리도 서툴고 연탄불도 못 피우는데, 남편이 잘하니 감동이긴 해요.

은퇴 전에 해결되면 좋겠어요

공장 제도 개혁 과정에서 복잡한 문제가 생길 때마다 쉐제는 단위 지도부의 핵심 구성원으로서 이리저리 뛰어다니며 관련 문제를 주관 부문에 보고했다. 그러다 위탁관리회사 사장이 구속되는 문제가 발생했다. 그래서 법률사무소에 의뢰했지만, 정부기관이라 법으로 해결할 수밖에 없었다. 쉐제가 맡았을 땐 이미 되돌릴 수 없는 상황이었고, 정부기관이 직공문제를 제대로 관리하지 않은 탓이 컸다. 기업 개혁에 중요한 권한은 위탁관리회사가 장악하고 있었는데, 쉐제를 포함한 기업 책임자는 관련 법규를 잘 몰랐다. 채권채무 관계를 해결한 후에는 관련 내용을 게시해야 하고, 처리한 문건은 10일 전에 전 직공에게 발송해야 하며, 직공들이 각자의 의견을 제시하도록 해야 한다. 이를 정부기관이 처리할 수 없으니 법에 따라 처리하도록 한 것이다.

2010년 직공들의 자료가 한 법률사무소에 이관됐다. 과거엔 정부기관과 위탁관리회사가 해결할 수 없는 문제가 많았다. 이후 법률에 따라 직공의 의료비, 체불임금, 생활비, 의료보험료 추가 납부금 등을 보상받을 수 있었다. 이는 당시 쉐제가 미처 생각하지 못한 것이었다. 직공의 권익은 법 조항과 관련 정책에 따라 처리해야 했는데, 가령 최소 생활비가 법에 규정되어 있었다.

끝으로 쉐제는 이렇게 말했다. "저는 2015년에 은퇴해요. 그전에 모두 해결됐으면 좋겠네요. 보험회사와 처리해야 할 회계장부도 만들어야 하고요. 그걸 청산하지 못하면 마음이 불편할 것 같아요. 다른 사람들을 위해서라도 그래야 안심이 될 것 같아요. 공장에 온 뒤론 무척 괴로웠어요. 새로운 일이 터질 때마다 정말 막막했죠. 과거 일을 떠올리기 괴로웠는데, 오늘에야 말하네요. 마음은 쓰라리지만, '이미 지난 일이니 생각하지 말자, 시간이 지나면 잊힐 거야'라며 스스로 다독이며 살았어요. 저는 그저 평범한 사람이라 당신이 쓰려는 책이 뭔지 잘 몰라요. 제 얘기가 다 맞다고 할 순 없지만, 그래도 전부 사실이에요."

1957년생 싼제

생명을 다루는 사명감

싼제三姐는 어릴 적 이웃집 언니로, 우리는 친자매처럼 지냈다. 당시 나의 부모님은 일하느라 바빴고, 나는 집 근처 초등학교에 다녔다. 학교에서 돌아오면 늘 부모님이 집에 없어서 싼제 언니 집에서 놀았다. 나는 언니의 어머니를 딩丁 아주머니[14]라 불렀다. 아주머니는 늘 언니와 나의 끼니를 챙겨 줬다. 세상이 변해 오래된 집이 철거되면서 어릴 때 놀던 주민위원회 향양원向陽院[15]에 걸린 낡은 사진도 사라졌다. 우리도 이제 자식이 있는 나이가 됐지만, 어린 시절 기억과 정은 수십 년이 지난 지금도 계속 남아 있다.

나이 들어선 싼제 언니와 몇 번 못 만났지만, 그래도 만날 때마다 어린 시절을 회상하며 서로의 근황을 물었다. 언니는 도시로 이사해 대학

---

14 [역주] 딩 씨 집안의 아들과 결혼한 그녀를 딩 씨 집안의 여자라는 의미에서 부르는 호칭이다. 이는 중국에서 흔히 발견되는데, 가령 이 씨 성李을 가진 남성과 결혼한 여성은 그녀의 성과 상관없이 '이 부인'이라 부르기도 한다.

15 [역주] 문혁 이후의 동네 주민관리위원회를 일컫던 말.

졸업 후 의사가 되었다. 농촌에서 도시로 나가 일하는 사람들은 서로 왕래할 시간이 거의 없다. 그런데 지금 나는 왜 싼제 언니의 이야기를 하려 하는가?

중국의 토지제도와 사회구조 변천은 노동자들을 농촌으로 돌아갈 수 없게 만들었다. 동시에 도시 사회정책의 각종 변화 역시 노동자들이 도시에 머물 수 없게 한다. 싼제와 딩 아주머니의 이야기는 중국 도시제도 변화가 도시인뿐만 아니라 전체 중국 인민의 운명에도 영향을 미치고 있음을 반영한다. 싼제 개인으로서는 이런 전체적인 구조에 항의하고 사회를 변화시킬 힘이 없다. 그러나 그녀가 평생 지켜 온 직업윤리는 자신을 비롯한 사회 전체에 중대한 의미가 있다.

여덟 살에 민며느리가 된 딩 아주머니

딩 아주머니는 1927년생으로, 여덟 살 때 딩 씨네 큰 도련님과 결혼했다. 신중국은 아주머니처럼 미성년의 나이에 결혼한 여성을 해방시켰다. 그래서 사회적 여론에 상관없이 딩 아주머니는 늘 마오 주석과 공산당, 사회주의 제도에 감사해했다.

싼제의 외할머니는 전족을 했다. 집안 생계는 외할아버지가 책임졌는데, 물건을 팔러 나가서는 그 길로 소식이 두절됐다. 그 후 외할머니 혼자 자식을 키울 방법이 없자 당시 어린 딸인 딩 아주머니를 다른 집에 팔아 버렸다.

아주머니가 팔려 간 집안은 의류 매장을 운영해서 비교적 먹고살 만했다. 그래서 사람들은 딩 아주머니를 부러워했지만, 정작 아주머니는 그 집 문턱을 넘은 뒤 그런 복을 단 하루도 누린 적이 없다. 매일같이 고되게 일했고, 집안사람들을 보살폈다. 당시는 동북지역이 일본의 손에 넘어간 만주국 시기였다. 딩 씨네 큰 도련님은 외지에 나가 공부했고, 학교에서도 일본어를 썼다. 집안에선 딩 아주머니에게 예쁜 치파오를 많이 만들어 주고, 도련님이 방학해 집에 오면 아주머니에게 그 옷을 입혔다. 하지만 늘 일을 해야 하는 아주머니는 치파오가 불편해 그 아름다운 옷을 벗을 수밖에 없었다. 그러다 16세가 돼서야 장춘호텔에서 떠들썩하게 혼례를 치렀다.

싼제는 어릴 때부터 어머니에게 "공산당에게 감사해야 해. 해방이 되지 않았더라면 네 아버지는 분명 첩을 여럿 들였을 거야. 딩 씨 가문은 일손이 부족하거든"이라는 말을 들었다. 해방 이후 아주머니는 주민관리위원회가 만든 부녀문맹교육반에 적극적으로 참여했다. 그러나 시부모는 이를 탐탁지 않아 해서 아주머니가 살그머니 나가면 대문을 잠가 버렸다. 아주머니는 싼제에게 "공산당이 옳아. 엄마는 예전엔 글을 몰랐지만, 해방 후 문맹이 퇴치돼서 지금은 책도 신문도 읽을 수 있어"라고 입버릇처럼 말했다.

딩 아주머니의 다섯 자녀

딩 아주머니는 자녀 다섯을 낳았다. 큰아들은 1949년생, 큰딸은 1953년생, 둘째 딸은 1955년생, 셋째 싼제는 1957년생, 막내아들은 1960년생이다.

장남은 중학교 졸업 후 실업계 고등학교에 진학했다. 고등학교 졸업 후에는 국가가 운영하는 기계 공장에 배정됐다. 큰딸은 중학교를 졸업하자마자 지식청년 하향下鄕[16]에 동원되어 집체농장 생활을 6년간 했다. 둘째 딸은 고등학교에 진학했으나 몸이 좋지 않아 하향에 동원되지 않고 바로 직장에 다녔다. 싼제는 고등학교 졸업 후 하향해 1년간 지냈고, 막내는 고등학교 졸업 후 경찰학교에 진학했다.

문화대혁명 사상 교육의 신화

문화대혁명이 시작됐을 무렵 싼제는 초등학생이었다. 문화대혁명 초기에 교육 부문을 점령한 노동자계급은 마오 주석의 유명한 어록인 「우공이산愚公移山」, 「베쑨 동지를 기억하자紀念白求恩」, 「인민을 위해 복무하라爲人民服務」 등을 학교에서 암송하게 했다. 매일 등교해 마오 어록 100구절을 2시간 동안 외우면 나머지는 자유시간이었다. 싼제는 남아도는 시간 덕분에 즐거움을 만끽할 수 있었다. 그래서 매일같이 집에서 닭을 돌보거나 나비와 잠자리를 잡으러 다녔다. 2~3년 후에 정상적인 학교생활이 다시 시작됐다.

싼제는 어려서부터 배우고 익히는 걸 좋아해서 책을 즐겨 읽었다. 그땐수많은 책이 금서로 지정돼서 책을 찾는 게 쉽지 않았다. 문화대혁명 시기 소련 작품은 모두 금서여서 『강철은 어떻게 단련되는가鋼鐵怎樣煉成的』도 압수됐다. 어렵사리 한 권을 빌려 친구들과 함께 집에서 밤늦도록 읽었다. 큰오빠가 빌려온 토지 개혁에 관한 책은 앞뒤 부분이 찢겨서 내용이 알쏭달쏭했지만 끝까지 읽었다.

1970년 어느 날 앞집 2층에서 은은한 노랫소리가 울려퍼졌다. 그곳에

16 [역주] 농촌에 가서 체험하고 학습하는 운동.

이사 온 청년이 베토벤 클럽을 몰래 만들어 매주 주말에 커튼을 치고 문화대혁명 이전의 노래를 불렀던 것이다. 훗날 싼제는 그들이 1940년대생이고, '1949~1966년의 17년 시기 문화'[17]를 추구했다는 사실을 알게 됐다. 싼제는 선율이 아름다운 〈나의 사랑하는 사람이여〉라는 노래가 제일 인상 깊었다. 무슨 뜻인지는 몰랐지만, 우아한 노랫소리와 부드러운 바이올린 선율에 흠뻑 취했다. 그러다 그 소리가 더 이상 흘러나오지 않았다. 소문으로는 주민이 신고해 잡혀갔다고 했다.

문화대혁명의 악몽

1967년 공포의 무력투쟁이 막 끝난 어느 날 저녁 싼제는 동네 골목에서 놀고 있었다. 어머니는 저녁식사 준비를 마친 뒤 아버지가 오면 같이 먹자고 했다. 하지만 아무리 기다려도 아버지가 돌아오지 않았다. 그때 커다란 해방군 차 한 대가 문 앞에 멈춰 섰다. 누군가 차에서 내리더니 이곳이 딩 씨 집이냐고 물었다. 싼제는 자신의 아버지라고 답하고, 아버지의 행방을 물었다. 그는 "네 아버지는 집에 오지 못할 거야!"라고 말했다. 그러고는 사람들을 이끌고 기세등등하게 집 안으로 들어와 네 가지 죄목으로 아버지가 잡혀갔다고 통보했다. 즉 아버지가 간첩, 지주, 대자본가이며, 항일연합군을 배반했다는 것이다. 조반파가 살림살이를 압수하는 걸 보고 그제야 싼제는 집에 귀중품이 많다는 걸 깨달았다. 그들은 축음기, 능라주단, 그리고 어머니의 치파오를 압수했다. 책이나 사진

---

17   [역주] 사회주의 이상주의와 열정이 지배하던 시기로, 계급투쟁과 함께 다양한 사회주의적 실험이 진행됐다.

은 없었는데, 이웃이 당하는 걸 보고 어머니가 미리 불태운 것이다. 거기엔 평생 단 하나뿐인 빛나는 순간이 담긴 결혼사진도 있었다.

훗날 아버지가 속한 단위의 조반파가 노동자파와 간부파로 나뉘었는데, 당시 아버지를 잡으러 온 자들은 노동자 조반파였다. 아버지는 4개월 동안 갇혀서 노동 개조에 매일 동원됐다. 부모님 사이는 그다지 좋지 않았지만, 어머니는 남편과 헤어지라는 조반파의 권유를 단호히 거절했다. 어머니는 매일 맛있는 음식을 만들어 아버지에게 갖다줬다. 그리고 다섯 아이를 돌보며 밤새 바느질해 생활비에 보탰다.

아버지는 1969년 춘절 전에 석방됐다. 섣달그믐 저녁에 온 가족이 둘러앉아 만두를 빚는데, 가도街道위원회[18] 주임이 와서 "흑오류黑五類[19] 딩씨는 죄에 대한 처분을 받으라"고 소리쳤다. 그리고 흑오류로 낙인찍힌 십 수 명이 주민위원회 사무실 부근 공터로 끌려 나왔다. 그들은 고깔모자를 쓰고 일렬로 서 있었다. 열두 살이던 싼제는 벌벌 떨며 건물 귀퉁이에 숨어 그 모습을 지켜봤다. 징이 울리자 아버지가 이름을 말하고 큰소리로 죄명을 읊었다. 나중에 싼제가 간첩 드라마를 좋아하게 된 이유도 아버지가 어떻게 간첩이 됐는지 알고 싶어서였다. 그리고 어머니에게 아버지 출신과 과거사를 캐물었다. 당시 아버지는 서툰 일본어로나마 일본인의 통치에 저항했고, 일본에서 의학을 배우고 싶었으나 해방되는 바람에 포기했다. 그러고는 해방 이후 자신의 출신이 좋지 않음을 깨닫고, 매

18 [역주] 시에 소속된 각 구區의 행정 업무를 보는 기관 및 사무실. 지방에선 향급 행정구 사무실이 이에 해당한다.
19 [역주] 문화대혁명 시기 혁명에 대한 혈통론의 영향으로 지주, 부농, 반혁명분자, 악질분자, 우파분자를 일컬어 흑오류로 분류했다. 이들은 졸업, 취업, 결혼 등 다양한 분야에서 제한과 멸시를 받았다.

일 열심히 일하며 평범한 인생을 살았다.

그 일이 있은 뒤부터 싼제는 '개 놈의 자식'이 되었다. 평소에 같이 놀던 친구들도 싼제를 모른 척했다. 학교에서도 따돌림을 당했고, 선생님에게도 멸시받았다. 그때 싼제는 인생의 귀인인 쟈오 아저씨를 만났다. 그는 농촌으로 하방한 오칠전사五七戰士[20]로, 싼제의 큰언니와 같은 생산대였다. 그는 싼제가 공부를 잘한다는 걸 알고는 온갖 방법을 동원해 당시 그 지역 최고 학교인 장춘오중長春五中에 전학하도록 도왔다. 싼제는 1972년 그곳으로 전학해 1977년 고등학교를 졸업했다. 그 학교는 정상적으로 수업하고, 교사들도 성실해서 정치활동에 영향을 받지 않았다. 절실했던 싼제는 열심히 공부해서 성적이 우수했다. 싼제는 루쉰魯迅의 잡문을 가장 좋아했고, 글짓기도 즐겼다. 선생님은 늘 싼제의 글을 학생들에게 본보기로 보여 줬다.

싼제는 중학교 생활이 정말 재밌었다. 비림비공운동批林批孔運動[21]에 관한 글을 썼는데, 생동감 있게 잘 썼다며 담임인 국어 선생님의 사랑을 독차지했다. 외지에서 학교 참관을 하면, 싼제가 늘 좌담회에 참석했다. 매 학기마다 학생들은 일정 기간 기술훈련, 농업훈련, 군사훈련을 받아야 했다. 이는 마오 주석의 "학생의 주된 과업은 학업이지만, 그 밖의 것을 겸해서 배워야 한다"는 지시에 따른 것이다. 싼제는 기술을 배우기 위해 창춘長春시 목공 작업장에 파견됐다. 거기서 나이 든 기술자로부터 과거의 힘든 이야기를 듣고는 현재에 감사하고 과거를 잊지 않기 위해 거친

---

20 [역주] 오칠간부학교 출신으로 마오쩌둥 사상을 관철시키고 중농을 재교육하기 위해 농촌으로 파견된 사람들을 말한다.

21 [역주] 1973년 말부터 당 부주석 린뱌오와 그가 평소 좋아한 공자를 비판한 운동이다.

밥을 먹기도 했다. 농업훈련 할 때는 솽양双阳 오중의 농촌 분교에 파견됐다. 선생님과 몇몇 학생이 공터에 직접 지은 학교였다. 벽돌과 기왓장 하나하나에 그들의 노동과 땀, 희열이 녹아 있었다. 농촌 분교에선 실천과 결합한 수업도 들을 수 있었다. 더 좋았던 건 새로운 반을 개설해 현지 학생들과 함께 공부할 수 있도록 한 것이다. 싼제는 오중에서 보낸 중학교 시절을 떠올리며 열정 가득한 기억을 쏟아 냈다.

책으로 가득한 이웃

명랑하고 활발한 싼제는 더 이상 노랫소리가 들리지 않던 이층집에 새 이웃이 이사 왔다는 소식을 들었다. 그 집엔 책이 가득했다. 싼제는 친구 집의 가구나 장난감은 부럽지 않았으나 책이 많은 친구는 늘 부러웠다. 딸의 마음을 눈치챈 어머니가 가도위원회 주임을 통해 새로 이사 온 린林 씨와 그의 부인 뤼吕 씨를 소개해 줬다. 린 씨는 당시 〈장춘일보長春日報〉 편집인이었고, 뤼 씨는 공산당학교 교사로 재직하고 있었다. 이때부터 싼제는 글을 쓸 때마다 부부에게 들고 가 지도를 받았다. 그들은 매번 2시간 정도 싼제의 작문을 봐 줬는데, 좁고 어두운 등불 아래서의 정성스러운 과외 시간은 싼제가 고등학교를 졸업할 때까지 4년간 지속됐다. 부부의 가르침은 싼제 인생에 좋은 지침이 되었고, 그때 느낀 감정 역시 평생의 자산이 되었다.

의학을 배우던 시절

싼제는 1977년 고등학교 졸업 후 파출소에 가서 도시 후커우를 농촌으로 옮겼다. 당시 원대한 꿈을 품었던 싼제는 리스광李四光[22]과 같은 인물이 되어 온 세상을 자기 집 삼아 꿈을 위해 모든 걸 바치고 싶었다. 싼제는 창춘시 창안長安현 첸강前崗촌에 배치됐다. 생산대는 싼제가 마르고 작은 체구임을 고려해 일감을 절반만 줬는데, 단체식당에서 일하거나 일이 없을 땐 돼지죽을 만들었다.

1977년 대입시험이 부활해 그해 겨울과 이듬해 여름에 실시됐고, 싼제는 1978년 여름에 대학에 입학했다. 1977년 겨울에 실시된 시험을 본 싼제는 어머니 성화에 못 이겨 의대에 지원했다. 싼제의 성적은 4년제 대학에도 합격할 수준이었지만, 운이 따르지 않았는지 전문대인 랴오위안광산학교遼源煤礦學校에 입학할 수밖에 없었다. 3년제로, 2년 반은 학교 수업을 듣고 반년은 실습을 했다. 교수들은 열심히 학생들을 가르쳤고, 유명 대학 명사를 초청해 강의를 열기도 했다. 담임 교수는 "사람들은 너희에게 목숨을 맡긴다. 의사의 사명은 신성한 것이다!"라고 가르쳤다. 학교 규율이 엄격해서 연애나 사교춤을 허용하지 않았다. 싼제는 정말 열심히 공부했다. 당시 싼제는 랴오위안광산 의무국 직원 병원에서 실습했다. 보통 실습 기간에는 맹장수술이나 포경수술처럼 간단한 수술만 하는데, 싼제는 실력이 뛰어나 개두수술도 할 수 있었다.

1980년 대학 졸업 후 싼제는 창춘시 얼다오허즈二道河子구 병원 내과에서 일했다. 당시 싼제의 포부는 린챠오즈林巧稚[23] 같은 명의가 되는 것이었다. 병원에서 일한 첫해 월급은 32위안, 그 후론 36위안을 받았다. 그

22　[역주] 1889~1971. 중국의 지리학자, 교육자, 음악가이자 중국 현대 지질공학의 선구자.

23　[역주] 1901~1983. 중국 산부인과 의학 발전에 이바지한 인물.

싼제(왼쪽 첫 번째)와 라오위안광산학
교 동기들(1980).

후 병원을 그만두고 4년 반 동안 직공의과대학에서 공부했다. 당시 그곳에 입학하려면 정식으로 대입시험을 치러야 했는데, 싼제는 창춘시에서 36등을 했다. 의과대학을 졸업한 후에는 월급도 40위안 넘게 받을 수 있었다. 1987년 직장을 떠날 무렵에는 약 60위안까지 받았다.

1981년 싼제는 탕산唐山의 농촌 출신인 남자친구를 만났다. 그는 입대후 군인학교에 진학했고, 졸업 후 학교에 남아 교관이 되었다. 싼제는 예쁘고 착해서 따라다니는 남자가 많았다. 그런 그녀가 가난한 농촌 출신에 자기보다 학력이 낮은 남자를 만난 이유는 무엇일까? 싼제는 자기를 쫓아다니는 수많은 남자에게 "나는 계속 공부해야 해. 의학의 꿈을 이루려면 적어도 10년은 결혼 생각이 없어"라고 말했다. 그런데 이 남자는 "아무리 오래 걸려도 기다릴 수 있어"라고 대답해서 사귀게 된 것이다. 그의 말에 감동한 싼제는 1983년 1월 그와 결혼했고, 같은 해 11월 아들을 낳았다. 하지만 결혼과 육아가 공부와 일을 사랑하는 싼제의 열정을 막진 못했다.

병원을 떠나 가정으로

싼제가 병원에서 일할 땐 젊은 의사에 속했지만, 학력이 높은 건 아니었다. 그러나 그녀의 뛰어난 의술이 환자들에게 알려져 늘 환자가 많았다. 의사는 적고 환자가 너무 많아서 피곤했지만, 늘 웃음을 잃지 않았다. 싼제는 베이징에 신혼여행 갔을 때 산 『의학심리학』을 평생 간직했는데, 환자의 60%가 심리적 질환이 있음을 깨닫게 해 준 책이었다. 그래서 더욱 환자를 미소로 대해야 한다는 신념을 버리지 않았다. 한번은 입원 치료를 받던 중증 환자가 싼제에게 "선생님이 입원실에 들어오는 순간 약을 안 먹어도 나은 것 같은 느낌이 들었어요"라고 말했다. 그때는 일주일에 하루만 쉬던 때였는데, 환자 상태가 악화되면 쉬는 날에도 자전거를 타고 달려와 환자를 돌봤다. 싼제의 마음속에 환자는 자기 가정보다 중요했다. 의학도 시절 교수님의 말을 늘 기억하며, 의사란 반드시 그렇게 해야 한다고 믿었기 때문이다.

1983년부터 병원 분위기에 변화가 생겨서 의사의 진료와 처방전이 수익과 밀접하게 연관되기 시작했다. 병원은 환자에게 써 주는 처방전을 각 진료 과목 사무실에 보고하도록 했는데, 싼제는 적응할 수가 없었다. 싼제는 지금껏 환자의 경제적 상황을 고려해 진료받을 수 있도록 배려해 왔다. 병원장에게 이의를 제기했지만, "병원도 돈을 벌어야 한다. 재정부에서 60%를 보조해 주니 나머지 40%는 의사가 벌어야 한다"는 주장만 돌아왔다.

싼제는 이런 환경에서 더는 일할 수 없음을 깨달았다. 매일 아침 회의에서 다른 의사들은 2000위안의 약을 처방했다고 보고했으나 싼제는 아무리 많아도 고작 1000위안 정도였다. 그래서 싼제의 저항은 개미 한

의사 가운을 입은 싼제(1982).

마리가 큰 나무를 흔드는 것에 지나지 않았다. 싼제는 너무 고통스러워서 병원을 그만두기로 했다. 이후 남편이 재직 중인 군인학교 부설 유아원에서 보건의를 구한다는 소식을 듣고 남편과 아이들 곁에서 일하기로 결심했다. 1987년부터 그곳에서 일하기 시작한 싼제는 1995년에 유아원 원장이 되었다. 이후 그곳의 산아제한 사무실과 부속 의료시설에서 2012년까지 일하다 퇴직했다.

민영병원 자리를 거절하다

싼제가 퇴직한 후에도 남편은 여전히 건강했고, 아들은 대학 졸업 후 취업했다. 싼제는 자신이 평생 쌓은 의학 지식을 다른 사람들을 위해 공헌할 수 있기를 바랐다. 그래서 2005년 국가 공인 2급 심리상담사 자격증을 취득하고, 원래 갖고 있던 내과 전문의 자격증으로 사람들에게 처방전을 써 주기 시작했다. 싼제는 심리 상담과 의학 치료가 병행되어야 더 좋은 의료 서비스를 제공할 수 있다고 믿었다. 그때 한 민영병원으로부터 스카우트 제안을 받았다. 병원장이 거액의 연봉을 제시했지만, 그녀는 월 6000위안이면 충분하다고 생각했다. 출근 첫날 병원장은 환자에 대한 그녀의 생각에 매우 만족하며, 뇌파 측정기, 뇌혈류량 측정기 등 막대한 비용을 들여 구입한 의료 설비를 보여 줬다. 싼제는 곧 병원장의 의도를 알아차렸다. 비싼 의료기기를 이용해 진료비를 높게 책정하려는 것이었다. 시간당 200위안의 심리치료비도 비싸다고 생각했던 싼제는 안 써도 그만인 기기를 사용해 수익을 올리려는 병원장의 의도를 참을 수 없어서 채 앉지도 않은 심리 상담실 전문의 자리를 박차고 나왔다.

꿈과 이상 추구

뤼투 자신의 이상과 가치 실현을 늘 중요하게 여기다가 이를 포기하고 가정으로 돌아간 걸 후회하진 않아요?

싼제 할 만한 가치가 있다고 봐요. 남편은 늘 저를 아끼고, 저의 모든 선택을 존중해요. 저는 몸과 마음이 건강한 아들을 키웠고요. 아들에게 늘 다른 사람을 다치게 해선 안 된다, 사회에 누를 끼쳐선 안 된다고 가르쳤죠. 우리는 부유하진 않지만 화목해요. 글을 모르는 아이 할머니도 공경과 사랑으로 보살펴 드렸고요. 가정으로 돌아간 건 어쩔 수 없는 결정이었어요. 의사라는 직업과 사회적 환경이 더는 저를 필요로 하지 않았지만, 기쁘게 가정으로 돌아갔죠. 의사로선 큰 성공을 거두지 못했어도 최소한 가정은 잘 건사했잖아요.

뤼투 평생 공부를 기쁨으로 여겼는데, 목적이 없으면 공부하는 게 어떤 의미가 있을까요?

싼제 저는 줄곧 작가가 꿈이었어요. 그래서 퇴직한 게 기쁘기도 했어요. 젊은 시절 꿈을 실현할 수 있을 테니까요. 1997년 12월 12일에 저의 정신적 스승인 뤼 아주머니가 돌아가셨어요. 그때 열 살 된 아들에게 이렇게 말했어요. "물질적 부는 돈과 유형의 재산이지만, 정신적 부는 우리가 영원히 뤼 아주머니를 기억할 수 있게 하는 그 무언가다." 그러자 아들이 "그럼 물질적인 것보다 정신적인 재산을 더 많이 남겨 주세요"라고 말했어요. 아들이 올해 결혼했는데, 부모 돈은 한 푼도 쓰지 않았어요. 그래서 아들에게 2만 자의 긴 편지를 썼죠. 이 편지를 린 아저씨께 보여 드렸더니 글솜씨가 좋다며 계속 써 보라네요.

1962년생 쑤제

눈부신 결말을
따라가다

2015년 4월 선양沈陽에 사는 친척을 만나러 갔다가 국영기업에서 퇴직한 여성노동자 쑤제蘇姐를 인터뷰했다. 1979년 국영기업에 다니던 아버지가 퇴직한 자리를 17세의 그녀가 이어받았다. 이후 마흔둘이던 2004년에 25년간 일한 그곳에서 해고되고, 지금은 사기업에서 일하고 있다.

쑤제가 처음 일을 시작했을 때는 1세대 도시 이주노동자가 외지에 나가 일하기 시작하던 시기였고, 사기업에서 일하기 시작했을 때는 신세대(1980~1990년대 출생한 젊은이들) 도시 이주노동자의 수가 급격히 증가하던 시기였다. 각각의 제도는 비교 가능한 부분도 있고, 너무 복잡해서 비교하기 어려운 부분도 있다. 한 시대의 변화 원인과 과정은 복잡하게 얽혀 있지만, 보통 사람들이 체감하는 건 변화 후에 온 결과와 영향이다. 보통 사람들이 역사의 변혁 과정에 얼마나 참여할 수 있을까? 그리고 그 과정을 얼마나 좌우할 수 있을까? 이제 20세기가 지나고, 21세기의 현실이 펼쳐지고 있다.

아버지는 국영기업 노동자

1962년 선양에서 태어난 쑤제는 열 살 어린 남동생이 하나 있다. 쑤제의 부모님은 1930년대생으로, 과거에는 문맹이었다가 신중국 성립 후 문맹퇴치 교육반에 들어가 글을 배웠다. 아버지는 1950년대 신중국 성립 초기 대규모 단위가 만들어져 사람을 모집할 때 대형 국영기업인 한 건축회사에 들어갔고, 어머니는 가도街道24에서 일했다. 아버지는 젊었을 때 기술이 좋았다. 당시엔 정기적으로 등급시험을 봤는데, 아버지는 한 등급씩 합격해 마지막에는 7급 숙련공이 되었다. 월급도 80위안 정도로 많이 받는 편이었다. 그땐 월 30위안이면 가족을 부양할 수 있었다. 1950년대 말 아버지는 변방으로 지원해 갔는데, 거기서 온갖 힘든 일을 하며 7년간 지냈다. 그 결과 고혈압과 심장병을 얻었다. 1960년대에 선양으로 돌아온 아버지는 사무실 근무로 전환했다. 임금과 대우는 이전과 같았고, 거기서 계속 일하다가 퇴직했다.

공부를 못하는 게 영광인 시절

1973~1974년 "린뱌오와 공자를 비판하자批林批孔"던 시기에 쑤제는 초등학생이었다. 당시엔 너무 어려서 무엇을 비판하고, 무엇을 찬양하는지 몰랐다. 다만 어렴풋이 봉건적인 건 쓸모없다는 것이라 기억했는데, 이제는 모두가 이를 좋은 것으로 여긴다고 했다.

이와 동시에 "황솨이를 배우자學習黃帥"25는 열풍이 일어났고, 이것이

---

24 [역주] 기층 단위 행정구역. 지역 주민에 관한 사무를 보는 기관으로, 한국의 주민센터에 해당한다.
25 [역주] 1973년 베이징의 한 초등학교 5학년 황솨이가 선생님을 비판하는 편지를 〈베이징일보〉에 보냈는데, 장칭 등 문화대혁명 시기 4인방이 이 편지를 이용해 학생들을 선동한 사건을 말한다.

선생님과 맞서 싸우자는 것으로 변해갔다. 쑤제는 당시 기억을 떠올리며 "황솨이가 주장한 건 선생님에 맞서 싸우자는 게 아니에요. 각자 견해가 있으니 선생님도 학생을 존중해야 한다는 뜻이었죠. 그런데 왜 사회가 선생님과 맞서 싸우라고 이끌었는지 모르겠어요"라고 말했다. 당시 여학생들은 그나마 조용했는데, 남학생들이 너무 떠들어서 수업할 수 없을 정도였다. 한 선생님은 너무 화가 나서 고혈압이 재발했다고 한다. 이어서 장톄성의 백지 시험지 사건张铁生考零分[26]을 찬양하기 시작했다. 당시 초등학생들은 물론 중학생들도 엉망진창이었다. 그녀는 당시를 회고하며 말했다. "그 나이 때 공부에 흥미를 길러야 하는데, 결과적으로 공부를 잘하고 못하고는 중요하지 않았어요. 학교 조직의 여러 활동에 적극적으로 참여만 하면, 선생님께 인정받을 수 있다고 생각했어요."

요즘에는 학생이 교실에서 떠드는 게 잘못된 행동이라고 생각하지만, 그때는 그게 정상이었다. 전통의 미덕을 모두 부정하고, 무력과 폭력 위주로 선전과 찬양을 했다. 그때 아들 있는 부모들은 아들이 사고 칠까 봐 마음을 졸여야 했다. 작문은 비판을 중심으로 하고, 비판은 반드시 정치 노선 원칙에 따라야만 했다. 자기 경험에 비춰 사고하면, 사심이자 이기적인 생각이라고 모질게 비판받았다. 또 누군가를 비판하는 글을 쓰는 대신 수학·물리·화학을 공부하면 냉대와 비판을 받기도 했다.

지금은 수학·물리·화학을 잘하면 온 세상을 두루 돌아다닐 수 있다고 여긴다. 이런 학문은 전 세계가 동일하게 배우기 때문이다. 하지만 당

---

26 [역주] 1973년 문화대혁명 기간에 유일하게 실시된 대입시험에서 장톄성이 백지 시험지를 제출한 사건을 말한다.

시엔 그런 학문을 못 하는 게 옳다고 여겼다. 지식인, 선생님, 기관 간부인 부모들은 아이들에게 공부를 강조했지만, 노동자 가정은 그렇지 않았던 것이다.

막막한 인생

그 시절 학비는 매우 저렴해서 초등학교는 한 학기에 3위안, 중·고등학교는 5위안이었다. 책값도 몇 마오 정도였다. 집안 형편이 안 좋은 학생은 부모가 소속된 단위에 생활곤란자임을 증명하면 학비가 면제됐다. 그땐 돈으로 생활을 유지한다는 개념이 없었고, 미래에 대한 걱정도 없었다. 대다수 가정환경이 거의 비슷했고, 사람들의 심리 상태도 비교적 온화했다.

쑤제는 늘 학교 성적이 좋았다. 학습 분위기는 그다지 안 좋았지만, 집에서나 학교에서나 아이들이 제대로 공부하도록 힘썼다. 쑤제의 성적이면 어느 중학교나 합격할 수 있었다. 하지만 유감스럽게도 쑤제를 이끌어주는 사람이 없었다. 초등학교 동창들은 위생학교나 유치원교사 양성학교에 들어갔고, 졸업 후 병원이나 학교에서 일했다.

당시 외국어는 부차적인 과목이어서 지식인 가정의 아이들만 열심히 배웠다. 그래서 나중에 그들은 전국 각지나 세계로 나아갈 수 있었다. 대입시험이 재개됐을 때 적극적으로 응시한 아이들은 부모가 학자나 기관에서 일하는 경우였고, 쑤제와 같은 노동자계층 아이들은 대입시험에 관심이 없었다. 그 시절엔 일하는 걸 영광스럽게 생각했기 때문이다.

아버지가 퇴직할 무렵 쑤제는 고등학교를 졸업했다. 출근할 곳이 있다는 건 대단한 일이었기에 쑤제는 직장에 다녔다. 쑤제는 "당시엔 명확한 인생 목표가 없었어요. 부모님이 계속 공부하라고 했다면 따랐을 거예요. 하지만 부모님도 저도 공부를 계속할 생각은 안 했죠. 목표가 없으니 어디로 가야 할지도 몰랐고요"라고 말했다.

첫 출근

1980년 쑤제는 아버지의 일을 이어받았다. 당시 국영기업에 다니는 건 영광스러운 일이었고, 직계 자녀만 일을 이어받을 자격이 있었다. 쑤제는 그곳에서 미장공으로 만 3년을 일했다. 첫해는 견습공이어서 월 22위안을 받다가 나중에는 월 39위안까지 받았다. 견습공 시기는 대개 2~3년이었다.

쑤제는 지금도 그때가 그립다. 회사 분위기도 좋고, 사람들도 열심히 일했다. 임금과 복지 수준도 좋아서 노동자의 사회적 지위가 간부를 능가하기도 했다. 당시 주임 임금이 약 50위안으로, 자신들보다 낮았다. 노동자는 기본급 외에 성과급을 받았는데, 어떨 때는 성과급이 기본급의 2~3배에 달했다. 당시 쑤제의 기본급은 약 30위안으로, 성과급을 더하면 100위안 넘게 받을 수 있었다. 그 시절엔 간부의 횡령이나 재무 담당 간부의 발언권도 없었다. 특히 1968년에는 노동자의 이익을 중심으로 반부패 운동을 벌였다. 마오쩌둥은 노동자의 지위와 공공의식을 선도하며 특권을 버리도록 했다. 이런 사회적 분위기와 함께 사람들은 정말 사심이 없었다. 달리 말해 그 시절엔 소비가 제한되어 돈이 있어도 뭔가를 살 수가 없었다. 그래서 모두가 탐욕스럽지 않았고, 돈이 큰 영향을 미칠 수 없었다. 하지만 이제는 시대가 완전히 달라졌다.

건축업의 특징은 시공이 없는 겨울에 출근을 안 해도 된다는 것이다.

그래서 보통 휴가가 2~3달이었는데, 기본급은 지급되고 상여금만 나오지 않았다. 상여금은 경쟁을 통해서가 아니라 한 조가 임무를 완수하면 공동으로 받았다. 함께한 일의 양이 기본적으로 비슷해서 연령이나 임금에 상관없이, 즉 기본급이 달라도 상여금은 같았다. 그래서 모두 불만이 없었고, 한마음으로 단결했다.

당시 도시 정식노동자의 대우가 매우 좋았고, 사회적 지위도 높았다. 그러나 도시 노동자와 도시 이주노동자 사이에는 차이가 있었다. 쑤제가 다니던 회사에는 정식노동자가 8000여 명, 임시직 노동자가 2~3만 명이었다. 전기공, 수도, 보일러공 등 상대적으로 좋은 직종은 도시 노동자가 했고, 페인트공, 철근공, 벽돌공, 미장공 등은 주로 임시직 노동자가 했다.

산업재해로 휴직하다

1983년 어느 날 건설 현장에서 뜻밖의 사고를 당한 쑤제는 입원 치료를 받고 집에서 요양했다. 당시 노동자들은 직원병원에서 진료받을 수 있었는데, 치료가 어려우면 시 병원으로 옮길 수 있었다. 치료비는 무상이어서 전부 환급받았고, 병가 기간에도 임금 전액을 받았다. 이후 1985년에 복직했다.

출산휴가

쑤제는 1990년에 결혼해 이듬해 아이를 낳았다. 회사가 규정한 출산휴가가 18개월이어서 쑤제는 출산 전부터 휴가를 썼다. 휴가가 끝난 10월부터는 겨울휴가를 이어서 썼는데, 그렇게 총 2년 반을 쉬었다. 휴가 기간에 처음엔 임금의 100%를, 그 다음엔 60%를 받았다. 이후 1994년에 회사로 돌아갔다.

직원식당에서 일하다

몸을 회복한 후 쑤제는 단위가 배정한 직원식당에서 구매 업무를 맡았다. 성과급 없이 기본급만 받았지만, 열정적이던 쑤제는 10년간 단 한 번도 실수한 적이 없다.

1980년대 후반에 이르자 겨울휴가 임금이 기본급의 80%가 되었다. 1990년대 초부터는 단위 사정이 좋지 않아서 임금이 체불되다가 수익이 생기면 한꺼번에 받았다.

쑤제를 비롯한 국영기업 직원들이 이토록 참담한 상황에 처한 이유가 무엇일까? 원래 직원들은 임금 등급에 따라 사회보장 혜택을 받았는데, 직원들이 퇴직할 때가 되자 관련 기관 및 기업 사장들이 결탁해 직원의 사회보장 등급을 최하로 낮추고 차액을 나눠 먹은 것이다. 즉 퇴직한 직원의 임금이 낮아진 건 국가 정책 때문이 아니라, 기관과 사장이 중간에서 농간을 부렸기 때문이다.

국영기업의 이익과 성과는 왜 안 좋았을까? 이는 분배제도 개혁과 직접적인 관련이 있다. 분배제도 개혁 이후에는 기업 경영을 맡은 당 간부나 관료의 힘이 세져서 성과급 계산 방식도 바꿔 버렸다. 기업과 노동자 모두가 돈을 벌 수 없게 됐지만, 노동자가 돈을 못 버는 건 다른 문제였다. 심지어 전체 수익도 조작했는데, 기업 경영 간부가 단위 이익이 나쁘다고 하면 정말 그런 것처럼 회계장부를 꾸몄다.

쑤제는 "1990년대 중반부터 사람들이 혼란스러워했어요. 기업 상황이 나빠졌으니 개혁해야 한다는 게 아니라, 개혁하고 싶으면 스스로 해야 한다고 강요했죠. 게다가 개혁할수록 좋아지기는커녕 대다수가 엉망진 창이 됐고, 일부만 잘 됐어요. 사실 지금의 국영기업 제도 개혁을 잘 모르겠어요. 분명한 건 단위가 국가 소유라는 거예요. 우리를 이리저리 갈아치우는 사장이 어떻게 경영지배권을 45%나 가질 수 있는지, 또 그 돈이 어디에서 나오는지 정말 모르겠어요!"라고 한탄했다.

명예퇴직 보상금

2004년 쑤제와 동료들이 해고당했다. 회사는 쑤제에게 1979년부터 2004년까지 25년간 일한 명예퇴직 보상금으로 2만 위안을 줬고, 이것으로 쑤제와 회사의 관계가 끝났다.

그러나 퇴직 전까지의 사회보험은 개인이 해결해야 했다. 쑤제는 15년간 사회보험을 납부했으면 보장받을 수 있다고 생각했는데, 오해였다. 쑤제의 상황을 예로 들면, 그녀의 직무는 국가 규정에 따라 45세에 퇴직해야 한다. 2004년 쑤제의 나이는 42세였고, 25년을 일했기에 납부 기간은 15년이 훨씬 넘는다. 만약 그때 그녀가 사회보험 납부를 중지한다면 2004년 사회평균임금에 따라 퇴직금을 계산하게 될 텐데, 이런 모험을 감행하는 사람은 아무도 없다. 왜냐하면 물가와 임금이 너무 빨리 오르기 때문이다. 쑤제가 1년에 4천여 위안을 수년간 사회보험으로 납부하고 2008년에 퇴직한다면, 명예퇴직 보상금 2만 위안으로 충분하다. 그러나 50세에 퇴직하는 직무라면, 쑤제는 돈을 벌어 계속 사회보험을 내야 한다. 명예퇴직을 당한 많은 직공이 바로 이런 상황에 부닥친 것이다. 힘들게 일해야만 사회보험을 낼 수 있고, 생활을 유지할 수 있는 것이다.

노동자는 정말 국가의 주인이었을까?

뤼투 노동자 해고는 불공평한 일이에요. 그 시대는 노동자가 주인이었다고 했죠? 지금 이렇게 된 건 주인이 없는 상태, 즉 노동자가 힘이 없는 상태인 것 같아요. 이유가 뭘까요?

쑤제 국가 정책 관점에서 봐야 해요. 1990년대부터 사람들은 이전과 많이 달라졌어요. 모두가 사리사욕을 채우기 위해 수단 방법을 가리지 않고, 양심도 없어졌죠.

뤼투 인터뷰 초반에 당신은 노동자가 막 됐을 때 영광이었다고 말했어요. 당신 이야기에서도 잘 드러났고요. 하지만 노동자가 주인이라는 말이 정말로 실현됐나요?

쑤제 예전에는 무슨 일이 생기면 노동조합이나 단위 간부를 찾아가 문제를 제기할 수 있었어요. 그러다가 관련 기관을 찾아가는 사람이 점점 사라졌죠. 국가가 노동자를 위해 발언하지 않으면, 노동자의 발언권도 없어져요.

뤼투 그럼 과거 노동자의 사회적 지위는 국가가 준 것이라고 할 수 있을까요?

쑤제 맞아요.

뤼투 노동자의 사회적 지위가 사라진 것도 국가가 가져간 것이다?

쑤제 그래요.

뤼투 그렇다면 우리도 한 걸음 나아가 생각할 수 있겠네요. 신중국에서 노동자의 사회적 지위는 완전히 달라졌어요. 하지만 노동자의 자각적 의식은 그 정도까지 이르지 않았죠. 결국 다른 사람이 당신에게 준 건 언제라도 가져갈 수 있다는 건가요?

쑤제 이건 의식이 있고 없고의 문제가 아니에요. 생각대로 되는 게 아니죠. 만약 의식의 문제라면 그 책임이 노동자에게 있고, 노동자가 스스로 확립하지 못한 것 같잖아요. 지금 노동자에겐 근본적으로 발언권이 없어요. 노동자가 말한 건 인정받지 못하고요. 아무도 이런 권력을 주지 않는데, 아직도 노동자가 이 땅의 주인이라고 생각하나요? 저는 일을 잘하고 싶은데, 회사에선 나가라잖아요. 노동자 의식과는 상관없어요.

뤼투 그렇다면 사회 발전은 소수가 결정하는 건가요?

쑤제 이 문제는 우리 같은 서민이 대답하기 어려워요. 우리 회사엔 직원이 아주 많았어요. 점유하던 땅도 선양에서 가장 좋은 곳이었고요. 지금은 모두 없어지고 주식회사로 변했죠. 기업 간부는 어쩜 그렇게 단번에 부자가 되고 주주가 됐는지 모르겠어요. 지금 시 주석이 부정부패를 척결하고 있으니 거기서 희망을 찾아야죠.

사립 귀족학교에서 일하다

쑤제는 2005년부터 선양의 사립 귀족학교에서 일하기 시작했다. 사장은 남동생 부인의 친척이다. 쑤제는 교직원 식당의 전반적인 업무를 맡았다.

사립학교의 교사 임금은 경력과 학력에 따라 다르다. 이곳은 1년에 10~20만 위인 이상을 받는 사람도 있고, 수만 위안을 받는 사람도 있다. 이는 모두 사장의 뜻대로 결정된다. 모든 게 사장 소유이기 때문이다.

쑤제는 사장의 친척이지만, 직원들이 문제를 제기할까 봐 일할 때 더욱 조심했다. 그녀가 보기엔 모든 게 사장 마음이지만, 임직원 모두가 형제자매처럼 지낸다. 그만큼 사장이 직원들을 포용하고 존중하며 회사 분위기를 좋게 만들었다.

쑤제와 내가 사장실에서 이야기를 나누던 날, 사장이 차와 과일을 권하며 친절하게 대해 줬다. 쑤제와의 대화는 몇 시간이나 지속됐다.

쑤제는 50대지만, 그녀가 경험한 역사와 제도에 관해 듣고 있으니 시대를 넘나드는 느낌이 들었다. 몸은 호화로운 사장실에 있으면서 노동자의 사회적 지위 변화에 관한 대화를 하는 것 또한 시간을 넘나드는 것 같았다. 우리는 이야기를 나누며 서로 다른 제도를 넘나들고, 서로 다른 공간과 사회적 신분을 넘나들었다. 쑤제는 가장이 사회발전 과정에 중요한 역할을 할 수 있다고 생각했다. 가장은 작게는 가정의 부모, 크게는 국가의 주석이라는 것이다. 그녀의 이런 생각이 깊은 인상을 남겼다. 쑤제는 부모가 학력이 낮아 방향을 제시하지 못했기에 자신이 고등교육을 받지 못했다고 생각했다. 또 자신이 사회적 지위가 높고 대우도 좋은 국영기업 노동자에서 퇴출 노동자로 전락한 건 국가의 가장이 역할을 다하지 못한 것으로 여겼다.

1968년생 쥐란
18년의 급여명세서

2014년 10월 국경절 연휴에 S공장의 여성노동자 6명을 인터뷰했다. 10월 2일에는 후이란과 쥐란菊蘭, 10월 3일에는 리잉과 자오, 10월 4일에는 광샤와 정쉔을 만나 이야기를 나눴다.

10월 2일 오후에 쥐란이 사는 작은 셋집을 찾았다. 우리가 이야기를 나눌 때 쥐란의 남편은 옆에서 묵묵히 찻잎을 따고 밥을 지었다. 3일 동안 여섯 집에서 생선요리를 여섯 번 먹었는데, 집마다 맛이 달랐다. 쥐란과 함께한 식사는 국경절 연휴의 두 번째 만찬이었다. 쥐란의 남편은 생선 손질을 한 뒤 다른 요리를 만들기 시작했다. 그러다 자신이 없다면서 쥐란에게 국자를 쥐여 주며 생선요리를 부탁했다. 부부는 둘 다 내성적이었는데, 쥐란은 내내 우울한 표정이었고, 남편은 거의 말을 하지 않았다. 쥐란은 배운 게 많지 않다고 했다. 특히 국가 정책에 대해선 아는 게 없나고 했다. 하지만 쥐란이 사회보험 쟁취 과정과 관련 정책을 설명하는 걸 들으니 사리가 분명했다. 사회 정책이 훌륭하고 서민이 그 정책을 잘 이해한다면, 그 많은 비극은 일어나지 않았을 것이다.

어린 시절

쥐란은 1968년 후난湖南성 스먼石門촌에서 태어났다. 형제자매로 큰오빠, 큰언니, 작은오빠, 두 명의 여동생이 있다. 쥐란의 부모님은 90세가 넘었지만, 아직 건강하시다. 집은 가난한데 아이가 많아서 쥐란은 초등학교 5학년까지만 다녔다. 부모가 고생하는 걸 보고 스스로 공부를 그만둔 것이다.

결혼과 출산

그 시절 젊은 남녀는 보통 소개를 통해 만났다. 쥐란의 남편은 1989년 결혼할 때도 형편이 안 좋아 예물을 주지 못했고, 쥐란이 혼수를 좀 더 했다. 부부는 이듬해 아들을 낳았다. 당시엔 산아제한이 엄격했는데, 첫째가 아들이라 더는 아이를 낳지 못했다. 쥐란은 하나 키우기도 힘든데, 더 낳을 수 있다고 해도 그러고 싶지 않았다고 털어놓았다.

S공장에서의 18년

1997년 12월 아들이 일곱 살이 되자 쥐란은 남편과 함께 광저우로 와서 S공장에 들어갔다. 그리고 지금까지 18년간 일했다. 1999년에는 한 달에 26일 일해도 임금이 400위안이 안 됐다. 2002년 노동계약서에 서명할 때도 기본급은 고작 450위안이었다.

그래도 2005년까지는 출근하는 게 즐거웠다. 임금은 적었지만, 사람들과 소통이 잘 돼서 서로 화목하게 지냈다. 동료도 상사도 지금보다 좋았다. 그땐 관리자와 조장도 직원들을 세심하게 배려하며, 어려운 일이 생길 때마다 해결해 줬다. 하지만 지금은 사정이 다르다. 동료든 조장이

든 자신의 권력에 기대어 일을 시키며 제멋대로 한다. 서른이 넘은 나이라 다른 일자리를 찾을 수 없었던 이유도 있지만, 쥐란은 모두가 화목한 회사 분위기가 좋아 계속 이 공장에 남았다. 그러나 일에 대한 스트레스가 점점 커졌다. 상품을 제때 출하하지 못하면 욕을 먹었고, 어떨 때는 일을 잘하든 못하든 욕을 먹기도 했다. 이런 불쾌한 작업환경을 마주할 때마다 쥐란은 나쁜 놈들은 어디에 가든 있다고, 밖에서 일하려면 인내심을 가져야 한다고, 그렇지 않으면 힘들게 일해도 빈손이 될 거라고 스스로 타일렀다.

그동안 수많은 노동자를 인터뷰했지만, 여러 해의 급여명세서를 보관한 사람은 쥐란이 유일하다. 쥐란은 급여명세서를 보관한 이유를 다음과 같이 말했다. "권익을 쟁취하려고 명세서를 남겨 둔 건 아니에요. 그냥 나중에 손자가 생기면 할머니가 일한 증거라고 보여 주고 싶었어요." 사실 노동자의 권익을 쟁취하는 데 급여명세서를 이용하는 건 힘들다. 명세서에 연도나 회사 직인조차 없기 때문이다.

쥐란이 가져온 급여명세서 한 뭉치를 연도별, 월별로 정리했다. 쥐란은 "우리가 하는 일은 지식이 필요하지 않아요. 그건 힘든 노동이고, 번 돈은 피땀 흘린 대가죠"라고 말했다. 1997년 12월 광저우에 온 쥐란 부부는 2012년에야 새집을 지을 수 있었다. 그리고 2015년 설에는 돈을 아끼느라 고향에 가지 못했다.

[표1] 쥐란의 급여명세서 I

날짜	실수령액	내역
1998년 6월	60위안	급여명세서 미수령
1999년 12월	410위안	기본급: 343위안(노동시간 192시간), 초과근무수당: 26위안(11시간), 식비: 19위안, 직종수당: 17위안, 교통비: 8위안, 전기세 공제: 10위안, 의료비 공제: 3위안
2000년 11월	645위안	기본급: 371위안(노동시간 208시간), 초과근무수당: 218위안(94시간), 식비: 20위안, 직종수당: 18위안, 전기수당: 12위안, 교통비: 8위안, 보충수당: 10위안, 전기세 공제: 10위안, 의료비 공제: 3위안
2001년 1월	845위안	기본급: 455위안(노동시간 208시간), 초과근무수당: 335위안(117.5시간), 식비: 20위안, 직종수당: 18위안, 전기수당: 12위안, 교통비: 8위안, 보충수당: 10위안, 전기세 공제: 10위안, 의료비 공제: 3위안
2004년 2월	1315위안	기본급: 389.6위안(노동시간 160시간), 상여금: 135위안, 최저임금: 524.6위안, 초과근무수당: 366.7위안(91시간), 상여금: 135위안, 휴일근무수당: 427.71위안(79.5시간), 의료비 공제: 3위안
2005년 2월	1305위안	기본급: 501.8위안(노동시간 160시간), 저녁근무수당: 88위안, 상여금: 100위안, 최저임금: 692.8위안, 초과근무수당: 192.8위안(37.5시간), 휴일근무수당: 421.89위안(61.5시간), 의료비 공제: 3위안
2006년 7월	1452위안	기본급: 677.16위안(노동시간 176시간), 상여금: 135위안, 최저임금: 812.16위안, 초과근무수당: 407.9위안(66시간), 휴일근무수당: 234.84위안(28.5시간), 의료비 공제: 3위안
2007년 12월	1796위안	기본급: 646.38위안(노동시간 168시간), 초과근무수당: 112원, 상여금: 134위안, 최저임금: 892.38위안, 일반근로수당: 321.4위안(52시간), 휴일근무수당: 585.04위안(71시간), 의료비 공제: 3위안
2008년 1월	1923위안	기본급: 707.94위안(노동시간 184시간), 상여금: 145위안, 최저임금: 852.94위안, 일반근로수당: 401.7위안(65시간), 의료비 공제: 3위안
2009년 9월	1641위안	금액1: 797.33위안(노동시간 184시간), 금액2: 48.64위안, 일반근로수당: 846위안, 장려금: 5위안, 초과근무수당: 379.5위안(55시간), 휴일근무수당: 452.66위안(31.5시간), 복지수당: 70위안, 의료비 공제: 3위안
2010년 6월	2392위안	금액1: 924.5위안(노동시간 176시간), 금액2: 97.1위안, 일반근로수당: 1022위안, 장려금: 20위안, 일반근로수당: 500.8위안(57.5시간), 휴일근무수당: 632.75위안(54.5시간), 복지수당: 50위안, 초과생산장려금: 170위안, 의료비 공제: 3위안

2011년 6월	2591위안	금액1: 1066.11위안(노동시간 176시간), 금액2: 198.25위안, 일반근로수당: 1264위안, 장려금: 30위안, 저녁근무수당: 160위안, 초과근무수당: 555.2위안(51.5시간), 휴일근무수당: 452.66위안(31.5시간), 복지수당: 70위안, 기타: 100위안, 세금 공제: 38.22위안, 의료비 공제: 3위안
2012년 5월	3105위안	금액1: 1114.57위안(노동시간 184시간), 금액2: 207.26위안, 일반근로수당: 1322위안, 장려금: 33위안, 초과근무수당: 533.6위안(49.5시간), 휴일근무수당: 905.31위안(63시간), 초과생산장려금: 52위안, 복지수당: 70위안, 의료비 공제: 3위안
2013년 6월	3351위안	금액1: 1313.83위안(노동시간 152시간), 금액2: 127.54위안, 일반근로수당: 1441위안, 유급휴가급여: 75.85위안, 장려금: 30위안, 초과근무수당: 469.3위안(33시간), 휴일근무수당: 1071.81위안(56.5시간), 초과생산장려금: 196위안, 복지수당: 70위안, 의료비 공제: 3위안

[표2] 쥐란의 급여명세서Ⅱ

월별	1998년	2009년	2010년	2011년	2012년	2013년
1월			1909위안	3136위안	2512위안	3166위안
2월	60위안	1196위안	2236위안	2668위안	2822위안	2129위안
3월	60위안	1158위안	2684위안	2921위안	2633위안	4153위안
4월	70위안	1688위안	2270위안	2354위안	2985위안	4014위안
5월			2525위안	2364위안	3105위안	3583위안
6월	60위안	1580위안	2392위안	2591위안	3237위안	3351위안
7월		1641위안	2218위안	1962위안	3517위안	4035위안
8월		1449위안	1995위안	2282위안	3396위안	2855위안
9월		1620위안	2045위안	2293위안	2813위안	3387위안
10월		1312위안	2082위안	2569위안	2141위안	3926위안
11월	130위안	1204위안		2067위안	2682위안	4255위안
12월	190위안	1700위안	2338위안	2954위안	2843위안	

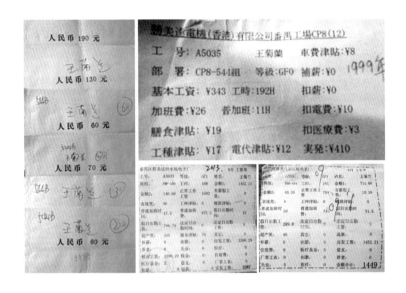

1998년, 1999년 12월, 2009년 8월, 2013년 9월 급여명세서.

사회보험 쟁취를 위해

후이란("1974년생 후이란" 이야기 참고)의 설명이 없었다면, 쥐란은 미납된 사회보험을 추가 납부할 수 있다는 사실조차 몰랐을 것이다. 처음엔 다른 공장은 그렇게 한다는 후이란의 말을 믿지 않다가 휴가를 내고 후이란과 함께 다른 공장에 가 본 뒤에야 믿을 수 있었다. 2011년에 사회보험을 지속하고 싶은지 조장이 쥐란에게 물은 적이 있다. 당시 쥐란은 43세여서 퇴직 때까지 납부한다고 해도 15년을 채우지 못할 것 같아 몇 년 치를 추가 납부할 수 있는지 물었다. 그런데 조장이 불가능하다고 해서 포기하고 사회보험을 납부하지 않은 것이다. 2013년부터 1년 동안 많은 사람이 노력한 결과 공장은 모두에게 2002년부터의 사회보험을 추가 납부해 주겠다고 했다. 그러나 단 3년 치로 제한했다. 쥐란은 어쩔 수 없다고 생각했다. 지난 1년간 사회보험 쟁취 과정을 통해 정책과 법률을 겨우 이해했고, 1998년 법률에 따라 기업은 노동자의 사회보험을 들어야 한다는 것도 알게 되었다.

하지만 공장 주문이 점점 줄어드는 데다 많은 원료가 다른 성의 공장에서 생산된다는 소식을 들은 뒤 쥐란을 비롯한 동료들은 마음이 놓이지 않았다. 3년간 추가 납부해 주겠다고 했지만, 1년 후에 공장 문을 닫으면 방법이 없었다. 젊은 친구들은 이 문제에 그다지 관심이 없었다. 그들이 가진 건 시간뿐이고, 공장 문을 닫아도 다른 일자리를 찾을 수 있기 때문이다. 그러나 쥐란은 달랐다. 그 나이엔 다른 일자리를 찾을 수 없었다. 그래서 쥐란을 비롯한 나이 많은 동료들은 3년 치를 한꺼번에 납부해 달라고 요구했다. 사무실의 젊은 직원이 여성노동자들의 요구를 대수롭지 않아 하며 말했다. "우리는 규정대로 하는 거니 능력 있으면 고소하세요. 법원이랑 기율검사위원회에도 고소하고요!"

2013년 4월 29일 쥐란을 비롯한 10여 명의 직공은 사회보험 추징 소송을 사회보장국 사찰과에 등록 접수했다. 그러자 공장은 당장 취소할 것을 요구하며 그렇지 않으면 결과를 책임져야 할 거라고 협박했다. 쥐란이 물었다. "우리 권익을 지키려는 건데 안 된다는 게 말이 돼요? 게다가 당신네가 소송하라면서요. 아직 소송한 것도 아니고, 단지 등록 접수만 한 건데 이렇게 나오다니!" 공장은 소송을 취하하라고 계속 압박했다. 그들의 태도가 마음에 안 들었지만, 쥐란은 강경하게 나가지 않았다. 그간 못한 말이 너무 많아서 해야 할 말만 할 뿐이었다. "여기 온 이래 고향에서 설을 보낸 적이 없어요. 저는 부모님께 딸로서 책임을 다하지 못했어요. 아들에게는 엄마의 책임을 다하지 못했고요. 공식적으론 차별하지 않는다면서 몇 년 전에는 간부들 사회보험만 추가 납부해 줬고, 직공들은 그럴 자격이 없다고 했죠. 그때 우리도 동등하게 대했다면, 이런 상황은 일어나지 않았을 거예요."

　노동자들이 합법적인 권익을 쟁취하기란 정말 힘들다. 첫째, 노동자는 매일 출근해야 하므로 시간이 없다. 둘째, 노동자는 정책이나 법률, 각급 정부기관의 기능이나 역할을 이해하지 못한다. 셋째, 노동자에게는 증명할 수 있는 자료가 거의 없다. 직공들은 노동감찰국에 소송하고 싶었지만, 10명 중 쥐란만 노동계약서를 갖고 있었다. 다른 사람들은 자신의 노동계약서를 본 적이 없거나 이미 버린 상태였다. 노동계약서가 없으면 소송할 수가 없다. 합법적인 절차에 따르면, 원래 노동계약서는 3부를 만들어야 한다. 그래서 노동자가 계약서를 갖고 있지 않으면, 노동부나 공장에 계약서를 요구할 수 있다. 하지만 소송을 원치 않는 기업 입장에선 노동자의 요구에 협조하지 않을 것이다.

　지난 1년의 싸움이 힘들었는지 쥐란의 얼굴에 근심이 가득했다. 비교적 적극적이던 10여 명의 여성노동자는 회사에서 징계를 받았다. 가장 간단한 징계 수단은 야간근무를 시키지 않는 것이다. 쥐란은 "이제 출근하기도 어렵게 됐고, 그리고 싶지도 않아요. 남편이 지지해 주지 않았다면 진즉에 포기했을 거예요. 사람들이 왜 그 모양일까요? 우리가 요구하는 건 단지 합법적인 권익인데. 내가 받는 사회보험은 공장 주임들이 부담하는 게 아니라, 회사가 우리에게 빚진 거잖아요. 그리고 공무원은 자질이 훌륭해야 하는데, 우리가 만난 사람들은 교양도 없고 우릴 건성으로 대해요. 우리가 잘 모른다며 속이기도 하고요. 그러다가 우리가 스스로 깨우치니까 오히려 화를 내는 거예요"라고 토로했다.

쥐란은 이 공장에 너무 오래 다녀서 하루도 더 있기 싫다. 하지만 방법이 없다. 쥐란은 "사실 단 하루도 출근하고 싶지 않아요. 공장에 가면 귀신을 만나는 것 같아요. 바라는 게 있다면, 공장이 2년 반치의 사회보험을 납부해 주는 거예요. 그럼 내일이라도 당장 떠날 거예요"라고 말했다.

변함없는 가족의 정

쥐란은 1997년 말 광저우에 오면서 둘째 새언니에게 일곱 살 된 아들을 맡겼다. 새언니는 마음을 다해 쥐란의 아들을 보살폈다. 2003년 7월 25일 새언니가 죽었다는 소식을 들었다. 쥐란은 마치 마른하늘에 날벼락을 맞은 것 같았다. 당시 월급날이 26일이었는데, 쥐란은 월급을 받자마자 고향으로 갔다. 집에 도착하니 이웃이 "세상에, 이제야 돌아왔구나. 얼른 네 아들 좀 달래 봐. 저리 마음 아프게 계속 우는구나"라고 말했다.

그때 13세 아들은 중학교에 다녔다. 이후에는 주저우株州시 후난화공직업기술대학에서 물리학을 전공했다. 당시 전문대인 기술대학에 다니려면, 1년 학비 1만 위안에 한 달 생활비가 1000위안쯤 들었다. 그러니 아들 학비로 3년간 7만 위안 정도 든 것이다. 현재 아들은 대학 졸업 후 창사長沙현에서 일하는데, 월 약 1000위안을 받는다. 아들이 돈이 부족하다고 연락하면 쥐란은 남편 몰래 돈을 보내기도 한다. 남편은 반대하지만, 쥐란은 돈 때문에 아들이 나쁜 짓을 할까 봐 두렵다. 도둑질, 강도, 살인 등 그런 것 말이다. 쥐란은 아들이 본분에 만족하며 일하고, 우선 사회 경험을 쌓은 뒤에 천천히 돈을 벌었으면 좋겠다.

둘째 새언니에게도 아들이 하나 있다. 그 아이의 고등학교 학비는 쥐란이 부담했다. 이후 후난전문대학에 합격했는데, 1년 학비가 4000위안이었다. 처음 2년은 아버지가, 이후 2년은 쥐란 부부가 생활비까지 부담했다. 쥐란도 형편이 어려웠지만, 조카를 외면할 순 없었다.

둘째 새언니는 암에 걸린 뒤에 쥐란에게 전화해 이렇게 말했다. "제일 걱정되는 게 아들이에요. 제가 떠나면 아들을 부탁해요. 그 아이가 결혼할 때까지만요." 쥐란은 "사람이라면 당연히 그렇게 해야죠. 죽은 사람의 의지가 산 사람보다 강하다고 하잖아요"라며 새언니를 다독였다.

쥐란 부부는 2012년에 약 20만 위안을 들여 고향에 이층집을 지었다. 그중 10만 위안은 쥐란의 두 여동생에게 빌렸다.

1968년생 아후이

쓰디쓴 삶과 사랑

2010년 12월 광저우廣州시 판위番禺구 주수이캉舊水坑촌에 처음으로 가봤다. 공업구인 그곳은 전국 각지에서 모인 10만 명 이상의 노동자가 밀집한 곳으로, 주로 여성노동자들이 많다. 당시 우리는 적당한 곳에 여성노동자들을 위한 서비스센터를 세울 계획이었다. 점심시간이 되자 직원식당은 발 디딜 틈 없을 정도로 붐볐다. 노동자들은 저마다 다른 색깔의 작업복을 입은 채 급하게 밥을 먹었다. 식당 벽에는 거대한 광고 현수막이 가로로 걸려 있었는데, 한쪽은 컴퓨터와 영어 학원 광고, 다른 한쪽은 무통 인공유산 광고였다.

2014년 6월 주수이캉 노동자 거주 구역에 사는 아후이阿慧를 찾아갔다. 저녁 8시 15분에 주수이캉 버스정류장에서 야간조를 끝내고 돌아오는 아후이를 기다렸다. 최근 몇 년간 주수이캉의 노동자 수는 10만 명에서 5만 명으로 줄었다. 공업구에는 그저 돈을 벌기 위한 수많은 작업장

2010년 12월 주수이캉의 점심시간.

과 공장이 밀집되어 있다. 한창때는 사람 냄새라곤 찾아볼 수 없는 거대한 노동력 수용소 같았지만, 공장들이 사라지자 자본의 돌풍이 휩쓴 자리에 남은 황량한 사막처럼 보인다. 저 멀리서 아후이가 걸어오는 게 보였다. 눈앞이 환해지는 걸 보니 막 목욕하고 나온 것 같았다. 처음엔 샴푸 향 가득한 젖은 머리를 길게 늘어뜨리고 몸매가 드러나는 원피스를 입은 아후이를 못 알아볼 뻔했다. 지난번(2013년 12월) 여성노동자 활동센터에서 그녀를 만났을 때는 푸른색의 작업복 차림이었기 때문이다.

S전자 공장에서 일하다

아후이는 주수이캉 공업구의 S전자 공장에서 일한다. S공장의 직원이 가장 많았을 때는 1만 명에 달했지만, 이후(2014년 6월)에는 6천여 명으로 줄었다. 아후이는 2005년 37세의 나이에 이 공장에 들어왔다. 당시 공장 채용 기준 연령이 30세여서 여동생 신분증을 빌려야 했다.

아후이를 따라 그녀의 월세방으로 향했다. 우리는 구불구불한 골목을 지나 좁은 길에 고인 더러운 물웅덩이를 밟으며 걸었다. 쥐 한 마리가 빠르지도 느리지도 않은 능숙한 동작으로 쥐구멍에서 나와 하수관으로 쏙 들어갔다. 담벼락 모퉁이엔 바퀴벌레 몇 마리가 기어 다녔는데, 좌우로 움직이는 더듬이가 보일 정도로 거대했다. 2층으로 올라가 아후이가 사는 방으로 들어갔다. 2인용 침대가 방 대부분을 차지하고 있었다. 침대에는 짚으로 만든 여름용 돗자리가 깔려 있어서 깔끔하고 쾌적해 보였다. 우리는 침대에 마주보고 걸터앉아 4시간가량 대화를 나눴다.

둘의 '짝'사랑

아후이는 1968년 광시廣西 농촌의 가난한 집에서 태어났다. 학비가 없어서 열 살이 되어서야 학교에 진학할 수 있었다. 이후 중점중학교[27]에 합격해 기숙사에 살았는데, 쌀이 없어서 굶주림에 잠을 못 이룰 정도였다. 어려운 집안 형편에 동생들도 진학해야 해서 아후이는 중학교 1학년 과정도 마치지 못한 채 학교를 그만뒀다. 1986년 처음으로 외지에 나가 돈을 벌기 시작했고, 28세에 결혼했다. 그녀는 결혼 전에 한 번도 남자를 사귄 적이 없는데, 초등학교 때부터 줄곧 한 사람을 짝사랑했기 때문이다.

그 상대는 같은 마을에 사는 아성阿盛(가명)이라는 남자로, 아후이에게 특별히 잘해 줬다. 둘은 같은 해 같은 달에 태어났고, 초등학교 때도 늘 같은 반이었다. 아후이는 아이가 많고 가난한 집에서 자라서 집안일과 농사일이 많았다. 누나가 많은 아성은 사랑을 많이 받고 자랐다. 먹을 게 생

---

27 [역주] 중점학교는 보통의 학교와 달리 성적이 우수한 학생들이 시험을 통해 진학하는 성시급城市級 지정 학교다. 진학 과정에 따라 중점중학교, 중점고등학교, 중점학과가 설치된 중점대학으로 나뉜다.

기면 늘 아후이에게 가져왔고, 일이 많은 그녀를 도와주곤 했다. 그러나 이후 아성이 중점중학교에 불합격하는 바람에 같은 학교에서 공부할 수 없었다. 아후이가 외지로 떠날 때 아성은 고등학교에 입학했다. 철이 들고 나서부터 아후이 마음속엔 아성뿐이었지만, 아성도 같은 마음이었는지는 알지 못했다. 고향에 갈 때마다 그를 만나고 싶었지만, 길에서 마주친 아성은 쑥스러워하며 고개를 숙인 채 종종걸음으로 가 버렸다. 그렇게 아성은 단 한 번도 아후이에게 안부를 물어 보지 않았다.

1994년 26세가 됐을 때 고향 친구가 아성의 결혼 소식을 알려줬다. 그가 결혼할 여자의 이름도 아후이라고 했다. 아후이는 공장 작업대에 엎드려 한참이나 목 놓아 울었다. 당시 감정이란 말로 형용할 수 없을 정도였다. 아성이 자신을 좋아했는지는 알 수 없지만, 늘 기다려 온 그가 결혼한다고 하니 자신은 누구와 결혼해도 상관없을 것 같았다. 어쨌든 이번 생에서 아후이가 좋아한 사람은 아성뿐이었다.

집에 돌아와 병든 아버지를 보살피던 2005년 어느 날 옥수수를 수확하고 있는데, 누군가 자신을 쳐다보는 게 느껴졌다. 고개를 들어 보니 멀리 아성이 보였다. 정신이 멍해지고 복잡한 감정이 들며 마음이 어지러웠다. 그를 잊지 못해 사랑 없는 결혼을 하고, 일부러 먼 곳으로 이사 가는 등 자기 인생을 아무렇게나 내던진 것 같았다. 그 순간 표현할 수 없는 애증이 몰려와 원망스러운 눈길로 그를 노려보고는 다시 허리를 굽혀 땀과 눈물범벅인 채로 옥수수대를 잘랐다. 아후이는 어머니가 해 준 이야기가 떠올랐다. 마을 청년 가운데 아성이 어머니에게 가장 친절했다고. 룽옌龍眼과 리즈荔枝가 익을 때마다 어머니에게 가져와 먹어 보라던 사람이 아성이었던 것이다. 어머니의 이야기를 듣고 어쩌면 아성도 자신을 좋아하는 건 아닐까 생각했었다. 하지만 서로 어떤 마음인지 누구도 먼저 묻지 못했다.

QQ²⁸ 때문이 아니야

1996년 28세가 되던 해 아후이는 식당에서 같이 일하던 남자와 결혼했다. 남편의 고향은 쓰촨四川성의 궁벽한 산골인데, 문을 나서면 산비탈이고 평지라곤 한 뼘도 찾아볼 수 없는 곳이었다. 예상치 못한 일이었지만, 남편이 고향에 작은 가게를 차리면서 아후이는 더 이상 일하지 않아도 됐다. 그러나 사람이 적은 산골에 살아 보니 환상이 산산조각 나서 매일같이 울며 지냈다. 당황한 시어머니는 아들에게 "어디서 이런 사람을 데려왔어. 당장 내보내라. 동네 사람들 부끄러워서 못 살겠다"고 했다. 그때 아후이는 임신 중이었다. 남편은 그녀를 끔찍이 위했다. 겨울엔 찬물 빨래도 못하게 하고, 아내가 생리 중이면 산에서 하수오를 캐 와 계란과 함께 삶아 주고는 다 먹는 걸 확인한 뒤에야 일하러 나가곤 했다. 밭일을 할 때면 그저 옆에서 지켜보게만 하고 농사일도 시키지 않았다. 산골길은 아주 가팔라서 비가 오면 몹시 미끄러웠다. 그래서 아후이가 길을 걷다 비틀거리면 늘 옆에서 부축해 줬다. 수많은 어려움 속에 하루하루를 넘기면서 아후이는 천천히 남편에게 마음을 열었다. 이후 아후이의 부모님이 두 딸을 돌봐 줘서 부부는 다시 외지로 일하러 나갈 수 있었다.

2004년 11월 고향으로 돌아오니 아버지가 부쩍 쇠약해져 있었다. 아

---

28 [역주] 중국의 대중적인 온라인 메신저.

후이는 집에 머물며 폐암 말기 판정을 받은 아버지의 병간호를 시작했다. 아버지가 돌아가신 뒤에는 집에서 두 아이를 키웠다.

처음에는 남편이 집안을 잘 챙겼고, 한 달에 1200위안을 벌어 생활비로 1000위안을 줄 정도였다. 그러다 800위안으로 줄었고, 점점 더 줄어 생활비로 턱없이 부족한 돈을 겨우 보내왔다. 생활이 어려워진 아후이는 다시 외지로 나가 돈을 벌고 싶었지만, 육아를 이유로 남편이 극구 만류했다.

2006년 남편이 있는 광저우로 갔는데, 그간 의심스러웠던 점이 사실로 드러났다. 남편에게 여자가 생긴 것이다. 아후이는 남편의 핸드폰 QQ 메신저에서 남편이 다른 여자와 주고받은 메시지를 발견했다. 남편은 2004년부터 알게 된 그녀를 지속적으로 만났고, 여자가 선전深圳시로 이주한 후에도 연락하고 지냈다. 그녀 말고도 여러 여자와 사귀었는데, 모두에게 친절하고 세심했다. 아후이는 QQ 메신저 아이디를 만들어 남편을 추가한 뒤 남편 친구로 가장해 대화를 시도했다. 남편은 아후이와 외출하기로 한 날 갑자기 출근해야 한다고 거짓말했다는 사실을 얘기해 줬다. 2008년 올림픽 때는 한 여자와 텔레비전 중계를 같이 보기로 했다고 털어놓았다. 그때 남편은 회사 기숙사가 아니라 따로 방을 구해 살고 있었다. 2009년 어느 날 남편이 아후이가 사는 곳으로 찾아왔다. 남편을 보자 내심 화가 치밀어서 그와 한 침대에서 자는 것조차 싫었다. 그래서 남편에게 나갔다 오겠다고 했다. 밤늦게 어딜 가냐고 묻는 남편에게 아후이는 잠이 오질 않는다고 대답했다. 남편이 술 한잔 하자고 해서 한 번도 마셔본 적 없는 술을 반 병 가까이 마셨다. 취한 아후이는 울다 웃다 하면서 지난 삼 년간 억울했던 일을 남편에게 말했다. 당신이 바람 핀 사실을 다 알고 있으니 뉘우치고 마음을 돌렸으면 좋겠다고 애원했다. 당황한 남편은 정말 미안해하며 "당신이 다 알고 있는 줄 몰랐어. 정말 미안해. 기회를 주면 반드시 고칠게"라고 말했다. 그땐 진심이었고, 어느 순간까지는 그렇게 했다. 이후 남편은 아후이가 사는 곳 근처에 일자리를 얻어 약 1년간 퇴근 후 집에 와 저녁을 차렸다. 하지만 남편이 자주 화를 내면서 이유 없는 싸움이 잦아졌다. 남편의 한 번 떠난 마음은 돌이키기 어려웠고, 게다가 여러 여자를 만나던 버릇을 고치기 힘들었다. 결국 둘 사이는 예전과 같아질 수 없었고, 남편은 다른 곳으로 떠나 버렸다. 그 후엔 한 달에 한 번쯤 아후이를 보러 오는 게 고작이었다.

아후이는 자포자기한 심정으로 남편도 다른 여자를 만나는데 자기라고 다른 남자를 못 만날까 싶었다. 그래서 여러 남자를 만나다가 한번은 나이 많은 남자를 만났는데, 그가 잠자리를 같이 하면 300위안을 주겠다고 했다. 이에 아후이는 "300위안, 좋죠. 난 늘 돈이 필요한데, 그럼 매일 300위안을 줄 수 있나요?"라고 물었다. 그는 그렇게 할 순 없다고 했고, 아후이도 "그럼 저도 됐어요"라며 돌아섰다. 또 한번은 임대 사업자인 광저우 남자를 만났다. 건물 두 채의 재력을 가진 그는 아후이에게 "나는 쌀도 많고, 먹을 게 아주 많아. 당신이 다 갖다 먹어!"라며 일주일에 한두 번 만나면 한 달에 1000위안을 주겠다고 제안했다. 딱 한 번 그의 제안을 받아들였는데, 사실 그는 같은 생산라인에서 일하는 동료의 남편이었다. 공장 사람들은 아후이가 남편과 사이가 안 좋다는 걸 알았나. 그런데 그 동료가 아후이 면전에 대고 자기 남편은 정말 좋은 사람이라고 자랑을 했던 것이다. 동료의 남편과 QQ 메신저로 대화하는 사이가 됐을 때 아후이는 정말 통쾌했다. '하하, 남자란 원래 이런 것이구나' 하는 복잡한 심정과 복수심에 그의 요구를 받아들인 것이었다. 하지만 이런 경험은 아후이에게 큰 상처를 남겼다.

평범한 노동자 아후이는 힘겹게 일해 돈을 벌지만, 단호한 목소리로 말했다. "저는 남자 돈을 쓰고 싶진 않아요." 아후이는 정상적인 욕구를 가진 여성이다. 그녀는 "저도 남자를 원할 때가 자주 있어요. 하지만 동료 남편이 아래층에서 아무리 불러도 문을 열어 주지 않아요. 여자는 남자의 공중화장실이어서 급할 땐 찾고 안 급하면 찾지 않죠. 전 남자의 공중화장실이 되고 싶지 않아요"라고 말했다.

마음의 정착

나와 아후이는 S공장 여성노동자들의 사회보험 쟁취 집회에서 만났다. 처음에 아후이는 여성노동자 대표가 아니었다. 그녀는 광시 출신이라 표준어를 구사하지 못했고, 발음도 정확하지 않아 말을 거의 하지 않았다. 이후 여성노동자 대표들이 모두 해고되고, 두 번째 여성노동자 대표들은 분열되고 말았다. 이런 상황을 겪으며 적잖이 단련된 아후이는 생각이나 의견 표명이 점차 분명해졌다. 한번은 시 공회公會 토론 자리에서 아후이가 대담하게 발언했다. 본인은 물론이고 다른 사람들도 놀랄만한 성장이었다. 당시를 회고하며 아후이가 말했다.

"원래 저는 발언 같은 건 하지도 못했어요. 그런데 마음속에 담아 놓은 말이 너무 많았어요. 생각해 보면 그들도 우릴 우습게 본 것 같아요. 자기들 수준도 그리 높은 건 아니면서 말이에요. 저는 할 말을 한 거예요. 그때 여성노동자 대표가 노조는 노동자를 대신해서 발언해야 한다고 했더니, 노조에서 온 사람이 '외국 노조와 중국 노조는 다르다. 외국 노조는 노동자가 주는 돈으로 운영하고, 중국 노조는 기업이 주는 돈으로 운영한다'고 했어요. 그래서 제가 말했죠. '그럼 노동자가 돈을 주면 노동자를 위해 이야기하고, 기업이 돈을 주면 공장을 대표해서 말합니까?'라고요."

아후이는 2005년 이 공장에 들어왔지만, 공장은 단 한 번도 사회보험을 납부하지 않았다. 지금이라도 사회보험을 추가 납부하면 그녀가 퇴직하는 50세까지(2018년) 13년 간 납부한 것이 되고, 그러면 퇴직 시 한꺼번에 퇴직금을 받을 수 있다. 2013년부터 아후이를 비롯한 여성노동자들은 이를 위해 투쟁하기 시작해서 16명의 여성노동자 대표를 선출했다. 그중에는 이삼십 대도 있었는데, 결국에는 이탈하고 말았다. 아후이는 그들을 탓하진 않는다. 그들은 아직 젊어서 당장 사회보험을 추가 납부하지 않아도 15년을 더 일할 수 있기 때문이다. 다만 아후이는 이제 젊지 않으니 물러설 곳이 없다.

나는 아후이에게 어떻게 마음을 달래는지 물었다. 아후이는 "진심으로 저를 아껴줄 수 있는 사람을 만나지 못한다면, 저도 희생할 이유가 없어요. 차라리 모든 걸 잊고 사회보험 쟁취하고 복권이나 사야죠"라고 대답했다.

1970년생 자오제
단순하고 평범한 삶

2015년 2월 9일 창춘長春시에서 국영기업 퇴직 노동자 자오제趙姐를 만났다. 그녀와의 인터뷰를 돌아보니 그녀의 대답보다 내 질문이 많았다. 그러나 평범하고 짧은 자오제의 이야기에서 그녀가 단순하고 평범한 삶을 살 수 있었던 이유를 알게 되었다. 도시에서 태어난 그녀는 국영기업에서 일했고, 군인인 남편이 가족의 생활을 책임졌다. 삶과 제도의 불평등이 자오제의 욕심 없고 담담한 인생 태도를 부양한 것이다.

부담 없이 일하다

자오제는 1970년 창춘시에서 태어났고, 1986년에 중학교를 졸업했다. 졸업 후에는 2년간 집에서 하는 일 없이 지냈다.

그러다 18세에 창춘 기계 공장에서 일하기 시작했다. 규모가 비교적 작은 국영기업으로, 100여 명의 직공이 다녔다. 자오제는 거기서 트롤리[29]

---

29 [역주] 전차의 폴 꼭대기에 달린 작은 쇠바퀴. 가공선에 접하여 전기를 통하게 한다.

깎는 일을 맡았다. 노동자들은 2교대로 일했는데, 오전반은 8시부터 12시까지, 오후반은 1시부터 5시까지 하루 4시간 근무했다.

정확히 기억하진 못했지만, 자오제는 당시 임금이 약 80위안이었다고 했다. 그 시절에 이미 도급지불제[30]가 시작됐지만, 임금은 모두 비슷했다. 사수의 임금은 자오제보다 10위안 정도 많았다. 당시 공장에서 가장 높은 학력이 기술학교 졸업이었는데, 학력과 무관하게 임금은 같았다. 공장에는 남성이 여성보다 많았고, 남성 노동자가 더 중요한 일을 맡았으나 임금은 비슷했다. 그 시절 공장 간부는 노동자에게 상냥했고, 노동자와 한 마음이었다. 일반 노동자는 출근해서 일하는 것 외에 공장 관리 업무엔 관여하지 않았다. 공장에서 집단 학습이나 활동을 했는지는 기억나지 않는다. 당시 단위에는 무상 유치원도 있었다.

당시 젊은 자오제는 일하는 게 힘들지 않았다. 그렇게 4년을 일하고 1992년이 되었다.

삶을 살아가다

1992년에 지인 소개로 한 군인을 만났다. 그는 군사학교 졸업 후 학교에 남아 교무 일을 했다. 서로 마음에 든 둘은 바로 결혼해 아이를 가졌다. 자오제는 임신하자마자 공장 소음이 아이에게 영향을 미칠까 걱정되어 병가를 냈다. 정확히 얼마인지는 기억하지 못하지만, 당시엔 병가를 내도 임금이 지급됐다.

■

30 [역주] 노동자에게 노동 정량定量을 개별적으로 주고, 작업 실적에 따라 보수를 달리 지불하는 도급제의 한 형태.

1993년 아들을 낳은 자오제는 출산휴가를 받았다. 당시 출산휴가는 18개월까지 낼 수 있었고, 휴가 중에도 임금이 나왔다. 이후에는 아이를 봐 줄 사람이 없어서 무급 휴직을 썼다. 연대 지휘관인 남편은 당직이 많아 집에 들어오는 시간이 적었다. 아이가 유치원과 학교에 다니는 동안 자오제는 아침 8시 전에 아이를 학교에 보내 오후 4시 20분에 데려왔고, 방학 때도 마음을 다해 아이를 보살폈다.

이후 단위가 점차 해체되면서 자오제는 2000년에 퇴직했다. 단위는 2년 치 실업보상금을 지급했지만, 해체 전에도 사회보험을 납부하진 않았다. 현재 자오제의 사회보장은 남편의 단위로 이전된 상태다.

아들은 2012년 지린대학에 입학해 자동화 부문을 전공했다.

임시직으로 일하다

아들이 대학에 들어가자 자오제는 인생의 가장 큰 임무를 완성한 것 같았다. 이제 더 이상 아이를 보살필 필요가 없었다. 그래서 집 근처 유치원에서 보모로 일하기 시작했다. 유치원에는 100여 명의 아이들이 다녔고, 교사, 보모, 요리사 등 30여 명이 일했다. 총 6개 반이고, 한 반에 교사 둘과 보모 하나가 3명의 아이를 돌봤다. 한 달 유치원비는 3500위안으로, 아이들의 가정 형편이 비교적 좋은 편이었다.

자오제는 월 1800위안을 받는데, 매일 오전 7시 20분에 출근해 오후 5시에 퇴근한다.

욕심 없고 담백한 인생

뤼투   지금까지의 인생에 만족하나요?

자오제   그냥 평범했어요.

뤼투   정말 즐거웠던 일은 없었어요?

자오제   아이가 중학교에서 고등학교로, 고등학교에서 대학교로 진학할 때가 좋았어요.

뤼투   일하지 않고 계속 아이를 위해 살았는데, 아쉽진 않아요?

자오제   아뇨. 저는 아들을 돌보는 게 정말 좋았어요. 일하지 못한 걸 후회하진 않아요. 아들에게 보답을 바라지도 않고요. 단지 그 아이가 잘 살면 그걸로 됐어요. 엄마는 모두 그렇잖아요.

뤼투   과거에 비해 사회가 어떻게 변한 것 같아요?

자오제   점점 좋아졌다고 생각해요.

1971년생 아잉

목걸이와 월급

2014년 9월 24일부터 28일까지 광저우 U시에서 환경미화원 노동자들을 인터뷰했다. 총 6명의 여성노동자를 만났는데, 녹음기 고장으로 아룽, 아잉, 아펀, 아젠의 이야기만 정리할 수 있었다.

U시에서 머문 며칠 동안 아잉阿英은 나를 오토바이에 태워 점심식사를 하러 가거나 인터뷰 상대를 만나러 갔다. 나는 그녀의 오토바이에 단단히 자리를 잡고 앉았다. 아잉이 나보다 작아서 오토바이가 균형을 잃고 뒤집힐 수 있기 때문이다. 아잉은 적극적이고 친절했고, 자기 표현을 잘했다. 잘 빗어 넘긴 곱슬 단발의 그녀는 귀엽고 동그란 얼굴에 바람과 햇빛으로 단련된 구릿빛 혈색을 띠었고, 훌쩍 큰 키와 풍만한 체격에도 행동이 바람처럼 빨랐다.

아잉의 오토바이를 타고 복잡한 시내를 통과할 때면 늘 아는 사람과 마주쳤고, 그때마다 인사를 나눴다. 그들은 내가 누구인지 궁금해 했다. 아잉이 광저우 사투리로 나를 소개하면 모두 친절하게 인사했고, 사투리를 못 알아듣는 나는 그저 웃기만 했다. 아잉은 "우리에게 복숭아를 선물

2014년 9월 26일 아잉의 오토바이를 타고 광저우 U시를 휘젓고 다녔다.

한, 베이징에서 온 좋은 사람이라고 당신을 소개했어요"라고 설명했다.

지난 8월 U시에서 환경미화원 권익 쟁취를 위한 궐기대회가 열렸고, 이 문제가 전국적으로 관심을 끌 때였다. 그래서 여성노동자들의 용기를 북돋아 주기 위해 베이징 핑구平谷의 복숭아를 보내준 적이 있다. 200여 명이 하나씩 먹을 수 있도록 보냈더니 깊은 인상이 남았는지 내게 바로 호감을 보인 것이다.

점심을 먹은 뒤 아잉이 자기 집에서 쉬자고 했다. 그녀의 집은 새로 지은 이층집으로, 가구도 훌륭하고 내부도 깔끔했다. 편리한 현대식 보일러와 화장실이 있어 생활하기에 좋아 보였다. 집을 나서는데 세를 놓는다는 소식을 듣고 찾아온 사람을 만났다. 집에 남는 방이 있어 월세를 놓으려는 모양이었다. 하지만 아잉은 이 집에 권한이 있는 사람은 본인이 아닌 시어머니라고 했다.

2014년 9월 27일 오후 여성노동자 몇몇과 광저우 시내에서 열리는 행사에 참석했다. 아잉이 소형차를 끌고 전철역으로 나를 데리러 왔다. 근무시간에 만난 여성노동자들은 늘 녹색 작업복을 입고 있었다. 그런데 이 날은 다들 예쁘게 차려입었고, 아잉도 치마를 입고 멋진 핸드백을 들었다.

힘들었던 어린 시절

아잉은 1971년 광시 우저우梧州시의 농촌에서 태어났다. 두 오빠와 두 언니, 그리고 막내인 그녀까지 모두 다섯 형제자매. 그녀는 어린 시절 고생을 많이 했다. 한번은 집에 키우던 소가 해가 졌는데도 산에서 내려오지 않자 아버지가 아잉에게 말했다. "소를 찾아오기 전에는 밥 먹을 생각도 하지 마라."

아잉은 울면서 소를 찾아다녔다. 발이 부르트고 피가 흘렀다. 어려서부터 농사일을 한 것도 일하지 않으면 밥을 줄 수 없다는 아버지 말씀 때문이었다. 밥을 먹으려면 몸이 안 좋아도 쉴 수 없었다. 아버지가 왜 그랬는지 지금도 이해할 수 없다. 두 언니에게는 용돈도 주고 참 잘해 줬다. 언니가 몸이 아프면 아잉에게 돌보라고 했다. 아버지는 아잉과 오빠들에게 엄격했지만, 엄마는 모든 자식에게 한결같았다. 그러나 어머니는 가정사에 관여할 수 없었고, 아버지가 시키는 대로 해야 했다.

아잉은 초등학교 3학년까지 다니고 자퇴했다. 학교에 다니면서 파종하고, 소 먹이 주고, 땔감도 만들어 팔아야 해서 정말이지 공부할 시간이 없었기 때문이다. 공부는 골치가 아팠지만, 고된 일을 하는 건 두렵지 않았다. 그래서 무슨 일이든 닥치는 대로 했다. 열두 살이 되자 60kg이나 되는 물건을 들 수 있을 정도였다. 자신과 언니들 학비는 산에서 나무를 해다 판 돈으로 충당했다. 땔감은 한 근에 2위안, 한 학기 학비는 5위안이었다. 지금은 다시 공부하고 싶다는 생각이 간절하지만, 그때로 돌아갈 순 없었다. 언니들은 초등학교까지 마쳤고, 큰오빠는 중학교를 졸업했다.

학교를 그만두고 아잉은 참 많은 일을 했다. 매일같이 나무를 잘라 장작을 팬 뒤 말려서 내다 팔았다. 새벽 6시부터 몇 시간을 걸어가 정오까지 나무를 하고 오후에 돌아왔다. 10위안이고 20위안이고 자기가 번 돈은 자기가 썼다.

아잉의 부모님은 작년(2013년)에 이틀 간격으로 세상을 떠났다. 그때 어머니는 76세, 아버지는 78세였다. 살아생전에 어머니는 둘째 오빠와, 아버지는 큰오빠와 같이 살았다. 오빠와 언니들은 모두 고향에서 살고 있다. 그녀 고향에는 첫째가 아버지를 모시고, 둘째는 어머니를 모셔야 한다는 풍습이 있다. 그래서 노부부는 함께 살지 못했다. 아잉은 아버지가 중풍에 걸리자 매달 300위안씩 꼬박꼬박 보냈다. 아버지는 딸이 얼마나 고생스러운지 결코 모르는 것 같았지만, 아잉은 힘들다는 말을 한 적도 부모님을 원망한 적도 없다. 하지만 부모님 이야기가 나오자 아잉은 자신의 어린 시절이 너무 불쌍해서 눈물 나고, 삶이 왜 그리 고달파야 했나 싶어 서럽다고 했다.

닥치는 대로 일하다

1986년 15세가 된 아잉은 외지로 나가 일하기 시작했다. 처음 간 곳은 광저우 팡촨方川이다. 거기서 자석 필름을 만들었는데, 월급이 100위안 정도였다. 어느 때는 벌이가 100위안이 안 돼서 겨우 입에 풀칠할 정도였고, 때론 굶어야 했다. 그때만 해도 한 끼가 2~3위안 정도여서 아침식사는 5마오 정도면 족했다. 아잉은 거기서 현지 출신의 아윈阿元을 만났다. 중학교에 다니는 그녀는 아잉에게 부적 진설했다. 물은 사내처럼 진해져서 무엇을 하든 같이 다녔다. 놀러 다닐 때도, 물건을 사러 다닐 때도 함께했다. 아윈의 어머니 역시 아잉을 딸처럼 대했다. 공장에 밥이 없으면, 아잉은 아윈 집에서 밥을 먹었다. 아윈네는 사탕수수 농사를 지었는데, 아잉도 종종 밭일을 도왔다. 아윈의 결혼식에도 함께했고, 지금까지 둘은 좋은 관계를 유지하고 있다.

아잉은 자석 필름 공장에서 4년, 금속 공장에서 2개월 일했다. 그러다 1990년 이발소에서 1년 반 동안 손님 머리 감기는 일을 했다. 아잉은 거기서 지금의 남편 아창阿強을 만났다. 당시 이발소에 텔레비전을 설치하러 온 그와 우연히 밥을 먹다가 친해진 것이다. 첫눈에 반한 건 아니었지만, 서로 말이 잘 통해서 곧 교제를 시작했다.

1995년 아잉은 빈 공터를 10년간 임대해 모은 돈으로 단층집을 지어 작은 구멍가게를 시작했다. 하지만 장사가 잘되지 않아 그만두고, 세를 놓아 한 달에 500위안씩 받았으나 지대로 월 300위안을 내야 했다.

1995년 하반기부터 약 6개월 동안은 포장마차를 운영했다. 하지만 너무 힘들어서 1만 위안이나 손해를 보고 대만 사람에게 넘겼다. 그가 일을 좀 도와달라고 해서 1년 정도 함께 장사하며 2000위안의 월급을 받아 풍족하게 살았다. 하지만 그는 1년간 30여 만 위안이나 손해를 봤다. 수십만 위안이나 들여 인테리어를 새로 했는데, 가게 벌이로는 그 돈을 메우기 힘들었기 때문이다.

대만인 사장은 참 재밌는 사람이었다. 그때가 60세 정도였는데, 광저우에서 장사하다가 손해만 보고 다시 선전으로 가서 레스토랑을 열었다. 그리고 30대 여자를 만나 수양딸로 삼더니 가짜 혼인을 하고는 대만으로 데려갔다. 이후 둘은 진짜 결혼을 하고 딸도 하나 낳았다. 아잉의 기억에 따르면, 그는 사람이 좋아서 직원들에게 한결같았고 가끔 직원들을 위해 직접 요리도 했다고 한다.

1997년 아잉은 동업자와 함께 대로변에서 과일 장사를 시작했다. 매일 오전 8시에 운전해 가서 과일을 떼 오면 오후 2시가 넘었다. 그리고 밤 11시 반에 장사가 끝났다. 집에 돌아가 잠자리에 들면 새벽 1시가 넘었다. 매일 이런 생활을 반복했더니 동업자가 너무 힘들다며 일을 그만 둬 버렸다. 아잉 혼자 이어나가다가 외지로 나가 일하기 위해 장사를 접었다.

1999년 아잉은 '꿀꺽꿀꺽 밀크티'라는 이름의 가게에서 5개월간 일했다. 그리고 또 2년간 빵집에서 점원으로 일했다. 2002년부터 2012년까지는 식당에서 접시를 닦았다.

우여곡절 많은 삶

아잉은 1990년 남편을 알게 된 후 그가 사는 곳으로 이주했다. 그때만 해도 외지로 나가 일하지 않고 일감을 집에 가져와 자수 놓는 일을 했는데, 가장 많이 벌 때가 한 달에 2000위안이었다.

1991년에 그와 결혼해 1993년에 첫딸을 낳았고, 1995년에 둘째를 임신했다. 첫 아이와 4년 미만 터울이어서 산아제한 정책을 위반했다고 벌금을 물어야 했다. 당시 벌금은 1만 위안이 넘었다. 남편은 아잉에게 200위안을 주며 두 번이나 유산하라고 했다. 그러나 아잉은 중절수술을 받지 않고, 그 돈을 광시 고향집에 가는 차비로 썼다. 만약 딸을 낳으면 광시에 두고 올 생각이었다. 그러면 아무도 모를 테니 벌금을 물지 않을 것이라 생각한 것이다. 광시에 머문 지 8개월이 지났을 때 병원에 가서 초음파 검사를 했다. 의사에게 성별을 물으니 "아이 성별이 무엇이든 이 아이는 당신 아이입니다"라고 했다. 어쩔 수 없이 산파를 찾아가 물으니 뱃속에 든 아이는 분명히 아들이라고 했다. 그래서 시댁으로 다시 돌아가기로 했다. 어머니가 챙겨준 10마리의 씨암탉을 들고 만삭인 몸으로 버스 1시간, 배 3시간을 타고 광저우로 돌아왔다. 아이를 낳아 보니 정말 아들이었다. 시어머니가 아주 기뻐했다.

아잉은 아이 돌보랴, 첫째 학교 보내랴, 집안일 하랴, 정말 바쁘게 지냈다. 저녁식사 후 부엌을 정리한 뒤에도 등불 아래 앉아 수를 놓았고, 밤 12시가 넘어서야 하루가 끝났다. 그러다 1998년 즈음 수놓는 일을 그만둘 수 있었다. 아잉은 남편도 시어머니도 있지만, 오로지 혼자 힘으로 두 아이를 키우는 것 같았다.

아잉은 "남자의 열에 아홉은 나쁜 놈이에요. 다들 바람을 피우죠. 그리고 여자들은 마작에 빠져서 남편이 집에 들어오는지도 몰라요"라고 말하면서도 자기 남편은 입이 닳도록 칭찬했다. "그 사람은 참 순수해요. 남을 돕는 걸 좋아해서 누가 부탁하면 다 들어줘요. 누구네 텔레비전이 고장났다고 하면 수리해 주고, 누구네 집에 전기가 나갔다고 하면 고쳐주는 식이죠. 예전에 남편이 철거 배상 문제로 민원을 넣으러 여기저기 끌려 다녔어요. 후난이랑 베이징에도 갔고요. 여관에 묵을 돈이 없어서 지하실에서 잤대요. 남편은 몇 번이나 자비를 들여 따라다녔어요. 그런 사람이에요."

아잉이 계속 남편 이야기를 하니 자연스레 그가 지금 무슨 일을 하는지 궁금해졌다. 그러던 중 그가 2개월 전에 간암으로 세상을 떠났다는 걸 알았다. 그의 나이 겨우 42세였다. 아잉에게 남편과 살면서 행복한 일이 많았는지, 고통스런 일이 많았는지 물었다. 아잉은 "결혼 전에 남편

축복 속에 치른 결혼(1991).

은 제게 참 잘했어요. 결혼하고 나서는 달라졌지만. 어쨌든 무슨 일이든 자기가 하려고 했어요. 아이들 일에도 엄청 까다로웠고요. 여자는 아이를 낳으면 100일간 혼자 아이를 돌보며 자야 해요. 뭐, 여자는 문제없지만, 남자는 그게 안 되죠. 남자가 외지에 나가 여러 해를 일해도 여자는 혼자 집에서 잘 지내요. 그런데 남자는 그렇게 못하잖아요. 남편이 병에 걸리더니 제게 그러더라고요. 같이 20년을 살았는데 기억나는 건 저를 처음 만났을 때뿐이라고요. 그러고는 '이제 집도 짓고 애들도 다 커서 즐거운 인생만 남았는데, 이런 문제가 또 생겼네'라고 말했어요. 저는 남편에게 과거는 다 잊자고 했죠"라고 회상했다.

모든 것은 돌아갈 곳이 있다

2005년부터 아잉은 한 달에 950위안씩 퇴직연금을 받기 시작했다. 타지 출신인 아잉의 며느리도 이곳의 후커우를 갖고 있다. 아잉이 사는 마을은 후커우가 있는 사람들에게 사회보험을 들어 주기 때문이다. 퇴직연금 액수는 마을마다 달라서 200위안이나 500위안을 주기도 한다. 운이 나쁜 경우도 있는데, 한 철거민은 먼 곳으로 이주하기 싫어서 가건물을 짓고 살다가 경찰에 쫓겨나기도 했다. 아이를 낳는다고 해도 후커우를 받을 순 없고, 민원을 넣으면 잡혀가니 아무런 소득이 없는 경우도 있다.

아잉 가족은 작년(2013년)에 이층집을 지어 입주해 새해를 맞았다. 2013년 11월 15일 아잉의 남편이 수술 받을 때도 집 공사는 계속했다. 집 짓는 데 든 비용은 50만 위안이다. 남편은 부동산 등기에 서명한 날 세상을 떠났다. 집은 시부모 명의여서 아잉의 지분은 전혀 없다. 남편의 생명보험금으로 10만 위안이 나왔지만, 그조차 상속받지 못했다. 남편은 자기가 타던 차만 아잉에게 남겨줬다.

그나마 다행인 건 사망한 남편의 퇴직연금을 아잉이 받게 됐다. 매달 1900위안인데, 아잉과 아이들 몫까지 더하면 4000위안을 받는 셈이다. 거기다 아잉이 환경미화원으로 일해 받는 월급이 2000위안쯤 되니 총 수입이 꽤 되는 편이다.

이유는 모르지만

식당 접시닦이를 그만둔 뒤 아잉은 2014년 9월까지 1년간 환경미화원으로 일했다. 정말 힘든 직업이지만, 단련이 된 아잉은 피곤함을 느끼지 않았다. 그저 햇볕에 좀 그을릴 뿐이었다.

1년 후 환경미화원 권익 쟁취 운동이 시작되어 아잉이 대표로 선출됐다. U시의 환경미화원 200여 명은 5개 조로 편성되어 각 조마다 3명의 대표를 선출했다. 최종적으로 18명의 대표와 5명의 협상 대표가 선발됐는데, 아잉은 재무 관리를 담당하는 대표였다. 아잉은 "일을 잘하든 못

하든 뒷말이 나올 테니 정말 안 맡고 싶었어요. 그래도 추천을 받아 뽑힌 거니 하기 싫어도 해야죠"라고 했다. 권익 쟁취 과정에서 긴장이 고조될 때 두렵진 않느냐고 물었다. 아잉은 "도가 지나치지 않게 양심껏 일하면 돼요. 물론 가져올 수 없는 돈을 억지로 가져와선 안 되죠. 마땅히 받아야 할 돈이라면 두려울 게 없어요"라고 대답했다. 아잉은 자신이 관리하는 액수를 묻는 질문에 "200여 명이 100위안씩 냈는데, 다 써서 각자 100위안씩 더 걷었어요. 500위안을 낸 사람도 있고요. 저는 온 힘을 다해 일하는데도 욕을 먹어요. 어떤 때는 정말이지 내가 왜 이런 일에 참여했나 싶어요"라고 토로했다.

9월 26일 저녁에는 아펀의 집에 묵었다. 아펀과 이야기를 나누는데, 저녁 8시쯤 아잉이 놀러왔다. 쉬는 날이라 차를 몰고 판위에 나가 쇼핑하고 오는 길이라고 했다. 무엇을 샀냐고 아펀이 묻자 아잉은 일어나 한 바퀴 빙 돌았다. 1000위안 넘게 주고 산 치마라고 했다. 그리고 금팔찌를 찬 퉁퉁한 팔을 내밀어 보였다. 아펀과 아잉이 현지어로 대화해서 나는 도통 알아들을 수 없었다. 그래도 아펀이 농담 삼아 "정말 금이야?"라고 물었다는 건 추측할 수 있었다. 아잉이 숄더백에서 저우다푸周大福[31]의 구매 영수증을 꺼내 보였다. 흘깃 보니 2750위안이었다.

31   [역주] 중국의 유명한 귀금속 판매점.

1971년생 아룽

우리들은 정당하다

9월 24일 U시 환경미화원들이 모두 모인다는 소식에 지하철을 타고 U시로 갔다. 환경미화원 몇몇을 직접 인터뷰하고 싶기도 했고, 그들 모두를 만날 좋은 기회라고 생각했기 때문이다. 지하철역에 도착하자 작업복을 입은 두 명의 미화원이 우리를 기다리고 있었다. 그들은 우리를 오토바이 뒤에 태우고 U시의 아름다운 거리를 달렸다. 그리고 그늘진 시원한 곳에 우리를 내려 주더니 협의할 사항이 있어서 단위 간부를 만나고 오겠다고 했다. 다시 돌아온 그들과 가로수 그늘 사이를 달린 뒤 대나무 숲에서 멈췄다. 찌는 듯 무더웠지만, 대나무 숲이 연못을 비춰서 상쾌하고 시원했다. 잠시 주위를 둘러보며 아름다운 풍경을 감상하는데, 갑자기 사방에서 작은 꿀벌이 모여들듯 많은 오토바이가 몰려 왔다. 다들 초록색 작업복을 입어서 대나무 숲과 잘 어우러지며 빛났다. 10분도 채 안 돼서 100명이 넘는 미화원이 모여드니 얼떨떨하면서도 기쁨과 희열로 가득해졌다. 이 아름다운 세상은 원래 환경미화원들의 것이었다는 생각마저 들었다. 그들은 단위 간부와의 토론 결과를 듣기 위해 모인 것이었다.

공식 일정이 끝난 뒤 여성노동자 대표 아룽阿龙에게 인터뷰 요청을 했다. 아룽을 인터뷰할 시간을 잡기란 쉽지 않았는데, 그녀가 세 가지 일을 하기 때문이다. 아룽은 오전과 오후엔 환경미화원으로 일하고, 오후 휴식 시간과 저녁에는 식당에서 설거지를 한다. 그리고 남편과 함께 공중화장실 청소도 한다. 이렇게 일해야 수입도 많고 집세도 절약할 수 있다고 했다. 9월 27일 오후 여성노동자 대표들이 휴가를 내고 사회활동에 참가했다. 이 기회에 겨우 시간을 낸 아룽과 인터뷰를 할 수 있었다.

이룽은 노동으로 다져진 사람이다. 까무잡잡하고 큰 얼굴, 튼튼하고 적당한 체격, 말총머리에 드문드문 흰머리가 섞여 있었다. 깊은 주름은 그녀의 군세고 진지한 표정을 더욱 돋보이게 했다. 아룽은 쓸데없는 말은 절대 하지 않았고, 논리가 분명했다.

수많은 불행을 겪은 어린 시절

아룽은 1971년 후난성 뤄디娄底시의 한 농촌에서 태어났다. 형제자매로 언니 둘, 여동생 하나, 남동생 하나가 있었지만, 언니들은 소아마비로 죽고, 남동생은 일곱 살 때 광견병으로 세상을 떠났다. 여동생은 현재 후난성 고향집에 산다.

아룽의 부모님도 일찍 돌아가셨다. 아버지는 아룽이 다섯 살 때 뇌출혈로 돌아가셨고, 어머니는 잇따른 불행을 견디지 못하고 자살했다. 불행 중 다행은 아룽의 조부모님과 숙부가 불쌍한 아룽 자매를 돌보며 공부시킨 것이다. 그분들은 아룽 자매가 결혼해 가정을 이룰 때까지 보살펴 줬다.

고생을 무릅쓰니 좋은 결말을 얻다

1989년 아룽은 숙부 소개로 지금의 남편을 만났다. 숙부는 마을 촌장이었고, 시아버지는 마을 서기였는데, 두 분이 맞선 자리를 마련한 것이다. 아룽과 남편은 3년 교제 후 1991년에 결혼했다. 시부모님은 어릴 때 부모를 잃은 아룽을 친딸처럼 대했고, 아룽도 시부모를 친부모처럼 모셨다. 이후 1992년에 첫딸을 낳았고, 산아제한 정책에 따라 2003년에 아들을 낳았다.

1999년 부부는 8~9만 위안을 들여 고향에 집을 지었다. 그중 몇 만 위안은 빚을 졌다. 아이를 키우려면 돈을 벌어야 해서 어쩔 수 없이 U시로 와 환경미화원이 되었고, 아이들은 농촌에 남겨졌다. 이곳에 온 이유는 고향에서 환경미화원으로 일하던 경력이 있었고, 임금을 보장해 준다고 했기 때문이다.

아룽 부부의 큰 위안은 딸이 대학에 들어간 것이다. 시안공업대학에 다니는 딸은 곧 졸업을 앞두고 있다.

U시 환경미화원 권익 쟁취 운동

2014년 4월 U시의 주택 관리를 담당하던 대행사가 입찰 경쟁에서 탈락하면서 9월부터 새로운 회사가 맡게 되었다. 그런데 회사가 이 사실을 U시 환경미화원들에게 알리지 않았다. 게다가 이전에 체결한 4개월짜리 노동계약서에 명시된 노동 장소를 U시에서 판위, 광저우广州로 변경하거나 빈칸으로 남겨 두었다. 8월 초 이 사실을 알게 된 환경미화원들이 권익 쟁취 운동을 시작했다. 이 운동은 8월 21일부터 9월 11일까지 계속됐다.

8월 21일 200여 명의 환경미화원이 U시 쇼핑센터에 "열악한 환경에서 9년간 일했는데 계약이 만료됐습니다. 회사의 일방적인 근무 조건도 받아들일 수 없습니다. 정부는 우리를 도와주세요"라는 현수막을 내걸었다.

8월 22일 주택 관리 대행사, 가도, 노동부에 'U시 환경미화원 소송서'를 제출했다. 그들은 4개 부문의 권익이 보호되기를 희망했다.

첫째, 환경미화원이 가장 관심을 갖는 부분은 근무지 문제다. 220명 중 180여 명의 본적은 U시로, 모두 이곳에 산다. 새로운 주택 관리 회사가 그들을 다른 지역에 배치하면 가정을 돌볼 수 없으니 퇴직할 수밖에 없고, 나아가 일자리와 사회보험도 잃을 것이다.

둘째, 계약 문제다. 이전 회사와 체결한 계약서상의 근무지는 여러 곳으로, 구체적인 근무지가 없었다. 노동자들은 계약서에 구체적인 근무지가 기재되고, 2010년 이후 '기간을 정하지 않은 계약'을 체결하지 않은 것에 대해 법에 따라 보상할 것을 희망했다.

셋째, 계약 규정에 부합하지 않는 노동시간에 대한 경제적 보상이다. 2010년 아시안게임 이후부터 환경미화원 수는 계속 감소했고, 청소 면적은 증가했다. 이에 실제 노동시간이 2~3배 늘어났다. 따라서 2010년 이후 초과노동에 대해 매달 120위안을 보상할 것을 요구했다.

넷째, 노동 조건과 대우 문제다. 대다수 환경미화원은 10년 이상 근무했다. 그들은 계속 일하기를, 노동 조건이 나아지기를 원한다.

어떠한 도움도 없다

2004년 U시로 온 아룽 부부의 첫 월급은 690위안이었다. 이후 조금씩 올라 810위안이 되었고, 지금은 1300위안을 받는다. 임금이 너무 낮아 아룽은 2010년에 셋집 근처 공중화장실에서 청소 일을 시작했다. 매일 공중화장실을 청소하면 집세를 내지 않아도 됐다.

아룽을 비롯한 환경미화원들은 자신들이 일하는 주택 관리 회사의 낙찰 소식을 듣고 회사로 찾아갔지만, 회사는 모르쇠로 일관했다. 그래서 찾아간 가도 또한 그들을 외면했다. 뾰족한 수가 없어서 9월 1일 고향에 있는 친척 변호사를 찾아가 자문을 구했다. "변호사를 구할 땐 늘 조심해야 합니다. 노동자들은 기업을 당해 낼 수 없어요. 그들은 당신들의 변호사를 매수하려 할 겁니다. 그래서 모든 걸 비밀로 진행해야 합니다." 이후 정말 방법이 없어서 연좌시위에 돌입했다. 그들의 바람은 회사가 이 문제를 해결하고, 노동자들의 살 길을 열어주는 것이다.

환경미화원과 대학생

환경미화원들은 누구도 도와주지 않는 암담한 상황에서 '환경미화원 조사 연구 보고서'를 발견했다. 실제 사례와 데이터를 근거로 환경미화원의 힘든 노동과 형편없는 보수를 서술한, 중산대학中山大學 학생이 쓴 보고서였다. 그러나 그 학생의 이름도 연락처도 찾을 수 없었다. 그러다 나중에야 연락이 닿았는데, 그제야 의지할 곳이 생긴 것처럼 마음이 놓였다.

환경미화원들은 학생들의 개강에 맞춰 연좌시위를 했다. 학생들이 도움 받을 곳 없는 노동자들에게 관심을 갖고 도와줄 거라 믿었다. 많은 학생이 무심하게 지나쳤지만, 환경미화원의 안타까운 처지는 일부 학생의 마음을 움직였다. 공개적으로 지지하는 대담한 학생들도 있었고, 소심한 학생들은 남몰래 지지했다. 환경미화원들은 특히 문건 작성에 학생들의 도움을 받았다. 이후 언론과 연구자들도 그들의 합법적인 권익에 관심을 갖기 시작했다.

환경미화원과 대학생의 연대에 관해 아룽은 "우리는 단결해야 해요. 단결이 바로 힘이니까요. 우리의 단결에 외부의 지지가 없었다면 지금의 결과는 없었을 거예요. 우린 열정이 있고 빛을 내고 있어요. 그리고 무엇이든 힘껏 해 나갈 수 있어요. 누군가 어려움을 당하면 도와야 해요. 우리가 도움을 받아 보니 알겠더라고요. 어떤 체험을 했냐고 물었죠? 내가 말하고 싶은 건 우리가 정당하다는 거예요. 우리는 세상이 어둡지만은 않다는 충분한 증거를 갖고 있어요. 이렇게 수많은 좋은 사람이 우리를 지지해 줄 거라곤 정말 생각지 못했거든요"라고 말했다.

현지인과 외지인

9월 9일 오후 15일간 노력한 끝에 새로운 주택 관리 회사가 환경미화원의 기본 요구에 합의했다. 하지만 대외 공표 금지를 단서로 달았다. 이 소식에 모두가 기뻐했지만, 9월 10일 새 회사와 사인하러 가려는 순간 날벼락을 맞았다. 남성은 60세 이하, 여성은 50세 이하의 현지인 노동자만 계약 후 바로 일할 수 있고, 외지인은 대기하라는 통보를 받은 것이다.

220명 가운데 40여 명이 후난과 광시에서 온 외지인이었고, 투쟁 과정에서 핵심 역할을 한 18명의 노동자 대표 중 6명이 외지인이었다. 그래서 모두가 이 '만만찮은 사람들'에 대해 회사가 복수하는 거라고 생각했다.

이 상황에서 현지인 대다수가 회사와 계약한다면, 외지인은 일자리를 잃을 것이었다. 그때 현지인 몇 명이 회사와 계약하려 했다. 하지만 용감한 몇몇 현지인이 일어나 계약하려는 사람들을 큰소리로 꾸짖었다. "신의를 저버리지 마세요. 우리 모두가 일할 수 있어야 합니다. 현지인과 외지인을 나눠선 안 됩니다." 서로 극렬한 논쟁을 거친 뒤 결국 모두가 원하는 대로 계약할 수 있었다.

짜릿한 이야기를 하나하나 회고하며 아룽이 말했다. "회사가 노동자 대표들 집으로 찾아온 적이 있어요. 원하는 돈이 얼마인지 말하라더군요. 하지만 나만 생각할 순 없었어요. 우선 우리는 이곳에서 사회보험 혜택을 다 받길 원했어요. 6년만 더 넣으면 되거든요. 눈앞의 이익을 탐해서 사회보장을 버리면 안 되죠. 우리가 쟁취한 건 모두에게 이익이에요. 그들도 우리를 도왔고, 우리도 그들을 도왔어요. 우린 한 가족이고, 단결이 바로 힘이라는 걸 깨달았어요."

현지인이 협의에 찬성하려 했을 때 심정이 어땠는지 물었다. 아룽은 "여러 사정이 있었어요. 어떤 이는 가정형편 때문이었고, 어떤 이는 곧 퇴직할 나이라 회사가 안 받아 주면 어쩌나 걱정했고요. 새로 들어온 환경미화원은 우리를 따른다고 해도 보상을 얼마 못 받았어요. 그래도 목숨 걸고 우리를 보호한 사람들이 많았죠. 그들은 죽어도 우리를 버리지 않으려 했어요. 세상에는 착한 사람들이 참 많아요. 정말 감동이죠. 이런 경험을 하지 않고선 사람들의 마음을 이해할 수 없을 거예요"라고 말했다.

현지인 모두가 이번 권익 쟁취 운동은 외지인이 없었다면 실패했을 거라고 했다. 그 이유에 대해 아룽은 이렇게 말했다. "많은 현지인이 회사에 굴복해서 심리적인 스트레스가 컸어요. 정부가 땅을 수용해 다른 곳으로 이주한 지 거의 10년이 됐어요. 그래도 많은 문제가 해결되지 않았고, 모두 억압당하고 있죠. 현지인은 후커우와 집이 여기에 있어서 이곳

에서 일하며 여생을 보내요. 그런데 우린 사정이 달라요. 어차피 임시직
이고 어디에서나 일할 수 있으니까요. 우리가 쟁취하려 한 건 우리가 응
당 받아야 하는 것이에요. 그리고 우린 법을 위반하지도 않았어요."

1972년생 리잉

내 생애 가장 잘한 일

2014년 10월 3일 오전 리잉麗英의 집에서 인터뷰를 하고 점심식사를 했다. 리잉은 6000여 명이 일하는 광저우 S공장의 평범한 여성노동자다. 하지만 그녀의 경험과 깨달음은 남들과 꽤 다르다. 리잉은 광저우 판위의 다룽제차둥大龍街茶東이라는 마을에 산다. 오토바이 택시를 타고 리잉의 집 근처 작은 광장에 도착하자 그녀가 마중을 나와 있었다. 한 사람이 겨우 지나갈 좁은 골목길을 돌고 돌아 그녀의 셋집에 도착했다. 석판으로 포장된 길이 참 깨끗했다. 우리는 함께 채소를 다듬으며 대화를 나눴는데, 이웃집 라디오에서 흘러나오는 경극 소리가 너무 커서 대화 내내 목소리를 높여야 했다. 리잉은 "집주인 아주머니가 현지인인데, 여기에 안 살아요. 집을 가진 사람들은 대부분 그렇죠. 다만 여기 살면서 세 놓는 사람들은 거의 나이가 많아요. 외지인이면 감히 저렇게 라디오 소리를 크게 틀 수 있겠어요?"라고 말했다.

질병에 덮친 가난

리잉은 1972년 쓰촨의 한 농촌 마을에서 태어났고, 1989년에 중학교를 졸업했다. 당시 아버지가 일하던 공급 판매 협력사供銷社에서 직원을 모집해서 리잉은 졸업하자마자 그곳에 취직했다.

리잉은 아래로 남동생과 여동생이 있다. 어머니는 2000년 8월에 세상을 떠났는데, 아버지는 어머니가 무슨 병에 걸렸는지조차 말해 주지 않았다. 어머니가 돌아가신 뒤에야 주변 사람들에게 어머니가 폐암이었다는 얘기를 들었다. 어머니 병원비로 7~8만 위안이 들었는데, 리잉은 생활비를 제외한 월급 대부분을 병원비로 썼다. 어머니가 돌아가신 후에도 2만 위안의 밀린 병원비를 갚아야 했다.

2001년 정월에 남동생도 세상을 떠났다. 2000년 8월까지 전자 공장에서 일하던 남동생은 홀로 남겨진 아버지를 돌보기 위해 집으로 돌아왔다. 섣달 추운 겨울에 감기 증세가 있어 인근 작은 병원에 다녔으나 낫지 않아 큰 병원으로 옮겨 검사를 받았는데, 신장 이식이 필요하다고 했다. 수술비로 20만 위안이 필요했고, 수술을 한다고 해도 운동 능력을 상실하거나 식물인간이 될 위험을 감수해야 한다고 했다. 그땐 수술할 형편도 안 됐고, 어머니 병원비도 한참이나 갚아야 하는 상황이었다. 아버지는 아들의 병구완을 포기한다고 선언했다. 그렇게 퇴원한 지 보름만에 동생이 세상을 떠났다.

고향에서의 생활

리잉은 1989년부터 직장 생활을 시작했다. 첫 월급이 70위안 정도였는데, 첫 직장이었기에 열심히 다녔다. 그때만 해도 한 달 지출이 20위안

깨끗한 리잉의 집 앞 골목.

정도여서 50위안을 남길 수 있었다.

이후 1993년에 결혼해 이듬해 아들을 낳았다. 1995년부터는 공급 판매 협력사가 경쟁 입찰을 통해 도급을 줬는데, 그땐 흔한 일이었다. 리잉도 합작사에서 도급을 받게 되어 매월 2000위안을 회사에 내야 했다. 그렇게 2년간 일했지만, 경쟁도 치열하고 일이 없으면 돈을 융통할 수 없어서 매월 500위안 정도만 손에 넣을 수 있었다.

광저우 S공장에 첫발을 내딛다

리잉의 남편은 1999년 4월 광저우에 왔다. 리잉은 이듬해 5월에 남편을 따라와 2002년 S공장에 들어갔는데, 처음 이 공장에 왔을 때 기억이 아직도 생생하다. 매일같이 야근하고 집에 돌아오면 곯아떨어지기 일쑤였다. 한 달에 쉬는 날이란 고작 하루뿐이었다. 첫 월급이 900위안이었으니 벌이는 나쁘지 않았다. 한 끼 식사비가 5마오에서 1위안 정도여서 지출이 많은 것도 아니었다.

공장에 막 들어왔을 때는 작업장 관리 감독이 지금보다는 자유로운 편이었다. 근무시간에도 사람들끼리 농담을 주고받을 수 있었고, 누구도 일을 독촉하지 않았다. 일이 많든 적든 각자가 할 수 있는 만큼만 일해서 지금처럼 대화도 나눌 수 없는 그런 지경은 아니었다.

회의실에 감금되다

2012년 전후로 대다수 광저우 노동자가 미납된 사회보험을 추가 납부할 수 있다는 사실을 알게 되었다. 누구나 처음 일을 시작할 때는 하루하루가 쌓여 타향살이 노동 생활이 10~20년에 이르게 될 줄은 상상하지 못한다. 그렇게 많은 시간이 누적된 후에야 그만큼의 의식이 싹트는 것이다. 소박하게나마 자신이 마땅한 대우를 받아야 한다는 그런 생각 말이다. 리잉과 동년배인 노동자들에게 사회보험 추가 납부는 이후 생활의 기본적인 보장을 의미했다. 사회보험 없는 노년은 기댈 곳이 없다는 것과 마찬가지다. 그래서 리잉과 동료들은 사회보험 문제에 매우 적극적이다. 2013년 7월 적극적으로 활동하던 동료들이 공장이 미납한 양로보험을 추가 납부해야 한다는 내용의 문건을 작성했고, 이에 동조하는 사람들의 서명과 도장을 받았다. 그리고 여성노동자들에게도 이 일이 알려졌다.

9월의 어느 날 사회보험 추가 납부를 요구하는 10여 명과 공장장 사무실 앞에서 8시 반에 만나기로 약속했다. 이왕이면 다 함께 모여서 가는 게 좋기 때문이다. 여성노동자들이 출입처 카드 단말기 앞에 모여들자 그곳 책임자가 당신들이 있을 곳이 아닌데 왜 여기 모여 있냐며 추궁했다. 리잉은 그에게 사회보험 문제를 어떻게 처리할 건지 공장장에게 물어 보라고 답했다. 이에 당황한 책임자가 경비를 부르더니 여성노동자들을 회의실에 몰아넣고는 외부 접촉을 못 하도록 밖에서 문을 잠가 버렸다. 노동자들의 집단행동을 한 번도 본 적이 없어서 무척 긴장했거나 어떻게 처리해야 할지 몰라서 그랬을지도 모른다. 그때가 8시 30분 전이었는데, 그 뒤로 모인 여성노동자들도 하나둘 방으로 들여보낸 뒤 다시 문을 잠갔다. 갇혀 있던 한 여성노동자가 공장장에게 전화를 걸어 "여기 모인 사람들이 다 감금됐어요"라고 말했다. 30분쯤 지나 50세쯤 되는 공장장이 헐레벌떡 나타났다. 그는 평소 여성노동자들에게 잘해 주던 사람인데, "이런 식으로 나오는 건 우리를 믿지 않는다는 뜻이야. 무슨 일이 닥치면 가족처럼 대화로 풀어야지. 이렇게 막무가내면 아무것도 할 수 없잖아"라며 화를 냈다. 여성노동자들은 "공장이 미납 보험료를 납부해 준다고 했잖아요. 1~2주 안으로 처리해 주세요"라고 주장했다.

결국 리잉과 동료들은 한 달 후 공장과 합의했다. 2014년 1월 15일 공장은 "2002년부터의 미납 보험료를 총 3년에 걸쳐 납부한다. 첫 번째, 두 번째 해에는 2년 치, 세 번째 해에는 나머지 금액을 완납한다"고 공지했다. 여성노동자들은 공장에 입사한 해부터의 미납 보험료를 한 번에 납부하기를 원했지만, 공장은 받아들이지 않았다.

사회보험국의 완강한 태도

4월부터 7월까지 여성노동자들은 사회보험국에 몇 번이나 도움을 청했지만, 별다른 소득을 얻지 못했다. 2014년 7월 18일 그들은 다시 사회보험국에 찾아가 종일 문을 막고 직원들이 점심시간에 나가지 못하게 하는 등 항의했지만, 그 어떤 대답도 들을 수 없었다. 2015년에 50세가 되는 노동자의 경우 공장이 그동안 미납한 보험료를 2002년부터 납입하면, 사회보험 납입 기간이 15년이 되지 않아서 혜택을 받지 못한다. 그래서 여성노동자들은 취업한 해부터 셈하여 보험료를 납입할 수 있도록 사회보험국이 공장에 요구하길 바랐지만, 그들도 공장과 한통속이었다.

한 노동자가 "건물에서 뛰어내려야 배상을 해 줄 겁니까?"라며 분통을 터뜨리자 보험국 직원 하나가 심드렁하게 대꾸했다. "뛰어내릴 테면 그렇게 하세요. 그래 봤자 얼마 못 받을 텐데. 한 10만 위안이나 받으려나." 이에 몇몇 여성노동자가 난간 위로 기어 올라갔지만, 다행히도 폐쇄형 창문이라 열리지 않았다. 그렇게 아무 일도 일어나지 않았으나 보험국 직원은 경찰을 불렀다. 여성노동자들이 말했다. "우리한테 그러는 거 아니에요. 당신들 상관이 일을 제대로 했다면 일어나지 않았을 일이에요. 우리 공장장이나 당신네 상관이 되먹지 못했다고 칩시다. 그래도 직원이 만 명이 넘는 공장에서 보험료를 납입하지 않는다는 게 말이 됩니까?"

결국 여성노동자들의 행동이 사회보험국을 움직였는지, 저녁 무렵이 되자 공장장과 관계자 몇 명을 호출했다. 공장장은 이들에 대해 3년간 분기별로 미납 보험료를 납부하며, 퇴직할 경우에는 특별히 일시불로 완납하겠다고 약속했다. 리잉을 비롯해 사회보험국에 달려간 20여 명도 이 결정에 동의한다고 서명했다. 나머지 6000여 노동자에 대해서는 1월에 공시한 결정, 즉 2002년부터 3년에 걸쳐 보험료를 납부하며 중도에 공장을 그만둘 경우 납부할 수 없다는 결정을 유지했다.

이 과정에서 리잉과 동료들은 갖은 고생을 했다. 그들이 문건을 작성해 접수하면 사회보험국 직원은 '정책 결정 후 이의신청 기간이 2년 지났으므로 받을 수 없다'며 거절했다. 그래서 퀵서비스로 신청서를 전달했더니 그들도 어쩔 수 없었는지 접수는 받아 줬다. 그러고는 신청서 수리 결과로, '이의 신청 기간이 2년 지났으므로 각자 알아서 공장장과 타협해 결정할 것'이라고 통보했다.

공장과 사회보험국은 줄곧 '2년의 추소 기간' 규정을 들먹이며 '규정이 그러하니 2년이 지난 후 신청해 봐야 소용없다'고 받아들이게 하려던 것이다. 관련법을 살펴보면, 2004년 12월 1일부터 시행되는 '노동보장감찰 조례' 제20조는 다음과 같다.

"노동보장 법률, 법규 혹은 보장을 위반하는 행위에 대해 2년 내에 노동보장 행정 부문에서 발견하지 못하였거나 신고나 소송 등의 제기를 받지 아니한 경우 노동보장 행정 부문은 더 이상 책임을 묻지 않는다."

규정에는 분명 '더 이상 책임을 묻지 않는다'라고만 되어 있지 '미납 보험료를 추가로 납입할 수 없다'가 아니다. 그런데도 그들은 법이 그렇다고 이야기한다. 노동자들의 노동과 생활을 들여다보라. 그들은 기댈 곳이 없다.

어쩔 수 없이 협약서에 서명하다

7월 21일 사회보험국 조사과 직원들이 S공장에 왔다. 추소 기간 2년이 넘지 않은 노동자들의 사회보험 문제를 처리하기 위해서였다. 그러나 공장은 이 과정에서 훼방을 놓았다. 사회보험국에 찾아간 20여 명에게만 '2002년부터 3년에 걸쳐 보험료 미납분을 완납하고, 중도에 공장을 떠나는 경우에도 일시불로 완납'해 주기로 했다는 것이다.

리잉과 노동자들은 이 결과가 너무 아쉬웠다. 그들의 목표는 전체 노동자의 보험료 미납분을 일시불로 완납해 주는 것이었고, 그렇게 안 될 경우 두 번째 목표는 모든 직원이 '중도에 공장을 그만둘 경우 미납분을 일시불로 완납'할 수 있도록 승인받는 것이었다. 하지만 첫 번째 목표는 이루지 못했고, 두 번째 목표 역시 극소수 노동자에게만 적용됐다. 리잉은 다른 노동자들에게 너무 미안했지만, 달리 방법이 없었다. 그래서 노동자들을 동원해 이 문제를 해결하고 싶었으나 대부분이 원치 않았다. 공장의 보복이 두렵기도 했고, 다른 사람들이 자기 대신 해결해 주길 바라는 사람들이 많았기 때문이다.

그러나 리잉은 공장 물품이 외부로 옮겨지고, 최근 몇 년간의 주요 문서가 빼돌려지는 상황을 알고 있었다. 언젠가는 공장에 사람도 몇 남지 않을 거라는 소문이 들리기도 했다. 정말 그렇다면 공장이 보험료를 완납하기도 전에 하나둘 떠나고 말 것이다. 걱정스런 마음에 7월 21일 리잉과 동료들은 모든 노동자에게 합의 내용을 적용해 줄 것을 공장에 요구했다. 그러나 공장의 태도는 완강했다.

리잉과 동료들은 자기들만 협약서에 서명하는 게 마음에 걸렸다. 그렇다고 거부하자니 1년의 노력이 수포로 돌아갈까 봐 두려웠다. 6000여 명의 기대가 무너졌고, 리잉과 동료들은 이 상황을 어쩌지 못했다. 공장의 인사 책임자가 말했다. "회사 결정은 오로지 몇몇 사람에게만 적용되지, 전부에 해당하지 않습니다. 그러니 서명할 사람은 서명하고, 싫은 사람은 말고…."

결국 리잉은 협약서에 서명할 수밖에 없었다. 일정 정도의 권리를 보장받게 됐지만, 마음속은 실패감와 아쉬움으로 가득했다.

공장의 괴롭힘

이후 사회보험국에 항의하며 협상을 이끈 20여 명의 노동자는 공장 관리부 직원들에게 괴롭힘과 보복을 당했다. 성격이 불같은 여성노동자들을 상대로 괴롭힘의 정도가 더 심했고, 리잉과 같이 비교적 온순한 노동자들에겐 그나마 덜했다. 리잉은 생산라인에서 '고참'으로 통했다. 하는 일로만 치면 거의 부조장 급으로, 여성노동자 중에서 '가장 능숙한 노동자'였다. 즉 생산라인의 어떤 위치에 배치해도 문제없는 사람이었다. 리잉은 생산라인의 '고참' 노릇을 하는 게 참 어려웠다. 주문서를 받고, 표를 정리하고, 재료를 투입하고, 생산 날짜를 보고하고, 추가근무 일정을 안배하는 등 모두 혼자서 처리했다. 원래 조장이 하는 일이었지만, 조장이 시키면 해야만 했다. 하지만 지금은 리잉에 대한 보복으로 일을 시키지 않아서 도리어 한결 수월해졌다. 리잉은 그저 생산라인에 배당된 일만 하면 됐다. 이전에는 작은 문제가 생겨도 조장이 뛰어와 소리 지르기 일쑤였다. 쥐란과 자오에 비하면 이런 보복은 아무것도 아니라는 생각이 들었다. 쥐란은 끊임없이 업무 배치가 바뀌었고, 자오는 추가 근무를 금지당했다.

리잉은 S공장에서 오랫동안 일했지만, 늘 그만두고 싶었다. 작업을 시작하면 퇴근할 때까지 고개도 들지 못하고 끊임없이 목표량 달성을 위해 일해야 했기 때문이다. 그녀는 "우리가 하는 일에 무슨 즐거움이 있겠어요? 아무런 재미가 없어요! 매일같이 한자리에 서서 조립하느라 바빴죠. 고개도 한 번 못 들고 말이에요"라고 토로했다. 지금은 사회보험 쟁취 운동을 했다는 이유로 보복을 당하고 있으니 정말이지 출근하는 게 더 싫다. 당장이라도 그만두고 싶지만, 지금까지 버텼는데 급하게 그만둘 이유가 있나 싶어서 스스로 다독이고 있다.

인생에서 가장 잘한 일

리잉과 동료들은 2012년 즈음에 공장이 미납된 사회보험을 추가 납부해 준다는 소식을 들었다. 그때는 아무 것도 몰랐고, 구체적으로 어찌해야 하는지 엄두가 나지 않았다. 그렇게 많은 시간을 공장에서 보내면서 외부와 접촉해 본 적도 없고, 퇴근 후엔 밥 먹고 텔레비전이나 핸드폰을 들여다보다가 잠들곤 했다. 주말이면 밖에 나가 장을 보는 게 전부였다.

예전에 리잉은 손해 볼 것 같으면 곧바로 포기하곤 했다. 다른 사람이 속이려 든다는 걸 알아채더라도 까짓 것 속아 준다는 마음이었다. 하지만 그해를 지내면서 정말 많은 걸 깨달았다. 눈앞의 것만 보면 다른 걸 놓친다는 것, 멀리 봐야 한다는 것, 세상 물정을 알아야 한다는 것, 그리고 사회가 아주 크다는 것 말이다. 그리고 무슨 일이든 대담해야 하고, 용감히 물어야 하고, 과감히 찾아야 하며, 어떻게 되든 목소리를 내고 행동하면 많든 적든 분명 얻는 게 있다는 것을 말이다. 리잉은 이렇게 말했다. "사회보험이 아니었다면, 평생을 흔들리는 대로 살았을 거예요. 그런데 그해에 많은 우여곡절이 있었죠. 권리를 위해 투쟁했고, 이겼어요. 더 중요한 건 그런 경험을 얻었다는 거예요. 아마도 제 평생 가장 잘한 일인 것 같아요."

향후 계획

줄곧 셋방살이를 한 리잉은 이곳에서 6년째 살고 있다. 월세는 200위안이고, 집에선 뭐든지 전기를 사용해야 해서 한 달 전기세만 최소 150

리잉의 셋집에서.

위안이 나온다.

이전엔 사정이 더 어려웠다. 2000년에는 어머니 병원비로 빌린 2만 여 위안을 꼬박꼬박 갚았기 때문이다. 해마다 돈을 조금씩 벌어서 이제 저축도 한다. 리잉의 남편은 신문 배달과 택배 일을 같이 한다. 그는 매일 새벽 4시부터 오전 9시나 11시까지 신문을 배달한다. 그리고 집에 돌아와 식사를 하고 다시 택배 일을 하러 나간다.

부부는 고향에 집을 지을 계획이었으나 생각을 바꿔 광위안廣元시에 집을 사기로 했다. 작년(2013년)에는 평당 4800위안이었는데, 이제 4200 위안으로 떨어졌다. 그들은 97㎡(약 29평)의 집을 살 예정인데, 하나밖에 없는 아들을 위해서다. 리잉의 여동생이 청두成都시에 집을 같이 사자고 해서 고민 중이다. 시내에서 좀 떨어진 곳인데, 평당 4600위안이나 하기 때문이다. 중심가는 더 비싸서 엄두도 못 낸다. 청두에 집을 마련하면, 향후 발전 가능성이 있어 장차 아들과 손자에게도 좋을 것이다.

리잉은 몇 년 후 퇴직하면 고향으로 돌아갈 계획이다. 그렇다고 한가로이 지내는 건 싫어서 아들이 결혼해 아이를 낳으면 돌봐 주거나 적당한 일거리를 찾으려 한다.

리잉과 대화를 나누는 동안 그녀의 아들은 줄곧 컴퓨터 게임을 했다. 리잉에게는 미안했지만, 아들에게 왜 나가서 일하지 않느냐고 물었다. 사실 묻지 않아도 충분히 유추할 수 있었다. 학창 시절 부모가 일하러 나간 동안 집에 홀로 있으면서 생긴 습관인 것이다. 또 광저우의 일자리는 너무 힘든데 비해 벌이가 적다. 그래도 아주 예의바른 청년이어서 음료수 심부름이나 식탁 정리, 식사시간에 아버지를 모셔 오라는 엄마의 말에 묵묵히 따랐다. 그러나 뭔가 바꿔야겠다는 생각을 하지 않는다면, 리잉의 아들 세대는 더욱 미망에서 헤매는 세대가 될 것이다. 물론 일은 사람이 하고, 생활도 사람이 창조한다.

1974년생 후이란

사랑받는 아내

2014년 10월 2일부터 4일까지 총 6명의 여성노동자를 인터뷰했다. 그들은 모두 S공장에서 일하고, 사회보험 쟁취를 위해 싸웠다. 10월 1일에는 이 운동에 적극적인 10여 명의 여성노동자와 함께 야유회에서 즐겁게 놀았다. 대다수 여성노동자가 오래 전에 광저우에 왔지만, 광저우 교외로 놀러간 건 처음이라며 평생 잊을 수 없을 것 같다고 했다. 야유회를 마치고 돌아오는 버스에서 그들과 인터뷰 순서를 정했다. 하루에 두 집을 방문하고, 오전에 한 집에서 점심을 먹고, 오후에는 다른 집에서 저녁을 먹기로 했다. 그렇게 나는 총 여섯 끼의 밥을 얻어먹었다. 휴가철이라 여성노동자들의 남편도 만났는데, 집마다 부부 관계나 말투가 달랐다. 정말 감격한 건 여섯 번의 식사 중 세 끼를 남편이 했고, 그중 두 부부는 평상시에도 그렇다고 한 것이다.

10월 2일 오전 10시쯤 주수이캉역에 도착했다. 첫 인터뷰 대상인 후이란輝蘭 부부가 플랫폼에서 나를 기다리고 있었다. 남편은 왼손엔 활어를, 오른손엔 채소를 들고 있었다. 10평쯤 되는 그들의 셋집은 매우 깨끗

다정한 후이란 부부가 좁은 셋집 베란다에서 식사 준비를 하고 있다.

했다. 집 안에 빈 어항이 하나 있었는데, 며칠 전 부부가 고향에서 열흘 정도 지내는 동안 물고기가 다 죽었다고 했다. 집에 들어가자마자 남편은 식사 준비를 하기 시작했다.

사랑받고 자란 어린 시절

후이란은 1974년 후난성 창더常德시의 가난한 농촌에서 태어났다. 형제자매로 오빠 셋과 언니 셋이 있는데, 어머니가 후이란을 임신했을 때는 산아제한 정책이 시행 중이었다. 그때는 생산대가 해산되지 않았고, 산아제한을 어기면 노동에 참여하거나 노동점수[32]를 받을 수 없었다. 게

---

32 [역주] 1950~1980년대 초까지 농촌 집단 경제 조직에서 노동자의 노동량과 임금을 계산하는 단위를 말한다.

다가 어머니는 여섯 아이를 기르는 게 너무 힘들어 유산을 결심했는데, 이를 알게 된 아버지가 노발대발했다. "아이를 지우기만 해 봐. 나는 아이가 많아도 두렵지 않아. 당신이 이 아이를 원하지 않는다면, 집에 있는 아이 여섯도 깨끗하게 죽으면 되겠네." 후이란이 다 자란 뒤 가족들은 아버지가 너의 생명을 지켰다고 농담 삼아 말했다.

후이란은 사물을 구별하기 시작할 때부터 늘 먹을 게 부족했다고 기억했다. 해마다 몇 달은 식량을 배급받지 못해 밥에 고구마를 섞어 먹었고, 어느 날 저녁은 고구마뿐이었다. 편식이 심한 후이란이 고구마를 먹지 않으면, 어머니는 쌀밥을 조금이라도 해서 먹였다. 비록 가난한 집에서 자랐지만, 후이란은 늘 사랑을 받았다. 힘든 일을 한 적도, 거친 밥을 먹은 적도 없어서 밥할 줄도 몰랐다.

집이 너무 가난해 일곱 형제자매 중 둘째 오빠만 중학교를 졸업하고, 나머지는 초등학교까지만 다녔다. 당시 어머니는 죽도록 일해서라도 막내를 공부시키려 했지만, 후이란은 부모가 고생하는 게 싫어서 스스로 학업을 포기했다.

벌이가 시원찮은 농촌의 봉제사

후이란은 9세에 초등학교에 들어가 16세에 졸업했다. 어머니는 배운 게 없으니 기술이라도 배워야 한다고 주장했다. 후이란은 마을 봉제사를 찾아가 견습생이 되었고, 1년간 무급으로 봉제사 집에서 일하며 기술을 배웠다. 견습생 생활을 마친 뒤 후이란은 마을에서 가까운 시장에 작은 양장점을 열었다. 그러나 그 시절 농촌 사람들은 양장점에서 옷을 맞추지 않고 수선만 맡겨서 가장 바쁠 때에도 얼마 벌지 못했다. 아마 한 달에 200위안 정도 벌었을 것이다. 그나마 집세까지 내고 나면 남는 게 하나도 없어서 1년 후 일을 그만둘 수밖에 없었다.

처음으로 외지에 나가 일하다

1992년 마을 인력사무소 직원이 여자아이들에게 광저우의 한 공장을 소개했다. 불법적인 공장이 아닌 비교적 믿을 만하고 안정적인 곳이라고 했다. 그래서 5명이 둥관東莞시 타이핑太平의 S공장에 들어갔다. 그때는 휴일이라는 개념이 없어서 매일 출근했고, 하루 8시간 일했다. 월급은 고작 200위안 정도였고, 하루 약 1위안의 식사비가 들었다. 2마오면 아침 한 끼를 먹을 수 있었는데, 후이란은 매일 노트에 생활비를 자세히 적었다.

후이란은 매일 5시에 퇴근해 풀밭에 앉아 울었다. 해가 지면 하늘에 뜬 별을 보며 울었다. 그땐 모두가 외지에 나가 본 적이 없었다. 그래서 나이도 어리고 친구도 없어서 서로 얼싸 안고 울었다. 그곳에서 반년간 일했는데, 일이 힘들거나 피곤한 건 아니었다. 그저 매일 집이 그리워 울었던 것이다. 어머니도 후이란이 보고 싶어서인지 열흘이나 보름마다 먹을 것을 보내왔다. 어머니가 손수 만든 찹쌀가루는 뜨거운 물에 타 바로 먹을 수 있었다. 어머니의 걱정도 컸고, 자신도 집이 그리워서 결국 공장을 그만뒀다.

연애, 결혼, 출산

1991년 한 남자와 선을 봤는데, 그때는 모두 가난해서 선을 보려면 예물을 요구했다. 가난한 그는 약혼 비용이 없어 외지에 나가 일하기로 결심했다. 후이란은 "외지에 나가지 말아요. 돈이 없어도 함께할 수 있어요"라고 말했지만, 그의 고집은 꺾이지 않았다. 그만큼 고집이 센 후이란도 그에게 답장을 하지 않아서 연락이 끊기고 말았다.

후이란의 남편 이름은 푸성福生이다. 둘의 집은 겨우 수백 미터 거리여서 거의 매일 만날 수 있었다. 후이란이 다른 남자와 선을 본다는 소식을 들은 푸성이 그녀의 양장점으로 찾아왔다. 후이란은 그의 마음을 눈치챘으나 푸성은 후이란의 마음을 몰라 아무 말도 하지 못했다. 외지에 나간 후이란은 종종 푸성과 안부 편지를 주고받았는데, 나중에야 그가 자신의 편지에 매우 감동했었다는 걸 알았다.

이후 푸성 부모가 중매인을 통해 혼담을 꺼냈지만, 후이란의 어머니는 양가가 너무 가까운 게 걱정된다며 반대했다. 하지만 후이란의 말이라면 다 들어 주기도 했거니와 "앞으로 오랜 시간 외지에서 일해야 할 텐데 가까운 데로 시집가면 엄마를 자주 볼 수 있잖아요"라는 딸의 말에 넘어가고 말았다. 사실 어머니도 똑똑하고 믿음직한 푸성이 마음에 들긴 했다. 둘은 1994년에 결혼해 이듬해 아들을 낳았다. 당시 엄격한 산아제한 정책 때문에 아이는 하나만 낳기로 했다. 후이란은 집에서 2년간 아이를 돌보다가 남편과 함께 일하기 위해 광저우로 갔다. 그래서 아들은 부모가 외지에 나가 농촌에 남겨진 1000만 명의 아이 중 하나가 되어 할머니 할아버지 손에서 자랐다.

주수이캉 S공장에서 일하다

1997년 후이란 부부는 광저우에서 함께 살았다. F공장에서 반년쯤 일하던 후이란은 S공장의 임금이 2배나 높다는 사실을 알고 그곳으로 이직했다. 1998년 2월 4일에 입사해 2014년까지 16년 넘게 다녔는데, 공장에 막 들어갔을 때는 휴일도 없이 매일 아침 6시부터 밤 10시까지 일했다. 심지어 새벽 2~3시까지 일한 적도 있다. 야근을 많이 하면 월급이 1000위안이 넘었기 때문이다.

2010년쯤에는 월급을 2000위안 넘게 받을 수 있었다. 최근 몇 년은 기본급은 올랐으나 야근시간이 줄어 손에 쥐는 돈이 비슷하다. 2012년 이후부터 임금이 상승하자 상여금이 없어졌다. 이전에는 A(130위안), B(100위안), C(80위안) 등급으로 나눠 상여금을 지급했는데, 후이란은 매달 적어도 B등급은 받았다. 2년 이상 일한 직공에게는 매달 150위안의 복지수당도 나왔는데, 2012년 이후에는 그조차 70위안으로 삭감되어 월급이 200위안 정도 줄었다. 현재 한달 기본급은 1730위안인데, 의료보험비 69.7위안과 양로보험비 117.12위안을 공제한다. 야근도 많지 않아 2000위안을 못 받을 때도 있다.

야근이 줄어든 이유는 주문량이 부족해서다. 후이란은 광시 난닝南寧과 후난 창더에 공장을 지어서 주문량을 모두 돌릴 계획이라는 소식을 들었다. 태국으로 공장을 이전한다는 소문도 들렸다. 지금은 모두가 야근하는 걸 꺼려서 기본급과 복지수당만 비교한다.

험난한 역정

2013년 초 후이란은 더 이상 S공장에서 일하고 싶지 않아졌다. 하지만 그렇게 오래 일한 게 헛수고가 될까 봐 마음이 불편했다.

S공장은 2011년부터 후이란의 사회보험을 추가 납부해 줬고, 2014년까지 3년간 완납했다. 이곳에서 일한 지 16년째 되던 2014년에 후이란은

공장에서 해고된 대학 졸업생이 사회보험을 납부해 주기 전에는 절대 떠나지 않겠다고 버텼다는 이야기를 들었다. 후이란은 "나도 이 회사 사람인데. 대학생이 사람이면 초등학교 졸업자도 사람이잖아. 나도 반드시 받고 말거야"라고 다짐했다.

후이란은 우선 노동국을 찾아갔다. 그러나 노동국은 공장에 가서 말하라, 공장은 노동국을 찾아가라며 책임을 떠넘겼다. 어쩔 수 없이 정부의 민원 처리 기관에 찾아가 상황을 설명했더니 "노동국에 가서 말하면 해 줄 겁니다"라고 답했다. 이 말에 자신감이 생긴 후이란은 다시 노동국에 찾아가 이 말을 전했다. 노동국 담당 직원은 "추가 납부할 순 있죠. 다만 소송 가능 기간인 2년이 지나서 안돼요"라고 말했다. 후이란은 "왜 2년이 지났다는 거죠? 당신들이 관리 감독을 안 해서 일어난 일 아닌가요?"라고 반박했다. 기진맥진한 후이란은 남편에게 전화를 걸어 고향말로 상황을 설명했다. 그때 길을 지나던 고향 사람이 다가와 자기도 같은 상황이라고 했다.

후이란이 혼자서 여기저기에 도움을 청했으나 누구도 거들떠보지 않았다. 그래서 모두가 함께 합리적이고 합법적으로 투쟁해야 한다는 걸 깨달았다. 후이란은 공장에 돌아와 연락망을 조직했다. 노동자의 사회보험을 보장하는 것은 국가가 법률로 정한 것으로, 정당한 명분이 있다. 게다가 이것은 실제적인 이익 아닌가? 그래서 빠른 시간에 많은 사람의 동의를 얻을 수 있었다. 또한 자신들의 처지와 비슷하다고 판단한 말단 관리자들의 은밀한 지지를 받은 후에는 더욱 순조로워져서 2013년 7월에는 여성노동자 1200여 명의 서명을 받았다. S공장에는 총 6000여 명의 노동자가 있는데, 대부분 여성노동자다.

2013년 9월의 어느 날 후이란과 10여 명의 동료가 논의를 마치고 집단 서명 복사본과 사회보험 추가 납부 신청서를 들고 공장장을 찾아갔다. 그러나 사무실 관리자가 작업복을 입은 노동자들이 수상했는지 그들을 사무실에 가둬 버렸다. 처음에는 긴장했지만, 문이 잠기자 오히려 침착해져서 직접 공장장에게 전화를 걸었다. 공장장은 "그런 일이 있었어요? 걱정할 필요 없어요. 30분 후에 바로 갈게요"라고 말했다. 그는 노동자들 사이에 평판이 좋았다. 직공과 관리자 사이에 갈등이 생기면 늘 적절하게 해결해 줬기 때문이다.

정말 30분 후에 그가 도착했다. 후이란과 동료들은 현재 상황을 설명하고, 사전에 준비한 계획서와 공장과 담판한 협의서를 꺼내 서명해 달라고 했다. 공장장은 "우리는 가족이에요. 그런데 여기에 서명하면 한 가족이 아니죠. 평소 저는 여러분에게 잘했고, 매주 화요일마다 정기적인 회의도 했잖아요. 이러시면 저도 더 이상 여러분 편을 들 수 없습니다"라고 정색했다. 그날 이후부터 공장장은 정기 회의를 열지 않았다. 후이란과 동료들은 공장장의 반응을 보고 '한 가족'이 무슨 의미인지 깨달았다. 그리고 합리적이고 합법적인 이익을 쟁취하겠다는 결심을 확고히 했다.

결국 여성노동자들의 압박으로 공장측이 협상 자리에 나왔다. 여성노동자들은 후이란 등 20여 명을 협상 대표로 선출했다. 노동자들의 신임을 얻은 것이 후이란에게는 가장 행복한 순간이다. 처음으로 간부와 동등한 자격으로 회의실에 들어갔을 때는 한 번도 느끼지 못한 자랑스러움도 느꼈다. 그 후 많은 일이 일어났다. 여성노동자 대표들은 분열되거나 해고당하거나 압력을 받았다. 노동자들은 두렵고 분노했지만, 자신의 삶과 밀접한 관계가 있는 권익이기에 포기하지 않았다.

2014년 1월 15일 공장은 갑자기 공고문을 게시해 전 직공에게 2002년 이후부터의 사회보험을 3년에 걸쳐 납부해 주겠다고 발표했다. 근무연수가 짧은 노동자들은 이 방안에 만족했지만, 1998년부터 적용해 주기를 바랐던 후이란과 동료들의 기대는 실현되지 못했다. 근무연수가 긴 여성노동자 대표들이 계속해서 불만사항을 제기하는 것을 방지하기 위해 공장은 예외적으로 대표들의 사회보험은 한꺼번에 납부하겠다고 약속했다. 여성노동자들의 요구는 세 가지다. 첫째, 사회보험 추가 납부, 둘째 주택공적금[33] 추가 납부, 셋째 병으로 휴직할 때 임금 지급이다. 현재는 첫 번째 목표만 실현됐다. 이런 상황에서 여성노동자 대표들 사이에 분란이 일어났다. 어떤 이는 계속해야 한다고 하고, 어떤 이는 여기까지만 하자고 주장했다. 서로 단결하고 돕던 여성노동자들 사이에도 분열과 의심이 생겼다.

후이란이 말했다. "만약 제가 사장이라면 이렇게 많은 돈이 나가게 됐으니 분명 화가 날 거예요. 그래서 우리를 원망하고 벌 줄 방법을 생각하겠죠. 자오 씨가 대표니까 그 벌로 야근이 없는 업무를 줬어요. 제게 그런 벌을 주더라도 원망하진 않을 거예요. 우리에게 보복하는 건 공장 잘못이지만, 우리는 참을 수밖에 없어요. 저는 사회보험만 추가 납부된다면 상관없어요. 그리고 이제 곧 실행될 거니까요. 야근 못하면 못하는 거죠. 이제 늙어서 야근하고 싶지도 않고요. 수입이 조금 줄어드는 것뿐이에요. 우리 위치가 이 모든 걸 결정했어요. 간단한 예를 들어 만약 우리

33　[역주] 노동자가 주택 마련 기금을 적립하도록 하는 제도. 노동자와 직장이 나눠 부담하며, 노동자 부담은 임금에서 공제되어 직장 부담금과 함께 노동자의 주택기금 계좌에 예금된다. 도시에서만 시행되고, 재직 중인 노동자에게만 해당된다.

가 법적 절차에 따라 사회보험 추가 납부를 요구했다면, 급여명세서를 제시하라고 했을 거예요. 누가 그걸 십몇 년씩 남겨 둬요? 설사 있다고 하더라도 소용없어요. 명세서엔 연도나 월이 아예 적혀 있지 않거든요. 공장은 이미 계산이 끝났어요. 어쨌든 2002년부터의 사회보험을 납부해 주겠죠. 아쉽지만, 우리는 할 만큼 했어요. 이렇게 많은 일을 겪으면서 우리는 단결했어요. 정말 감동적이죠. 이전에는 자기 권익을 보호하는 건 생각지도 못했어요. 그저 공장이 하라는 대로 했죠. 사장과 다툰다는 것도 감히 엄두도 못 냈고요. 최근 1년간 참 많은 걸 배웠어요. 앞으로 어디서 일하든 내 권리와 이익은 꼭 지켜 낼 거예요."

남편의 지지

12시가 넘자 푸성이 우리를 위해 맛있는 음식을 푸짐하게 차렸다. 그는 오랫동안 가족의 식사를 담당했다. 후이란은 일찍 퇴근해도 남편이 올 때까지 기다린다. 남편에 대해 말하는 모습을 보니 사랑받는 소녀 같았고, 자신을 끔찍이 사랑하는 남편의 눈에 후이란은 영원히 늙지 않을 것이다. 후이란의 표정에서 남편에게 어떤 부당한 대우도 받지 않았음이 느껴졌다. 푸성은 늘 따뜻하고 상냥했다. 식사 후 정리를 마친 그에게 물었다.

뤼투   당신은 아내와 동료들을 지지하나요?

푸성   물론이죠. 그렇지 않았다면 후이란은 어디서부터 시작할지 몰랐을 거예요. 저도 공장에서 권리 투쟁을 한 경험이 있어서 노동국과 노동국 감찰대를 찾아가야 한다는 걸 알고 있었어요. 처음엔 제가 후이란을 데리고 다녔죠.

후이란 남편은 줄곧 저를 지지했어요. 저 대신 핸드폰 요금을 내느라 돈도 많이 썼고요. 활동 자금을 모으긴 했는데, 금방 다 떨어졌거든요.

푸성 제가 낸 핸드폰 요금이 얼마인지 모르겠어요. 아내 요금이 정말 많이 나왔거든요. 밖으로 돌아다니려면 차비도 필요하고, 자료 복사비도 필요하잖아요. 복사비가 한 번에 몇 백 위안이 들어요. 택배비도 들고요. 게다가 활동하려면 휴가도 내야 하니 그동안 임금도 못 받죠.

후이란 휴가를 제일 많이 낸 게 7일이었어요.

푸성 여성노동자들이 마땅한 장소가 없어서 들판에서 회의를 했는데, 가로등도 없고 아주 어두컴컴했어요. 그래서 시간 날 때마다 아내를 회의 장소에 데려다 줬죠. 저도 듣고 싶기도 했고요.

후이란 하하하, 한 편의 드라마 같았을 거예요.

고향의 새집

2006년 후이란과 푸성은 18만 위안을 들여 고향에 삼층집을 지었다. 당시 그 정도면 현성에 집을 살 수도 있었지만, 부모님이 반대했다. 고향에 땅도 좀 있었고, 현성에 살면 지루할 거라 생각했기 때문이다. 하지만 그 집에는 오랫동안 부모님과 아이만 산다. 가스온수기와 태양광도 설치했지만, 부모님이 사용법을 몰라 무용지물이다.

8년 전에 지은 수백 평짜리 고향집에 정작 부부는 며칠 살아 보지도 못했다. 그들은 10평짜리 누추한 셋집에 사는데, 여기 산 지도 어느덧

10년째다. 월세는 100위안 정도고, 수도세와 전기세를 포함해 약 200위안이 든다. 비록 작고 누추한 집이지만, 가족의 따뜻한 정만은 가득하다.

뤼투 여기가 집이라고 생각해요?

푸성 마음속으론 고향집이 집이죠.

뤼투 그럼 여기는 뭔가요?

푸성 어떻게 말해야 하나, 그냥 작은 집이죠.

뤼투 그래도 집이네요?

푸성 맞아요. 분명히 집이죠.

후이란 이렇게 오래 살았는데 어째서 집이 아니겠어요. 거기는 고향집이고, 여기는 제 집이죠. 해마다 고향집에 가니 거기도 제 집이고요. 집이 있다는 느낌은 분명해요.

푸성 집으로 돌아가야 자기 집이죠. 여기는 처음부터 다른 사람이 사는 곳, 세 든 곳이에요.

미래의 계획

뤼투 이후 계획은 뭔가요?

푸성 예전엔 집 짓는 거랑 아들 뒷바라지였어요. 이건 이제 다 이뤘죠. 지금 바라는 건 사회보험 문제가 해결되는 건데, 정말 15년 치를 완납할 수 있으면 좋겠어요. 그런데 다 못 낼 거 같아서 아내만 바라보고 있죠.

뤼투 아들은 졸업했나요?

푸성 고등학교 1학년까지 다니고 그만뒀어요. 어릴 때부터 요리를 좋아해서 광저우에서 가장 좋은 요리학교에 보냈어요. 난샤南沙에 있는 '신동팡新東方' 요리학교인데, 1년 학비가 3만 위안이에요. 먹고 자는 비용까지 2년간 8만 위안 넘게 들었어요. 이제 막 졸업해서 광저우대학 호텔에서 실습 중이에요. 월급은 2000위안이고, 이후에는 3000위안 정도 받는다고 하네요.

후이란 어제 오셨으면 참 좋았을 텐데, 아들이 요리한 걸 먹을 수 있었을 테니까요.

뤼투 고향에는 땅이 아직 있나요?

푸성 저한테 밭이 조금 있어요. 700평 정도요. 거기에 다른 건 안 심고 귤만 심어요. 하지만 땅은 없어요. 늙으면 농사지어 먹고살 순 없으니까요. 이번에 양로보험을 추가 납부해야 15년이 되고, 그럼 10~20년 후에 보장받잖아요. 이것도 노동자의 마땅한 권리예요. 아플 때 보장받는 의료보험은 농촌에서 내고 있어요.

후이란 저는 여기서 일하기 싫어요. 고향에 돌아가 손주를 안고 작은 장사라도 하고 싶어요. 손자든 손녀든 다 좋아요. 고향에선 남녀차별을 하지 않거든요. 다른 지역은 안 그래요. 어떤 사람은 딸이 셋인데도 집안에서 아들을 원해서 스트레스가 크더라고요.

1975년생 정셴

집과 아이

10월 4일 오후 정셴正先의 집으로 갔다. 정셴은 건물 꼭대기 층에 세들어 산다. 6층으로 올라가니 넓은 옥상 마당이 나왔다. 시멘트 바닥이라 매우 깔끔했고, 시야가 탁 트여 먼 곳까지 내다보였다. 뜨거운 날씨인데도 바람이 살랑 불었다. 초라한 집과 썰렁한 창고 건물들이 보이는 주변 경관은 보잘 것 없었다. 그중 한 창고 창문은 불에 그슬려 유리가 모두 깨져 있었다. 건물 아래 쓰레기통 주변엔 쓰레기가 어지럽게 흩어져 있었다. 정셴을 따라 집 안으로 들어가니 선풍기가 열심히 돌아가고 있었다. 태양이 내리쬐는 옥탑방은 열기로 가득했다. 눈에 띄는 가구라곤 방 안을 다 차지한 싱글 사이즈의 이층침대뿐이었다.

S공장에는 6000여 노동자가 다니는데, 나는 고작 6명만 인터뷰했다. 그러나 3일 동안 6명의 인생사를 마주한 건 정말 의미 있는 일이었다. 인터뷰 기록을 정리해 보니 2013년 9월부터 2014년 9월까지 6명 모두가 같은 일을 겪었지만, 각자 다른 경험을 했다는 걸 깨달았다. 그들 중 어느 누구도 인터뷰 내용이 같지 않았으니까 말이다.

험난한 배움의 길

정센은 1975년 구이저우貴州성 퉁쯔桐梓현의 농촌에서 태어났다. 형제자매는 큰언니, 남동생, 여동생이 있다. 부모님은 60대로, 아버지는 그럭저럭 건강하지만 어머니는 류머티즘 관절염을 앓아서 통증이 심하다. 치료비를 많이 들였으나 완치되지 못했다. 아마도 젊은 시절 고된 노동에 시달렸던 탓이리라.

아버지는 촌 서기였지만, 집안이 너무 가난했다. 장남인 아버지에겐 남동생 둘, 여동생 하나가 있다. 조부모님은 모두 건강한 편이었다. 정센은 1982년 일곱 살이 되던 해 초등학교 1학년에 입학했다. 아버지는 가족들이 모여 살 집을 짓기 시작했다. 그리고 산에 할아버지, 할머니를 모실 가묘를 짓고 관이 들어갈 문도 달았다. 그렇게 집과 가묘를 짓느라 돈 한 푼 남지 않아서 정센은 1학년을 마치고 학업을 중단했다. 그 후 돈이 좀 생겨서 3학년 2학기 과정에 들어가 수업을 받았다. 그리고 4학년 2학기까지 다니고, 형편이 어려워져 다시 학교를 그만뒀다. 그렇게 초등학교 1학년, 3학년 2학기, 4학년 2학기, 5학년 2학기, 6학년 과정을 드문드문 다니고 졸업했다. 이런 상황에 성적이 좋을 리 없어 정센은 20~60점을 받았고, 그나마 성적이 가장 좋았을 때가 70점이었다. 그 후 중학교 진학 시험에 떨어져 학교를 그만뒀다.

큰언니도 집안 형편 때문에 초등학교 3학년까지만 다니고 학교를 그만뒀다. 여동생은 선생님의 체벌을 견디지 못해 3학년까지만 다녔다. 그 선생님은 시를 암기하지 못하면, 대나무 막대기로 손바닥이 퉁퉁 부어오를 정도로 사정없이 때렸다. 남동생은 중학교 졸업 후 당 간부학교에 진학했다. 이후 고향의 행정 사무실에서 2년간 일하다가 월급이 너무 적어서 그만두고, 지금은 광저우에서 국수 도매상을 한다. 사업이 꽤 잘돼서 2004년부터 지금까지(2014년) 계속하고 있다.

결혼해 가정을 이루다

정센은 13세에 초등학교를 졸업하고, 어머니와 함께 농사일을 했다. 아버지는 매일같이 찾아오는 각급 관료들을 맞고 감사 업무를 보느라 바빠서 농사일은 자연스레 어머니가 맡았다. 정센은 17세가 되던 해에 아버지에게 400위안을 받아 의류 노점상을 시작했다. 물건을 떼다가 마을 주변 시장에 내다 팔았는데, 처음에는 벌이가 괜찮았다. 그러다 경쟁이 너무 치열해져서 그만뒀다.

18세에 지인에게 남편을 소개받아서 1994년 19세가 되던 해에 결혼했다. 이듬해에 첫딸, 1998년에 둘째 딸, 2001년에는 아들을 낳았다.

남편은 집도 돈도 없는 가난한 집 출신이다. 부부는 결혼 후에도 부모님 집에 얹혀살았다. 그러다 2002년에 1만 위안을 융통해 방 두 칸짜리 단층주택을 지었다. 원래는 방 세 칸을 만들고 싶었으나 돈이 없었고, 이층집을 짓고 싶었지만 아이들이 크면 외지로 나갈 것 같아서 포기했다.

광저우 S공장에서 일하다

정센은 2003년 2월에 광저우로 왔다. 그녀는 S공장과 인연이 깊어서 두 번이나 입사했는데, 그때부터 줄곧 여기서 일하고 있다. 광저우에서 10년 간 일한 큰형님 내외가 정센 부부가 고향에서 힘겹게 사는 걸 보고 이곳을 추천했다. 정센은 2003년 5월에 입사했고, 남편은 같은 해 8월에 아들만 데리고 광저우로 왔다. 그러다 2004년 8월에 아들이 등받이 없는 의자에 올라가다가 떨어져서 다리가 부러지는 사건이 있었다. 그 길로 정센은 일을 그만두고 고향으로 돌아가 10개월간 아이를 보살폈다. 그때 1만 여 위안의 치료비가 들었다.

2005년 6월 정센은 다시 아들을 데리고 광저우로 왔다. 당시 인기 있던 S공장은 지원자가 많아서 입사하지 못하고 다른 공장에 취업했다. 그 후 S공장이 다시 사원을 모집할 때 입사 통보를 받았다. 이 인터뷰를 한 10월 4일이 바로 9년 전 입사 통보를 받은 날이다.

노동계약서와 급여명세서

노동계약서, 급여명세서, 정부기관은 농촌에서 올라온 노동자들에게 유달리 낯선 것이다. 정센에게도 그랬다. 권리 추구에 대한 생각과 필요가 생겨나기 전에는 노동자들이 법적 문서의 작용과 중요성을 인지하지 못했다. 정센이 S공장에서 일한 최근 몇 년간 공장은 몇 번의 노동계약서를 써 줬다. 처음에는 반년에 한 번, 그 후에는 몇 년에 한 번이었다. 하지만 정센은 그것을 잘 보관하지 않았다.

사회보험 추가 납부가 시작되면서 노동계약서를 보여 줘야 정부기관이 처리해 준다는 사실을 알게 됐다. 정센은 서랍과 옷장을 샅샅이 뒤져 2012년에 서명한 계약서를 하나 찾았지만, 그나마도 비정규노동 계약서였다. 그래도 이 계약서가 있어서 입사 이후의 사회보험 추가 납부를 받을 수 있었다. 자오를 비롯한 다른 사람들은 공장이 미납된 사회보험을 한꺼번에 납부하지 않았는데("1976년생 자오", "1972년생 리잉" 이야기 참고), 그 이유는 이의제기가 가능한 2년의 기한을 넘겼기 때문이다. 그런데 정센은 2년이 지나지 않아 혜택을 받을 수 있었다. 정센은 사회보험이 추가 납부된 후 정부기관에 가서 사회보험과 의료보험 명세서를 출력해 왔다. 정부기관 직원들은 친절했다. 이전에 2005년부터의 급여명세서 발급을 공장에 요청했으나 거절당했다. 정센은 근거를 들며 반박했지만, 공장은 최근 1년간의 급여명세서만 발급해 줬다. 담당 직원에게 모든 급여명세서를 발급해 주지 않으면 소송하겠다고 말했으나 그 말에 기분이 나빠진 직원은 신청서를 제출해야 상부에서 결정해 줄 수 있다고 버텼다. 그리고 10월 8일 국경절 연휴 전에 다시 오라고 했다.

할 말은 한다

정센은 말수가 적어서 자기주장이 강하지 않아 보였다. 하지만 사회보험에 관련된 일을 겪으며 정센과 자오는 용감하게 하고 싶은 말을 다 했다. 그들은 불의를 참지 않았고, 이를 바로잡기 위해서라면 어떤 대가도 감수했다. 정센은 사회보험 쟁취 투쟁이 시작될 무렵에는 앞장서서 움직이는 사람이 아니었다. 그땐 많이 배우고 젊은 여성노동자들이 대표로 나서서 목소리를 냈다. 하지만 공장은 이들을 모두 해고해 버렸다. 그러자 정센은 조급해졌다. 모두를 위해 할 말을 해야겠다고, 해고된 여성노동자들을 위해 "그들을 해고해도 우리가 또 여기 있다!"라고 소리쳐야겠다고 생각했다.

광샤를 포함한 4명은 공장으로부터 경고장을 받았다("1985년생 광샤" 이야기 참고). 광샤, 자오, 정센 등 20여 명이 휴가를 내고 사회보험 문제를 처리하러 갔기 때문이다. 그러나 공장은 이 중 4명에게만 경고장을 보냈고, 게다가 이 사안을 모두가 볼 수 있도록 공지했다. 정센은 이것이 잘못된 일이라고 생각했다. 이들이 공장장에 맞선 것도 아니었기 때문이다. 정센과 자오는 들끓는 심정으로 그들을 대신해 책임자를 찾아가 따졌다. 처음에는 책임자가 언성을 높였으나 정센과 자오가 강경하게 밀어붙이자 사무실 관리자가 나섰다. "당신들 이런 식으로 나오면 내일 당장 어디로 옮겨질지 몰라!" 자오가 노동계약서를 들이대며 "부서 이동은 쌍방이 합의해야 합니다"라고 말했다. 정센도 책상을 내리치며 따져 물었다. "우리가 지금 잘못한 게 뭡니까? 부서 이동에 대한 정당한 이유를 말씀해 보세요." 관리자는 "우리는 합법적으로 도리에 맞게 처리하는 거예요"라고 대답했다. 정센은 "그럼 그 세 가지 이유를 자세히 들어봅시다. 이 공장에서 일하는 노동자라고 해서 조금의 자유도 없다고 생각하시나 보죠? 당신들이 시키는 대로 군소리 없이 일하니까 살인을 저지르라고 하면 우리가 따를 것 같나 봐요?"라고 맞받아쳤다. 이에 관리자는 "당연하지. 사람을 죽이라고 해도 그래야 하고, 은행을 털어오라 해도 당연히 그래야 해"라고 말했다. 그때 법을 좀 아는 관리자가 달려와 싸움을 말리며 작은 목소리로 그를 다그쳤다. "더 이상 약점 잡힐 짓 하지 마세요!" 그러면서 그에게 여성노동자들이 녹음하고 있을지도 모른다는 신호를 보냈다.

사태는 일단 진정 국면에 들어갔다. 뜻밖의 전개였다. 공장은 노동자들의 사회보험 쟁취 투쟁에 불만이 많았고, 각종 수단과 방법을 동원해 직원 간의 교류를 통제했다. 특히 정센을 비롯한 이 일을 추진하는 사람들과 직원들과의 접촉을 엄금했다. 심지어 정센이 화장실에 가는 것까지 감시했다. 정센과 자오는 분노가 폭발할 지경이었다. 참다못해 상급 노동자조합에 기업노조 설립 신청을 냈다. 시작은 '기업이 우리에게 보복하면, 우리도 기업에 보복한다'는 단순한 취지에서였다. 노조가 설립되면 기업은 반드시 상급 노동자조합에 회비를 내야 하기 때문이다. 어찌됐든 일본 기업이 중국 노동조합에 회비를 내는 건 좋은 일 아닌가. 일본 기업가의 주머니를 털게 하는 것으로 화를 달래 볼 심산이었다. 노동자들이 손해 볼 건 없으니까.

그때는 정말 더는 물러설 수 없을 만큼 화가 났다. 노조 설립 신청은 노조 일이 노동시간에 영향을 주지 않고 체력을 낭비하지 않는 선에서 법적으로 보장된다. 그래도 법과 현실은 거리가 있다. 하지만 궁지에 몰리다 보니 끝까지 밀어붙이기로 했다. 게다가 사람이 하는 일에는 관성이 생겨서 한번 그 길로 들어서면 돌이키기 어려운 법이다. 내친김에 끝을 보기로 했다!

정센과 자오가 노조 설립 신청을 하자 공장 관계자들은 난리가 났다. S공장이 중국에 설립된 지 30년째인데, 이런 일은 처음이기 때문이다. 공장장과 관계자들은 허둥대며 어쩔 수 없이 이 일과 마주해야 했다. 그렇다고 수많은 직원을 다 상대할 순 없었고, 정센과 자오처럼 '말 안 듣는' 직원들에 대해서만 손을 쓰기 시작했다. 결국 정센과 자오는 업무에서 배제되어 다른 곳으로 배치됐다. 주 5일 매일 8시간을 근무하지만, 이렇다 할 일거리가 없는 자리였다. 일하는 곳도 별도의 단독 공간으로 배정됐다.

'업무 배제'로 정센과 자오의 월급은 1000위안이나 삭감됐다. 둘 다 세 아이를 키우는 터라 터무니없는 월급 때문에 남편과 갈등도 생겼다. 정센과 자오 역시 너무 속상해서 굳이 이렇게까지 해야 하나 싶었다. 한 동료가 그럴 땐 병가를 내면 된다고 했다. 그러면 기업은 반드시 보험 처리를 해 줘야 한다는 것이다. 정센과 자오는 솔깃했다. 병가를 낸 뒤

S공장에서 계속 보험 혜택을 받고, 동시에 다른 공장에 취업해 돈을 벌면 된다. 그러나 생각대로 일이 풀릴지 모르는 일이니 실행에 옮기기 두려웠다.

서운함을 넘어

다른 여성노동자들이 곤경에 처했을 때 정센과 자오는 발 벗고 나서서 그들을 도왔다. 그러나 지금은 아무도 그들을 돕지 않는다. 공장엔 화가 나고, 동료들을 생각하면 서운함이 밀려왔다.

뤼투   두 분 심정을 충분히 이해해요. 어제 얘기를 나눠 보니 자오는 어릴 때부터 그 무엇도 두려워하지 않는 저항 정신을 가졌어요. 당신도 보통이 아니네요. 이런 성격들은 공장장이나 관리자가 면전에 있어도 할 말을 다 할 수 있죠.

정센   당연하죠!

뤼투   그런데 대다수가 자기 권리를 주장하지 못해요. 하물며 다른 사람의 이익이 걸린 일에는 더 하겠죠? 그러니 동료들이 당신들을 위해 나서기 싫어하는 게 결코 아니에요. 어쩌면 당신들이 자초한 일이라 생각해서 불공평하다고 느끼지 못할 수도 있어요. 게다가 다들 형편이 어렵고 돈 버는 데 급급하니까 해고 위기에 처하고 싶지 않은 거죠.

정센   맞아요. 간혹 용감한 친구들도 있어요. 그런데 그들도 우리를 멀리하죠. 밥 먹을 때도 마주치길 꺼려해요. 우리가 가까이 갈까 봐 멀리 떨어져 있기도 하고요. 정말 서운하더라고요.

뤼투 아마도 적당한 거리를 유지해야겠다고 생각한 것 같아요. 가장 이상적인 목표는 이루지 못했고, 약속을 받아 냈다 해도 실현 여부는 알 수 없으니까요. 그래도 부분적으로나마 원하는 바를 얻었으니 성과는 있어요. 이런 경우엔 계속 밀어붙이고 싶지 않을 수 있어요. 당신들도 고충을 겪었지만, 제 생각엔 다른 사람들도 지금 힘들 거예요. 그건 확실해요.

정센 9월 30일에 다 같이 야유회 가기로 했는데, 선생님도 오세요. 잘 차려입고 나가서 밥도 먹을 거예요. 그 친구들이 나오라고 연락했을 때 정말 눈물 날 뻔 했어요. 정말 서운했었거든요.

뤼투 그 사람들도 눈물 났을 거예요.

정센 그래도 전 후회 안 해요. 후회할 게 뭐 있어요.

집과 아이들

정센은 2005년 2월, 남편과 아들은 그 해 8월, 두 딸은 2006년 12월에 광저우로 왔다. 시부모님은 일찍 돌아가셨고, 친정 부모님은 다른 손주들도 돌봐야 해서 아이들을 데려올 수밖에 없었다. 그 후로는 한 번도 고향집에 내려가지 않았다. 이제 아이들이 돌아가더라도 고향집도 마을도 못 알아 볼 것이다.

고등학생인 큰딸은 광저우의 사립학교에 다닌다. 처음 광저우에 왔을 때가 4학년이었는데, 한 학기 학비가 2000위안이었다. 요즘은 훌쩍 올라 4000위안이다. 보통 수준의 대학엔 충분히 합격할 수 있는 성적이지만, 대학 진학은 하지 않겠단다. 성적도 생각만큼은 아니고 집안 사정도 어려워서 더는 학비로 돈을 '낭비'하지 않겠다는 생각이다.

둘째 딸은 어려서부터 공부를 꽤 잘했는데, 외지인은 광저우에서 대입 시험을 볼 수 없어서 초등학교만 여기서 다니고, 중학교는 고향집에서 다녔다. 지금은 고등학교 1학년인데, 고향집에 혼자 있을 순 없으니 학교 기숙사에서 지낸다. 중학교 학비는 5000위안이 넘었고, 현재는 식비, 기숙사비, 학비까지 6000위안 이상 든다. 둘째는 말도 잘 듣고 착실하지만, 집념이 없는지 성적은 보통이다. 정셴은 학업 문제에 있어서는 아이들 의견을 존중해서 대학에 뜻이 있으면 가라고 했다. 공부할 기회조차 주지 않았다고 아이들에게 원망을 듣고 싶진 않기 때문이다.

막내아들은 광저우의 공립학교에 다닌다. 외지 아이들이 공립학교에 입학하려면 시험 성적이 좋아야 한다. 그러면 학비만 내면 들어갈 수 있다. 한 학기 학비는 800위안이다. 아들은 똑똑하고 공부도 곧잘 한다. 국어 선생님이 좀 더 노력하면 반에서 1등도 할 수 있는 아이가 그러지 않는다고 했다. 다른 아이들은 시험 공부하느라 정신없는데, 아들은 시험을 대수롭지 않게 여겨서 종일 게임만 한다.

경제적으로 힘들어서 광저우로 돈 벌러 온 지 어느덧 10년째에 접어든다. 세 아이 학비에 보태느라 돈도 못 모으고, 고향에 새집도 못 지었다. 다른 사람들은 외지 생활 10년이면 고향에 집을 짓거나 도시에 집을 산다. 자오의 경우 세 아이는 노부모님이 키워 주셨고, 고향에 집도 지었다. 이 이야기를 하는 정셴이 좀 우울해 보였다.

아들 상장으로 가득한 집

정셴 부부가 아이들 뒷바라지 하느라 고생한 이야기를 들으니 그녀가 어린 시절 공부할 수 없었던 때가 떠올라 대단해 보였다. 부부가 아이들을 데려와 직접 보살핀 건 어쩔 수 없는 선택이었지만, 아이들에겐 오히려 큰 행운이었다. 정센은 어린 시절 조부모님 가묘와 집을 짓느라 공부를 그만뒀지만, 아이들 학업을 위해서라면 어떤 노력도 마다하지 않았다. 나중에 아이들에게 미안한 마음이 들지 않기 위해서다. 다른 사람들이 고향에 집 짓는 게 부럽기도 했지만, 아이들을 뒷바라지해야겠다는 결심을 대신할 순 없었다.

정센은 오후 2시부터 5시까지 이야기를 나눈 후 저녁식사를 준비했다. 그리고 나는 잠깐 눈을 붙였다. 광저우 날씨가 너무 더워서 눕자마자 기절하듯 잠이 들었다. 저녁 7시쯤 식사 준비가 끝났지만, 남편이 아직 퇴근 전이었다. 정센이 딸을 데리러 가면서 나를 깨웠고, 7시 30분쯤 다 같이 저녁식사를 했다. 나는 기쁜 마음으로 정센 남편과 대화를 시작했다. 그 역시 억울한 마음이 있는 것 같았다. 그가 갑자기 "중국은 나날이 발전하고 있어요. 그 과정에서 불만족스러운 게 있기 마련인데, 그게 무엇이든 단계적으로 해결을 해야 할 것 아닙니까!"라고 말했다. 나는 깜짝 놀라 이렇게 대답했다. "저도 한 걸음씩 나아가야 한다고 생각해요. 경제 발전은 빨리 이뤄지고 있지만, 노동자들의 진보는 아주 느리죠. 그래서 작은 권리라도 쟁취하기 위해 노력해야 해요. 당신 생각대로 모든 게 완벽하고 만족스럽다면 얼마나 좋겠어요."

그의 억울한 심정도 이해된다. 사실 그는 정센의 활동을 줄곧 응원해왔다. 그런데 사회보험 쟁취 투쟁이 복잡해지자 태도가 달라진 것이다.

저녁식사를 마치고 정센의 큰딸이 전동 오토바이로 나를 데려다주겠다고 나섰다. 내 키가 그녀보다 크거니와 전동 오토바이도 자그마해서 내심 걱정됐다. 그래도 그녀의 성의를 받아들이기로 했다. 그녀는 가는

집 안 가장 눈에 띄는 자리에 아들
의 상장이 가득 붙어 있다.

정센이 준비한 풍성한 저녁 상.

내내 쉬지 않고 조잘댔는데, 성격이 쾌활하고 붙임성도 있었다. 자신이
지금 얼마나 열심히 공부하고 운동하는지, 그리고 나중엔 중국 각지를
여행하고 외국 생활도 하며 지금과는 다른 삶을 살겠다는 희망을 이야
기했다.

1976년생 자오

20년의 세월

2014년 10월 3일 오전 11시경 자오老赵의 셋집을 찾았다. 자오는 집 안 가운데에 주렴을 걸어 공간을 나눴는데, 각각 두 평쯤 됐다. 안쪽에는 침대가, 바깥쪽에는 앉은뱅이 식탁과 등받이 없는 작은 의자 몇 개가 놓여 있었다. 비록 남루한 세간이지만, 수도와 작은 수세식 화장실이 있어서 나름 흡족했다. 10월인데도 광저우는 한여름이어서 1시간쯤 얘기하자 땀으로 흠뻑 젖었다. 그때 자오의 남편이 잠에서 깼는지 안쪽에서 나왔다. 그러고는 오토바이로 손님을 나르러 간다고 나섰다. 자오는 식사 준비를 시작했다. 더위에 지쳐 안쪽 침대에 잠시 누웠는데, 창문이 없어서 너무 더웠다. 그러다 잠에 빠져들었다.

고등학교에 떨어지다

자오는 구이저우성 다오전道真 출신으로, 4남매 중 막내로 태어났나. 당시엔 먹을 게 부족했지만, 자오 집은 그나마 배는 채울 만한 형편이었다. 자오 기억엔 2~3월이 되면 쌀이 없어 감자로 끼니를 때워야 했다. 5월쯤 감자가 떨어지면 곧 옥수수를 수확해 쌀이 나오는 7~8월까지 근근이 버텼다.

자오는 중학교 졸업 후 계속 공부하려 했지만, 진학 시험에 떨어지고 말았다. 그래서 1994년 학업을 중단하고, 그해 겨울부터 노동자로서 인생을 시작했다.

광저우 S공장에서의 20년

1994년 12월 10일 S공장에 들어간 자오는 거기서 20년을 일했다. 18세 산골소녀가 어느덧 38세의 세 아이 엄마가 된 것이다. 1990년대에 공장에 들어가기란 쉽지 않았다. 광시와 구이저우에서 온 대다수가 초등학교 졸업이거나 학교에 다닌 적 없는 사람들이어서 자오는 그나마 학력이 높은 편이었다. 당시 S공장은 중졸 이상을 모집했고, 자오는 그날 줄지어 선 수많은 지원자 가운데 뽑힌 6명 중 하나다. 농촌에서 막 올라온 자오는 아무것도 몰라서 부끄럼이 많았다. 그래서 가는 곳마다 사람들의 놀림을 받았다. 표준어를 알아듣긴 했지만, 한 번도 표준어를 써 본 적이 없어서 입을 떼기가 쑥스러웠다.

S그룹은 1956년에 설립된 일본 기업이다. 1984년에 만든 광저우 판위의 주수이캉 공장은 이후 이 기업의 최대 생산 기지가 되었고, 1만여 명의 직원을 둘 때도 있었다. 2014년에는 직원이 6000여 명이었는데, 대부분 여성노동자였다.

수많은 노동자를 인터뷰했지만, 자오처럼 한 공장에서 20년이나 일한 경우는 드물었다. 그녀에게 한 일터에서 그토록 오래 일하면서 어떤 변

명랑한 성격의 자오.

화를 느꼈는지 물었다. 자오는 단호하게 "변한 게 전혀 없어요"라고 대답했다. 그래서 세세한 변화라도 좋으니 자세히 말해 달라고 부탁했다.

식당: S공장에서 일하는 동안 직원식당이 없었다. 1992년 이전에는 식당이 있었으나 없애 버렸고, 현재는 간부 전용 식당만 있다.

에어컨: 공장에는 늘 에어컨이 설치되어 있었다. 에어컨 바람이 사람을 위한 게 아니라는 것쯤은 직원들도 잘 안다. 제품 상태를 유지하려면 공장 온도를 일정하게 유지해야 하기 때문이다.

공장 관리: 공장 관리에 대해 자오는 하고 싶은 말이 많다. 공장에 막 들어갔을 때 조립라인 조장은 사람이 좋았으나 숙련공들은 성격도 나쁘고 툭하면 욕을 해댔다. 그때는 어떻게 여기서 계속 일하나 막막하기만

했다. 그래서 꾸지람을 듣지 않기 위해 고개 한 번 들지 않고 죽어라 일만 했다. 신속하면서도 불량 없이 제품을 조립해야 했다. 당시 공장에 직원이 많지 않았는데, 정확히 몇 명이나 다녔는지 기억나지 않는다. 생산라인에서 일할 때 조장과 숙련공을 포함한 전 직원이 담소를 나누기도 했지만, 어떨 때는 그들이 갑자기 엄하게 직원들을 꾸짖으며 무안을 주기도 했다. 자오 역시 한 성격해서 고분고분하진 않았다. 일을 잘했는데도 트집을 잡으면, 자오는 일부러 엉뚱한 행동을 한다든가 거칠게 심술을 부리기도 했다. 그 후로는 누구도 감히 자오를 함부로 대하지 않았다. 이후 들어온 관리자는 몰상식해서 사람들에게 마구 욕을 해댔다. 지금은 정도가 더 심해져서 직원들을 혹독하게 다뤄 마치 수용소에 있는 것 같다.

식사: 이 점은 많이 개선돼서 공장 작업 구역에서 가격대별로 다양한 음식점을 이용할 수 있다. 자오가 갓 입사했을 때는 식사 장소가 형편없었다. 다 쓰러져가는 곳에 천막을 덧대어 식당으로 개조했는데, 정말 지저분했다. 심지어 옆에 도랑이 있어서 역한 냄새도 풍겼다.

수도시설: 자오는 공장 기숙사에서 10년간 살다가 결혼 후 셋집을 얻어 나왔다. 기숙사에 살던 시절을 떠올리니 감회가 새롭다고 했다. 기숙사엔 갖춰진 게 아무것도 없어서 세수와 양치도 1층으로 내려가서 해야 했다. 수도가 몇 개 없는 데다 사람은 많아서 서로 먼저 씻는다며 다투기도 했다. 공장은 물을 낭비할까 봐 평소 수문을 조금만 열었고, 저녁 8시부터 10시까지만 온수를 제공했다. 온수를 받아서 씻고 빨래했는데, 물 받느라 밤새 줄을 서기도 했다. 어느 날 물 쓰는 문제로 싸움이 붙었다. 앞

에 있던 사람이 대야에 물을 가득 받아 빨래하느라 자오가 물을 못 받은 것이다. 화가 난 자오는 그의 대야를 엎어 버렸다. 그러고는 몸싸움이 벌어졌다.

기숙사: 방 하나에 18명이 살았고, 3층 침대가 6개 있었다. 10년간 숙소를 옮겼지만, 변한 건 없다. 자오는 침대의 1~3층 모두 써 봤다.

셋방: 주거 환경이 좀 나은 곳은 경제적으로 부담스럽다. 지금 사는 셋방은 2010년에 월 180위안이었는데, 지금은 240위안이다.

결혼과 출산, 고향의 새집

자오는 활발하고 대담한 성격이다. 하지만 연애 이야기를 할 때는 자신이 매우 성숙했고, 순결을 지켰음을 강조했다. 자오는 20세 때부터 남자친구를 사귀기 시작했다. 그중에는 몇 년간 사귄 사람도 있지만, 동거를 하진 않았다. 지금의 남편을 선택한 이유는 두 가지다. 하나는 성격이 잘 맞아서 큰 다툼이 없었고, 다른 하나는 남편의 고향 마을이 큰 도로에서 가까워 조건이 좀 나았다는 점이다. 시댁 역시 산골이지만, 그나마 교통이 편리했다. 자오가 그렇게 생각한 이유는 옛날 자신이 살던 곳은 오토바이조차 못 다녀 매일같이 걸어야 했기 때문이다.

이제 결혼 10년째고, 세 아이가 있다. 아이들은 모두 광저우에서 태어났고, 젖떼기 무섭게 고향에 보내 늙은 부모님께 맡겼다. 결혼 후에도 부부는 다툼이 거의 없었다. 다만 가끔 남편이 물건을 던지며 크게 화를 낼 때가 있는데, 자오가 카드놀이를 못 하게 하기 때문이다. 남편은 아무리 뜯어말려도 반년도 못 참고 다시 카드를 치러 나간다. 남편은 2006년에 1만 위안을 들여 운전면허를 취득해 화물 운송일을 시작했다. 그는 매년 설에 고향에 갈 때쯤 일을 그만두고, 이듬해 광저우로 돌아와 다시 일자리를 찾는다. 일자리를 찾기 전까지 공백이 생기면, 무허가로 오토바이 택시를 하며 약간의 돈을 번다. 그래서 온 가족이 자오의 안정적인 직장 덕에 생활을 유지한다. 남편은 매달 버는 돈을 그대로 자오에게 갖다준다. 아내의 집안 관리와 마음 씀씀이를 믿기 때문이다.

자오는 둘이 버는 돈을 모두 시댁에 부쳐 집 짓는 데 쓰도록 했다. 남편은 삼형제 중 둘째다. 큰형은 결혼해 아이가 있지만, 30세인 막내는 아직 미혼이다. 삼형제는 사이가 좋아서 세 집이 나란히 벽을 맞대 2층짜리 집을 지었다. 막내 집을 가운데 배치해 두 면의 벽에 들어가는 돈을 절약할 수 있었다. 자오 부부도 2012년부터 집을 짓기 시작했다. 부부가 열심히 벌어서 대출 없이 20만 위안을 집 짓는 데 썼다. 하지만 아직 내부 인테리어는 하지 않았다. 8년 혹은 10년간 그곳에 돌아갈 계획이 없으니 인테리어를 해 봐야 무용지물이기 때문이다.

고향은 아니지만 내 집 같은 곳

자오에게 광저우를 고향처럼 여기냐고 물었다. 시원시원하고 활발하던 자오가 갑자기 망설이며 대답했다. "그렇게 물으니 무엇이 고향일까 싶네요. 광저우를 고향이라고 느끼진 않아요. 그런데 내 집처럼 느껴지긴 하죠. 여기서 20여 년을 살면서 모든 것에 익숙해졌어요. 고향으로 돌아가면 이렇게 편안하진 않겠죠."

자오는 이곳에 와서 입맛이 변했다며, "구이저우 사람이 매운 걸 먹지

장난기 가득한 자오.

않으면 구이저우 사람이라 할 수 있을까요?!"라고 물었다. 자오는 이제 매운 음식을 먹지 않는다. 심지어 돼지기름도 먹지 않는다. 그리고 고향의 추운 겨울도 견딜 수 없고, 옷을 잔뜩 껴입는 것도 싫다. 그곳에선 빨래도 잘 마르지 않지만, 여기는 다음날이면 말끔히 마른다.

5년 후엔 어떻게 해야 하나

자오 부부는 같은 고향 출신으로, 두 집은 차로 1시간가량 떨어져 있다. 시댁에는 그나마 삼형제가 물려받을 땅이 있다. 시아버지는 65세, 시어머니는 70세. 자오의 큰딸은 9세, 둘째 딸은 7세, 막내 아들은 4세다. 아이들은 시부모님이 돌봐 주신다. 5년 후엔 큰딸이 중학교를 졸업한다. 그때는 고향에 돌아가 아이를 보살펴야 한다. 지금 생각은 그런데, 실제로 그렇게 할 수 있을지는 모르겠다. 적응하는 문제야 그렇다 치더라도 돌아가서 대체 뭘 해야 할지 걱정이기 때문이다. 농사일도 할 줄 모르고, 사업은 기반이 없는 데다 경험도 없으니까.

인생 최고의 해

2013년 9월에서 2014년 8월까지 자오는 사회보험 쟁취를 위해 투쟁했다. 1년간 정말이지 온갖 고난을 다 겪었다. 뜻한 바만큼 거두진 못했지만, 그래도 공장이 2002년부터 현재까지의 사회보험료를 3년에 걸쳐 완납해 주기로 했다. 원칙대로라면 정식 기업은 모든 직원을 위해 사회보험을 납부해야 한다. 미납하면 노동법 위반이다. 그런데도 노동자들이 법에 근거해 정당한 권익을 추구하려 하면, 공장이 압력을 가한다. 자오는 전 여성노동자 대표가 해고당한 뒤 차기 대표로 추천됐다. 활동이 끝난 지금은 주 5일 근무에 매일 8시간 일하는 비교적 한가한 곳으로 배치됐다. 이는 일종의 징계다. 추가근무수당을 받아야 그나마 수입이 괜찮은데, 그 기회를 박탈당한 것이다. 여성노동자 대표인 자오가 조정 신청을 해서 공장 측은 20여 명의 노동자와 합의했다. 2002년 이후부터의 사회보험료를 3년에 걸쳐 납부하는데, 도중에 퇴사할 경우 일시불로 완납한다는 내용이다. 20여 명의 원래 목표는 공장이 전 직원의 사회보험료를 일시불로 납부해 주는 것이었다. 그러나 '그 많은 돈을 일시불로 내기 힘들다'는 공장 측의 호소를 정말로 믿어 버린 직원들 때문에 뜻을 모으기 어려웠다.

누군가 자오에게 물었다. "수많은 사람의 권리를 위해 일하다가 해고

되면 월급도 못 받을 텐데 후회하지 않나요?" 자오는 이렇게 대답했다. "조금의 후회도 없어요. 미련도 없고요. 그래도 모두를 위해 할 말을 했잖아요. 저는 세 아이가 있어서 부담이 커요. 그런데 이런 식으로 저를 압박하며 추가 수당도 못 받게 하면 정말 버틸 자신이 없네요. 제가 이렇게 버티는 건 우리 목소리를 전하기 위해서예요. 그게 좀 과격한 방식이어도 상관없어요. 정말 못 버텨서 떠나게 되더라도 속은 시원하겠죠. 어쨌든 공장은 제게 2000위안의 월급과, 이와 별도로 600위안의 보험료를 주고 있어요."

2014년 9월 30일 자오와 동료들이 야유회에 갔다. 거기서 래프팅을 했는데, 다른 사람들은 무서워했으나 자오는 너무 즐거워서 온몸에 물이 튈 정도로 노를 저었다. 자오는 종일 각종 프로그램에 열정적으로 참여하며, 맨 앞에서 장난꾸러기처럼 뛰어놀았다. 10월 3일 자오는 내게 이렇게 말했다. "만약 작년이 어땠냐고 물어본다면 인생 최고의 한 해였고, 언제 가장 즐거웠냐고 묻는다면 래프팅하던 그날이에요. 지나온 날 중 가장 행복하고 즐거운 시간이었죠."

그러다가 문득 한 질문이 맴돌았다. 자오는 왜 20년간 S공장에 어떤 변화도 일어나지 않았다고 말했을까? 어쩌면 자오와 상관없는 변화여서 그렇게 말한 걸까? 지난 20년간 사회가 변화했고, 경제가 성장했고, 사회적 부가 증가했지만, 이는 자오와는 무관한 변화였다. 그렇게 생각하면 많은 것이 변하지 않았음이 확실하다. 자오처럼 조립라인에서 근무하는 노동자들은 매일 기계와 같은 동작을 끝없이 반복한다. 그렇게 자오의 20년은 무료하고 변화 없는 세월이었을 것이다. 그동안의 피땀 어린 노력으로도 도시에서 존엄을 갖춘 사회적 지위와 생활을 얻을 순 없었다. 더 슬픈 건 자오와 같은 여성노동자들이 1994년 혹은 그 이전부터 일했지만, 공장은 노동자를 위해 기본적인 보험조차 가입하지 않았다는 것이다. 게다가 어쩔 수 없이 밀린 보험료를 납부하게 됐을 때도 2002년부터의 보험료를 3년에 걸쳐 분납하겠다고 고집했다. 여성노동자들의 피땀과 청춘을 착취하면서도 그들은 단 한 번도 이를 너무하다고 생각하지 않았다.

아이들에게 보내는 편지
— 자오

사랑하는 아이들아,

엄마가 오늘 너희를 위해 펜을 들었단다. 사실 요즘엔 편지 주고받을 일이 별로 없지만, 전화로는 어떻게 말해야 할지 모르겠더구나. 엄마가 너희에게 해 준 게 너무 없어서 편지로나마 이렇게 마음을 전한다. 너희는 공부도 많이 했으니 이 편지를 읽으며 엄마 마음을 이해해 주리라 믿는다.

너희가 삼남매나 되는 건 엄마 아빠가 너무 이기적이어서야. 집안에 아들이 꼭 있어야 한다는 전통을 따랐거든. 너희를 곁에 두고 키우지도 못할 거면서 세상에 내놓기 무섭게 할머니 할아버지에게 양육을 맡겼지. 우리는 그저 외지에 나가 번 돈을 보내주는 것밖엔 할 수 없었어. 어린 너희가 엄마 전화를 안 받겠다고 하면, 할머니가 꼬집어서라도 너희들 우는 소릴 들려줬어. 그러면 엄마는 마음이 찢어질 듯 아파서 당장이라도 너희를 데리러 가고 싶었단다. 그래도 방법이 없었어. 먹고살기 위해선 외지에서 계속 돈을 벌어야 했으니까.

너희들이 학교에 진학한 뒤로 엄마는 늘 공부 열심히 하라고 전화로 당부했었지. 매년 설에 집에 가서 너희가 말 안 듣는 걸 보면 매를 든 적도 있는데, 그건 다 너희를 위해서였어. 엄마 아빠처럼 못 배우고 외지에서 남에게 욕먹어가며 힘겹게 일하지 않길 바라거든. 그런데 엄마 아빠 전화를 매번 받지 않으니, 부모로서 책임을 다하지 못해서 그런 건 아닐까 생각하곤 했단다.

엄마가 늘 공부 열심히 하라고, 특히 큰애는 동생들 잘 돌보라고 부탁했었지? 첫째에겐 동생들이 공부 안 하면 때려서라도 가르치라고 했고. 그때 첫째가 '때리라고 하지 마세요'라고 대꾸했는데, 할머니 할아버지가 동생들 아끼느라 매를 들지 못하니 네가 때려서라도 가르치라는 뜻이었어.

큰딸아, 부모도 곁에 없고, 할아버지 할머니는 글을 모르시잖니. 네가 학교에 잘 다니는 건 알지만, 매 학기 성적표를 볼 때마다 엄마 마음이 덜컥 내려앉는구나. 그래도 부모가 능력이 없으니 어쩔 수가 없네. 엄마 아빠를 용서하렴. 동생들 성적이라도 잘 나오게 보살펴서 엄마 아빠가 희망을 품을 수 있게 해 주면 고맙겠다. 엄마 아빠가 너무 이기적이라고 원망 안 했으면 좋겠구나. 너희가 이다음에 크면 부모 마음을 이해할 날이 오리라 믿는다.

2016년 10월 2일
엄마가.

자유와 안전

아후이가 겪은 사랑 이야기가 너무 충격적이어서("1968년생 아후이" 이야기 참고) 한동안 그녀의 고통을 떨쳐버릴 수 없었다. 그래서 여성노동자의 성생활을 알아야겠다는 생각이 들었다. 성생활을 주제로 여성노동자들과 인터뷰하기 전에 우선 성지식을 쌓았다. 성과학 분야의 경전인 『킨제이 보고서』와 중국의 저명한 성과학 학자인 판수이밍潘绥铭 교수의 『성의 변화』도 읽었다. 내 계획은 간단했다. 피춘皮村34의 여성노동자 3명과 남성노동자 3명을 인터뷰하는 것이다. 나이 제한은 없고, 결혼했거나 성생활 경험이 있으면 됐다. 이렇게 소수 인원을 인터뷰하는 건 대표성이 없을지도 모른다. 하지만 진실하고 풍부한 삶의 이야기는 성과학 책에서 배운 지식과 더불어 평범하지 않은 의미를 만들어 낼 것이다. 복잡한 세

---

34   [역주] 베이징 차오양朝阳구의 노동자 집단 거주 지역.

계에 대한 견문을 넓힌 뒤 나눈 이야기가 어떻게 세계의 모습을 투사할
수 있는지 깨달은 경험이 있기 때문이다.

2014년 10월 22일 피춘의 내 집에서 천위晨玉와 오랫동안 이야기를 나
눴다. 인터뷰 전에 늘 몇 마디 서두를 던졌는데, 천위에게는 특히 길었다.

뤼투 우리가 나눌 대화 주제가 좀 곤란할 수도 있는데, 인터뷰를 허
락해 주셔서 감사합니다. 성이라는 주제는 모든 사람이 관심 있
는 분야지만, 공개적으로 토론할 순 없죠. 성은 식욕처럼 정상
적인 욕구입니다. 하루는 괜찮아도 며칠간 참는 건 어려울 거예
요. 우리가 살아가거나 결혼하는 게 반드시 성을 위해서는 아니
지만, 성은 큰 영향을 끼치죠. 오랜 기간 성생활이 없으면 안 되
는 것도 아니에요. 저는 성과 성생활로 여성이 상처받은 이야기
를 접한 뒤 성지식을 좀 더 쌓고 싶었어요. 그 지식이 쌓이자 여
성노동자의 진실한 성생활이 궁금해졌고요. 그래서 당신을 찾은
거예요. 『킨제이 보고서』는 성에 관한 책 중 가장 훌륭한 책이에
요. 이 주제로 인터뷰한 이들에게 한 권씩 드렸는데, 천위 씨도
드릴까요? 집에 갖고 가면 남편이 뭐라고 할지 모르겠지만요.

천위 네, 좋아요. 남편에겐 인터뷰한다고 미리 말했어요. 남편은 불만
없어요.

뤼투 잘됐네요. 이 책은 미국 교수가 15년 동안 1만 6000여 명을 인터
뷰한 내용이에요. 인류 사회에서 처음으로 성 문제를 과학적으
로 다뤘고, 정말 잘 쓴 책이기도 해요. 남자는 어떤지, 또 여자는
어떤지 알려 주죠. 이 책 영문판은 60여 년 전에 출판됐는데, 중

문판은 올해(2014년) 나왔어요. 이 책을 읽고 저도 배운 게 많아요. 제가 성에 대해 얼마나 무지했는지 깨달았거든요.

천위 저는 나이가 많아서 젊은이들 일에 참여하지 않으려 했는데, 당신 동료가 각각의 나이대마다 이 문제가 있다고 해서 왔어요.

가정주부로 살다

1976년에 태어난 천위는 곧 마흔이 된다. 산둥山東성 출신으로, 여동생 하나와 남동생 하나가 있다. 동생들도 진학해야 하고, 경제적으로 어려워서 중학교 졸업 후 학업을 중단했다. 그녀가 태어난 시절엔 집은 가난해도 아들을 반드시 낳아야 했다. 지금은 사고방식이 달라져서 그 시절 사람들을 이해하지 못할 것이라고 했다. 천위는 딸이 둘 있다. 남편이 큰딸을 낳은 뒤 자녀를 더 이상 원하지 않았으나 하나는 외로울 것 같아서 둘째를 낳았다. 2001년에 태어난 큰딸은 고향집에서 학교에 다니고, 아이 외할머니가 돌봐 주신다. 2010년생인 작은 딸은 유치원에 다니고, 천위 부부가 데리고 있다.

천위는 중학교 졸업 후 17세부터 외지로 나가 일했다. 공장에서 동향 출신의 남편을 만나 22세 되던 해에 결혼했다. 남편을 알게 된 뒤로는 더 이상 외지에 나가 일하지 않았다.

성에 관한 대화

천위는 남편의 첫 여자이자 유일한 여자이고, 남편은 천위의 첫 남자이자 유일한 남자다. 천위는 어쩌면 이렇게 빨리 20년이 흘렀는지, 어떻게 두 사람이 이토록 긴 시간을 함께했는지 신기하다고 했다.

결혼해서 처음 10년 동안은 고향집에서 혼자 생활할 수 없는 시아버지를 모시고 살았다. 천위는 매일 시아버지 옷을 갈아입히며 수발을 들었다. 천위는 노인을 공경하는 게 당연한 도리라 여겨 시아버지가 자신을 어떻게 대하든 꼭 해야 할 일이라고 생각했다. 그래서 마음은 편했다. 몸과 마음을 다해 시아버지를 모셨지만, 시아버지는 며느리를 인정한 적이 없다. 며느리가 자기 아들이 힘들게 번 돈을 쓰면서 늘 아들을 속인다고 생각했기 때문이다. 그렇게 10여 년이 흐르자 더는 참을 수가 없어서 시아버지와 크게 다퉜다. 남편이 아버지에게 이유를 물으니 일부러 못 살게 굴었다고 했다. 남편은 곧장 아내를 베이징으로 데려갔다. 남편과 떨어져 사는 10여 년 동안 남편은 몇 개월에 한 번 집에 왔고, 어느 때는 1년에 한 번만 왔다. 부부관계는 쭉 좋았고, 지금도 여전하다.

뤼투 생리와 임신에 대해 언제 알게 됐나요?

천위 17~18세쯤 남편을 만난 후일 거예요. 사귄 지 2년 뒤에 처음으로 같이 잤는데, 그땐 젊고 호기심도 많았죠. 한편으론 두렵기도 했어요. 좀 모순적이죠? 한번 해 보고 싶지만, 감히 못 하는 그런 느낌이랄까요.

뤼투 뭘 해 보고 싶었는데요? 어떤 상상이죠?

천위 두 사람이 함께할 때 심장이 막 뛰는 그런 느낌이요. 남자와 여자가 관계를 할 때 평소와는 다른 느낌, 말로 표현할 수 없는 느낌이요.

뤼투 그럼 당신이 두려워한 건 뭔가요?

천위 손만 잡고 잤는데, 임신하면 어쩌나 하는 거요.

뤼투　　두 사람이 같이 있을 때 성에 관한 이야기를 하나요?

천위　　아이가 생긴 후에 한 것 같아요. 나이 들수록 부끄러운 게 없어져서 더 많이 얘기해요. 예를 들면, 남편에게 다른 사람과 하면 어떤 느낌일지, 나랑 했을 때와 느낌이 같을지 묻죠. 남편은 해 본 적도 없는데 어떻게 아냐고 대답해요. 그래서 제가 '그럼 나가서 해 보든가'라고 하면, 남편이 '좋아'라는 식으로 재미없는 농담을 주고받죠.

뤼투　　『킨제이 보고서』 통계에 따르면, 절반이 넘는 남성이 매력적인 여성을 봤을 때 바로 성적인 걸 떠올린다고 해요. 하지만 제 기억이 맞는다면 여성은 20%만 그렇다고 하네요.

천위　　20%만 그렇다면, 나머지 여성은 진실을 말하지 않은 거예요. 저는 매력적인 남성을 보면 성적인 걸 생각할 것 같은데요.

뤼투　　하하, 그럼 천위는 그 20%에 속하는 여성이네요. 경험해 본 적은 없나요?

천위　　마음속으로만 생각했어요. 만약 실제로 한다면 비교적 말이 잘 통하는 사람을 찾아야겠죠. 모든 사람이 다 괜찮은 건 아니니까요. 또 하나 걱정은 가정에 해를 끼칠까 두려워요. 그래서 첫발을 내딛기가 어렵죠. 하지만 전 외도나 원나잇은 이해해요. 그게 꼭 추잡하거나 뻔뻔한 것으로 생각하진 않거든요.

뤼투　　그럼 남편은 당신의 성욕을 만족시켜 주나요?

천위　　어떨 때는 며칠간 남편 얼굴도 못 봐요. 게다가 남편은 제가 잘 때 들어와서 이른 아침에 나가거든요. 매일 집에는 들어오지만, 서로 만날 시간이 없어요.

뤼투 일주일에 평균 몇 번 정도 관계를 하나요?

천위 일주일에 한두 번 정도요.

뤼투 『킨제이 보고서』에 따르면, 20세 전에 결혼한 여성의 평균 성생활이 주 3회, 30세가 되면 주 2회, 40세에는 주 1~2회, 50세에는 주 1회, 60세에는 2주에 1회라고 해요. 그렇다면 주 1~2회로 만족할 수 없지 않나요?

천위 맞아요. 시간적 여유가 좀 있었으면 좋겠어요.

뤼투 그럼 관계할 때 애무 시간은 얼마나 되나요?

천위 남편은 이런 걸 잘 모르는 것 같아요. 애무 시간이 아주 적어요.

뤼투 결혼 전 남녀의 애무 시간은 비교적 길다고 해요. 그런데 결혼 후엔 성생활이 쉬워지니까 굳이 애써서 상대방 환심을 살 필요가 없다는 거죠. 혼외정사의 애무도 결혼한 사이보다 길다고 하네요. 혼외정사의 경우 일반적으로 더 정성스럽게 상대를 대하니까요. 그럼 두 사람이 관계하는 시간은 얼마나 되나요?

천위 10분 정도예요.

뤼투 그럼 시간적 여유가 있을 땐 남편에게 애무를 좀 더 해달라고 표현하나요?

천위 음. 말해도 안 들어요. 텔레비전에선 남녀가 애무를 오래 하던데, 더 해 주면 안 되냐고 물으면 '에이 너무 피곤해'라고 투덜대요. 남편이 바쁜 건 이해하지만, 자기가 한가할 땐 또 일이 없다고 걱정하느라 늘 컨디션이 좋지 않아요.

뤼투 그럼 만족하지 못할 땐 자위를 하나요?

천위 네.

뤼투   처음 자위를 한 게 언제였어요?

천위   그건 기억 안 나고요. 큰딸이 생긴 이후 같아요. 오르가슴을 처음 느낀 것도 아이 낳은 후였어요. 만족한 적이 한 번도 없을 땐 몰랐지만, 오르가슴을 느껴 보니 그렇게 해 보고 싶더라고요.

뤼투   그럼 자위할 때의 오르가슴과 남편과 관계할 때의 오르가슴 중 어느 게 더 좋아요?

천위   만족할 수 있다면, 당연히 남편과 할 때가 좋죠.

뤼투   자위할 때가 남편과 관계할 때보다 더 빨리 오르가슴을 느끼나요?

천위   그래요. 여자는 어떤 순서로 어떻게 해야 할지 알지만, 남자는 잘 모르는 것 같아요. 어떻게 해야 내가 만족하는지 몰라요. 나한테는 관심이 없고, 자기 마음대로 하는 거죠. 그는 온 신경이 일에 가 있어요. 다른 일은 중요하지 않죠. 그래도 말로 표현은 안 되지만, 저는 정말 만족해요. 남편이 다른 면에선 잘하거든요. 저는 할 줄 아는 것도 없고, 뭐든 서툴러요. 그런 저를 남편이 잘 보살펴 주죠. 남편이 없으면 저는 아마 굶어 죽었을지도 몰라요. 결혼한 후론 일한 적도 없고, 다른 사람을 만난 적도 없어요. 이전에는 부모님 슬하의 아이였다면, 지금은 남편 슬하의 아이 같은 느낌이랄까요. 계속 사랑받는 그런 느낌이요.

남편의 성공

천위의 남편이 전시부스 제작 회사를 창업한 지 6년 됐다. 천위 가족은 베이징 피춘에 살고, 남편 공장도 피춘에 있다. 공장에는 정식 직원

이 몇 명 있으며, 바쁠 때는 임시직 직공을 고용한다. 피춘에는 수십 개가 넘는 전시부스 제작 회사가 있다. 베이징 시내에서 열리는 국내외 전시회의 정밀하고 아름다운 전시대와 장식은 외지고 남루한 피춘에서 온 것이다. 전시회가 끝난 뒤 남은 전시부스는 종종 피춘으로 되돌아와 좁고 더러운 길가에 쌓인다. 남편 사업이 처음부터 순조로운 건 아니었다. 동업자와 공장을 운영하는 과정에서 수십만 위안을 사기당했다. 천위는 남편을 탓하는 대신 처음부터 다시 시작하면 된다고 격려했다. 그리고 회사 법인을 만들어 동업자 둘을 더 찾아보라고 조언했다. 세 사람이 합작하면 서로 견제해서 회사가 더 단단해질 수 있다고 판단했기 때문이다. 남편은 아내의 제안을 따랐고, 이제 회사는 정상 운영되고 있다. 천위는 늘 남편에게 "돈 버는 데 욕심부리지 마. 마음만 편하면 된 거야"라고 말한다.

자유로운 삶

천위는 자신의 삶이 자유롭다고 했다. 가고 싶은 곳에 갈 수 있고, 하고 싶은 걸 할 수 있으며, 사고 싶은 걸 살 수 있기 때문이다. 이전에는 한 달 생활비가 1000위안쯤 들었는데, 지금은 3000위안 넘게 든다. 그러더니 사실 자기는 일주일 내내 아무 데도 갈 수 없다고 털어놨다. 매일 아이를 유치원에 데려다줘야 하기 때문이다. 천위는 자기 수입이 있었으면 좋겠다고 했다. 예전에 작은 가게를 운영한 적이 있는데, 남편이 다른 사람에게 넘기라고 해서 그만뒀다. 지금은 천위가 쓰고 싶은 만큼 쓸 수 있지만, 돈 관리는 남편이 한다. 그녀가 말한 자유가 어떤 자유인지 이해할 수 있었다.

안정감

이야기 도중 천위는 무의식적으로 남편의 장점을 계속 늘어놨다. "남편이 집에서나 밖에서나 늘 세심하게 신경 쓰기 때문에 저는 아무것도 두렵지 않아요. 남편은 제게 아이만 잘 돌보면 된다고 해요." 그러다 천위가 속마음을 털어놨다. "사실 외도를 하고 싶은데 이유를 찾을 수가 없어요."

나는 부부 사이에 무슨 문제가 있다는 생각이 들었다. "당신은 남편과 평등하다고 생각하나요?" 천위는 "어느 정도는 불평등하죠"라고 솔직하게 말했다. 남편은 천위가 고생할까 봐 일하는 걸 반대한다. 하지만 천위는 자기가 번 돈을 쓰는 게 마음이 편할 것 같아서 이 일로 남편과 다투기 시작했다. 그러자 남편이 고향에 10여 평의 작은 상가를 천위 명의로 사 줬다. 남편이 자신을 이토록 생각하는 걸 보고 양심의 가책을 느낀 천위는

"당신만 있으면 집이 있는 것보다 더 든든해"라고 말했다.

　남편은 "평생 한눈팔지 않고, 우리 세 식구한테만 잘할게"라고 다짐했다. 그래도 천위는 불안한 감정에 휩싸였다. 자신에게 아무것도 없는 것 같았기 때문이다. 곧 마흔이 되는데 자신에겐 일도 수입도 없다. 남편은 외모도 출중하고 돈도 잘 번다. 남편이 무엇을 약속하든 천위는 마음이 편치 않았다.

온라인 상점을 열다

　천위는 남편에게 온라인 상점을 하고 싶다고 말했다. 남편은 수천 위안을 쥐어 주며 아이를 돌보는 데 지장만 없다면 하고 싶은 대로 하라고 했다.

　천위는 한 개당 수백 위안의 고급 화장품을 파는 온라인 상점을 열었다. 옷이나 값싼 화장품은 너무 대중적이라 이윤이 적을 거로 생각했기 때문이다. 천위는 앞으로 자신만의 특색을 만들어가고 싶다며, "남편도 제게 잘해 주고, 돈도 마음껏 쓸 수 있어요. 그런데 이건 제가 원하는 게 아니라는 생각이 들었어요. 어느 날 남편이 저를 떠난대도 상관없고, 제 곁에 있어도 괜찮아요. 제가 바라는 건 일정한 벌이가 있어서 스스로 부양하는 거예요. 타오바오淘寶에 연 온라인 상점이 남편이 주는 든든함보다 더 큰 것 같아요"라고 말했다.

1978년생 루위

아들을 못 낳으면 어쩌나

루위如玉는 나의 8년 지기 친구다. 만난 횟수는 그리 많지 않지만, 일 때문에 늘 인터넷으로 연락을 주고받는다. 루위는 괴롭거나 힘들면 내게 고민을 털어놓았다. 루위가 토로하는 고민 대부분은 가족과의 갈등이다. 처음에는 루위의 이야기를 쓸 생각이 없었으나 점차 그녀의 운명에 아픔을 느꼈고, 그와 같은 고통에 처한 여성이 많다는 걸 알게 됐다. 본인의 이야기를 써도 되냐고 물었더니 루위가 "그럼요. 다른 여성들이 저와 같은 처지가 되지 않도록 일깨워 줄 수 있었으면 좋겠어요"라고 대답했다.

루위는 보통 키에 밝은 눈망울을 가진 아름답고 활달한 여성이다. 사람들과 교류하기를 좋아하고 말투가 부드러우며 미소도 아름답다. 루위의 남편은 사진 속 그녀를 보고 첫눈에 반해 쫓아다녔다고 한다. 그렇게도 달콤했던 만남이 그녀를 고통으로 몰아넣을 줄은 그땐 상상조차 하지 못했다. 2016년 2월 25일 루위와 영상통화로 인터뷰했다. 못 본 사이에 루위는 어느새 중년이 되어 있었다.

어린 시절

1978년생인 루위의 고향은 산둥성 지닝濟寧시의 한 농촌이다. 형제자 매는 오빠 둘과 언니 하나가 있다. 큰오빠는 서른에 세상을 떠났고, 둘째 오빠는 이제 오십을 바라본다. 언니는 루위보다 네 살 많다. 80세가 넘 은 아버지는 몇 년 전 암 판정을 받았다. 둘째 오빠가 아버지에게 병명을 알리지 않은 채 통원 치료를 받게 하고 있다. 지금은 밭일을 할 수 있을 정도로 거의 완쾌했다. 둘째 오빠는 동생을 업고 학교에 다녔는데, 동생 을 재우려고 늘 서서 수업을 듣곤 했다. 초등학교만 졸업한 둘째 오빠는 지금까지 건설 현장에서 고된 노동을 하고, 월급도 제때 받지 못한다. 루 위는 2003년 어머니가 돌아가신 뒤 자신이 이 집안 막내라는 걸 새삼 깨 달았다. 어려서부터 가족을 걱정한 적도 없고, 농사일과 부엌일을 해 본 적도 없이 그저 바깥세상에 정신이 팔렸었다. 어머니를 돌아볼 여유가 생기자 이미 세상을 떠난 뒤였다. 언니는 중학교를 졸업하고 지금까지 힘 든 노동으로 살아가고 있다.

루위는 중학교 졸업 후 지닝의 직업학교에 들어가 컴퓨터를 배웠다. 2 년 반 과정이었지만, 1년 정도 다니다 그만뒀다. 별로 유용하지도 않은데 학비가 비싸다는 생각이 들어서다. 당시엔 바깥세상에 나가고 싶은 마음 뿐이었다. '자영업'이 유행이었기 때문이다.

항저우에 가다

1999년 학교를 그만두고 둘째 오빠가 있는 항저우杭州에 갔다. 그곳 음 식점에서 1년간 종업원으로 일하다가 2000년 베이징에서 일하는 동창 이 인쇄소 일자리를 소개해서 타자 업무를 맡았다. 컴퓨터 전문학교에 다닐 때 매일같이 타자 연습을 해서 별다른 지식은 쌓지 못했어도 타자 하나는 잘 친다.

남자친구의 도움

루위의 남편 푸취안褔全(가명)은 인민대학이 설립한 전문대학에서 컴퓨터를 전공했다. 그는 고향 친구의 단체사진에서 루위를 보고 한눈에 반해 친구에게 소개해 달라고 졸랐다. 그때가 2001년이었는데, 친구가 몇 번이나 주선한 끝에 만날 수 있었다. 인민대학 캠퍼스에서 처음 만난 두 사람은 이곳저곳을 산책했다. 루위는 그의 첫인상이 맘에 들었다. 친절하고 매너도 좋고 잘 웃었기 때문이다. 두 번째는 동물원에서 만났는데, 푸취안이 루위에게 한 끼에 30위안이나 하는 점심을 대접했다. 당시 컴퓨터 전공은 꽤 알아줬고, 푸취안도 똑똑한 IT 인재여서 전도유망했다. 결국 루위도 그를 좋아하게 됐다.

당시 푸취안의 월급은 4000위안 정도로, 임시직 노동자 중에서도 상당히 높은 편이었다. 그런데도 둘의 낭만적인 기억은 단 두 번뿐이다. 푸취안이 그런 데 돈 쓰는 걸 별로 좋아하지 않았기 때문이다. 그래도 동거하기 전까지 루위에게 옷을 몇 번 사줬다. 둘은 반년쯤 만난 뒤 베이징 퉁저우通州로 이사해 동거를 시작했다. 그때 루위의 수입이 적었던 터라 푸취안이 월세와 생활비 등을 책임졌다.

2003년 루위는 작은 슈퍼마켓을 열었다. 돈이 없던 루위를 대신해 푸취안이 가게를 내는 데 도움을 줬다. 월세 600위안과 물건값도 남편이 부담했다. 루위는 혼자서 물건을 들여와 파느라 매일 정해진 시간에 영업을 시작할 수 없었다. 가게 위치도 그리 좋지 않았다. 결국 반년 만에 문을 닫고 말았다.

그 후 PC방에서 일했는데, 수입이 너무 적었다. 푸취안은 혼자서 둘의 생활을 책임지느라 경제적 압박을 느꼈다. 그 무렵 푸취안이 속기라는 새로운 직업에 관심을 갖게 됐는데, 전도유망하다며 루위에게 배워 보라고 권유했다. 푸취안은 3000위안을 들여 루위가 연습할 속기 기계를 샀다. 루위는 업무 중에도 속기 연습을 거듭했다. 반년을 노력했으나 속도가 붙지 않아 푸취안의 지원을 받아 한 달에 700위안이나 하는 속기학원에 3개월 과정을 등록했다. 배움의 기회란 쉽게 얻어지는 게 아님을 알기에 열심히 연습한 결과 드디어 실력이 향상될 수 있었다. 그 후 2006년부터 속기 일을 하기 시작했다. 비록 결혼하진 않았지만, 루위의 모든 생활은 푸취안을 중심으로 이뤄졌다. 모든 일에 그의 말을 따랐고, 그가 시키는 대로 했다. 루위는 그가 자신을 사랑하는 것보다 자신이 그를 더 사랑한다고 생각했다.

더치페이 결혼생활

루위와 푸취안은 2006년에 결혼식을 올렸다. 그들은 왜 그토록 오래 동거한 뒤 결혼했을까? 루위도 그 점은 잘 모르겠다고 했다. 어쩌다 보니 같이 살게 됐고, 남편이 결혼 이야기를 꺼내지 않아 여자로서 먼저 말하기도 어려웠다. 게다가 남편 가족들이 그녀가 학력도 낮고 농촌 출신이어서 줄곧 못마땅해했다. 루위 또한 자신감이 없어서 그저 남편만 믿고 따랐다. 비록 남편이 가부장적 기질이 있지만, 둘이 생활하는 데는 큰 문제가 없었다.

루위가 속기 일을 많이 하면서 월수입이 차츰 3000위안에 달했다. 부부는 월세 2000위안의 방 2개와 거실이 딸린 아파트로 이사했다. 이 중 방 하나를 세를 주고 월 500위안을 절약했다. 남편은 루위에게 월급이 이전보다 많아졌으니 월세 절반을 부담하라고 했다.

루위는 2007년에 임신했다. 남편은 태어날 아이가 딸일까 봐 초음파 사진을 보고 싶어 했다. 그해 12월에 딸이 태어났는데, 루위는 베이징에서 딸아이를 혼자 돌봐야 했다. 남편이 생활비를 똑같이 분담하길 원해서 임신 중에도 일을 그만둘 수 없었기 때문이다. 이런 나날들이 너무 힘들어 남편에게 불만을 토로했다. 남편은 자신이 그동안 가정을 위해 얼마나 지출했는지 영수증을 하나하나 열거했다. 남편의 압박으로 밤낮없이 일한 루위의 검은 머리 사이로 흰 머리가 생겨났다.

남편의 삶

루위와 동갑인 남편은 후베이湖北성에서 태어났다. 그의 아버지는 원래 농촌 후커우가 있었는데, 직업군인이 되면서 비농업 후커우를 갖게 됐다. 온 가족이 농촌에서 읍내로 이사 가면서 거기에 집도 샀다. 남편에겐 형과 누나가 있는데, 그만 유일하게 대학을 나왔다.

남편은 전문대 졸업 후 광고 제작 온라인 회사에서 마케팅 업무를 담당했다. 도메인을 팔고 인터넷 사이트를 만들어 주는 일이었다.

2010년 남편이 주식에 빠졌다. 이 사실을 알게 된 루위는 그가 돈을 다 잃을까 봐 밤잠을 이루지 못했다. 남편은 시아버지가 사업에 보태라고 준 5만 위안을 전부 날린 뒤에도 매일같이 일도 제치고 주식 그래프에서 눈을 떼지 못했다.

남편은 몇 년간 여러 직장을 옮겨 다녔지만, 월급은 여전히 5000위안이 안 됐다. 돈도 못 벌면서 주식에 잃는 돈이 많다 보니 만회하고 싶어 발버둥쳤다. 그렇게 몇 년이 흘렀다. 루위가 아는 한 남편은 주식에서 돈을 번 적이 없다.

둘째 딸을 낳다

인색한 남편이 각자 벌어서 쓰자고 주장한 이후 루위는 결혼생활에 회의를 느끼기 시작했다. 루위는 연애와 결혼에 환상이 있었고, 버팀목을 찾을 수 있을 거로 생각했다. 남편을 만난 뒤 그를 위해서만 살았고, 다른 마음은 절대 품지 않았다. 그러나 그간의 생활이 루위의 환상을 깨뜨리고 말았다. 그런 상황에서 루위는 더는 아이를 갖고 싶지 않았다. 큰아이를 그토록 고생하며 키웠는데, 둘째가 태어나면 자신이 또 모든 걸 전담할 테고, 남편은 돈을 벌어 오라고 성화일 게 분명했다.

그러다가 또 아이가 생기고 말았다. 임신 3개월 무렵 남편은 친정에서 조리하는 루위에게 배 속 아이가 아들인지 궁금하다며 초음파를 해 보라고 재촉했다. 3개월이 지나면 태동이 시작되는데, 이 작은 생명이 너무 소중해서 루위는 일부러 진찰을 미뤘다. 남편이 딸이면 유산하라고 할 것 같아서였다. 루위는 아이를 지키고 싶었다. 그래서 아들이든 딸이든 상관없이 꼭 낳을 거라고 결심했다. 임신 4개월 무렵 시내 병원에 가서 태아가 건강한지 물었다. "아이가 뱃속에서 얼마나 편안하면 이렇게 한쪽 다리를 꼬고 누워 있겠어요"라는 의사의 말에 눈물이 흘렀다. 이토록 작은 생명을 어떻게 버릴 수가 있단 말인가.

순식간에 6개월이 흘렀다. 루위가 별다른 반응을 보이지 않자 남편이 직접 루위를 데리고 병원에 갔다. 딸이라는 소리에 남편은 당장 유산하라고 재촉했다. 하소연할 데가 없던 루위는 매일 눈물을 흘리며 고통스러운 심정을 일기장에 기록했다. 어쩌면 사람이 저리도 잔인할 수 있는지 태아와 함께 죽어 버릴까 생각도 했다. 견디다 못한 루위가 용기를 내어 남편에게 말했다. "계속 아이를 지우라고 하면, 나도 같이 죽어 버릴 거야."

하지만 남편의 계속된 핍박에 할 수 없이 베이징 퉁저우의 산부인과에 중절수술을 하러 갔다. 루위는 심장을 칼로 도려내는 것 같아 계속 울기만 했다. 태아도 그런 엄마 마음을 아는지 태동이 무척 심했다. 의사가 말했다. "이미 6개월이 지났네요. 게다가 첫째를 제왕절개로 낳아서 중절수술도 제왕절개로 해야 합니다. 그렇지 않으면 산모까지 위험해요." 의사의 말에 남편도 망설였다. 루위는 남편에게 간청했다. "이 아이를 낳게만 해 주면, 아무리 힘들어도 다음엔 꼭 아들을 낳아 줄게."

임신 중에도 루위는 평소처럼 일했다. 낮에는 첫째를 돌봐야 해서 매일 밤을 새우며 임신 8개월 중반까지 속기 일을 했다. 고향에 출산하러 가기 전날에도 급히 끝내야 할 서류가 있어서 잠을 자지 못했다. 당시 죽어라 일하고 가장 많이 번 게 월 7000위안이다.

그래도 그 상황이 죽을 만큼 고통스럽진 않았다. 정말 고통스러웠던 순간은 출산이 임박하자 남편이 제왕절개 수술비를 반반씩 부담하자고 했을 때다. 1만 위안이 넘는 수술비가 너무 비싸다는 것이다.

2012년 6월 둘째 딸이 태어났다. 연약하고 작은 생명을 품에 안으니 눈물이 멈추지 않았다. 기쁘거나 슬퍼서가 아니었다. 그저 마음이 아팠다. 아이를 바라보고 있으니 이런 생각이 들었다. '스스로 평생을 약자로 살았고, 자기 주관도 없이 모든 일을 남편 말대로 따랐네. 남편을 거역한 적이 없다 보니 이 어린 걸 하마터면 죽일 뻔했어. 최소한의 원칙이라도 세워서 다시는 다른 사람 말에 휘둘리지 않겠어!'

아들을 강요하다

남편과 시집 식구들은 루위가 거짓말을 했다고 여긴다. 아들을 낳겠다는 약속을 지키지 않아서다. 남편의 형수가 얼마 전 아들을 낳아서 남편을 더 자극했다. 이전에 형수는 둘째가 딸인 걸 알고 중절수술까지 했다. 남편이 말했다. "우리 형 내외가 얼마나 사이좋은지 잘 봐."

루위는 고통스럽고 답답했다. 아들을 못 낳으면 부부 사이가 멀어지는 걸까? 루위는 절대 셋째를 낳지 않겠다고 결심했다. 딸이면 남편은 분명 낙태하라고 할 테고, 자신은 결코 그 죄 없는 생명을 죽이지 않을 테니 말이다. 만약 아들을 낳더라도 남편 태도를 보아 관계가 더 좋아질 것 같진 않다. 언니도 셋째를 낳으라고 권유하다가 루위의 상황을 듣더니 이렇게 말했다. "내 생각에 셋째를 낳는 건 미친 짓이야. 그 누구도 그런 심리적, 신체적 스트레스를 견디지 못할 거야."

루위가 셋째를 낳을 생각이 없다는 걸 눈치챈 남편은 "아들 안 낳을 거면 이혼해. 아니면 밖에서라도 낳아 올 거야"라고 협박했다. 루위는 어떤 말도 할 수 없어서 그저 침묵으로 일관했다. 루위는 혼자 있을 때 이렇게 혼잣말을 하곤 한다. "어쩌지. 너무 지쳤어. 아들이 없으면 남편이 평생 나를 원망할 테고, 계속 내 결점을 들추려 할 텐데. 나는 어떻게 살아가야 할까?"

쿤밍에서 아이들을 키우다

2014년 말 루위는 두 딸과 함께 쿤밍昆明시에서 살기 시작했다. 남편이 그곳에 홀로 살던 외삼촌에게 작은 아파트를 물려받았기 때문이다. 외삼촌은 나이가 들자 시어머니와 상의해 푸취안에게 노년을 의탁하고, 전재산을 그에게 주기로 했다. 그 후 2013년에 외삼촌이 돌아가시자 남편은 1만여 위안을 들여 인테리어를 새로 하고 가구도 들였다.

루위의 두 딸은 쿤밍시 후커우를 갖게 됐다. 처음에 남편은 시어머니에게 아이들을 맡기고 외지에 나가 돈을 벌어 오라고 했다. 아이들과 떨어져 지내고 싶지 않았던 루위는 자신이 아이들을 돌보겠다고 했다. 그렇게 아파트를 지키기 위해, 도시에서 아이들을 교육하기 위해 낯선 쿤밍으로 오게 된 것이다. 홀로 외로움을 못 견딜 때면 루위는 언니나 친구들에게 전화를 걸곤 한다.

남편은 자기가 번 돈으로 루위가 편하게 집에 있는 게 불공평하다고 여겼는지 툭하면 잊지 말고 은혜에 보답하라고 했다. 텐진天津시에서 일하던 남편은 두세 달에 한 번 아이들을 보러 왔다. 그는 집에 올 때마다 상전 대접을 받고 싶어 했다. 집안일엔 관심이 없고, 반찬을 만들 때나 과일 살 때도 자기 뜻에 따라야 했다. 루위는 아이들을 돌보느라 끼니를 거르기 일쑤였는데, 남편이 집에 있을 땐 더 피곤했다. 둘째를 낳기 전까지 루위는 자기가 번 돈으로 생활했고, 남편에게 생활비를 요구한 적이 없었다. 남편은 이전에 루위에게 들어간 돈을 들먹이며 갚으라고 닦달했다. 루위는 자신을 위로하듯 '이전에는 당신이 돈을 줬지만, 지금은 내가 얼마나 독립적이고 자립적인데'라고 되뇌었다.

지금은 둘째 아이 때문에 외출하기 힘들어서 속기 일을 더 할 시간이 없다. 도시는 생활비가 비싸서 어쩔 수 없이 남편에게 손을 벌리고 있다. 남편이 매달 2000위안을 주는데, 이 정도론 어림없어서 루위가 나머지를 충당하고 있다.

부부관계

뤄투 현재 부부 사이는 어때요?

루위 우리는 별로 정이 없어요. 남편이 제게 관심이 없거든요. 아직 젊으니 더 많이 벌어 오라고만 하죠. '지금껏 얼마나 힘들었어? 좀 쉬어가면서 해'라는 말은 들어 본 적이 없어요. 남편이 저를 어떻게 생각하는지 모르겠어요. 아마 애 낳는 기계쯤으로 여길지도 모르겠네요. 너무 막무가내여서 아무것도 고려하지 않아요.

뤄투 다른 부부도 각자 번 돈으로 사는지 모르겠네요. 특히 아내가 어린아이를 돌보는 경우에요. 언니네 집은 어떤가요?

루위 언니랑 형부가 함께 돈을 관리해요. 형부가 외지에서 일용직으로 일하는데, 거기서 번 돈을 다 언니에게 보내요. 언니 부부도 빚이 좀 있어요. 그래도 형부가 시내 나가서 언니 금목걸이를 사다 주기도 해요. 언니가 돈 아깝다고 하면, 형부는 돈은 또 벌면 되고 빚도 차차 갚으면 된다며 달래요. 그에 비해 저는 너무 바보 같이 살았어요. 가족은 마음만 함께하면 된다고 생각했으니까요. 재작년 8월에야 남편이 너무나 큰 상처를 줬다는 걸 깨달았어요. 한쪽만 마음을 쏟으면 안 된다는 것도 알게 됐고요. 상대에게 잘하면 잘할수록 상처와 고통이 더 큰 법이에요. 이건 제 성격 탓일 수도 있고, 남편 탓일 수도 있죠. 제가 너무 참고 살아서 그래요.

뤼투 남편이 2~3개월에 한 번씩은 아내와 아이들을 보러 집에 온다고 했는데, 그건 어떻게 이해해야 하죠?

루위 사실 둘째 낳고 나니까 남편이 너무 좋아하더라고요. 어쨌든 자기 자식이잖아요. 종일 인상 찌푸리고 있다가도 유일하게 웃을 때가 아이들과 놀 때에요. 제게는 무관심하지만, 그런 면에서는 필요하죠.

뤼투 그럼 남편이 있어야 하는 것 아닌가요?

루위 그렇긴 하죠. 그래도 정은 없어요. 남편이 집에 올 때마다 너무 힘들어요. 어떨 때는 남편이 안 왔으면 싶으니, 참 이상하죠.

뤼투 부부 사이가 심각하긴 하지만, 그래도 가장 가까운 사이인데... 남편이 두 딸을 낳지 말라고 했어도 지금은 너무 사랑스러워하잖아요. 어떻게 말해야 할지 몰라서 참 난감하군요. 몸은 좀 어때요?

루위 좀 우울해요. 뭔가 원인이 있겠죠. 아이들이 떠들 때마다 화를 내다가도 애들이 무슨 죄가 있나 싶어서 스스로 다독여요. '내가 참자, 내가 다 하자' 하면서 꾹꾹 참아요. 아이들에게 화내면 안 되는데. 언니가 뭐든 마음에 담아 두면 안 된다고 했어요. 나중에 병난다고요. 요즘 몸이 별로 안 좋아요. 생리도 너무 짧아서 하루면 끝나고요. 병원에 가야 하는데, 아직 못 갔어요. 폐경이 온 것 같기도 해요. 그런데 뭐 상관없어요. 아이를 더 낳진 않을 테니까요. 제가 어쩌면 좋을지 조언해 주세요.

루위는 인터뷰 내내 눈물을 흘렸다. 그리고 극심한 마음의 상처를 말할 때면 몇 번이고 반복했다. 인터뷰를 마칠 무렵 눈물을 더 쏟아 내던 루위에게 이렇게 말했다.

"저는 그저 들어줄 뿐 정답을 줄 순 없어요. 그래도 뭔가 답해야 한다면, 여성이 남성에게 의존하려 하면 안 돼요. 뭐, 이것도 정답은 아니에요. 임신, 출산, 양육 과정에서 여성은 남성에게 의존할 수밖에 없어요. 여성에게 아이는 사랑의 결실이기도 하지만, 독립과 자주의 방해물이기도 해요. 지금 현실적으로 가장 중요한 건 건강이에요. 꼭 병원 가서 진찰받아 보세요. 두 번째 중요한 건 아이들이에요. 아이들도 잘 키우시고요. 세 번째는 무리하지 않으면서 일하는 거예요. 네 번째는 지금 생활비를 남편에게 기댈 수밖에 없는데, 이건 그 사람 책임이에요. 남편도 당연히 집안을 책임져야죠. 남편의 됨됨이나 행동, 부부관계 등을 파악했다면, 더는 그에게 환상을 갖지 말아요. 그러면 기대하는 것도 없어질 테고, 상처도 덜 받겠죠. 지금으로서는 남편이 바뀌지 않는 한 부부관계도 개선될 것 같지 않아요."

루위와의 통화를 끝낸 뒤 옌샤의 이야기를 정리한 원고를 다음 메시지를 첨부해 보냈다. "저는 현재 상황에서 이혼이 가장 좋은 선택이라고 생각하지 않아요. 하지만 당신이 옌샤의 태도를 참고할 수 있을 거예요." 루위는 "이 글을 읽으면 저도 어찌해야 할지 답을 찾게 되겠죠"라고 회신했다.

1978년생 옌샤

이혼의 대가

옌샤艷霞와 인연을 맺은 건 2015년 6월쯤이다. 당시 내가 소속된 베이징 동심창업훈련센터 노동자대학에서 제13기 학생을 모집하고 있었다. 어느 날 한 동료가 물었다. "옌타이煙臺 폭스콘에서 일하는 여성노동자가 노동자대학에서 공부하고 싶다며 당신과 통화하고 싶다는데, 전화번호를 알려 줘도 될까요?" 그렇게 나는 옌샤의 전화를 받았다. 우리가 처음 통화한 건 2015년 6월 30일이다. 옌샤는 노동자대학 등록 신청서에 다음과 같은 이유를 적었다.

"이혼 시 양육권을 빼앗겨 줄곧 괴로웠다. 더 고통스러운 건 양육권을 가진 쪽이 나와 아이를 만나지 못 하게 하는 것이다. 3년 동안 나는 아이와 밥 한번 먹지 못했고, 옷 한 벌 사 줄 수 없었다. 나는 매번 아이의 키를 어림짐작해 옷을 사 보냈다. 지난 3년간 그리움과 답답함 속에서 마음 졸이며 살았다. 그간 마음이 뒤죽박죽이었지만 늘 제자리걸음이었고, 단지 먹고 자기만 했다. 계속 이런 식으로 산다면 아이를 찾을 희망이 없을 것이다. 그렇게 막막할 때 바이두百度에서 동심창업훈련센터의 기사를 봤는데, 오랫동안 어두웠던 마음에 한 줄기 빛이 비추는 것 같았다. 한시도 지체할 수 없다는 생각에 얼른 학교에 들어가 열심히 공부하고 싶었다. 꿈을 위해, 앞으로의 삶을 위해."

마음 깊이 새긴 가족의 정

옌샤는 1978년 산둥성 지닝시 쓰수이泗水현의 농촌에서 태어났다. 형제자매는 큰오빠, 큰언니, 둘째 언니가 있다. 2015년 10월 15일 옌샤는 37세의 나이에 노동자대학 13기 학생이 되었다. 친척, 친구, 동료 중에는 그녀가 이 '이상한' 곳에 참여하는 걸 이해하는 이가 없었다. 하지만 옌샤는 꿋꿋하게 노동자대학에 들어왔다. 2015년 11월 20일 노동자대학 '개인 성장' 과목 강의실에서 옌샤는 자신의 따뜻한 어린 시절을 이야기했다. 모두가 둘러앉은 남루한 강의실은 조용했고, 일정한 속도로 말하는 옌샤의 따뜻한 목소리만 들렸다.

"어릴 때 우리 집에선 주로 고구마를 심었어요. 농사일이 바쁠 땐 여섯 식구 전부가 밭에 나갔어요. 여섯 살이던 저도 데려갈 정도였죠. 먼 밭에 갈 때는 어머니가 솥과 물통을 가져가 밭에서 밥을 해 먹기도 했어요. 그때가 가장 행복한 시절이었어요. 우리는 확실하게 일을 분담했어요. 아빠와 오빠가 고구마줄기를 뽑아 고구마를 캐면, 제가 고구마를 나눠 쌓았어요. 엄마와 큰언니는 고구마를 닦고, 둘째 언니는 고구마를 바닥에 하나하나 널어놓았어요. 겹쳐 쌓으면 고구마가 햇빛을 보지 못해 상하거든요.

어느 날은 밭일이 적어서 아빠와 저만 갔는데, 갑자기 바람이 휘몰아쳤어요. 그렇게 큰 바람을 본 적이 없었죠. 흙이 높이 솟아오르자 아빠가 하던 일을 멈추고 바람에 날아갈까 두려운 듯 저를 꼭 안았어요. 그러고는 하던 일을 정리하고 저를 데리고 집으로 왔어요. 집에 오니 큰언니가 문 앞에 앉아 바깥 불빛에 의지해 신발창을 촘촘히 누비고 있었어요. 그때는 절약하던 시절이라 날이 완전히 저물어야 등을 켰거든요. 엄마도 방에서 뭔가를 하고 있었고요. 엄마와 언니가 우리가 겪은 태풍의 공포를 몰라주는 것 같아 너무 서운하더라고요. 그래서 주저앉아 울면서 "나와 아빠는 죽을 뻔했는데, 어떻게 그리 한가할 수 있어요?"라고 소리쳤죠. 그러자 엄마와 큰언니가 저를 놀리기 시작했어요. 지금 생각해 보니 따뜻하기도 하고, 우습기도 하네요. 아빠가 저를 보호하던 것도 생각나고, 엄마와 큰언니가 놀린 것도 떠올라요.

또 어느 날은 둘째 언니가 저와 제 친구를 데리고 이웃집에서 텔레비전을 보다가 밤늦게 집에 들어왔어요. 그런데 문이 자물쇠로 잠겨 있더라고요. 둘째 언니가 부모님이 밭에 나간 것 같다며 찾으러 가자고 했는데, 저는 너무 졸려서 안 갔어요. 그러자 언니가 고구마줄기 더미를 가져와선 바닥에 깔아 줬죠. 저는 더미에 기어들어가 잠이 들었어요. 다음 날 아침에 깨어 보니 침대였어요. 재작년(2013년)부터 저와 둘째 언니는 큰언니 집에서 살아요. 둘째 언니가 그러는데, 부모님이 저만 편애했대요. 같이 늦게 들어와도 저는 안 때리고 자기만 때렸다면서요. 어린 시절을 돌아보면, 참 유치했지만 행복했어요."

옌샤는 어릴 때부터 영리해서 부모님과 언니들의 사랑을 듬뿍 받고 자랐다. 초등학교 다닐 때는 모든 게 순탄하고 공부도 잘해서 우수한 성적으로 졸업했다. 중학교 들어가던 해에 집에 큰 변화가 생겼다. 큰오빠가 결혼한 것이다. 집안의 경사였지만, 돈을 너무 많이 써서 안 그래도 가난한 집이 더 어려워졌다. 부모님은 땅에서 돈을 벌려고 온 힘을 다했다. 매주 옌샤에게 5마오의 용돈을 쥐어 줬는데, 최대한 아껴 써서 일주일을 넘길 때도 있었다.

학교엔 도시락을 싸 갔고, 옷과 신발은 엄마가 만들어 줬다. 옌샤는 학교 다니는 것에 심리적 부담이 심했는데, 특히 학기 말에 학비 낼 때가 극심했다. 선생님은 성적이 우수한 옌샤에게 대학까지 가라고 격려했지만, 옌샤는 집안을 위해 일찍 일할 수 있는 중등전문학교[35]에 진학하고 싶었다. 그러나 합격하지 못하면 아버지가 고생해서 번 돈이 날아갈까 봐 걱정됐다. 고민 끝에 옌샤는 중학교를 1년 반만 다니고 그만뒀다. 한 번은 둘째 언니가 그때를 떠올리며 말했다. "그때 네가 계속 공부했다면, 모든 게 달라졌을 거야."

생활과 일

옌샤가 중학교를 중퇴한 뒤에도 아버지는 그녀가 외지에 나가 일하는 걸 반대했다. 언니들은 다 결혼했고, 집안엔 세 식구의 땅만 남아 있었다. 부모님은 옌샤에게 집에서 밥하며 외손녀를 돌보게 했다. 그렇게 3년을 보냈다. 19세가 되던 해에 옌샤는 외지에 나가 일하겠다고 부모님께 통보하고 칭다오靑島 나이키 공장에 들어갔다. 하지만 집이 너무 그리워 1년 반 만에 집으로 돌아왔다. 옌샤는 더 이상 외지에 나가고 싶지 않았다. 그 후 고향의 민영공장에서 방직공으로 일하며 칭다오에서 받은 월급과 똑같은 500위안 정도를 받았다. 가장 많이 받았을 때는 800위안

---

35 [역주] 중졸, 고졸 학력을 지닌 사람을 대상으로 2년간의 실무 교육을 한다.

이 넘었다. 그때는 옌샤의 식사를 어머니가 책임졌다. 흐리거나 비가 올 때면, 아빠가 우산을 들고 공장 앞에서 옌샤를 기다렸다. 그렇게 4년을 보냈다. 2002년에 옌샤는 고향 사람과 결혼했다. 다음 해 귀여운 딸이 태어나 가족에게 기쁨과 행복을 줬다. 그러나 2012년 이혼하면서 딸의 양육권을 빼앗기고 말았다.

딸을 못 만나다

옌샤는 뼈에 사무치던 그때를 회상했다. "2012년 이혼할 때 빈털터리로 쫓겨났어요. 편찮으신 부모님 병원비를 남편이 대신 냈다는 게 이혼 사유였죠. 게다가 그 집에서 10년 동안 먹고 자고 했다고요. 정확하게 따지면, 제가 그 집 돈을 더 갚아야 한다나요? 정말 웃기죠."

2007년 옌샤의 부모님이 연이어 돌아가셨다. 당시 아버지는 어머니를 병간호하느라 딸에게 빚을 많이 져서 7~8년 동안 노력해 청산했다. 부모님의 죽음은 그녀에게 큰 고통이었다. 옌샤는 돈이 없어 효도하지 못한 자신을 탓하며 괴로워했다. 그녀는 아끼고 아껴서 이혼 전에 빚을 청산했을뿐더러 집도 단장하고 가전제품도 새로 놓아 드렸다.

그러나 부모님이 돌아가신 아픔은 회복되지 않았다. 거기에 딸을 못 만나는 아픔도 가중되어 딸 이야기가 나오면 까만 눈동자와 말투가 '샹린 아주머니祥林嫂'[36]와 비슷해졌다. "이혼하고 빈털터리가 된 건 받아들일 수 있어요. 하지만 딸을 못 만나게 하는 건 못 참겠어요. 서른이 넘었

---

36 [역주] 1946년 루쉰의 소설 『축복』을 원작으로 한 월극越劇으로, 1948년 영화로도 제작됐다. '샹린 아주머니'는 농촌의 힘든 삶을 견뎌 내는 전형적인 농촌 여성이다.

지만 전 아직 어린가 봐요. 이혼 서류에 도장 찍던 날만 해도 전남편이 아이는 결국 엄마에게 돌아갈 거라고, 아이를 꼭 만나게 해 주겠다고 했어요. 제가 너무 순진했던 거죠. 남편과 애정은 없지만, 가족의 정은 남았다고 생각했거든요. 아무것도 안 줘도 아이는 어떻게든 만날 수 있을 거라 믿었는데. 기껏해야 그 집에서 아이를 볼 수 있을 뿐 데리고 나가서 밥 한 끼 먹는 것도, 같이 노는 것도 할 수 없어요. 아이 할머니가 그러더라고요. 제가 고소하지 않는 한 아이는 저와 하루도 함께할 수 없을 거라고요. 그 말에 제대로 살아야겠다는 생각이 들었어요!"

이혼 후 옌샤는 자신이 실패한 여자라는 생각이 들었다. 세상이 이렇게 넓은데 아무것도 가진 게 없다고 생각했기 때문이다. 그래서 친척이나 친구들과 연락을 끊었지만, 유일하게 딸과는 그럴 수 없었다. 옌샤는 이혼 후 처음으로 아이 할머니 집에 갔을 때를 영원히 잊을 수 없다. 아이 할머니는 딸을 만나지 못하게 하면서 "이 아이는 우리 집 핏줄이다. 넌 자격이 없어"라고 말했다. 옌샤는 "제가 왜 자격이 없어요? 누구 배에서 나왔는데요?"라고 받아쳤지만, 이런 말다툼은 좋은 결과를 낳지 못했다. 딸이 중학교에 입학할 무렵(2015년 7월) 아이 할머니는 옌샤가 학교에 찾아갈까 봐 딸을 취푸曲阜시의 아이 고모 집으로 보냈다. 딸도 어른들에게 휘둘릴 수밖에 없었다. 옌샤는 중추절(2015년 10월) 휴가를 내고 고향으로 가서 아이를 만날 수 있었다. 그녀도 아이도 펑펑 울었다. 하지만 아이 고모가 잠시도 떨어지지 않고 감시해서 모녀는 어떤 말도 하지 못했다. 옌샤는 아이에게 같은 말만 반복했다. "엄마가 세상에서 가장 사랑하는 사람이 너야. 엄마가 한 말 기억해야 해."

옌샤는 딸과 함께했던 때를 자주 떠올린다. 어릴 때 병치레가 잦았던 딸은 병원에 세 번이나 입원했고, 두 번째 입원했을 때는 위험하다는 말까지 들었다. 하지만 지금은 건강해졌다. 옌샤는 딸이 두 살이 될 때까지 돌보다가 일을 시작했다. 집에서 멀진 않았지만, 매일 출근해 12시간 동안 일했다. 저녁에 퇴근하면 시댁에서 아이를 데리고 와 집안일을 했다. 일찍 철이 든 딸은 바쁜 엄마를 방해하지 않으며 그날 있었던 일을 재잘재잘 들려줬다.

돌아갈 집이 없다

이혼 후 옌샤가 가장 두려워한 건 집이 어디냐는 질문이었다. 그녀에게 이제 집은 없다. '집으로 돌아간다'처럼 흔한 이 말이 그녀에게 가장 큰 슬픔을 줬다. 결혼 전에는 부모의 사랑을 받고 자란 막내딸이자 두 언니의 귀여움을 받는 막내 여동생이었다. 하지만 새언니가 들어오면서 집안에 악몽이 시작됐다. 새언니와는 온갖 일로 충돌했다. 어머니 대신 언니가 새언니에게 따지면, "출가외인은 빠져. 한마디도 말할 권리가 없으니까"라고 되받아쳤다. 나중에 분가하긴 했지만, 앞뒷집에 살았기 때문에 어머니는 매일 눈물 바람이었다. 세 딸이 아무리 효도해도 아들의 불효가 부모님에게 준 실망과 상처는 치유되지 않았다. 2007년 어머니가 병에 걸려 세 딸이 모은 돈으로 치료를 받았으나 회복되지 않았다. 아버지는 어머니가 돌아가신 뒤 7개월 후에 어머니를 따라가셨다. 지금도 옌샤는 어머니가 살아 계시면 얼마나 좋을까 생각한다. 그러면 돌아갈 곳이 있으니까.

생존을 위해 옌샤는 2012년부터 2015년까지 지난濟南시의 몇몇 집에서 가사도우미로 일했다. 월급은 약 2000위안으로, 3000위안이 넘은 적이 없다. 이후 옌타이 폭스콘에서 일하고 있다. 그녀가 바라는 건 능력을 키워서 다른 사람에게 의지하거나 눈치 보지 않고 아이를 데려오는 것이다. 하지만 가사도우미나 폭스콘에서 일하는 걸로는 어림없다. 그녀가 이처럼 깊은 절망에 빠져 있을 때 인터넷에서 동심창업훈련센터를 본 것이다. 그녀의 바람은 어떻게 살지 공부해서 앞으로 딸과 함께 사는 것이다.

불확실한 미래를 꿋꿋하게 마주하다

노동자대학에서 공부하던 어느 날 사회 과목 시간에 옌샤는 '베이징 작은 당나귀 생태농원北京小毛驢生态農園' 책임자인 황즈유黃志友의 강연을 듣고 깊이 감동했다. "우리 농원에는 일꾼이 없습니다. 여러분 모두가 동료입니다."

그녀는 고향으로 돌아가 언니들과 가까이 사는 게 꿈이다. 고향에서 뭘 할 수 있을지 고민이던 중에 생태 농업을 배우면 어떨까 싶었다. 그래서 노동자대학 졸업 후 2016년 2월부터 '베이징 작은 당나귀 생태농원'에서 일하기 시작했다.

4월 말 옌샤에게 연락해 근황을 물었다. 그녀는 "솔직히 이번 설엔 잘 지내지 못했어요. 언니에게 얹혀사는 것 같아서 좀 괴로웠거든요. 언니들은 제가 하는 일을 이해하지 못해요. 슬프고 화도 나지만, 그래도 이해해야죠. 저처럼 변변치 못한 동생이 있으면 저도 이해하지 못했을 테니까요"라고 말했다.

옌샤   설 이후에 언니들 안심시키려고 선을 두 번이나 봤어요. 둘 다 이혼했는데, 하나는 아들, 다른 하나는 딸이 있어요. 처음 만나자마자 아이가 엄마와 연락하며 지내느냐고 물었죠. 둘 다 엄마를 만나지 못 하게 한다고 하더라고요. 이유를 물었더니 첫 번째 남자는 이혼 당시 아이가 너무 어려서 지금은 엄마를 기억하지 못할 거라고 하더군요. 두 번째 남자는 엄마를 만나는 게 안 보는 것만 못하다고 했고요. 잘 지내다가도 엄마만 만나고 오면 며칠 동안 마음이 안 좋은 것 같다면서요. 각각 두 번 더 만나고는 중매쟁이에게 더는 만나고 싶지 않다고 했어요. 언니들은 할 말을 잃었죠. 두 남자 모두 시내에 집도 있고 차도 있고 심지어 저보다 어리거든요. 첫 번째 남자는 저보다 세 살 어리고, 두 번째 남자는 여섯 살이나 어려요. 나이 많아도 괜찮다는데 쓸데없이 까다롭게 군다는 거예요. 사실 그들이 아이를 엄마와 못 만나게 해서 거절한 건 아니에요. 서로 견해 차이가 너무 큰 게 중요했죠. 예를 들어 저는 상대방에게 약속 장소에 어떻게 왔는지 물어보지 않았는데, 상대는 묻더라고요. 전 자전거를 타고 왔다고 했어요. 자기는 원래 차가 있는데 아직 면허를 못 따서 버스 타고 왔다고 하더군요. 너무나 분명했어요. 집에 차가 있다는 걸 내세우고 싶었던 거죠. 그 사람이 그럴수록 오히려 짜증이 났어요. 그래도 요즘은 배우자를 고를 때 어느 정도 기대한다는 걸 이해해야겠죠.

뤼투 다 이해해요. 그런데 수많은 사람 중에서 당신을 소중히 여길 사람이 하나도 없다는 말인가요?

옌샤 사실 저는 열등감이 커요. 특별한 기술도 없고요. 이번 설에 아이 할머니 감시하에 딸을 만났는데, 일부러 저와 멀어지려 한다

농원에서 작은 땅을 얻어 유기농채소를
심는 옌샤.

는 걸 느꼈어요. 아이 태도가 변한 것보다는 아이가 할머니를 무
서워한다는 게 더 가슴 아파요. 할머니 눈치 보느라 저랑은 말도
잘 안 하더라고요.

뤼투 아이는 분명히 엄마와 더 가까워지고 싶을 거예요. 마음의 약속
을 믿어야 해요. 지금은 아이가 자유로운 몸도 아니고, 나이도
어리니까 의지할 사람이 옆에 있어야 하잖아요. 당신을 의지할
순 없으니까요. 아이 고통도 당신과 같을 거예요.

옌샤 올해 저는 38세가 됐어요. 곧 중년에 접어들죠. 그런데 아직 방
한 칸, 땅 한 마지기도 없어요. 부모님은 돌아가셨고, 아이도 곁
에 없고요. 앞날을 생각하니 너무 힘들어요. 그래도 쉽게 포기하
긴 싫어요. 아이를 위해 최선을 다해 살 거예요. 꼭 잘살 거예요!
언젠가 아이와 속마음을 털어놓으며 엄마가 어떤 사람인지 알게
될 날이 오겠죠.

2016년 6월 30일 아침 옌샤가 위챗[37] 메시지를 보냈다.

어떤 사람이 '작은 당나귀 생태농원'을 선택한 사람들은 정신적인 문제가 있는 사람이라며, 저도 그렇다고 하네요. 그 나이엔 남편과 자식을 돌보며 현명한 아내, 인자한 어머니여야 한다면서요. 게다가 세상엔 남녀가 하는 일이 따로 있대요. 남자는 밖에서 돈을 벌어 가족을 부양해야 하니 남자가 '무엇'을 하든 두려워하면 안 된다고요. (전 멍청해서 그 '무엇'이 돈을 흥청망청 쓰는 긴지, 바람피우는 걸 말하는지 모르겠어요. 묻고 싶지도 않고요.) 남자는 그저 돈을 벌어 가족을 부양할 수 있으면 충분하대요. 여자 역할은 집안일 잘하고 가족을 보살피는 거고요. 제일 중요한 건 주제넘게 남자를 압도해서도 안 되고, 음과 양이 바뀌어서도 안 된대요. 그러면 버릇이 나빠진다나요? '무슨 개소리야! 아무 말이나 지껄이면 다야?'라고 받아치고 싶었어요. 현모양처는 겉으론 아름답지만, 사실 여자를 압박하는 무거운 족쇄예요. 수천 년간 수많은 사람에 의해 만들어진 모범적인 여성에 대한 각본이죠. 여성을 속박하며 그 족쇄 안에서 답습한 규율에 따른 각본이기도 하고요. 조금이라도 혼자 하려 하면 이런저런 죄명을 씌우죠. 그에게 이런 말을 하고 싶었지만 참았어요. 그런 시시한 인간에게 대꾸하면 저도 똑같은 인간이 되는 것 같아서요.

---

37 [역주] 중국의 대표적인 SNS로, 중국어로는 웨이신이라 한다.

1979년생 아편

아름다운 고뇌

2014년 9월 25일 짐가방을 꾸려 광저우 U시에 왔다. 6시에 맥도날드 앞에서 아편阿芬을 만나기로 했기 때문이다. 아편은 시간에 맞춰 전동자전거를 타고 나타났다. 그녀의 여성 동료 몇몇과 저녁식사 후 아편은 나를 자전거에 태우고 가로수 그늘이 우거진 곧게 뻗은 대로를 달렸다. 한참을 가니 길이 점점 외지고 허름해졌고, 지저분한 거리와 낡은 집들이 보였다. 공사 중인 고가다리 옆은 자전거로 갈 수 없어서 걷기로 했다. 왼쪽으로 꺾어 들어가니 작은 골목이 나왔는데, 석판을 깔아놓은 길이 울퉁불퉁했다. 집마다 나무로 만든 옛날식 대문이 고풍스러웠다. 아편의 집도 양쪽으로 여닫는 나무문이고, 돌로 만든 높은 문턱을 넘어 들어가니 어두컴컴한 오래된 집이 눈앞에 버티고 있다. 침실 2개, 거실, 주방, 온수가 나오는 화장실이 있는 구조였다. 아편은 자신이 머무는 방으로 나를 데려갔다. 마치 『해리 포터』에 나오는 마법사의 방 같았다. 모든 가구엔 사람 손이 닿지 않은 듯 두꺼운 먼지가 한 꺼풀 쌓여 있어서 가방을 어디에 내려놓아야 할지 고민했다. 아편은 지붕 위로 올라가 빨아서 말려 놓은 침대 시트, 이불, 베개 커버를 한 아름 안고 내려오더니 침대에 잘 펼쳤다. 햇빛과 바람 냄새가 났다. 나는 걸레로 테이블을 훔치고 가방을 내려놓았다. 고장 난 방 형광등을 아편이 손봤다. 밤이 깊어서 잘 준비를 하는데, 아편이 선풍기를 가져와 모기장 안으로 넣어 줬다. 내가 씻고 양치하는 사이 화장실 문틈으로 아편이 형광등을 다시 손보는 게 보였다. 『해리 포터』에나 나올법한 켜켜이 쌓인 먼지도 순간 따스하게 느껴졌다. 선풍기 바람에 잠을 이루기 힘들어 선풍기를 껐다. 땀이 났지만, 이내 잠이 들었다.

9월 26일 저녁에 퇴근한 아편이 국을 끓이고 밥을 짓기 시작했다. 냉장고에서 남편이 사다 준 말린 개구리알 반찬을 꺼냈는데, 여자 몸에 좋은 비싼 음식이라 했다. 저녁을 먹은 뒤 아편과 이야기를 나눴다.

험한 일 많고 좋은 일 없던 어린 시절

아편은 1979년 광둥廣東성 장먼江門시 허산鶴山에서 태어났다. 형제자매로 언니와 남동생이 있는데, 남동생은 차 사고로 세상을 떠났다. 그날 동생은 마을사람과 함께 돼지를 실어 나르는 차에 올랐다. 비가 와서 그랬는지 브레이크가 고장 나서 운전기사가 차를 잠시 멈췄는데, 뒤에서 오던 차가 그대로 들이받아 차 안에 있던 동생이 튕겨 나갔다. 그렇게 쓰러진 동생 머리 위로 차가 지나가면서 그 자리에서 죽고 말았다. 그때 겨우 열네 살이었다.

동생이 죽자 언니는 나날이 이상해지더니 바보가 되고 말았다. 그렇게 20년이 흘렀다. 언니는 줄곧 집에서 손으로 뭔가를 만들며 욕하거나 히죽거렸다. 하지만 결국 치료되지 않았다. 집에서 언니 남편감을 구했는데,

정신적으론 문제가 없으나 고아여서 결혼을 못 하는 처지였다. 둘은 결혼해 아들을 낳았고, 아이는 언니를 대신해 어머니가 키웠다. 그런데 2007년 어느 날 잠시 한눈판 사이에 아이가 물에 빠져 죽고 말았다. 당시 여섯 살이던 조카는 눈망울이 크고 귀여웠다. 언니는 아들이 어디에 있는지 묻지 않았다. 자신에게 아들이 있다는 사실조차 모르는 상태였던 것이다. 그리고 꼭 한 달째 되던 날 아버지가 암으로 돌아가셨다. 현재 어머니는 고향집에서 언니와 살면서 아편의 아들을 돌본다. 58세인 어머니는 늘 두통과 관절염에 시달리면서도 아침부터 밤늦게까지 일한다.

아편은 학교에 다니기 싫어서 중학교 2학년까지만 다녔다. 수학은 늘 빵점을 받았다. 1학년 때 학교를 그만두고 싶었지만, 어머니 성화에 못 이겨 그나마 2학년까지 다녔다. 수업 시간 내내 엎드려 잘 만큼 공부에 뜻이 없었고, 시험도 보지 않았다.

아름다운 여성

아편은 날씬한 몸매에 큰 눈망울을 가진 아름다운 여성이다. 사람들과 잘 어울리고 여성스러운 성격에 성품이 곧고 의리도 있다.

1996년 16세에 학교를 그만둔 아편은 마을의 한 공장에 취직해 5년간 일했다. 첫 월급은 300여 위안이었는데, 그만두기 직전에는 600위안까지 받았다. 그때부터 아편은 결혼 상대를 찾기 시작했다. 그런데 아무리 둘러봐도 마땅한 상대가 없었다. 어머니가 소개한 사람은 마음에 들지 않았다. 그 뒤로 한 남자를 만났는데, 너무 가난하다며 집안에서 반대했다. 그러다 성격 차이로 결국 헤어졌다.

2004년 숙모의 언니가 중매를 섰다. 광저우 U시 토박이로, 썩 마음에

낡았지만 따스함이 느껴지는 아편의 집.

들진 않았지만 남자 어머니가 아편을 마음에 들어 했다. 그의 어머니는
아편이 자기 아들에게 마음이 없는 걸 알고 눈물로 애원했다. "내 아들
이 왜 싫은 거냐? 그 아인 담배도 마작도 안 하는데." 그 말을 들으니 어
차피 누군가를 만나야 한다면 이 사람도 괜찮겠구나 싶어서 바로 결혼
했다. 하지만 부부싸움 중에 남편이 손찌검하는 바람에 결혼한 지 1년도
안 돼서 갓난쟁이 아들을 두고 이혼해 버렸다.

　이혼 후에도 아편은 U시에 산다. 이곳 후커우도 생겼고, 환경미화원
일도 할 만하기 때문이다. 어느 날 도로 청소를 하는데, 회사 쓰레기차가
멈춰 서더니 작업복을 입은 운전기사가 아편에게 말을 걸어왔다. 오랫동
안 아편을 짝사랑하다가 그녀의 이혼 소식을 듣고 고백한 것이다. 그는
미혼인 데다 잘생기고 말수가 적었다. 성격도 좋아서 인간관계도 원만했
다. 아편도 그에게 호기심이 생겼다. 그렇게 내성적인 사람이 무슨 용기
로 고백했을까 궁금했다. "언제부터 저를 좋아하셨어요? 왜 저를 좋아하

는데요?" 그가 대답했다. "좋으면 좋은 거죠, 무슨 이유가 필요해요."

그는 후베이성 우한武漢시 출신으로, 가난하고 집도 없었다. 하지만 아펀은 그런 게 중요하지 않았고, 서로가 잘 맞으면 그만이었다. 그는 이혼 후 외로웠던 아펀에게 정말 잘해줬다. 둘은 연애를 시작했고, 2007년 3월에 결혼했다.

결혼 후 남편은 외지에 나가 일했다. 아펀 혼자서 장기간 U시에서 생활하다 보니 번거로운 일이 자주 생겼다. 아펀은 "그리 예쁜 것도 아닌데, 저를 좋아하는 사람이 너무 많아요. 남자들이 쫓아다니면 이만저만 귀찮은 게 아니에요. 저는 이런 상황이 정말 싫어요"라고 토로했다.

아이와 새집

아펀은 환경미화원 일을 처음 시작하던 2004년 8월 19일을 아직도 기억한다. 그때부터 거리 청소를 10년째 하고 있다. 이곳에서 생활한 지도 10년이 되어 모든 게 익숙해졌다. 아펀은 고향에서 살게 되면 불편한 점이 많을 것 같다고 말했다. 지금 사는 곳은 다행히 고향과 그리 멀지 않아 휴가 때면 아이를 만나러 갈 수 있다.

아펀의 아들은 친정어머니가 돌본다. 아이는 이제 초등학교 1학년이 됐는데, 공부를 좋아한다. 집이 시골이라 아이는 매일같이 통학버스로 40분 거리를 달려 등교한다. 예전에는 집 근처에 학교가 있었는데, 폐교하는 바람에 읍내 학교에 다니는 것이다. 아들 후커우가 광저우 U시여서 이곳 학교에 다니기 위해 신청해 둔 상태다.

올해(2014년) 6월에 아펀 부부는 고향 읍내에 30평형 아파트를 마련했다. 6층 건물에 3개의 침실과 2개의 거실이 있고, 아이 학교와 가깝다.

이 집을 마련하는 데 40만 위안, 수리하는 데 10만 위안이 들었다. 부부가 벌어 모은 20만 위안을 보태고, 나머지는 친정어머니에게 10만 위안, 남편의 큰형과 작은형에게 각각 5만 위안과 10만 위안을 빌렸다.

그러나 아펀은 고향으로 돌아가고 싶지 않다. 이곳에서 10년이나 살아서 익숙해졌기 때문이다. 돌아가면 모든 것이 낯설 것이다. 그러나 아들도 그곳에 있고, 어머니 몸도 편치 않아 고민이다.

아름다운 품격

2004년 광저우에서 환경미화원으로 일하기 시작했을 때 월급은 600위안 조금 넘었다. 그래도 물가가 비싸지 않아서 살 만했다. 당시엔 돼지고기 1근이 몇 위안 하던 시절이라 생활비로 100위안이면 충분했다.

아펀은 8월의 노동자 권익 쟁취 운동에 대해 끊임없이 이야기했다. 당시 모두가 자기 권익을 바랐지만, 아무도 나서지 않았다. 아펀 또한 나서는 걸 싫어하고 겁도 많았지만, 대표로 선출되어 220명의 동료와 함께 투쟁했고, 이후 18인 대표 중 하나로 뽑혔다. 그중 5명이 협상 대표였고, 아펀은 사진 찍고 녹음하는 임무를 맡았다. 그녀는 어떤 상황에서도 자기 소임을 다했다.

그 후 다양한 이유로 협상 대표자들이 물러났다. 그때도 모두가 아펀을 추천해 대표를 맡아야 했다. 사람들은 회사가 괴롭히거나 해고할까봐 앞에 나서는 걸 꺼렸다. 그 와중에 아펀이 대표로 선출되자 남편이 그게 반대했다. 그러다 보복이라도 당하면 보호도 못 받고 안전하지 않다는 이유에서였다.

8월 21일부터 9월 11일까지의 짧은 기간 동안 많은 일이 있었다. 가장 치열했던 건 8월 28일이다. 그날 아펀은 부상을 당했다. 당시 투쟁을 돕던 변호사가 경찰에 끌려가는데 위축되어 다들 보고만 있었다. 아펀이 더는 가만히 있을 수 없어서 달려가 변호사를 붙들고 늘어졌다. 그렇게 엎치락뒤치락하다가 경찰이 아펀을 제압했고, 결국 변호사가 잡혀갔다. 그 과정을 돌아보니 역시 힘이 부족하다는 걸 느꼈다. 아펀은 몸에 난 상처를 보며 한숨만 쉴 뿐이었다.

9월 10일은 문제가 해결되어 모두가 새로운 회사에 출근한 날이다. 회사에 도착하자 '외지 출신 노동자들은 복귀 불가'로 공지되어 있었다. 아펀은 광저우 출신 노동자여서 괜찮았지만, 업무에 복귀하지 않겠다고 버텼다. 그러나 다른 광저우 출신 노동자들은 출근부에 서명하고 있었다. 그 모습에 화가 난 아펀이 소리쳤다. "양심에 손을 얹고 생각해 봐요. 외지 출신 동료들이 우리를 도와주지 않았더라면 우리 권리를 쟁취할 수 있었겠어요? 그들의 도움으로 쟁취해 놓고 왜 그들 생각은 안 해요?" 그런데도 몇몇이 출근부에 서명하러 가자 아펀과 동료들은 난감했다. 그러다 좋은 방법이 떠올랐다. 회사와 합의한 후에는 비밀협정을 맺는데, 이 협정이 공개되는 순간 무효가 된다. 다음날 아펀이 출근부에 서명하는 사람들에게 말했다. "마음대로 하세요. 우리가 협정을 공개해서 당신들 한 푼도 못 받게 할 테니까. 누구든 출근부에 서명하기만 해 봐요. 곧장 웨이보에 공개할 테니! 당신들은 전혀 남을 고려하지 않는데, 우리가 왜 당신들을 위해서 비밀협정을 지켜야 하죠? 다른 사람은 어떻게 되든 상관없다는 건가요?" 결국 아펀의 협박에 아무도 출근부에 서명하지 못했다. 아펀이 내게 말했다. "외지에서 온 노동자들은 참 대단해요. 모두를 위해 그 많은 일을 해냈으니까요. 외지 노동자들이 복귀하지 못하면, 회

아편과 나.

사가 저를 원해도 그만두려 했어요. 돈을 못 받을 때는 누군가 나서서 해
결해 주길 바라더니, 상황이 바뀌니까 다른 사람들이 직장을 잃게 생겼
는데도 하나같이 외면하잖아요. 만약 자기가 그런 대접을 받으면 어떨까
요?"

대다수가 아편의 아름다운 외모에 매력을 느낀다. 아편은 이제껏 연애
와 결혼의 전제로 물질적 조건을 중시한 적이 없다. 물론 가난한 남편에
게 푸념을 늘어놓긴 하지만, 그녀에겐 분명한 입장이 있다. "조건이 아무
리 좋아도 저를 함부로 대하면 절대로 그 사람과 함께할 수 없어요."

아편은 사람을 진심으로 대한다. 그 마음으로 인해 아편의 집에 머무
는 동안 늘 따뜻했다. 아편은 좋고 싫음이 분명하고, 정의감으로 가득하
다. 직장을 잃는 한이 있어도 모두에게 도움을 준 사람들을 버리고 싶지
않다. 아름다운 외모로 빚어진 고민거리는 한 여성으로서 겪은 아름다
운 번뇌였다. 그리고 정의를 지키기 위해 생겨난 아픔과 상처를 고민하
는 것 역시 그녀의 아름다운 번뇌이기도 하다.

1981년생 아젠

행복과 불행은 함께 온다

2014년 9월 28일 저녁 U시 환경미화원들이 자신들의 권리 쟁취를 축하하기 위해 만찬을 열기로 했다. 그들이 예약한 식당은 아잉이 점심때 나를 데려간 곳이었다. 그러나 오후 4시쯤 갑자기 식당 문에 봉쇄 테이프가 붙여졌다. 아잉은 나를 식당 앞에 세워 두고, 몇몇과 함께 식당에 들어가 이야기를 나눴다. 5시가 되자 아잉은 다른 장소로 갈 것이라고 말했다. 5시 30분경 녹색의 환경미화원 작업복을 입은 여성노동자들이 신호를 보내듯 내게 가벼운 목례를 했다. 나는 가방을 메고 그들을 따라 나섰다. 그들은 조용히 전동자전거에 나를 태우고 페리선이 정박한 부둣가로 달렸다. 부둣가에 도착하자 마치 우리를 위해 준비한 듯한 큰 배가 보였다. 배 위에는 녹색 작업복을 입은 사람들이 그득했다. 수많은 전동자전거가 부둣가로 모여들었다.

축하연이 시작됐다. 아젠阿珍은 검은 원피스를 입고 무대에 섰다. 반짝이는 옷이 아름다운 광채를 뿜어냈다. 아젠은 다른 한 명과 함께 만찬

만참에 참석하기 위해 배를 타고
강을 건넜다.

사회자로 그곳에 서 있었다.

바로 전날인 9월 27일에 점심시간을 이용해 아젠을 인터뷰했다.

돼지를 팔아 학비를 내다

아젠은 1981년 광둥성 뤄딩羅定시의 변두리 가난한 농촌에서 태어났다. 형제자매는 언니와 오빠가 하나씩 있다. 어린 시절 아젠은 늘 소여물을 먹이다가 일곱 살에 초등학교 1학년에 입학했다. 아젠은 중학교까지 다녔는데, 가난한 부모님이 학비를 내기 위해 매년 돼지 두 마리를 팔아야 했다. 아젠은 매번 학비를 낼 때가 되면, 선생님에게 이렇게 말했다. "저희 집은 돼지를 팔아야 학비가 생겨요. 돼지가 좀 더 커서 팔 수 있을 때까지 기다려 주세요."

중학교 졸업 후 이젠이 학교를 그만 다니겠다고 하자 언니가 반대했다. 언니와 오빠도 중학교까지만 다녔는데, 언니는 자신이 외지에서 번 돈으로 공부를 계속할 수 있도록 해 주겠다고 했다. 하지만 언니는 이미 집안에 돈을 보태고 있었다. 아젠은 쓰러져가는 흙벽돌집을 바라보며 가난한 형편을 새삼 느꼈다. 그래서 결국 공부를 그만두기로 했다.

부모님께 지어 드린 집

1998년 17세에 아젠은 뤄딩에 있는 전자 공장에 들어갔다. 월급은 500위안 정도였는데, 매달 생활비만 남기고 전부 부모님께 보냈다.

1999년에는 언니를 따라 둥관의 공장으로 옮겨 3년간 일했다. 언니는 월 수백 위안의 야근수당을 벌기 위해 매일같이 야근했다. 아젠도 언니와 함께 3년 내내 야근했다. 자매는 생활비만 남기고 매달 약 1100위안을 아버지에게 꼬박꼬박 보냈다. 적은 생활비에 식비를 줄일 수밖에 없어서 자매는 아주 가끔만 고기반찬을 먹고 평소엔 값싼 음식을 먹었다.

그렇게 해서 마침내 고향에 이층집을 지었다. 부족한 돈은 외삼촌에게 빌렸는데, 자매가 열심히 벌어 지금은 다 갚았다.

그 후 자매는 선전으로 가서 약 1년간 침대, 치약, 칫솔 등의 호텔 용품을 판매했다. 그러다 언니가 결혼했고, 아젠의 홀로서기가 시작됐다. 아젠은 광저우의 화장품 공장에서 1년간 창고에 드나드는 물품 수량을 정리하는 일을 했다.

고향 사람과 결혼하고 싶지 않았어요

아젠은 눈 깜짝할 사이에 23세가 되었다. 농촌에선 벌써 결혼해 아이를 낳고도 남을 나이였다. 그러나 아젠은 고향 사람과는 절대 결혼하지 않으리라 마음먹었다. 어린 시절 가난에 대한 기억이 뼛속까지 사무쳤기 때문이다. 일곱 살까지 소를 치러 다니느라 제때 아침 먹기도 힘들었고,

그나마 먹더라도 희멀건 죽이 고작이었다. 학교에 다녀오면 집안일을 도왔고, 농번기가 되면 가을걷이에 동원됐다. 그래서 고향으로 돌아와 선보라는 어머니의 재촉에도 응하지 않았다.

결혼해 광저우 U시로 간 이종사촌 언니에게 마땅한 혼처가 있는지 알아봐 달라고 부탁했다. 처음으로 맞선 본 남자는 언니 시댁 근처에 사는 사람이었다. 어머니, 이모와 함께 그의 집에 갔는데, 그 집 사람들이 너무 냉담했다. 물 한 잔 떠 주고 방으로 들어가 버리고 말도 걸지 않는 등 아젠을 대놓고 무시했다. 너무나 매정한 태도에 그 길로 연락을 끊었다.

두 번째 남자는 언니 시댁 옆 동네에 사는 사람이었다. 그와 몇 번 전화를 주고받다가 공원에서 만나 데이트를 하는데, 그가 갑자기 아젠의 몸을 더듬었다. 남자를 사귄 적 없는 아젠은 너무 놀라서 그의 따귀를 한 대 날리고는 연락을 끊었다. 그러고 나서 말도 안 되는 소문이 돌았다. 그의 부모가 아젠이 자기 아들과 잠을 잤다고 헛소문을 낸 것이다.

눈 깜짝할 사이에 또 1년이 흘러 24세가 되었다. 그래도 결혼 상대가 없다는 이유로 고향 사람과 결혼하고 싶진 않았다. 당시 광저우 난촨南川에서 수놓는 일을 하던 아젠은 동료의 중매로 U시에 사는 아순阿順이라는 남자를 만났다. 그는 어릴 때 고열로 다리 신경이 손상되어 걸을 때 다리를 절었지만, 키가 크고 잘생겼으며 성격도 좋았다. 하지만 그를 만나고 '평생 이런 사람과 살아야 하나' 싶어서 마음이 편치 않았다. 아젠은 그에게 다른 여자를 찾아보라며 예의 바르게 거절했다. 아순의 부모님은 대신 아젠에게 나이가 좀 있어도 괜찮으니 마음씨 좋은 여자를 소개해 달라고 했다. 그분들은 아젠의 이모를 초대해 극진히 대접하며 U시 관광도 시켜 줬다. 이모는 아젠에게 "그 집 사람들 마음이 참 곱더라. 아순이 다리만 절지 않았다면 진작 결혼했을 테고, 외지 며느리를 보지도 않았겠지"라고 말했다.

아젠은 어린 시절 가난한 환경을 떠올렸다. 내 자식은 그런 가난을 겪게 하고 싶지 않았고, U시의 환경도 괜찮은 편이어서 아젠은 아순과 다시 한번 만나 보겠다고 했다. 아젠이 "아직 마음을 결정한 건 아니에요"라고 말하자 아순은 "그래도 괜찮아요. 우선 친구로 지내면 되죠"라고 대답했다.

둘은 난촨공원에서 첫 데이트를 했다. 아젠이 두 번째로 맞선 본 남자에게 따귀를 날린 바로 그곳이었다. 아순은 예의 바르고 속이 깊었으며 함부로 행동하지 않았다. 게다가 말하지 않아도 뜻이 통했다. 점심때가 되면 아순이 늘 밥을 샀고, 자주 집에 초대해 음식을 대접했다. 아순의 부모님은 매번 맛있는 탕을 끓여 주셨는데, 만날 때마다 순박함과 친절함을 느낄 수 있었다.

그렇게 또 눈 깜짝할 사이에 25세가 되었다. 고향의 가난한 여성들은 벌써 결혼해서 아젠은 노처녀 중의 노처녀였다. 아젠과 아순은 그렇게 1년을 사귀었다. 아젠은 '고향에 돌아가고 싶진 않으니 그와 결혼해야겠어. 그리고 아이를 낳으면 좋은 환경에서 키워야지'라고 결심했다.

행복과 불행은 함께 온다

2006년 아젠이 스물다섯, 아순이 서른이 되던 해에 결혼했다. 둘의 결혼식에 참석하기 위해 아순의 형 내외가 일도 마다한 채 베이징에서 왔고, 그의 온 가족이 아젠에게 잘해 줬다.

아젠이 임신했을 때 입덧이 아주 심했다. 시어머니는 말수가 적고, 아젠을 나무라는 법이 없었다. 그래서 매일같이 아젠에게 탕을 끓여 주고, 임신 중인 아젠이 집안일을 못 해도 이웃에게 흉 한 번 보지 않았다. 2007년 1월에는 아들이 태어나 온 가족이 보물을 얻은 것처럼 기뻐했다. 출산 후에도 시어머니는 3개월간 아젠이 물 한 방울 묻히지 않도록 배려하며 2층에 기거하는 며느리를 위해 매일 식사를 챙겼다. 또 좋은 건 며느리를 위해 내줬고, 특별 보양식을 해 주기도 했다. 아젠은 정말 행복했다.

아순은 결혼 후 마음이 편해졌는지 몸도 호전됐다. 결혼 전에는 다리에 힘이 없어 툭하면 넘어져 다치기 일쑤였다. 그러나 결혼 후엔 다리에 힘이 생겨서 넘어지거나 다치는 일 없이 거의 정상에 가까워졌다. 아순은 무슨 일이든 시작해 가정에 보탬이 되고자 했다. U시의 대학은 꽤 커서 학교 안에 운동장이 있었는데, 학생들이 운동 후에 물을 사 먹는 걸 보고 아순은 물장사를 하기로 했다. 하지만 노점상 허가를 받지 못해 하는 수 없이 무허가로 장사를 시작했다. 아젠은 아순이 산 냉장고에 음료와 아이스크림 등을 채워 놓고 매일 운동장까지 운반했다. 처음에는 매일 10위안씩 벌다가 이후에는 점점 수입이 늘어났다. 노점상 관리자가 와서 간섭하긴 했지만, 장애인이라 그런지 거칠게 굴진 않았다. 그 후 어떤 사람이 근처에 정식 허가를 내고 음료수를 팔기 시작했다. 아순은 어쩔 수 없이 작은 운동장으로 노점 자리를 옮겨 용돈이나 버는 정도에 그쳐야 했다. 부부는 서로 의지하고 사랑했고, 그럴수록 둘의 몸도 불어났다. 이순은 키가 커서인지 단숨에 5kg이 늘었고, 아젠도 살이 붙었다.

출산한 지 5개월이 되자 아젠은 다시 일을 시작했고, 시어머니가 집에서 아이를 돌봤다. 아젠은 회사에 양해를 구하고, 매일 오전과 오후에

한 번씩 모유 수유를 위해 집에 들렀다.

아들이 세 살 되던 해에 시어머니가 66세가 되었다. 그때 시어머니는 늘 의자에 앉아 있고, 부쩍 말수도 없어지고 야위어 갔다. 병원에 가서 엑스레이를 찍어도 별 이상이 없었다. 하지만 매일 편치 않아 하는 시어머니 모습에 분명 무슨 문제가 있다고 생각해 이웃의 권유로 광저우 제일인민병원에 모시고 갔다. 의사가 입원을 권유했지만, 시어머니는 돈도 없는데 무슨 입원이냐며 한사코 거절했다. 2000위안을 가져왔으니 일단 입원부터 하자고 설득해 검사를 받았는데, 폐암 진단을 받았다. 아젠은 병원 계단에서 지쳐 쓰러질 때까지 울었다. 당시 시아버지는 고혈압이었고, 큰아주버님도 자동차 사고로 막 수술받은 상태였다. 남편도 다리가 불편하니 이 상황을 도와줄 사람이 없었다. 오진일지도 모른다는 생각에 다른 병원에도 모시고 갔지만, 결과는 같았다. 시어머니는 반드시 수술이 필요한 상태였다. 수술하고 퇴원하기까지 약 한 달이 걸렸는데, 아젠 혼자서 시어머니를 돌봤다. 혈압이 높은 시아버지에게는 시어머니 상태를 알리지 않았다. 항암 과정은 매우 고통스러워서 온몸에 마비가 왔다. 아젠은 오일을 발라 시어머니의 손발을 주물렀다. 시어머니는 너무 고통스럽다며 이제 그만 살고 싶다고 했다. 아젠은 인내심을 갖고 시어머니에게 삶의 용기를 북돋아 드렸다. 시어머니는 의료보험이 있어서 10만 위안의 병원비 중 몇만 위안만 내면 됐다. 그마저도 아들 내외가 부담될까 봐 당신이 지불했다.

아순이 결혼 전에 받던 쥐꼬리만 한 보험금은 결혼 후엔 나오지 않았다. 그래서 아젠이 거리 청소 일을 했는데, 한 자세로 일하고 손에 힘이 많이 들어가니 매일 아침 손이 펴지지 않아 풀릴 때까지 천천히 손을 움직여야 했다. 하루는 어떤 사람이 지나가면서 "젊은 나이에 왜 이런 일을 하세요?"라고 물었다. 아젠은 "저도 어쩔 수 없어요. 집안 어른들은 연세가 많고, 아이는 아직 어려서 돌볼 사람이 없거든요. 그래서 집에서 가까이 할 수 있는 일을 찾았죠"라고 대답했다.

매달 3000위안을 벌 수 있는 노인 간병 일을 소개받기도 했지만, 집안 어른을 돌보는 게 우선이라 거절했다. 그리고 부업으로 매일 정오에 음식점 설거지를 했는데, 보통 1시간 반, 일이 많을 때는 3시간 정도 일했다. 처음 시작했을 때는 시간당 7위안을 받았지만, 지금은 10위안으로 올랐다. 식당에서 학생들이 먹다 남긴 반찬을 가져와 닭 모이로 주고, 닭이 계란을 낳으면 아들에게 먹였다.

U시의 장점은 주민에게 사회보험을 들어 준다는 것이다. 노인 퇴직연금도 많이 줘서 현재 시부모님은 매달 4000위안 정도 받는다. 그래서 이 돈으로 생활비를 해결하고, 아젠 부부가 번 돈은 전부 저축할 수 있다. 또 U시는 매년 수익을 나누는데, 한 사람당 매달 130위안씩 준다. 이는 모든 사람이 받으며, 아젠의 아들 몫도 나온다.

2011년 아젠은 2.5층짜리 집을 지었다. 비용은 10만 위안이 들었다. 1층엔 가족과 함께 살고, 위층은 대학생에게 세를 놓았다.

현재 시어머니는 건강을 되찾아 매년 정기검진을 받는다. 그리고 2주에 한 번 아젠이 광저우 병원에서 시어머니 약을 받아 온다. 집안일은 시어머니가 도맡아 한다. 현재(2014년) 아들은 일곱 살이다. 시부모님은 여전히 아젠에게 잘해 주고, 아젠도 그분들을 친부모처럼 모신다.

마구잡이 벌점에 이의를 제기하다

아젠과 동료들은 5개 조로 나뉘어 관리받는데, 1~2조와 3~5조를 각각 한 사람이 관리한다. 보통 3~5조는 퇴근 후 집으로 가지만, 1~2조는 회사에 가서 퇴근 명부에 서명한 뒤 집으로 간다. 회사가 1~2조를 더 엄격하고 빡빡하게 관리하는 것이다.

한번은 아젠과 동료들이 외부순환로 주변의 풀을 뽑고 있는데, 한 동료가 풀쐐기에 물렸다. 그가 쉼 없이 손을 긁어서 아젠은 "긁을수록 더 가려우니까 그만 긁어요. 빨리 화장실에 가서 찬물로 씻고 와요"라고 말했다. 조장은 동료를 데리고 화장실에 다녀온 아젠에게 "화장실 갔다 오는 데 40분이나 걸렸으니 2점 벌점이야"라고 통보했다. 아젠이 "우리가 화장실 들어갈 때가 5시 13분이고 나올 때가 5시 25분이니 40분은 안 걸렸는데요"라고 대꾸했지만, 조장은 꿈쩍도 하지 않았다. 동료들도 그 사실을 알았지만, 둘은 2점씩 벌점을 맞았다. 거의 20위안이나 깎인 것이다.

또 한번은 아젠이 내부순환로 화장실을 청소하다가 장시간 쓰레기가 치워지지 않았다는 걸 발견했다. 수로에 머리카락이 가득했고, 외벽에 붙은 전단지가 빗물에 젖어 더러웠다. 혼자 처리하기 어려워 도움을 청했지만, 아무도 오지 않았다. 이번에도 조장은 아젠에게 벌점을 5점이나 줬다.

6월 1일 어린이날에는 다른 사람과 교대하고 아들과 함께하는 행사에 참여했다가 또 벌점을 받았다. 게다가 이유 없이 욕도 먹어야 했다. 한번은 위생 검사에서 아젠이 맡은 구역의 쓰레기가 완전히 치워지지 않은 게 발견됐다. 아젠은 "저는 깨끗하게 치웠어요. 이후에 사람들이 쓰레기를 버리고 간 거예요. 그건 저도 어쩔 수 없잖아요"라고 항의했으나 욕만 날아왔다. 아젠은 마음이 편치 않았다.

또 한번은 시어머니 병원 진료 때문에 휴가를 신청했는데, 청소반장이 "다음날이 쉬는 날인데, 왜 전날 휴가를 내는 거야?"라며 거부했다. 어쨌든 회사는 이런저런 이유로 1~2조 사람들을 건드렸고, 툭하면 감점했다. 그래서 권익 쟁취 투쟁 당시 1~2조 조장에 대해 많은 말이 나왔다.

회사와 협상할 때 아젠은 두 번째 발언자였다. 회사는 아젠 집으로 과일을 보냈다. 이에 시어머니가 "너, 권익 쟁취 활동을 한다며? 그러면 회사가 주는 선물은 받지 마라"라고 해서 이튿날 선물을 회사로 돌려보냈다. 사실 시부모님은 그러다가 아젠이 감옥살이라도 할까 봐 걱정이 깊었다. "네가 잡혀가면 아이는 어쩌냐? 청소부들은 다른 사람 못 이긴다." 하지만 말은 이렇게 해도 아젠이 대표로서 활동하는 걸 막진 않았다.

다음날 회사 대표급 인사가 아젠의 집으로 찾아왔다. 아젠은 그에게 "저는 지금 모두를 위해 일하고 있어요. 거창하게 말할 줄은 몰라도 당신하고 얘기할 수준은 돼요. 앞으로 우리 집에 찾아오지 마세요. 부모님도 연로하시고 편찮으신데, 무슨 일이라도 생기면 책임질 수 있어요? 우리는 소란을 피우려는 게 아니에요. 잠도 못 자고 일하는 우리에게 얼마를 주셨습니까? 올림픽같이 큰 행사를 치르면서 밤새워 일하다 죽기 직전인 우리에겐 한 푼도 주지 않았죠. 아이 챙기며 노부모님 병간호하느라 휴가 냈더니 받아 주지도 않았고요. 이런 식으로 관리하면서 우리를 난처하게 하면 인 되죠"라고 항의했다. 이에 그는 "확실히 관리직원들에게 문제가 있네요"라며 회사의 잘못을 인정했다.

축복

뤼투 당신 이야기에 무척 감동했어요. 남편이 건강한 편은 아니지만, 두 사람 행복에서 가장 중요한 건 두 사람의 마음이죠. 남편과 가족들이 당신에게 잘하는 건 불행 중 행복이네요.

아젠 정말 그래요. 시부모님이 저를 많이 도와주세요. 그분들이 주시는 돈으로 생활하니까 제가 번 돈은 온전히 저축할 수도 있고요.

뤼투 시부모님 건강도 안 좋고 남편 몸도 불편하지만, 가정이 화목하고 행복하면 됐죠. 남편과 사이도 좋고, 고부관계도 너무 좋아요.

아젠 어떤 남편은 도박하고, 어떤 남편은 외도를 하죠. 그런데 우리 가족은 다 같이 놀아요. 같이 얘기하고, 같이 웃으면서요.

뤼투 시부모님이 건강하게 오래 사시길, 부부가 행복하길, 그리고 아이도 건강하게 잘 자라길 바랍니다.

1981년생 차이윈
모두를 위해 일한 바보

차이윈彩雲은 노동자대학 14기 학생이다. 14기는 반년제의 온라인 수업으로, 6개 단원마다 4과목을 개설해 총 24강으로 진행됐다. 학생들은 일주일에 한 과목의 인터넷 강의를 들어야 하고, 6~12명이 각각 팀을 이뤄 공부한다. 각 팀은 일주일에 한 번 온라인 주간 모임을 하고, 팀마다 지도 교사가 있다. 나는 노동자대학 총책임자로, 45명의 학생을 대략 파악하고 있다. 차이윈은 공부를 정말 열심히 한다. 매주 온라인 주간 모임에서 학생들은 인터넷 강의 내용과 자기 일을 연결해 견해를 발표하는데, 나는 차이윈의 발표 내용에 특별한 관심이 생겼다. 차이윈은 2014년부터 농촌 공익기구에서 일하기 시작했고, 2016년 4월 1일에는 노동자대학 14기에 입학해 현재(2016년 5월 30일) 두 달째 공부하고 있다. 매주 회의에서 그녀가 일하면서 얻은 성과와 고민, 즐거움과 어려움을 들을 수 있는데, 점점 그녀의 일에 흥미가 생겼다. 그래서 2016년 5월 28일 오전에 차이윈과 전화 인터뷰를 했다. 농촌 출신 여성이 향촌 건설에 투신하는 소박하고 다채로운 이야기를 기록할 수 있기를 바라면서.

작은 생명

차이윈은 1981년 간쑤^{甘肅}성 핑량^{平凉}시의 가난한 마을에서 태어났다. 당시 그녀 위로 오빠 셋과 언니 둘이 있었는데, 어머니가 마흔다섯에 차이윈을 임신했다. 가족들은 아들이든 딸이든 상관없이 다른 집으로 보낼 생각이었지만, 막 태어난 차이윈을 보자 차마 보낼 수 없었다.

차이윈은 태어나서부터 몸이 약하고 잔병치레가 많아 1년 내내 주사를 맞고 약을 먹었다. 하지만 집이 가난해 진료비를 외상으로 하곤 했다. 차이윈은 돈이 생기면 갚겠다고 의사에게 말하던 아버지를 아직도 기억한다. 그녀는 식사량이 너무 적어서 빈혈 주사를 맞아야 했는데, 엉덩이가 온통 주삿바늘 자국이어서 밤마다 어머니가 뜨거운 수건으로 찜질해 줬다. 차이윈이 한약을 먹지 않으려 해서 가족들이 억지로 입에 부은 적도 있다. 부모님은 차이윈을 위해 민간요법을 찾았다. 찐빵을 불에 구워 가루로 만든 뒤 소금을 볶아 숙성시키고 둘을 섞어 물을 내리는 방법이었다. 그 물은 정말 쓰고 짰다.

차이윈은 산아제한을 초과해 낳은 아이로, 2000위안의 벌금을 내야 후커우를 등록할 수 있었다. 하지만 밥 먹기도 어려운 형편에 그럴 돈이 없었다. 집안에 일하는 사람이라곤 아버지뿐이었다. 아버지는 인민공사 회계 담당이었으나 월급이 아주 적었다. 그래서 늘 배가 고픈 아이들은 밭에서 채소를 캐 먹었고, 맏이가 입던 옷을 둘째, 셋째가 물려 입었다. 차이윈이 다섯 살이 되자 아버지는 800위안을 빌려 벌금을 냈다. 그제 야 차이윈은 후커우가 생겼지만, 토지를 분배받진 못했다. 차이윈은 사람들이 후커우가 없던 자신을 숨어 있는 아이라고 부른 기억이 아직 깊이 남아 있다.

중학교를 중퇴하다

차이위의 아버지는 배운 사람이어서 글도 잘 쓰고, 붓글씨도 쓸 줄 알았다. 집안에 책이 아주 많아서 차이원은 어릴 때 아버지 책을 자수 뉘적였다. 어머니는 학교에 다닌 적이 없고, 큰오빠는 초등학교 3학년을 마치고 중퇴했다. 큰언니는 초등학교만 나왔고, 둘째·셋째 오빠와 둘째 언니는 아예 학교에 다니지 못했다.

차이원이 사는 마을에 중학교가 하나 있었는데, 근처 마을에 사는 학생들 전부가 다녔다. 그때 학비는 한 학기에 60위안이었고, 셔울 난방비 20위안과 책값 80위안을 따로 냈다. 차이원은 성적이 뛰어났지만, 중학교 2학년 때는 집에 돈이 없어서 책값을 내지 못했다. 간쑤성 농촌은 남존여비 사상이 심해서 마을 사람들이 아버지에게 딸을 공부시켜 뭐하냐고, 어차피 남의 집 며느리가 될 사람이라고 부추겼다. 그래서 아버지는 차이원을 더는 학교에 보내지 않았다. 이 일로 차이원은 아버지와 한바탕 다퉜다. 그리고 허베이河北로 시집간 둘째 언니에게 자기를 데려가 달라고 편지를 썼다. 몇 달 후 둘째 언니가 차이원을 데려가던 날, 문 앞에 배웅 나온 아버지를 차이원은 끝내 돌아보지 않았다. 그리고 그날 이후 아버지와 대화하지 않았다. 아버지가 자신의 공부할 권리를 빼앗았다고 생각했기 때문이다.

이곳저곳에서 일하다

199/년 16세에 차이원은 둘째 언니를 따라 허베이성 정딩正定현의 농촌으로 갔다. 언니가 음식점 설거지 일을 소개했는데, 두 달쯤 지나 뜨거운 물에 팔을 데어서 그만뒀다. 그리고 한동안 언니 집에서 쉬다가 몸이

회복된 후에는 언니 시댁의 농사일을 도왔다.

몇 달 후 둘째 언니가 지인에게 부탁해 마을의 다른 음식점에서 홀서빙을 하게 됐는데, 일한 지 한 달도 안 돼 취객이 성희롱해서 그만둘 수밖에 없었다. 그때는 하소연할 데도, 보호해 줄 곳도 없었다. 당시 음식점에서 일하고 하루 10위안씩 월 300위안을 받았다.

큰오빠는 18세부터 줄곧 정딩현에서 일했는데, 새언니가 차이윈에게 음식점 일자리를 소개했다. 거기서는 닥치는 대로 일해야 해서 늘 4~5시간밖에 못 잤다. 새벽에 손님이 오면 새벽 5시가 되어야 쉴 수 있었다. 그렇게 두 달을 일하고 그만뒀다.

어느 날 저녁 피곤함에 지쳐 도로변을 걷는데, 차 한 대가 뒤에서 차이윈을 쳤다. 음주운전이었다. 병원에 실려 간 차이윈은 몇 시간 후에야 의식을 되찾았다. 다행히 부상이 심하진 않아 뇌진탕과 경미한 다리 골절만 입었다. 그때 일주일간 입원한 동안 사고를 낸 운전자는 한 번도 나타나지 않았고, 500위안의 입원비 외에 어떠한 처벌도 받지 않았다. 같은 지역 사람인 그가 인맥이 아주 넓었기 때문이다. 퇴원 후에도 걸을 수 없었던 차이윈은 언니 집에서 반년간 요양했다. 몸이 회복되자 새언니가 다시 제과점 일자리를 소개했다. 차이윈은 거기서 케이크 만드는 법을 배우며 2개월 일하다가 설을 앞두고 그만뒀다.

맞선과 결혼

1999년 설을 앞두고 둘째 언니가 맞선을 주선했다. 그때 몇 사람을 소개받아 지금의 남편을 만났고, 반년쯤 사귄 뒤 결혼했다. 남편의 고향 마을과 둘째 언니가 사는 마을은 아주 가까웠다.

뤼투 왜 그렇게 뒤도 안 돌아보고 고향집을 떠났어요?

차이원 어릴 때 아버지가 가족들을 때렸어요. 그래서 더 고향엔 절대로 돌아가지 않겠다, 꼭 허베이에서 살겠다는 마음을 가진 것 같아요.

뤼투 아버지가 어머니를 때려서 다치게 했나요?

차이원 네. 한번은 온몸에 멍이 들도록 때려서 며칠 동안 일어나지도 못했어요. 언니는 내가 맞은 적이 없다고 가족 중 제일 행복한 사람이라고 하더군요. 둘째 언니는 친구가 신은 샌들이 부러워서 아버지에게 사 달라고 했다가 맞기만 했거든요.

뤼투 부모님이 아직 살아 계신가요?

차이원 엄마는 2002년에, 아버지는 2005년에 돌아가셨어요. 두 분 다 제가 20대에 돌아가셨죠.

뤼투 지금은 아버지를 용서했나요?

차이원 아버지 돌아가시기 전에 언니가 제게 전화를 했어요. 곧 돌아가실 것 같다면서요. 그래서 둘째 언니랑 집으로 갔어요. 살이 쭉 빠진 아버지 얼굴을 보니까 마음이 약해지더라고요. 아버지가 그렇게 행동한 건 아마 환경 탓이었을 거예요. 그 시절 너무 형편이 어려워서 스트레스가 컸겠죠. 둘째·셋째 오빠는 아직 결혼을 못 했어요. 집도 가난하고 문맹이라서요. 오빠들은 외지에 나간 적도 없고, 계속 마을에서 농사짓고 있어요.

뤼투 결혼해 허베이로 가려는 이유는 뭐예요?

차이원 우리 고향은 아주 보수적이라 남존여비 사상이 심하거든요. 허베이는 간쑤보다 좀 개방적인 것 같아요. 적어도 여자를 존중해 주거든요. 생활 조건도 나은 편이고요. 그래서 고향집으로 돌아가지 않겠다고 결심한 거예요.

뤼투   저도 간쑤 사람들을 많이 아는데, 대부분 순박했어요. 물론 순박하다고 해서 남존여비 사상이 없는 건 아니지만요.

차이원 맞아요. 사람들은 아주 착하고 순박해요. 관습의 영향을 받아서 대대로 남존여비 사상이 있을 뿐이죠. 여자는 집에서 남자를 섬겨야 한다는 식으로요. 어릴 때부터 쭉 엄마가 아빠 옷 빨고, 밥해서 그릇에 담아 주고, 다 먹으면 더 갖다 주는 걸 봐 왔어요. 저는 그런 관습이 마음에 들지 않아요. 여성이 무기력하게 산다면, 남자의 부속품처럼 될 거예요.

뤼투   어릴 때부터 마음이 언짢고 불편했나요? 아니면 서서히 불편해졌나요?

차이원 커서 학교에 간 뒤에야 불편한 마음이 생겼어요. 책에서 봤는데, 그런 생각과 행동은 모두 남존여비 사상이 만든 거라고 하더라고요.

결혼 후 일과 생활

차이원의 남편이 사는 정딩현 난러우南樓촌에는 3천여 명의 700여 가구가 모여 산다. 동쪽에는 초등학교가, 서쪽에는 중학교가 있다. 한 사람당 평균 200여 평의 땅이 있으며, 마을 사람들은 농사를 짓거나 마을 근처에서 일한다. 마을에 남겨진 아이들은 거의 없다. 남에게 땅을 빌려준 사람들도 있는데, 200여 평의 1년 임대료가 약 780위안이다. 차이원의 남편은 집안 땅뿐 아니라 남의 땅도 빌려서 2천여 평에 농사를 짓고 있다. 농사용 차량도 하나 있는데, 집에서 쓰거나 다른 집에 빌려주고 돈을 받기도 한다. 그래서 부유하진 않으나 먹고사는 데는 문제가 없다. 차이원은 결혼 후에는 남편의 농사일을 도왔고, 아들이 태어난 후에는 아이 돌보며 돈 벌 궁리를 했다. 큰아들은 2002년에, 둘째 아들은 2009년에 태어났다.

아이가 자라자 차이원은 마을 여자들과 함께 다른 집의 김을 매러 다니며 하루 8시간 일해 15위안을 벌었다. 다른 마을에 나무 구덩이를 파러 가면, 구덩이 하나에 1.5위안을 받았다. 그날 차이원은 120위안을 벌었다. 한동안 현성 시장에서 판재를 팔기도 했는데, 두 달쯤 일하자 발진이 일어났다. 병원에서 검사해 보니 판재의 포름알데히드로 인한 알레르기였다. 2013년에는 이웃 마을의 제약 공장에서 반년간 일했다. 공장장은 차이원이 착실하다며 품질검사원으로 발탁했다. 그렇게 한 달쯤 일하다가 남편과 시어머니가 현성으로 일하러 가서 아이를 돌보기 위해 그만둘 수밖에 없었다.

향촌 건설의 행렬에 들어서다

2014년 차이원은 허베이성 스자좡石家莊시 정딩현의 '아름다운 마을 공동체 복지센터'라는 민간 공익기구에 가입했다. 이곳에는 책임자와 차이원 두 사람만 정식 직원으로 있다. 복지센터 책임자는 2010년부터 이와 관련된 일을 하기 시작했다. 이곳은 2014년 10월 민정국民政局에 정식 등록해 민간이 운영하는 비영리기관이 되었고, 중화자선단체 등 관련 기관의 지원을 받고 있다.

2010년 복지센터 책임자가 마을에 농촌 여성을 위한 서점을 열었다.

난러우 마을에서 차이윈.

이 서점은 '베이징 농촌 여성 문화발전센터'가 지원하는데, 복지센터가 장소를, 문화발전센터가 책을 제공했다. 복지센터 책임자는 촌민위원회와 협의해 마을 광장에 서점으로 쓸 2칸짜리 건물을 찾았다. 현재 약 6천 권의 책을 보유하고 있고, 매주 주말은 무료로 개방한다.

2010년에는 마을 아이들을 위한 여름학교를 개설했는데, '베이징 양수밍梁漱溟 향촌건설센터'가 대학생 지원자를 선발해 파견했다. 여름학교는 1개월 과정으로, 오전에 4과목, 오후에 3~4과목을 수업한다. 수업 내용은 국학, 국어, 수학, 체육, 미술, 음악, 무용, 수공예 등이다. 그런데 2013년 한 아이가 철봉에서 놀다가 떨어져 팔이 부러진 사건이 있었다. 그때 병원비 수만 위안을 복지센터에서 일하는 사람들이 부담했다. 이에 2014년부터 수업료를 받아 보험을 들기로 하고, 40여 명의 학생을 모집했다.

2015년 '베이징 농촌 여성 문화발전센터'의 도움으로 아이들을 위한 성교육을 했다. 교육 내용은 남녀의 신체 변화, 아이는 어디에서 나오는지,

아동이 자신을 보호하는 방법 등이다. 학교는 교사와 학생들을 상대로 성교육을 하고, 마을은 할아버지, 할머니, 아버지, 어머니에게 성교육을 했는데, 효과가 좋았다. 보통 이런 주제는 학교나 집에서 말하지 않는다. 아이들이 자기는 어디서 나왔냐고 물으면, 어른들은 보통 길에서 주웠다고 한다. 성교육 강의에서는 엄마 아빠가 서로 사랑해서 난자와 정자가 결합해 아이가 나왔다고 설명했다. 이에 대한 그림 자료는 PPT를 통해 보여 주고, 아이들이 한 번 보면 이해할 수 있도록 잘 만들어져 있다.

복지센터에는 향촌 건설 교육반이 있는데, 『조화롭고 번영하는 공동체 만들기』, 『조화롭고 번영하는 공동체 만들기: 농민 편』, 『소영 농지에서의 다양한 농업 실험 효과』 등 세 가지 책으로 교육한다. 2015년에는 60여 명의 학생을 모집해 매주 월요일에서 수요일까지 저녁 7시부터 2시간 동안 수업했다. 예전에는 복지센터 책임자가 전 과정을 강의했지만, 지금은 차이원도 강의를 맡고 있다. 차이원이 수업 중에 강조하는 점은 함께 공부하고 성장하며 토론하는 것이다. 학생들은 세 과목을 이수한 뒤에도 자주 모여서 같이 할 수 있는 일을 토론하고 연구했다. 2014년에는 차이원을 포함한 4명의 발기인이 5000위안을 투자해 협동조합 형식으로 '노후협력기금회'를 만들었다. 이후 20여 명의 노인이 가입했는데, 한 사람당 2000위안을 투자했다. 그리고 2015년 말에 1차로 수익을 배분했다.

현재 차이원과 동료들은 자녀교육반을 준비 중이다. 이 과정에는 반드시 학부모와 아이가 함께 참가해야 하는데, 유치원처럼 아이를 돌보는 방식은 아니다. 매주 3회 2시간씩 수업하고, 한 학기에 15명의 아이를 모집해 수강료도 받을 계획이다. 처음에는 복지센터 책임자와 차이원이 강의를 맡고, 이후에는 학부모 가운데 교사를 양성할 예정이다.

복지센터가 하는 일은 매우 많고, 할 수 있는 일도 많다. 그러나 월급이 너무 적어서 직원을 뽑을 수가 없다. 차이원이 이곳에 막 들어왔을 때 월급이 1000위안이었는데, 지금은 1600위안이다.

개방적인 마음으로 일하다

차이원은 요즘 복지센터 일로 정신이 없다. 이전에는 집안의 농사일도 도울 수 있었지만, 지금은 월요일부터 금요일까지 밤낮없이 바쁘다. 처음에 가족들은 월급도 적고 매일 밤늦게 들어와 집안일도 하지 않는다며 이 일을 지지하지 않았다. 그러다 가족들도 익숙해졌다. 차이원이 이 일을 선택한 이유는 두 가지다. 첫째, 모두에게 이익이 되는 일이기 때문이다. 둘째, 차이원이 공부하지 못한 아쉬움을 채워 주기 때문이다. 다양한 지식을 쌓길 원했던 차이원에게 이 일은 식견을 넓힐 기회를 제공했다.

얼마 전 차이원과 동료들은 마을 복사꽃 축제에 참여해 복지센터를 소개하는 전단지를 붙였다. 차이원은 이런 광고가 별 효과 없을 거로 생각했다. 하지만 이틀 뒤 한 남성이 사무실로 전화해 전단지를 보니 정말 재미있을 것 같다며 면담을 신청했다. 책임자와 함께 그를 만났는데, 결혼 정보 회사를 운영하는 사람이었다. 차이원이 공익과 자선의 차이를 설명하자 그는 매우 공감하며 복지센터와 협력해 교육 활동을 확장하고 싶다고 했다. 차이원은 다른 사람을 만날 수 있고, 뜻밖의 성과를 얻을 수 있다는 사실에 놀랍고 기뻤다.

농촌 마을의 변화

뤼투 당신은 이 일을 왜 그렇게 좋아하나요?

차이원 우리는 공익기구이고, 조화로운 공동체를 만드는 게 목표예요. 2014년부터 마을 사람들을 공부시키며 그들의 사유 방식이 변화하고 관계가 개선되길 희망했어요. 우리는 서로 단결해야 해요. 조화로운 공동체 건설은 지도자 한 사람의 책임이 아닌 모두의 책임이니까요.

뤼투 여기서 일한 지 2년 됐는데, 이 일이 효과가 있다고 생각하나요?

차이원 마을 사람들은 우리에게 정말 친절해요. 아이들도 우리를 만나면 친근하게 "선생님 안녕하세요!"라고 인사하고요. 사람들이 "당신들이 하는 일이 정말 좋아요!"라고 칭찬하기도 해요.

뤼투 당신과 책임자는 외지에서 온 여성인데요. 사람들은 당신들이 마을에 정착해서 이 일을 하는 걸 어떻게 보나요?

차이원 이상한 눈초리로 보면서 수군거리긴 해요. "외지에서 여기로 시집온 여자들이 마을 공동체를 위해 바쁘게 일하는데, 왜 저러지?"라면서요.

뤼투 그들은 그 답을 아나요?

차이원 우리가 좀 바보 같다고 생각해요.

뤼투 제 생각에도 바보만이 좋은 일을 할 수 있는 것 같아요.

차이원 영리한 사람은 모두 돈 벌러 갔어요. 바보만이 모두를 위해 일할 수 있죠.

노동자대학 14기 7주차 학습 일지[38]

— 차이원(2016년 5월 22일)

제7과 읽기 단원에 "친밀하고 사이가 좋은 마을 사람들이 지금은 모래알처럼 흩어졌다. 경제 발전에 따라 빈부격차가 한층 더 뚜렷해져 돈 있는 사람은 더 강해지고, 가난한 사람은 더 약해지고 있다. 기층민은 자신을 마을의 일원으로 여기지 않고 그저 지나가는 사람으로 여길 뿐이다. 눈앞의 이익만 도모하고 마을 발전에 무관심하며 후대를 위한 이익을 생각하지 않는다. 누군가는 말한다. 자기 생활만 잘하면 되지 시간이 어디 있냐고, 다른 사람과 마을 일에 왜 신경 쓰냐고 말이다. 기층민은 주체 의식이 없고, 자신을 마을의 주인으로 여기지 않는다"라는 구절이 있다.

훌륭한 지도자가 마을 사람들을 이끌어야 한다. 따라서 지금 농촌에 시급한 것은 뜻과 재능 있는 청년들이 고향으로 돌아와 기층민을 위해 창업하는 것이다. 협동조합, 생태농업, 교육사업, 공유경제 등이 그것이다. 마을 자원을 결합해 마을 경제를 발전시켜야 한다. 고향과 마을을 위해 우리가 할 수 있는 일을 해야 한다. 우리가 어디에 있든 우리의 뿌리를 잊어선 안 된다. 우리가 그리워하는 고향, 우리의 뿌리는 어디에 있는가? 우리는 그것을 찾아야 한다. 우리가 지금 해야 할 일은 기층민의 사고와 관념을 변화시켜 그들이 협력하고 연대의 힘을 깨닫게 하는 것이다. 그리고 모두가 함께 발전을 지속할 방법을 모색

---

38 [역주] 노동자대학 학생들은 매주 학습 일지를 제출한다.

해 우리 스스로 마을을 더 조화롭고 아름답게 번영하도록 해야 한다. 농촌에서 어떤 일을 한다는 것은 쉽지 않으니 각 분야에서 어려움을 극복해야 한다. 우리가 예상하지 못한 일들도 있겠지만, 그렇더라도 우리는 해야 한다. 다른 사람이 하길 기대하지 말고, 스스로 우리의 고향 마을을 건설해 나가자! 우리의 운명은 스스로 만들어 가자!

노동자대학 14기 8주차 학습 일지

— 차이원(2016년 5월 28일)

어제 오후 주변 마을에 나가 강의하고, 수업 후 다른 마을에 가서 한 여성을 조문했다. 병으로 세상을 떠난 30대 남성이 치료를 받느라 친척과 친구들에게 약 20만 위안을 빌렸다. 그래서 남편이 죽은 지 21일째 되던 날 그의 아내도 목매어 죽었다. 마을 사람들에게 이 집의 사정을 들었다. 그들의 빚은 아직 20만 위안이 넘고, 초등학교 6학년 아들과 2학년 딸이 있으며, 70세가 넘은 부모님도 있다. 남자가 죽은 뒤 빚쟁이들이 집으로 찾아갔다. 생전에 부부는 사랑이 아주 깊었다고 한다. 아내의 자살에는 여러 이유가 있다. 살아가는 건 전투와 같다. 그녀는 생활의 압박과 남편에 대한 그리움을 감당할 수 없어 자살을 선택했다. 하지만 두 아이는 고려하지 않았다. 이제 아이들은 고아가 되어 세상에 의지할 사람이 아무도 없다. 비록 조부모가 있지만, 부모와는 다르다. 그래서 아내의 선택은 이기적이다. 우리가 그 집에 찾아간 이유는 미약한 힘이나마 보탤 수 있는지 알아보기 위해서다.

두 아이는 여름학교에서 무료로 공부할 수 있게 하고, 교통이 안 좋으면 숙식도 제공할 것이다. 우리는 아이들에게 공부할 환경과 적극적이고 낙관적으로 생활할 수 있는 환경을 만들어 줄 것이다. 우리가 할 수 있는 건 단지 이런 것뿐이다.

1985년생 돤위

함께 성장하다

2016년 5월 8일은 어머니날이자, 돤위段玉가 새롭게 태어난 상징적인 날이기도 하다. 돤위의 글 "딸에게 보내는 편지: 여권주의자가 되어라"가 5월 7일 '젠자오 부락尖椒部落'이라는 인터넷 사이트에 발표됐다. 이와 동시에 돤위는 두 명의 여성 동료와 함께 '주예 여성주의 클럽九野女性主義組合'을 결성하고, 5월 1일 노동절을 전후해 〈안녕 반딧불〉, 〈빵과 장미〉 등 여성노동자들의 이야기가 담긴 노래를 많은 곳에서 공연했다.

조부모 손에서 자라다

돤위는 1985년 랴오닝성 하이청海城시에서 외동딸로 태어났다. 어린 시절 얘기를 많이 하진 않았지만 그녀의 어렴풋한 기억에 따르면, 부족함 없이 자랐고 특히 할아버지 사랑을 듬뿍 받았다. 어느 날 할아버지가 집에 돌아오니 대문이 활짝 열려 있고 집안에 짙은 연기가 피어오르고 있었다. 할아버지는 어린 돤위가 보이지 않아 기겁했다. 그런데 돤위는 어른들이 화롯불 때는 걸 흉내 내며 불장난을 하다가 불이 다 꺼지자 놀러 나간 것이었다. 방 안에는 그을음과 연기로 가득했다. 나중에 어머니가 돤위를 보러 왔을 때 할아버지가 말했다. "우리 말썽쟁이가 하마터면 집을 다 태울 뻔했단다."

유아교육을 전공하다

돤위는 어릴 때 부모의 돌봄을 받진 못했지만, 성장 과정이나 전공 선택에서는 어머니 영향을 많이 받았다. 2000년 중학교 졸업 후 어머니는 조기 졸업하는 방법을 조언했다. 이에 돤위는 1년간 학원에 다니며 대학 입시를 준비하고 2001년에 시험을 봤다. 그녀가 지원한 곳은 보육교사 자격시험을 볼 수 있는 안산사범대학鞍山師範大學 사회교육원이었다. 예체능계 학교인 이곳은 입학 점수가 비교적 낮아서 순조롭게 입학할 수 있었다. 1년 학비는 1000~2000위안이었다. 돤위는 여기서 2년간 공부하고 유아교육 학사 학위를 받아 2003년 9월에 졸업했다. 그러나 지금 생각해 보면, 고등학교 과정에서 배우는 기본적인 교육을 못 받은 셈이다.

대학 졸업 후 돤위는 유아원에 취직했다. 그 과정에서 좋은 유아원은 갓 졸업한 대학생을 뽑지 않는다는 사실을 알게 되었다. 돤위는 몇몇 유아원을 찾아다녔는데, 주부들이 대충 아이들을 돌봤고 교육 내용도 형편없었다.

자동차 부품을 팔다

이후 돤위는 고향에서 한 달 동안 빈둥거렸는데, 선양에서 자동차 부품 장사를 하는 셋째 고모가 경영을 배워 보라고 제안했다. 당시 선양 거리 전체가 자동차 부품을 취급했는데, 산타나, 제타 등의 자동차 부품과 액세서리까지 없는 게 없었다. 돤위는 수천수만 가지 부품명을 외워야 했고, 하루도 쉬지 않고 가게에 나가 자질구레한 일을 했다. 아래층 매장에서 일다가 저녁엔 위층에 올라와 잤다. 업무 환경도 그리 좋지 않아 새 제품 냄새가 너무 심했고, 수많은 상품명을 외우기도 힘들었다. 월급은 400위안 정도였는데, 도저히 적응할 수가 없어 겨우 2개월 일하고 그만뒀다. 셋째 고모는 베이징에 개업한 자신의 다른 가게를 소개했다. 늘 베이징에 가 보고 싶던 돤위는 정말 기뻤다. 베이징은 경제와 문화의 중심 도시인 데다 신비한 느낌을 주기 때문이다.

돤위는 차비 100위안을 들고 고속버스를 타고 베이징으로 향했다. 처음으로 혼자 그 먼 거리를 간 것이다. 호기심과 벅찬 기대를 안고 스후이 순뉴四惠樞紐역에 도착해 가방을 끌고 시내버스를 몇 번 갈아탄 뒤 베이징 징숭勁松역에 있는 둘째 고모 집에 도착했다. 하지만 고모 집 창밖으로 톈안먼이 보이지 않아 매우 실망했다. 외식을 한 뒤 셋째 고모가 개업한 가게로 향했다. 가는 도중 차창 밖을 보니 번화한 거리에서 황량한 교외로 접어들었다. 순이順義 자동차 거리에 위치한 국도 주변은 너무 외져서 근처 마을에서 한참이나 멀었다. 가게에는 고모 내외와 직원 하나가 전부였다. 돤위의 숙소는 가게 근처 마을에 있었다. 월급은 400위안이고, 휴일 없이 매일 오전 8시에 출근해 5시에 퇴근했다. 하지만 매일 고객을 응대할 뿐 대화 상대도 없고 감히 밖에 나갈 엄두도 못 냈다. 처음 와 본 베이징인데 하필 '사람 흔적이라곤 없는' 곳에 온 것이다. 너무 외로웠던 돤위는 문득 학창 시절 배운 기타가 떠올랐다. 그래서 400위안짜리 기타를 하나 장만했다. 그때 처음으로 음악이 외로움을 달래고 위안을 준다는 걸 깨달았다. 돤위는 그곳에서 2개월간 일했다.

보육교사로 일하다

둥산치東三旗에 사는 중학교 동창과 연락이 닿았는데, 그 동네엔 유아원이 정말 많다고 했다. 그래서 그곳으로 이사해 노동자 자녀가 많이 다니는 유아원에 취직했다. 시설은 그리 좋지 못했다. 돤위는 취학 전 아동반 8명의 아이를 맡았고, 월급은 500위안이었다. 거기서 한 달 일한 뒤 근처 분원으로 발령받아 2개월간 일했다. 그곳은 형편이 어려워 아이들의 아침식사는 쌀 몇 알이 담긴 쌀죽이 고작이었고, 점심상은 부실한 채 소뿐이었다. 일주일에 하루 쉴 수 있었고, 처음 3개월 동안은 월급도 받지 못했다.

이후 티엔퉁위안天通苑[39]을 지나다가 지금보다 여건이 나은 유아원의 모집 공고를 보고 그곳으로 자리를 옮겼다. 거기서 6명의 아이를 돌보는 종일반을 맡았는데, 노동자 자녀가 아닌 시내 직장인들의 자녀였다. 월급이 800위안이었으니, 꽤 괜찮은 조건이었다. 그러나 비교적 좋은 직장을 찾았음에도 별로 재미가 없었다.

2004년 11월 말 친척 소개로 왕징에 있는 베이징사범대학 부속 유치원에 지원했다. 서류 심사와 면접을 거쳐 마침내 제대로 된 시설을 갖춘 정규 직장에서 일하게 된 것이다. 월급도 무려 1100위안이나 됐다. 돤위는 이제야 자신에게 적합한 직장을 찾았다고 생각했다.

그러나 시간이 지날수록 아이들을 가르치는 일이 적성에 맞지 않는다는 걸 깨달았고, 규정된 일에 무료함을 느꼈다. 이에 처음으로 자신이 뭘 하고 싶은지 생각하게 됐다. 시간이 날 때마다 돤위는 기타 치고 노래하

---

39 [역주] 베이징에 있는 아파트 이름.

며 보냈는데, 그럴 때면 본연의 자신으로 돌아간 것 같았다. 다른 일을 할 때의 자신은 진정한 내가 아니었다.

'베이징 노동자의 집'에서의 다양한 체험

2005년 6월 돤위의 친구 캉위康雨는 우연히 텔레비전에서 청년 노동자 예술단의 공연을 보게 됐다. 당시 예술단 사무실이 둥바東壩에 있어서 몇 차례 찾아간 적이 있었다. 그 후 캉위는 예술단원들과 알고 지냈다. 어느 날 캉위가 돤위에게 샤오자허肖家河 아파트 공연에 참여해 달라고 부탁했다. 그렇게 돤위는 첫 공연을 했다. 예술단과 만난 뒤 돤위는 새로운 자신을 발견할 수 있었다. 유치원에 근무할 때는 학부모들에게 할 말도 제대로 하지 못해 스트레스를 많이 받았다. 그런데 예술단원들과 같이 있으면, 자연스럽게 소통이 되어 정말 가볍고 유쾌해졌다.

노동자예술단의 쑨헝孫恒이 피춘에 노동자 자녀를 위한 학교를 설립할 것이라고 말했다. 이후 여름휴가 때 돤위는 피춘 동심실험학교 건설에 참여했다. 캉위가 이 학교의 취학 전 아동반 교사를 맡기로 했다는 소식을 들으니 자신도 이 일을 하지 않으면 나중에 후회할 것 같았다. 그래서 돤위는 2005년 10월에 이 학교로 왔다. 당시 월급은 500위안이었다. 캉위와 돤위는 피춘에 월세 50위안짜리 방을 얻어 함께 지냈다.

두 사람은 40여 명의 아이를 맡았다. 돤위는 유치원에서 근무한 경험을 살려 아동 교육의 이념을 갖고 열심히 일했다. 학교 여건이 그리 좋지 않아서 떠들고 말썽부리는 아이들을 크게 꾸짖어야만 조용히 시킬 수 있었다. 한번은 아이가 어딘가에 크게 부딪혔는데, 교사가 아이들을 잘 돌보지 않는다며 학부모의 항의를 받아야 했다. 돤위는 이렇게 반박했다. "저는 아이들을 돌보는 사람이 아닙니다. 저는 아이들을 가르치는 사람이에요." 대립은 끊이지 않았고, 돤위는 많이 억울했다. 하지만 예술 단과 학교에서의 풍부한 경험이 그녀에게 창작의 영감과 공간을 열어 줬다. 돤위는 학생이 지은 글을 바탕으로 노래를 만들기 시작했다.

아주 작은 갈망

작곡·연주: 돤위

이곳에 살지만 여긴 내 고향이 아니야
어려서부터 부모를 따라 떠도는 생활 풍찬노숙도 이젠 익숙하다네
내 빛나는 두 눈, 그리고 수많은 바람
하늘을 향한 먼지 가득한 얼굴, 예쁜 옷 따위 없어

와와! 와와! 동생의 울음소리가 메아리쳐
하하! 하하! 여동생의 웃음소리가 메아리쳐
아아! 내가 바라고 동경하는 아름다운 것들은 저 멀리에

이제 곧 나는 이곳을 떠날 거야
또다시 부모를 따라 먼 곳으로
나는 이 즐거운 학교를 떠나게 될 거야
눈코 뜰 새 없이 바쁘게 일하러
와와! 와와! 동생의 울음소리가 메아리쳐
하하! 하하! 여동생의 웃음소리가 메아리쳐

아아! 내가 바라고 동경하는 아름다운 것들은 저 멀리에
아아! 언제쯤 떠돌이 생활을 그만둘 수 있을까

2006년 3월 돤위는 동심실험학교를 그만뒀다. 이후 예술단에서 구체적인 업무를 맡지 않고 단원들과 함께 공연하러 다녔다. 돤위는 구직 사이트를 통해 '신기한 캔버스神奇畫布'라는 상품 판매직을 구했다. 그 일을 2개월간 하고, 다시 동심실험학교로 돌아와 야학 문예반을 맡았다. 월요일부터 일요일까지 야간 수업인데, 사람이 많을 때는 교실이 꽉 찼고 적을 때는 몇 명만 참여했다. 한 학기 수업이 끝나자 돤위는 다시 갈피를 잡지 못했다. 수업 이외의 남는 시간을 어떻게 써야 할지 몰라서였다.

2006년 10월 돤위는 쌍징雙井에 있는 잡지사에 들어갔다. 월급은 1000위안 정도였고, 매일 3시면 퇴근했다. 돤위는 2개월 동안 낮에는 잡지사에서 일하고, 밤에는 야학 수업을 했다. 하지만 매일 2시간 넘게 차를 타니 몸이 견디지 못해 생리 주기가 엉망이 됐다. 그래서 잡지사 일을 그만둘 수밖에 없었다.

2007년 10월부터는 가사도우미를 위한 공익기구에서 일하면서 예술단 전국 순회공연에 참여해 식견을 넓힐 수 있었다. 2008년 8월 가사도우미 프로젝트가 끝난 뒤에는 가사도우미와 안내·관리 서비스직 여성노동자들과 접촉하며 〈내 이름은 진펑〉, 〈엘리베이터 걸〉, 〈가사도우미〉라는 노래를 작곡했다.

내 이름은 진평

작곡: 돤위

고향을 떠나던 그해 공장 노동자가 되었네
길고 긴 조립라인 따라 내 꿈도 흘러갔어
매일같이 바쁜 두 손 바늘과 실 사이로
늦은 밤까지 야근을 밥 먹듯 하며 2년을 버텼네

아헤이 이얼야얼요! 아에이헤이 이얼야얼요!
그들은 내 이름을 불러 다궁메이라 한다오
아헤이 이얼야얼요! 아에이헤이 이얼야얼요!
난 내 이름이 있어, 내 이름이 있어

사는 게 어려워 미용을 배우러 갔어
배움은 즐겁지만 일은 그리 쉽지 않아
아침부터 저녁까지 기술을 닦으면서도 유독 잃지 않은 꿈
나만의 세상을 창조하고파

아헤이 이얼야얼요! 아에이헤이 이얼야얼요!
그들은 내 이름을 불러 다궁메이라 한다오
아헤이 이얼야얼요! 아에이헤이 이얼야얼요!
나는 내 이름이 있어, 나는 내 이름이 있어

하늘은 내 편이 아닌가 봐, 난 또 떠나야 해
삶에 대한 열정도 떠나갔지

그 후 식당 종업원이 됐어
손님이 하라는 대로 하는 심부름꾼, 원망도 못 해
어지러이 부딪히는 술잔 속에 내 고단함
접시와 그릇에 수많은 내 꿈을 담아

아헤이 이얼야얼요! 아에이헤이 이얼야얼요!
그들은 내 이름을 불러 다궁메이라 한다오
아헤이 이얼야얼요! 아에이헤이 이얼야얼요!
나는 내 이름이 있어, 내 이름은 진펑.
아헤이 이얼야얼요! 아에이헤이 이얼야얼요!
나는 내 이름이 있다네, 내 이름은 진펑

라~ 라~
나도 이름이 있어, 내 이름은 진펑

2008년 8월부터 2011년 1월까지는 동료가 차린 유아과학교육 종사자
들을 위한 학원에서 교사로 일했다. 기본급 1500위안에 시간당 80위안
을 받다가 이후 기본급이 3000위안까지 올랐다.

오디션 예선 탈락의 충격

2009년 초 뤼유위성방송국旅遊衛視이 건국 60주년 기념 '2009 나의 꿈' 오디션 프로그램을 통해 60명을 선발했다. 선발 기준은 자신의 꿈에 대한 시청자들의 공감도였다. 돤위는 '가수의 꿈'이라는 팀에 배정됐다. 처음으로 선 무대에서 돤위는 시청자들에게 이렇게 말했다. "저의 꿈은 노동자를 위한 노래를 만드는 겁니다."

관객은 주로 미용직업기술학교에서 동원된 학생들이었다. 돤위는 젊은 관객들에게 자신의 꿈을 이야기했지만 탈락하고 말았다. 모두를 위해 노래하려는 꿈이 인정받지 못해 돤위는 큰 충격을 받았다. 그리고 대중과 노동자에게 크게 실망하고 의기소침해졌다. '모두를 위해 노력했는데 알아주지 않는다면 그 꿈을 계속 추구해야 할까?' 돤위는 자신만의 세계에 빠져 생각을 거듭했다. '다른 일을 하면 큰돈은 벌지 못해도 월급으로 살 만큼은 벌 수 있는데, 알아주지도 않는 길을 왜 간단 말이지?'

몇 년이 지난 뒤에야 돤위는 당시 상황을 냉정하게 돌아볼 수 있었다. "대다수는 꿈이라는 게 당연히 자신과 멀리 떨어져 있다고 생각해요. 무대 아래 젊은이들의 꿈은 헤어디자이너나 메이크업 아티스트였겠죠. 졸업 후 일용직이 되더라도 스스로가 밑바닥 인생이라 의식하지 못할 테고, 인정하려 들지도 않았을 겁니다. 설령 그렇게 인식하더라도 꿈을 이루기 위한 과정이라 생각할 테고요. 분명 자기는 너무 현실적이니 다른 사람 꿈은 더 원대해야 한다고 생각했을 거예요."

결혼

2008년부터 돤위는 빨리 결혼하라는 어머니의 성화에 시달리기 시작했다. 2009년 초 피춘에서 열린 공연에서 돤위와 나는 앞뒤로 앉아 이야기를 나눴다.

돤위 고향에 있을 때 어머니가 맞선을 보라더군요. 집도 있고, 차도 있는 남자라면서요. 그리 큰 집은 아니지만, 읍내에 이층집을 갖고 있었어요.

뤼투 그래서 그와 사귀었나요?

돤위 만나 보긴 했어요. 그런데 왠시 좀 어색하디리고요. 집과 차만 있으면 다 되는 걸까요? 그와 이야기를 나눠 봤는데, 도대체 그 사람과 결혼하는 건지, 그의 조건과 결혼하는 건지 모르겠더라고요. 과연 그렇게 살 수 있을까요? 그곳엔 말이 통하는 사람도, 저를 이해해주는 사람도 없잖아요.

2009년 10월 돤위는 샤오마小馬의 전화를 받았다. 돤위가 2006년 동심실험학교에서 일할 때 샤오마는 피춘의 말 사육장에서 일했다. 당시 그가 돤위에게 고백했지만, 받아 주지 않았다. 단지 그가 너무 까무잡잡하다는 이유에서였다. 돤위가 말했다. "저도 원래 까무잡잡한데, 샤오마는 저보다 더해요. 우리가 아이라도 낳으면 얼마나 까맣겠어요."

샤오마가 돤위에게 전화했을 때는 저장浙江성 하이옌海鹽현의 말 사육장 관리자로 자리를 옮긴 뒤였다. 돤위는 핸드폰에 찍힌 지역번호를 보고 전화를 받아 누구냐고 물었다. 샤오마가 말했다. "당신이 거들떠보지도 않던 사람." 그렇게 둘은 자주 연락하는 사이가 됐다. 결혼할 나이도 됐고, 어머니의 재촉도 있어서 결혼을 더 미루면 모녀 사이가 나빠질 것 같았다. 그래서 2010년 청명절[40]에 샤오마를 만나러 말 사육장으로 갔다. 그때부터 두 사람은 정식으로 사귀게 됐다. 2010년 여름방학 때 돤위는 그가 있는 곳으로 가 2주간 머물렀다. 둘은 정말 즐거웠다. 그리고 연말에 결혼식을 올렸다. 2011년 3월 돤위는 그가 사는 곳으로 거처를 옮겼다. 새로운 생활의 시작이었다. 샤오마는 하이옌 관광지 내의 사육장을 담당했는데, 5명이 말 20필을 관리했다.

여성에게 결혼은 인생의 큰 전환점이다. 결혼 후 여성의 세계에서 가정은 정말 큰 비중을 차지하지만, 남자는 꼭 그렇지 않다. 돤위는 결혼 후 사육장 근처에 직장을 구해 '진정한' 가정을 이루고 싶었다. 그래서 사육장 주변을 돌며 구인광고를 살폈는데, 슈퍼마켓 직원이나 경리, 공장 직공뿐이었다. 이는 그녀가 하고 싶은 일이 아니었다.

'쑤저우 노동자의 집'에서 일하다

노동자를 위한 공익기구 '쑤저우 노동자의 집'은 외지 노동자들의 집거촌인 쑤저우蘇州시 우중吳中구 무두木瀆진 선샹沈巷에 있다. 돤위는 2011년 5월부터 그곳에서 노동자 문예와 관련된 일을 시작했다. 하이옌에서 선샹까지 대중교통으로 3시간 정도 거리라 격주에 한 번 일주일간 쑤저우에 머물며 일하기로 했다. 그러면 한 달에 2주간 이곳에서 일하는 셈이고, 약 1500위안의 생활비를 벌 수 있다.

돤위는 멍하니 시간을 보내는 걸 좋아해서 어디든 홀로 있을 공간이 필요했다. 그때는 아무것도 생각하지 않기도 하고, 어떤 일을 깊게 생각

---

40   [역주] 24절기 중 하나로, 양력 4월 5일 전후를 말한다.

하기도 한다. 돤위는 자신이 줄곧 붕 떠 있는 상태라고 여긴다. 높은 이상은 없지만, 그렇다고 착실하게 뭔가를 하는 것도 아니다. 돤위는 혼자 창작할 수 있게 된 후부터 문예 창작을 더 좋아하게 됐다. 바에서 노래하면 연예계에 들어갈 수도 있겠다 싶어서 일자리를 알아봤지만, 자신에게 어울리지 않는다는 생각이 들었다. 바에서 노래하며 돈 벌려면 손님과 어울려야 하고, 음악도 퇴폐적이어야 하며, 노출이 심한 옷을 입어야 했다. 생각해 보니 비록 공익기구 정식 직원은 아니지만 끊임없이 일하고 게다가 저층을 위한 문예활동을 한다. 이는 자신이 애착을 갖는 일이고, 조금은 자랑스럽기도 하다. 그래서 '쑤저우 노동자의 집'에서 일하면서 노동자들과 함께하는 집단 창작에 힘을 쏟기 시작했다.

상반기에는 아무것도 없는 상태에서 문예 창작을 어떻게 잘할 수 있을지 고민했다. 이런 고민을 하반기까지 계속하다가 일주일에 세 번 고정적으로 활동하기로 하고, 화요일과 토요일은 악단 연주, 일요일에는 팀별 문예활동을 했다. 이는 노동자들의 여가를 위한 활동이었고, 그런 가운데 음악 지식을 배양할 수 있었다. 그리고 음악을 잘하는 노동자와 직원을 대상으로 노래 테마를 정하고, 리듬과 연주 기술을 훈련하는 수업도 구성했다.

돤위는 집단 창작 형식을 세 가지로 정리했다. 첫째, 돤위가 먼저 몇 가지 음을 제시하면 모두가 나머지 음을 찾아 배열하는 방식이다. 음 사이의 관계도 알려 주는데, 음 차이가 크게 나면 밝고 우렁찬 느낌, 음 사이가 가까우면 부드럽고 섬세한 느낌이 난다. 〈찾아 헤매기〉는 이 방식으로 창작한 곡이다. 둘째, 돤위가 어떤 느낌의 음악을 원하는지 모두에게 묻는다. 가령 밝은 느낌, 슬프고 어두운 느낌, 신나는 느낌 등이다. 그런 뒤

화음을 넣어 주면, 사람들이 화음에 맞게 음을 이어나가며 노래를 만든다. 〈여기는 나의 고향이 아니라네〉가 이런 방식의 곡이다. 셋째, 흥얼거리며 창작하는 방식이다. 가사를 보고 떠오르는 대로 음을 만든다. 나중에 발견한 건데, 이 방식으로 곡을 만들면 대개 한 가지 음색으로만 노래하게 된다. 그래서 두 조로 나눠 창작하게 했더니 각각 다른 곡조를 만들어 냈다. 〈우리의 시간은 어디로〉는 이런 방식으로 만든 곡이다.

2011년 초부터 2013년 9월까지 돤위는 말 사육장에서 남편과 함께 지내는 것 외에는 거의 모든 시간을 일에 쏟았다. 돤위는 노동자 문예활동의 핵심 멤버를 양성하고, 집단 창작곡들을 만들었다. 이전에는 혼자서 많은 일을 할 수 있을 거로 여겼는데, 지금은 반드시 조직이 있어야만 더 많은 일을 할 수 있다고 생각할 만큼 성장했다. 그리고 점차 문예에 대한 인식도 형성됐다. 문예의 주제는 현실 생활에서 비롯되며, 주변의 크고 작은 일이 모두 문예 창작의 주제가 된다. 그리고 노동자 문예활동은 개인의 노력만 이야기하는 게 아니라, 노동자 집단의 희로애락에 중점을 두어야 한다. 또한 노동자 문예 활동가란 스타가 되기 위함도, 명예와 이익을 추구하기 위함도 아니며, 노동자들의 생각을 표현해야 한다는 것을 깨닫게 됐다.

하지만 돤위는 정규직으로 일하고 싶지는 않다. 그렇다고 이 일을 그만두라고 하면 허전하고 서운할 것이다. 돤위의 사명은 문예활동을 통해 노동자 문화를 알리는 것이다. 이는 다른 사람을 위해서가 아닌 자신을 위해서다. 이런 사명감으로 일하지만, 돤위는 늘 일과 생활을 구분하기를 바란다. 또 그리 힘들지 않고 많은 간섭을 받지 않으며 혼자만의 시공간을 누리기를 바란다.

된위와 딸.

딸이 태어나다

2014년 4월 30일 첫딸이 태어났다. 2013년 8월에 임신해 출산에 이르기까지 된위는 일을 거의 하지 않았다. 된위는 보육교사 자격이 있고 수년간 관련 직종에 종사했다. 일하는 동안 귀여운 아이도 보고 말썽부리는 아이도 봤지만, 누구도 그리 사랑스럽진 않았다. 그래서 임신 중에도 엄마가 된다는 강렬한 감정이 들지 않았다.

딸이 태어난 뒤에는 매일 밤낮으로 아이를 보살피다 보니 엄마 노릇의 고단함을 비로소 느낄 수 있었다. 아이가 울 때마다 알 수 없는 감정이 들어 아이를 때리고 싶을 때도 있었다. 그러다 아이가 조금씩 커가는 모습에 모성이 생겼다. 때론 사랑스럽고 때론 어찌할 수 없는 감정이 교차하며 쌓여갔다. 된위는 아이가 뱃속에서부터 독립된 개체로 커가며 엄마와 함께 성장한다는 걸 깨달았다. 그리고 아이가 또 하나의 자신인 듯해서 자신에게 부족했던 점을 아이에게는 다 해 주고 싶다는 마음이 들 때도 있다. 다음 두 곡은 된위가 가정주부와 엄마가 됐을 때 느낀 심정을 적은 곡이다.

그녀와 연락이 두절된 건 세상을 떠났거나 아이를 낳아서라네

작곡: 돤위

집안일은 끝이 없어
돌아서고 나면 다시 엉망진창
밥하고 빨래하느라 부엌을 떠나지 못해
애 보고 청소하고 집안을 정리해

밥 한 숟가락을 먹지 못해
어린아이는 바라만 볼 뿐 아무것도 할 수 없어
황급히 아이를 둘러업고
대충 밥 먹고 다시 일한다네

수입이 없으면 고민이고
직장이 없어도 고민이네
정신적 곤혹, 이 생각 저 생각
몸은 피곤하고 마음은 외로워

한 여자와 연락이 두절된 건
세상을 떠났거나 아이를 낳아서라네

나는 매일같이 바쁘고 바빠
씻지도 못하고 나 자신을 잃었네

나 자신을 잃어버렸네, 나는 없어

가정주부는 위대한 직업
각종 직업의 집합체
집안 정리, 바닥 쓸기, 설거지하는 환경미화원
빨래하기, 밥하기, 아이 돌보는 가사도우미

아이를 가르치는 건 선생님
잡다한 일은 창고 관리원
그렇게 어쩔 수 없이 슈퍼우먼이 되지
가정과 사회의 중임을 맡은

가정주부는 사회에 큰 공헌을 해
줄곧 보이지 않는 곳에서

나는 너의 토양

작곡: 돤위

너는 저장에서 태어났어
잉메이가 니 무에서 일어간 때쯤
엄마는 너를 키우며 셋방살이를 해
세간살이가 없어 집은 썰렁하기만 해

외할머니는 둥베이 시골에 살아

그곳은 엄마의 아주 먼 고향

그곳에 너를 데려가고파

갈 곳 없이 사방을 헤매네

아이야, 너는 내 마음에 품은 꿈이야

하지만 엄마 마음은 외로워

아이야, 너를 안으면 엄마는 강해져

엄마는 네가 자라는 토양

엄마는 네가 자라는 토양

엄마는 네가 자라는 토양

창밖에 가는 비 그칠 줄 모르고

촉촉하게 대지를 적셔

나는 너의 토양

말 조련사와 마부

2014년 6월 9일 하이옌으로 돤웨이 모녀를 만나러 갔다. 그때 돤웨이의 남편 샤오마를 처음 만났다. 그는 유명한 말 조련사로, 사육장 경영을 비롯해 조련사 교육 및 관리를 맡고 있었다. 그가 관할하는 곳에는 말 20여 필이 있다. 그는 말을 좋아해서 말 관리에 능숙했고, 말 다루는 기술도 뛰어났다. 풍경 좋은 말 사육장에서 그가 받는 월급은 일반 직원보다 훨씬 많았다. 6월 8일 저녁 사육장 사장이 베이징에서 왔는데, 그의 말

한마디가 조용하고 안정적이던 샤오마를 흔들어 놓았다.

샤오마 말 사육장은 영리를 목적으로 하는 곳이 아닙니다. 사장이 수천만 위안을 투자했지만, 많아 봤자 1년에 몇십만 위안의 이익을 볼 뿐이에요. 그래도 여기서 수익을 바라면 안 돼요. 이곳에 인맥을 유치하고, 경마클럽으로 가꿔야 해요.

저는 말을 좋아해서 매일같이 말을 탑니다. 말 조련도 일종의 기술이라 공부처럼 늘 훈련을 게을리하면 안 되고요. 말을 보살피는 건 아이를 돌보는 것처럼 세심해야 해요. 그리고 고객에게 말에 대한 느낌을 알려 줘야 하고요. 저는 매일 말을 다루다 보니 말의 성격을 잘 알아요. 어떨 때는 퇴근하고 나서도 눈앞에 말이 아른거려요. 저는 최고의 말 사육사가 되는 게 꿈입니다.

어제 사장과 대화했는데, 속셈이 뻔해서 정말 충격이었어요. 사장은 경제학 석사를 마쳤고, 부동산 전문가이기도 합니다. 다른 기업 고문으로 경영을 교육하기도 하죠. 사장 손을 한번 거치면, 기업의 생산 효율이 월등히 높아져요. 그 분야는 그런 게 잘 먹히죠. 그분은 상업적 논리와 경영 철학을 제 머리에 심으려 해요. 저한테 아무리 열심히 해도 고작 마부에 지나지 않는다고 하더군요. 저는 이 바닥에서 14년을 일했어요. 그런데 그분이 그렇게 말하니 충격이었죠. 제 계획은 사장이 구매한 말을 잘 조련해서 경주에서 우승하게 하는 거예요. 그런데 사장이 제 이야길 듣더니 그러더군요. "자네, 꿈을 이루고 싶긴 한 건가? 돈을 더 벌고 싶지 않아? 경주에서 우승하면 자네가 가져가는 게 뭐야? 자네가 무슨 상관이라고?"

사장이 외국에서 한혈마 한 필을 20만 위안에 들여오면, 30~40만 위안까지 올릴 수 있어요. 요즘 베이징에서 그렇게 하더라고요. 돈 있는 사람이 말 사업을 하니까요. 그렇게 말값을 높이는 거죠. 보통 수준의 말도 40~50만 위안에 팔 수 있어요.

사장은 제게 "여기서 자네만큼 말을 잘 아는 사람은 없어. 하지만 자네 스스로 경영자로 자리매김하지 않으니 결국 마부밖에 더 되겠나"라고 했어요.

뤼투 당신은 노동자예요. 당신의 노동과 기술로 말을 훈련시키고, 고객에게 서비스를 제공하죠. 말 입장에서 당신은 말을 잘 알고 잘 훈련해서 우승을 끌어내는 사람이에요. 그렇지만 자본가 입장에서는 이 모든 가치가 돈으로 환산되지 않으면 가치 없다고 여기죠. 그게 바로 자본가와 노동자, 자본가와 말이 대립하는 이유죠. 자본가 눈에는 당신이나 말이 그저 돈 버는 도구예요. 당신이 말로 돈을 벌지 않는다면, 당신은 그저 마부에 지나지 않는 거죠.

샤오마 저는 노동이 가장 가치 있다고 생각해요. 그리고 노동자가 가장 영광된 직업이라 여기고요.

뤼투 그런데 사장 눈에는 그렇게 보이지 않아요. 당신이 사장처럼 변하기 전까지는요. 당신이 사장 입장에서 한번 말해 보세요.

샤오마 요 며칠 내가 정말 바뀌어야 하는지 고민해 봤어요. 변한다면 어떻게 변해야 하는지도요. 자본가 입장에서 이 상황을 보니 일리가 있더라고요.

뤼투 노동자가 영예롭든지, 아니면 자본가가 정확하든지, 이 역시 대립하죠. 두 가지 다 맞을 순 없어요.

샤오마 둘 다 맞을 수 없다고요?

뤼투 사장이 그토록 당신에게 상처 주며 부추기는데, 대체 그가 원하는 게 뭐죠?

샤오마 저는 줄곧 말을 돌봤고, 사장도 제 기술에 아주 만족해요. 사장은 사업을 하고 싶은 거예요. 사장이 독일에 시찰 나간 적도 있어요. 말을 수입해 번식시키고, 잘 사육해서 기량을 향상하는 데 투자하려나 봐요. 그런 다음 경주를 시켜 말 가격을 올린 뒤 시장을 확장하는 거죠. 장차 중국에서 최고의 말을 사고 싶은 사람은 반드시 자기를 찾아야 하게끔요. 그래서 사장은 저처럼 말을 잘 아는 사람이 필요해요. 앞으로 제가 교육을 통해 투자자를 물색하고 시장을 보는 안목도 기르고 협상력을 키웠으면 하는 것 같아요.

뤼투 정말로 사업가답네요. 그러려면 분명 당신 도움이 필요한데, 오히려 사장이 당신을 도와주겠다고 하네요. 지금은 어떻게 생각해요?

샤오마 고민이 좀 생겼는데, 제 성격과 인생에 대한 거예요. 저도 돈을 많이 벌고 싶어요. 그러려면 사장 말대로 그런 길을 가야 하죠. 속마음은 지금처럼 지내고 싶어요. 여기서 말 키우는 게 좋거든요. 지금은 말 사육장이 많아져서 저 같은 사람이 많이 필요해요. 그런데 사장 얘기가 어느 정도 자극이 됐어요. 그분과 협력하면 지금과는 다른 사람이 될 수도 있겠죠. 그러면 아내와 딸이 더 좋은 환경에서 살 수 있을 테고요. 우리는 지금 집 한 채도 없거든요.

뤼투 당신은 말을 키우고 훈련하는 기술이 있어요. 사람들이 신뢰할 만한 인품도 있고요. 하지만 당신에겐 자본이나 사업 인맥이 없죠. 더군다나 사업에 필요한 교활함도 없고요. 사실 당신이 말을 돈벌이 수단으로 여기게 된 후로 말에 대한 사랑이 변한 것 같아 좀 아쉽네요. 이건 좀 잔인한 현실이긴 해요. 말에 대한 애착과 정이 돈을 벌어 주지 않는다는 게.

샤오마 정말 잔인한 일이죠. 만약 돈을 택했다가 시간이 흐른 뒤 자신을 돌아보면, 과연 어떨까요?

인생의 탈바꿈

돤위는 인생에 중대한 변화가 일어난 2016년 1월 1일을 잊지 못한다. 2015년 말 돤위는 '선전시 녹색장미 사회노동복지센터'의 요청으로 여성 노동자 음악 작업실을 꾸렸다. 2015년 12월 29일부터 2016년 1월 3일까지는 선전에서 '녹색장미' 여성노동자들과 함께 지냈다. 이때가 바로 그녀의 젠더 의식이 크게 향상된 시기다. 며칠의 교류와 토론으로 돤위는 마음속 창이 활짝 열렸다. 그리고 오랫동안 자신이 번민한 원인을 깨달았다. 모든 것이 여성으로서의 속박 때문이었다. 동시에 이전에는 느끼지 못한 집단의 힘을 느꼈다.

돤위는 2007년에 만든 곡 〈엘리베이터 걸〉과 〈내 이름은 진펑〉에 여권 의식은 없고 여성의 시각만 있었음을 고백했다. 당시 여성노동자들과 그들의 직업만 접촉하다 보니 그저 여성의 노래를 쓰며 여성적인 것을 표현하고 싶었다. 그러나 어떻게 표현해야 할지 알지 못했다. 2009년 여성을 위한 '베이징 목련꽃 피우기 사회활동센터'의 자원봉사자로 일할 때도 여성의 생각이나 의식에 공감하지 않았다. 왜냐하면 성장 과정 중에 이렇다 할 성차별을 겪지 않았기 때문이다. 돤위가 여성으로서의 고통을 느끼게 된 건 결혼을 강요받을 때와 아이를 낳고 전업주부가 됐을 때다.

딸이 태어나자 양가 어머니가 간간히 도와줬지만, 종일 아이와 함께 지내야 해서 주방을 떠나지 못하고 집안에만 갇혀 있었다. 피곤해도 쉬지 못했고, 누군가와 대화하고 싶어도 아무도 없었다. 그래서 매일 의기소침한 기분이 계속됐고, 유일한 낙이라곤 퇴근한 남편을 기다려 대화하거나 집안일을 함께 하는 것이었다. 그러나 남편은 너무 피곤해서 아무것도 도와줄 수 없었다. 게다가 서로 이해하지 못해 마찰도 생겼다. 남편은 집에서 아이만 보면 즐거울 텐데 어째서 늘 울상인 아내를 마주해야 하는지 이해하지 못했다. 돤위는 이런 상황을 바꾸기 위해 밖에 나가 일하며 스트레스를 해소하고 싶었다. 하지만 남편은 여자란 마땅히 남편 내조하고 아이 잘 기를 생각을 해야지, 어떻게 나갈 궁리만 하느냐며 핀잔을 줬다. 부부 사이의 더 큰 충돌을 피하고자 돤위는 남편이 바라는 아내가 되어 보기로 했다. 그러나 이러한 희생과 노력의 대가는 화목한 가정생활이 아닌 외로움과 스트레스, 그리고 자기 소진을 가져왔다. 돤위는 일할 기회, 노래할 무대를 잃었을 뿐 아니라 생활의 열정과 즐거움도 잃고 말았다. 희생의 대가는 평등한 대우가 아님은 물론 더 큰 불평등과 속박이었음을 깨달았다. 돤위는 가정을 유지하지 못하더라도 더이상 희생하고 싶지도, 이런 나날을 지속하고 싶지도 않았다. 남편이 부부관계를 이끌어가는 많은 방식이 일부러 아내를 힘들게 하려는 게 아님은 알고 있었다. 또 부부와 가정은 마땅히 그래야 한다는 생각 또한 그가 남성으로 성장하는 과정에서 자연스레 형성된 것이었다. 부부에게 문제가 생기면 서로를 비난하다가도 거기서 더 힘들어지면 남편도 상황이 바뀌기를 원할 것이다. 이후 가정불화를 견디지 못한 남편은 돤위가 선전에 가서 문예 작업실을 열 수 있도록 동의하고 말았다.

'녹색장미' 운영 과정에서 느낀 점을 회상하며 돤위가 말했다. "그곳은 완전한 여성의 공간이에요. 여성주의 홍보 자료를 보고 많은 걸 깨달았어요. 제가 이해한 여권의 의미는 일상에서 여성이 받는 속박을 없애려는 거예요. 남녀평등을 추구하면서요. 제가 겪는 모든 게 여성으로서 일과 생활에서 받는 속박이었어요. 여성이 속박받으면 남성에게도 압박일수 있어요. 제가 일이 없어 집에서 아이만 키우면, 경제적 부담이 남편에게 가중될 테니 힘들어지겠죠. 남편이 밖에서 돈을 벌어다 주면 당연히 아내에게 요구하는 게 있기 마련이에요. 평등한 대우를 받기 위해선 여성이 밖에 나가 일할 수 있고, 자기 수입도 있어야 해요. 그리고 남편의 부담을 가볍게 해 줘야 해요. 결혼 전에는 구속받지 않는 자유로운 사람이 되고 싶었어요. 그러다 전업주부가 되고 나서는 정말 힘들었죠. 왜 이런 상황이 됐을까 고민하다가 이제야 답을 찾았어요."

돤위가 선전 작업실에서 일할 때는 남편이 베이징에서 아이를 돌봤다. 부모님은 연세가 많아 가끔만 도와줄 수 있어서 남편 혼자 아이 돌보며 식사 준비도 해야 했다. 돤위가 집에 갔을 때 남편이 이렇게 말했다. "아이 키우는 건 정말 쉽지 않네. 피곤하기도 하지만, 큰 인내심이 필요해."

'베이징 노동자의 집' 활동가 쉬둬許多와 중국과학원 부웨이萬衛 선생이

2016년 1월 24일 차오양문 화관에서 열린 노동자 춘완 녹화 현장. 돤위가 〈엄마아 빠는 어디에, 집은 어디에〉를 부르고 있다.

돤위를 찾아왔다. 2016년 노동자 춘완春晚[41] 개편과 여성 폭력에 대항하는 노래인 〈굴레를 벗어나〉의 녹음을 위해서였다. 녹음 도중 부웨이 선생의 제자 슝잉熊穎을 알게 됐고, 그 뒤로 피춘 공동체 음악회 현장에서 바이올린 연주가 마웨이馬薇를 만났다. 이렇게 셋이 의기투합해 '주예 여성주의 클럽'이 탄생했다. 이를 계기로 돤위는 여성노동자를 위해 노래하는 것에서 남녀평등을 위해 노래하는 것으로 변화할 수 있었다. 그리고 이 클럽은 여성들의 모임일 뿐 아니라 명확한 방향성이 있었다.

돤위는 남편의 고생과 노력을 이해하며 그가 가정 경제에 공헌하는 것에 감사한다. 하지만 전업주부로 살면서 견딜 수 없는 고통을 겪은 후부터는 남편이 경제적으로 지원해 주지 않더라도 가정을 위해 자신의 일을 포기하지 않겠다고 결심했다. 돤위는 아이를 돌보면서도 일할 수 있고, 자신과 아이의 생활을 스스로 책임질 수 있다고 믿는다.

41   [역주] 춘제롄환완회春節聯歡晚會의 준말로, 춘절에 방송되는 종합 연예 프로그램.

현재 돤위는 '베이징 목련꽃 피우기 사회활동센터'에서 여성노동자를 위한 문예활동을 하며, '주예 여성주의 클럽' 공연이 있을 때면 아이를 데리고 간다. 자기 일을 찾은 뒤 돤위는 활발하고 명랑해졌다. 돤위의 변화로 부부관계도 한층 발전했다. 이제 서로를 비난하지 않고, 집안일도 함께 한다. 돤위가 일이 있을 때는 남편이 적극적으로 지원한다. 돤위는 "지금은 힘이 넘쳐요. 흐리멍덩한 단계를 지나온 것 같아요. 아마 이런 게 '죽다 살아난' 기분일 거예요. 저는 이 일을 왜 해야 하는지 명확히 알게 됐어요. 그래서 더 자주적이고 강해졌죠. 비록 경제적으로 남편에게 많이 의지하지만, 그 문제로 다투진 않아요. 밴드를 결성한 뒤로 우리 셋은 항상 토론해요. 남녀평등의 길을 닦는 실천가이길 바라고요. 여성노동자 활동에 직접 참여하고, 노래 가운데 남녀평등을 드러내죠. 딸을 위해 세상이 더 좋게 변화했으면 좋겠어요. 저는 원인을 찾아 힘을 길렀고, 미래도 찾았어요."

엄마아빠는 어디에, 집은 어디에

작사: 동심실험학교 학생들

작곡: 돤위

노래: 동심실험학교 합창단

이 커다란 도시 주변에

단칸 셋방이 내 집

안정된 집은 아니라도

나는 내 집이 좋아

엄마는 온갖 집안일에 야근까지 해

아빠는 매일 아침에 나가 늦은 밤에 돌아오지

학교 다녀오면 집에서 엄마아빠를 기다려

기다림은 좋지만 조금은 외로워

이사하길 몇 번, 옮긴 도시만 몇 개

엄마아빠 따라 이리저리 떠돌아서 이젠 기억조차 안 나

우리는 이곳에 머물지만 또 떠나겠지

엄마아빠와 함께라면 그곳이 따스한 내 집

엄마아빠는 말씀하시지, 시간이 되면 같이 나가 놀자고

나는 기쁜 마음으로 그날을 기다려

나와 놀아 달라는 게 무리한 요구는 아니지만
그래도 엄마아빠가 내 곁에 있으면 좋겠어

따스한 전등불 아래
엄마아빠가 저녁 준비를 해
온 가족이 한자리에 모였네
이 순간이 내게 가장 큰 행복

이사하길 몇 번, 옮긴 도시만 몇 개
엄마아빠 따라 이리저리 떠돌아서 이젠 기억조차 안 나
우리는 이곳에 머물지만 또 떠나겠지
엄마아빠와 함께라면 그곳이 따스한 내 집

1985년생 광샤

두 사람이 한 가정을 이루다

2014년 10월 4일 S공장 여성노동자 광샤光霞가 사는 곳을 찾았다. 광샤는 남편이 다니는 공장 기숙사에 산다. 남편의 공장은 불경기로 일이 줄어 직원도 점점 감소하고 있었다. 사장의 신임을 얻은 남편이 사장 대신 공장을 지켜서 기숙사 방세는 내지 않는다. 광샤는 사장실을 지나 화려하고 웅장한 사무실로 나를 데려갔다. 먼지가 수북이 쌓인 사무실 밖과는 선명한 대비를 이루는 곳이었다. 거대한 책상 위에는 아무것도 없었고, 사무실 입구에 2m는 족히 넘어 보이는 어항이 있었다. 큰 물고기 몇 마리가 헤엄치고 있었는데, 광샤가 그중 한 마리를 가리키며 수만 위안이나 하는 것이라 했다.

광저우에 온 지 일주일째다. 10월인데도 여전히 더워서 땀으로 흠뻑 젖었다. 친구 셋방은 물론 저녁에 잠시 기거한 곳 모두 에어컨이 없어서 밤새 잠을 이루지 못했다. 그런데 광샤의 방에 들어서자 시원하고 상쾌한 바람이 불어왔다. 이곳에 와서 처음으로 에어컨 있는 방에 온 것이다. 얼마나 시원하던지! 다른 셋방들보다 큰 방 안은 깨끗하게 정돈되어 있었다.

광샤 부부가 사는 작고 아늑한 방.

남편의 식사 준비를 지켜보는 광샤.

벽에는 장식품을 걸어 두었고, 테이블은 단아한 테이블보를 덮어 놓았다.

광샤와 이야기를 나누는 동안 그녀의 남편이 방 바깥에서 땀을 뻘뻘 흘리며 요리를 했다. 이야기 도중에 그는 시원하게 식힌 녹두탕을 가져다주기도 했다. 광샤의 얼굴은 안정되고 편안해 보였다.

사랑을 듬뿍 받은 막내딸

광샤는 1985년 충칭重慶시 다쭈大足현의 농촌에서 막내딸로 태어났다. 부모님은 60세가 넘었고, 오빠가 둘 있다. 광샤는 2001년 중학교 졸업 후 학교를 그만뒀다. 성적도 안 좋고, 외지에 나가 일하며 경험을 쌓고 싶었기 때문이다. 그녀의 학창 시절은 아름다운 기억으로 남아 있다. 초등학교 때 가장 기억에 남는 건 어린이날이다. 그땐 노래하고, 춤도 출 수 있었다. 중학교 때는 특별한 활동을 하지 않았는데, 친구들과 산에 오른 게 기억에 남는다. 광샤는 수학 선생님을 좋아했는데, 그분은 학생들과 친해서 주말에 광샤 집 연못에서 낚시를 하기도 했다.

아버지는 고향에서 집 짓는 일을 했다. 지금은 연세가 많아 두 오빠가 아버지 일을 이어받았다. 2~3층짜리 집 한 채 짓는 데 약 3~4개월이 걸릴 정도로 힘든 일이다. 여름에는 햇볕이 내리쬐고, 겨울에는 찬바람이 몰아쳐 더 고되다. 하지만 오빠들이 고향에서 이 일을 하는 이유는 가족과 함께 지낼 수 있기 때문이다.

부모님은 외동딸인 광샤를 아주 예뻐했다. 집주인이 자기 집을 지어 준 아버지를 초대해 음식을 대접하고 사탕을 주곤 했는데, 아버지는 늘 그 사탕을 광샤를 위해 가져왔다. 광샤는 중학교 졸업 후 집에서 1년간 지냈다. 어머니는 매일 밭에 나가 일했지만, 광샤에게 밭일을 시키진 않았다. 광샤는 그저 집에서 밥하고 돼지 먹이를 주거나 조카들을 데리고 놀았다.

남편과 광저우로 오다

광샤의 남편 이름은 다강大鋼(가명)이다. 다강의 이모와 광샤의 사촌 올케언니가 이웃인데, 다강이 사촌오빠네 놀러 온 광샤에게 첫눈에 반해 소개해 달라고 해서 만나게 됐다. 광샤도 성실하고 믿음직한 다강이 마음에 들었다. 광샤가 장난스럽게 웃으며 내게 말했다. "남자 얼굴을 봤다면, 그를 선택하진 않았을 거예요. 뚱뚱하거든요. 하하." 둘은 만난 지

10여 일이 지난 2004년 1월에 약혼했다. 남편의 조건이 그리 좋진 않지만, 광샤는 사람만 괜찮으면 다른 건 나중에 갖추면 된다고 생각했다. 기껏해야 고생 좀 하는 것이니 함께 노력하면 된다고 말이다.

2004년 4월 광샤는 남편과 함께 광저우로 왔다. 당시엔 광샤가 19세여서 결혼증서를 받을 수 없었다. 큰딸은 2005년 4월 25일, 아들은 2006년 8월 20일에 태어났다. 시어머니가 광저우로 와서 두 아이를 돌보다가 2007년 말 할머니 병간호 때문에 아이들을 데리고 고향으로 돌아갔다. 그 후 광샤는 공장에 들어가 일했다. 일과 육아 중 광샤는 육아가 훨씬 더 힘들었다.

S공장에서 일하다

2007년 광샤는 S공장에 들어갔다. 다른 일본 공장에 가고 싶었지만, 당시엔 일자리를 찾는 사람이 너무 많았다. 그래서 어디로 끌려가는지는 차에서 내린 뒤에야 알 수 있었다. 처음 S공장에 끌려갔을 때는 바로 뛰쳐나왔는데, 다음에 또 그곳에 끌려가자 운명으로 받아들였다. 배정된 작업 라인장이 동향인이라 친근함이 들어서이기도 했다.

S공장은 2014년 1월에야 광샤의 사회보험료를 납입하기 시작했다. 광샤와 동료들은 2013년부터 후이란, 자오, 리잉 등이 사회보험 쟁취를 위해 동분서주한다는 사실을 알고 있었다.("1974년생 후이란", "1976년생 자오", "1972년생 리잉" 이야기 참고)

광샤는 현재 라인장인데, 라인장은 반장, 공장工長, 선장線長과 같은 급이다. S공장의 등급 체계는 라인장 위에 조장, 조장 위에 부서책임자, 부서책임자 위에 총관리책임자 리다Lǐda, 그리고 제일 위가 사장이다. 직공은 등급으로 나뉘는데, 0에서 시작한다. 라인장은 2등급에 속하고, 조장은 기본적으로 3~4등급이다. 부서책임자는 최소 5~6등급이고, 리다는 7~8등급이다.

광샤는 남편과 사회보험 문제를 논의했다. 남편은 2002년부터 지금 다니는 공장에서 일했는데, 공장은 작아도 사장이 좋은 사람이다. 살이 많이 찐 남편은 다른 일을 찾기가 쉽지 않아서 광샤가 사회보험 혜택을 받기를 바란다. 두 사람 중 하나만이라도 양로보험이 있으면, 노후 걱정이 없기 때문이다. 계산해 보니 2007년 입사 당시부터 사회보험을 납부하면 2014년까지 7년을 납부하게 된다. 광샤가 아직 젊으니 어쨌든 15년은 더 일할 수 있다. 이후 공장이 3년에 걸쳐 밀린 사회보험을 납부하겠다고 약속했는데, 그건 너무 길다고 생각했다. 만일 여기서 일하지 못하게 되면 무용지물이기 때문이다. 그래서 광샤는 사회보험 쟁취 운동에 더 적극적으로 참여하게 됐다. 이에 조장은 "다른 사람이 하면 돼. 너는 그런 일 하지 말고 그냥 앉아서 기다려"라며 설득했지만, 광샤는 조장의 말을 듣지 않았다. 광샤는 적극적으로 활동하는 사람 중에서도 비교적 젊고, 누구보다 컴퓨터와 스마트폰을 잘 다뤘다. 그래서 동료들이 광샤에게 더 의지했다.

'경고장'을 받다

7월 8일에 광샤와 동료 4명이 공장에 휴가를 내고 사회보험국을 찾았다. 사회보험국 과장은 "당신네 공장 노동자들은 6월 30일에 이미 공장과 협상을 했습니다(사실 아직 합의하지 않은 상태다). 이는 사회보험을 납부한 지 2년이 안 된 직공만 대상으로 하고, 2년 넘게 납부한 사람들은 적용되지 않습니다. 공장의 추가 납부 방안에 따르세요"라고 말했다.

광샤와 동료들은 그의 답변에 만족할 수 없어서 점심때까지 대치했다. 배고픔을 참으며 오후 2시 반까지 사회보험국에 있었지만, 사회보험국 직원들은 2년이 넘은 노동자들에 대해선 처리하지 않겠다고 고집했다. 그렇게 밤 10시 반까지 그들과 대치했다. 그동안 경찰과 공장 책임자도 찾아왔다. 우리의 요구는 입사 당시부터의 사회보험을 납부하라는 것이다. 공장은 2002년 이후부터만 납부할 수 있다고 주장했는데, 이전 자료는 찾을 수 없기 때문이라고 했다. 결국 사회보험국은 이번 주까지 공장과 노동자가 협상할 것을 권고했다.

다음날 보충근무를 하러 간 광샤에게 관리자가 말했다. "어제 낸 휴가가 결재되지 않았으니 무단결근한 겁니다." 광샤는 불공평하다고 생각했다. 휴가 신청서도 미리 냈고, 선례가 없었던 것도 아니어서 휴가를 쓴 뒤 보충근무를 하면 됐다. 하지만 관리자는 광샤의 활동을 원치 않았고, 광샤 역시 그의 압박을 느낄 수 있었다. 결국 관리자는 광샤의 보충근무를 막고, 20일에는 광샤 등 4명에게 '경고장'을 보내 서명하라고 했다. 너무 불공평해서 그의 경고를 거부했더니 관리자는 "당신들이 서명하고 안하고는 중요치 않아요. 그저 형식상 알려준 거니 서명하지 않아도 이 경고장은 공장에 게시할 거예요"라고 말한 뒤 오후 5시에 경고장을 사내에 게시했다.

공장 관리는 점점 더 엄격해졌다. 사회보험 쟁취 운동 이후 공장엔 긴장감이 고조됐고, 서로 대화하거나 오가는 것도 마음대로 할 수 없었다. 특히 광샤는 압박과 불공평을 더 느꼈다. 한번은 라인 앞쪽에 앉아 일하는데, 한 노동자가 연락 문서를 어떻게 쓰는지 물어왔다. 마침 이를 본

조장이 그에게 소리쳤다. "뭐 하는 거야? 그 사람에게 물어보면 안 되지, 나한테 물어야지!" 공장은 광샤를 비롯한 4명을 다른 노동자들과 격리하려 했다. 다른 노동자들에게 영향을 미칠까 봐 두려웠던 것이다.

조장도 공장의 압박을 받을 것이기에 광샤는 그의 입장을 이해했다. 이 일이 있기 전에는 조장들이 이토록 자주 회의에 불려가지 않았다. 그들이 회의에 다녀오면 광샤를 대하는 태도가 달라졌다. "이 라인을 네게 맡겼는데, 이렇게 나를 골치 아프게 하면 어떻게 해? 앞으로는 그 일에 관여하지 마. 때가 되면 다 해결해 줄 거야." 광샤가 말했다. "우리가 쟁취하지 않으면 누가 하나요? 사회보험은 우리의 당연한 권리예요. 그리고 그동안 저는 전심전력을 다 해 일했잖아요." 이 말에 화가 난 조장은 "이 라인에서 너를 뺄 거야! 사람들에게 나쁜 영향을 끼칠 테니 말이야. 앞으로 어떤 결과가 나오든 내 탓이라고 하지 마!"라고 경고했다.

두 사람이 한 가정을 이루다

2000년에 광샤 부부는 동생과 함께 고향에 이층집을 지었다. 계단은 공동으로 사용하고, 2층과 1층 거실을 동생과 나눠 살기로 했으나 워낙 사이가 좋아 분명하게 구분하지는 않았다. 집 짓는 데 든 비용은 약 10만 위안인데, 이 중 수만 위안을 빚졌다. 이후 2005년에 빚을 다 갚은 뒤 온 가족이 다강의 남동생 결혼자금을 모으기 시작했다. 그래서 부부는 2007년이 돼서야 저축할 수 있었다. 둘의 월급을 합치면 5000위안 정도인데, 부모님과 아이들에게 2000위안을 보내고 2000위안을 저축했다.

광샤는 가끔 여자로 사는 게 힘들다고 느낀다. 그러나 남자 역시 힘들 것이다. 광샤는 아이를 기르는 동안 남편과 시동생, 시아버지가 번 돈으로 생활했다. 여자도 남자도 다 힘들지만, 서로 보살피며 산다면 살아갈 만하다.

2013년에는 두 아이 교육을 위해 시내에 집을 한 채 샀다. 총 44만 위안이 들었는데, 20만 위안이 빚이다. 하지만 친척과 친구에게 빌린 돈이라 큰 걱정은 없다. 매달 수입이 있으니 천천히 갚으면 된다.

여기까지 이야기하는데, 다강이 땀을 뻘뻘 흘리며 손수 준비한 요리를 들고 방에 들어왔다. 쌀가루에 묻혀 찐 돼지갈비와 민물생선 전골 등 음식점에서나 맛볼 수 있는 요리였다.

뤼투 사회보험 쟁취 활동을 적극적으로 한 사람들은 스트레스가 클 텐데, 당신은 괜찮아 보이네요.

광샤 사람마다 받는 스트레스가 다르니까요. 남편은 이 활동을 적극적으로 지지해요. 까짓것 쫓겨나면 다른 데서 일하면 된다면서요. 하지만 다른 사람들은 나이가 많아서 일자리를 못 찾을까봐 두려워해요. 한창 아이들에게 돈 들어갈 때거든요. 그래도 우리 아이들은 아직 어리잖아요. 남편이 지지하지 않았다면, 저도 이 일에 관여하지 않았을 거예요. 힘이 나지도 않았을 테고요.

뤼투 집을 산 마을은 어디에요?

다강 룽수이전龍水鎭이에요.

광샤 시댁은 스마전石馬鎭, 친정집은 위룽전玉龍鎭이에요. 시댁에서 친정까지 가려면 룽수이전을 거쳐야 해서 딱 중간에 샀어요. 두 집 다 가까운 편이죠.

다강 저는 거리 때문이 아니라 미래를 위해서예요. 제 고향은 발전 가능성이 없어요. 기업도 하나 없고요. 룽수이전은 발전이 돼서 장사하기도 좋아요. 일자리 찾기도 쉽고요.

뤼투 아이들이 초등학교 5~6학년이 되면 돌아갈 건가요?

광샤 네, 그렇게 하려고요.

다강 우리가 고생고생해서 돈 버는 것도 다 아이들을 위한 거예요. 아이들 성적이 나쁘면 돈을 많이 벌어도 소용없죠.

광샤 아이들을 관리하지 않으면 성적이 떨어지더라고요. 제 친구 아이는 어릴 때부터 관리를 안 했더니 커서도 말을 안 듣더라고요. 할아버지 할머니 말도 안 듣고, 한 과목도 제대로 된 성적을 받지 못해요.

다강 언론에서 늘 농촌에 남겨진 아이들 얘기를 하는데, 우리는 어쩔 수 없다고 생각해요. 거기서 버는 돈으로는 두 아이를 키울 수 없어요. 게다가 고향에 있으면 드는 돈이 여기보다 많아요. 특히 경조사비가 많은데, 우리는 밖에 있으니 대부분 면제받거든요.

광샤 아무래도 아이들이 더 많이 배울수록 좋잖아요. 공부만 잘한다면요.

다강 맞아요. 아이들이 우리처럼 살길 바라지 않아요. 저는 14~15세 때부터 외지에 나와 일했어요. 그때는 공부하는 분위기가 없었어요. 대학은 멀고 먼 남의 이야기였죠. 마을 전체에 대학생도 몇 명 없었을 때니까요.

뤼투 돌아갔는데 돈을 못 벌면 어떻게 할 건가요?

다강 아내가 먼저 가서 작은 장사라도 할 수 있는지 보려고요. 아무래도 장사하는 게 일하는 것보다는 낫잖아요. 한 사람이라도 돈을 벌 수 있다면 걱정할 필요도 없고요. 그리고 저는 천천히 일자리를 찾으면 돼요. 이것 역시 제가 아내의 활동을 지지하는 이유예요. 한 사람이라도 노후가 보장되면 얼마나 좋아요?

광샤　맞아요. 우선 한 사람만 가야겠죠. 둘 다 갔다가 장사가 안 되면 생활 기반이 없어지잖아요.

뤼투　부부가 헤어져 지내는 건 그리 좋진 않은 것 같아요.

광샤　우선 한동안만 헤어져 지내보려고요.

뤼투　지금 여기가 당신 집이라고 생각하나요?

다강　여기도 집인 셈이죠. 정말로요. 여기를 떠나게 되면 정말 서운할 것 같아요. 10년이나 살았으니 그만큼 정이 들었죠.

광샤　맞아요, 정 들었어요. 분명 아쉬울 거예요. 하지만 방법이 없잖아요. 어차피 여기는 임시로 있는 집이니까 조만간 돌아가야죠.

1986년생 펑샤

말하기 힘든 성과 사랑

2014년 10월 19일부터 이틀간 피춘 내 집에서 펑샤風霞(가명)와 총 6시간 동안 이야기를 나눴다. 나는 우리가 나눈 이야기를 책에 싣는 대신 그녀의 본명을 쓰지 않기로 약속했다. 그녀는 생각보다 훨씬 더 나를 믿었다. 그런데 인터뷰 이후 펑샤를 다시 만났을 때 조금 난감했다. 그녀가 내게 비밀을 너무 많이 털어놓았기 때문이다. 그녀와 오랜 친구 사이가 아니어서 더 그런 듯했다. 이는 이전에 인터뷰한 세 남성과 선명한 대비를 이뤘다. 그들 또한 너무 놀랄 정도로 솔직히 고백했었고, 아직도 피춘에 살아서 자주 마주친다. 하지만 그들의 비밀 때문에 거리가 생기기는커녕 서로에 대한 믿음이 깊어졌다.

그 후 펑샤의 위챗을 눈여겨봤다. 그녀는 자기 사진을 자주 올렸는데, 살이 쪘거나 빠졌다, 얼굴이 까맣거나 하얗다 등 외모에 관한 내용이 많았고, 피부 미용이나 건강 제품을 추천하기도 했다. 어떨 때는 마음을 울리는 따뜻한 글을 올리기도 했다. 그러다 나중에 피춘을 떠난 펑샤는 나를 위챗에서 차단했다. 나는 그저 묵묵히 그녀를 축복할 뿐이다.

베이징 피춘에는 2만여 명의 도시 이주노동자가 모여 산다. 건물을 철거하고 새로 짓고, 사람들도 계속 오고 간다.

피춘의 사계절이 변하듯 세상사도 변한다.

어린 시절

1987년생인 펑샤는 허난河南성의 농촌 마을에서 두 딸 중 맏이로 태어났다. 펑샤의 고향 주변 마을은 주로 남자가 많다. 특히 미혼 남성이 많아서 한 마을에 20세 이상의 미혼 남성이 수십 명 된다. 하지만 펑샤는 여자로 태어나 좋은 점이 없다고 느꼈다. 그렇게 성비가 불균형한데도 사람들은 여전히 아들을 낳으려 했다.

펑샤는 중학교까지 다녔다. 가난하고 아이가 많은 집에서 자란 어머니가 초등학교도 졸업하지 못한 게 한으로 남아 두 딸에게는 공부할 기회를 줬기 때문이다. 어머니는 공부하면 더 좋은 일자리를 찾을 수 있고, 힘들게 농사일을 안 해도 될 거라 생각했다. 하지만 펑샤는 고등학교 시험에 불합격해서 공부를 계속하지 못했고, 지금은 여동생만 대학에 다니고 있다.

중학교를 졸업하던 2002년에 16세가 된 펑샤는 정저우鄭州시의 의류 공장에 들어갔다. 그 공장에는 100여 명이 일했다.

결혼과 출산

어머니는 어린 펑샤에게 엄격해서 혹여 나쁜 영향을 받을까 봐 텔레비전도 못 보게 할 정도였다. 외지에서 일할 때도 공장에 다니는 것만 허락했고, 연애는 꿈도 못 꾸게 했다. 펑샤는 결혼 전에 맞선을 몇 번 봤는데, 그중 한 남자와 1년 넘게 사귀었다. 어느 날 그가 외지에서 일하다가 다쳤는데, 어머니는 나중에 후유증이 있을지도 모른다며 파혼을 권했다.

지금의 남편은 2006년 2월에 맞선을 통해 만났다. 당시 신장新疆에서 일하던 그와는 전화로 연락을 주고받았다. 얼마 후 어머니에게 그와 잘 만나고 있다고 했더니 두 집안이 바로 결혼을 결정해 2007년 3월에 결혼했다. 펑샤보다 두 살 많은 남편도 공부를 워낙 싫어해 중학교까지만 다녔다.

결혼 후 신장에서 산 지 한 달쯤 됐을 때 펑샤가 아이를 가졌다. 남편은 입덧이 심해서 밥도 못 먹고 누워만 있는 펑샤를 친정집에 보냈다. 그때부터 펑샤는 고향집에서 딸을 낳아 돌보고, 남편은 외지에서 일하며 돈을 벌었다. 그 후 2010년 초에 남편이 일하는 곳으로 가 같이 살았다.

남편은 아들을 원했고, 시어머니도 대를 이어야 하니 아들을 낳아야 한다며 수백 위안이나 들여 처방약을 받아 왔다. 하지만 임신이 되지 않아 병원에 가니 부인과 질병이 있다고 해 치료를 받아야 했다. 그리고 한동안 배란기에 임신을 시도했으나 실패했다.

남편이 일을 못하게 하다

2010년 부부가 합칠 당시 남편은 허베이에서 일하고 있었다. 그 후 2014년에 일자리를 옮긴 남편을 따라 피춘으로 왔다.

결혼 후 펑샤는 짧게 몇 번 일한 게 전부다. 한번은 작은 의류공장에서 일했는데, 집에서 아주 가까웠다. 하지만 출근한 지 며칠 되지 않아 남편이 공장에 못 나가게 했다. 집에 돌아오면 아내가 집에 있기를 원했기 때문이다. 하지만 펑샤는 계속 일하고 싶었다. 급여도 낮고 조건도 안 좋았지만, 하는 일 없이 집에 있는 게 더 견디기 힘들었다. 나중에 마트 일자리를 얻었는데, 남편의 요구 조건에 맞지 않아 며칠 뒤 그만둘 수밖에 없었다. 남편은 야근이 없고 너무 힘들지 않으며, 월급이 너무 적지 않고 꼬박꼬박 인상되는 일자리를 찾으라고 했다. 펑샤는 내게 불만을 토로했다. "남편은 제가 외부세계와 만나는 걸 좋아하지 않아요. 나를 빨래하고 밥하는 가정주부로만 여기죠. 무슨 봉건 사회 사람처럼요. 저는 이렇게 지루하고 재미없게 살고 싶지 않아요."

남편이 그렇게 요구하는 이유는 자신의 임금이 높기 때문이다. 수공 기술을 가진 그는 수입이 고정적이진 않지만, 한 달 평균 9000위안을 번다.

피춘에서의 생활

피춘으로 이사한 부부는 딸을 데려와 한동안 같이 살았다. 그러나 평샤는 아이를 데리고 갈 곳이 별로 없었다. 그나마 아이와 함께 놀 수 있는 유일한 곳이 '노동자의 집'에서 운영하는 지역활동센터였다. 하지만 남편은 아이와 함께 나가는 걸 못미더워했다. 아이를 피춘에 있는 학교에 보내기로 했지만, 남편은 아이가 너무 고생할 것 같다며 걱정했다. 그들의 셋집엔 부엌, 화장실, 샤워실, 냉난방 시설이 없기 때문이다. 그리고 남편의 일자리가 자주 바뀌어 안정된 생활도 할 수 없었다.

집은 남루했지만, 월세가 300위안이라 꽤 절약할 수 있었다. 그런데 남편이 몇 달 전 갑자기 10만 위안이 넘는 차를 사 버렸다. 평샤는 지금 차를 사는 건 낭비라고 생각했다. 남편의 직장이 피춘에서 가까워 굳이 차가 필요 없고, 유지비도 많이 들기 때문이다. 하지만 남편은 뜻을 굽히지 않았다. 피춘의 좁고 더러운 도로를 걷다 보면, 쓰레기 더미 앞에 주차된 차들을 흔히 볼 수 있다. 길도 자주 막혀서 오토바이조차 지나다니기 힘들다. 월세 1000위안짜리 아파트를 얻으면 부엌, 화장실, 샤워실, 냉난방 시설이 다 있다. 그리고 10만 위안이면 10년을 살 수 있다. 평샤는 차에 대한 욕망이 일상생활의 질을 높이려는 요구를 묻어 버리는 걸 이해할 수 없다. 차가 있다는 게 부유함과 성공의 표지이긴 하다. 아늑하고 편한 곳에 산다고 해서 남들이 볼 수 있는 건 아니니까 말이다.

피춘에서 생활한 몇 달간 평샤가 가장 좋아한 곳은 '노동자의 집' 지역활동센터다. 평샤는 다양한 활동에 참여하는 걸 좋아해 촬영팀과 문학팀에서 활동하기도 했다. 그러나 대부분 활동이 저녁에 있어서 거의 참여하지 못했다. 남편이 집에 있으면 밖에 나올 수 없기 때문이다.

지역활동센터 활동은 늘 즐거웠다. 포스터를 붙이는 것처럼 사소한 일에도 행복했고, 사람들과 함께 일하고 농담하는 것도 즐거웠다. 펑샤는 남편이 자기를 구속하는 데에 불만을 쏟아 냈다. "남편은 정말 자기중심적이에요. 일하는 것도 그렇고, 돈 버는 것도 그래요. 일이 없을 땐 술 마시거나 잡담이나 하고요. 정말 지루해요. 사람은 많은 일을 시도하며 성장해가야 하는데, '노동자의 집'에서 활동하면서 그럴 수 있었어요. 저는 남편이 저렇게 사는 게 정말 싫어요." 하지만 펑샤는 가정이 중요하다고 생각해서 대부분 시간을 10여 평 셋집에 자신을 가둔 채 컴퓨터 채팅만 주로 한다.

성에 관한 대화

생리

펑샤는 중학교 3학년 때 생리를 시작했다. 중학교 1학년 때 같은 반 친구가 화장실에 흘린 피를 보고 자신은 왜 아직 안 하는지 이상하게 생각했다. 그래서 어머니에게 물어봤지만 "때가 되면 알게 될 거야"라는 애매모호한 대답만 들었다.

이후 생리가 시작되자 어머니가 월경 주기와 주의할 점을 알려줬지만, 생리와 임신의 관계는 알지 못했다. 딸을 낳은 뒤에도 여전히 모르다가 불임 치료를 받을 때 의사 설명을 듣고서야 그 관계를 알게 됐다.

성의식

뤼투 『킨제이 보고서』에 따르면, 남성의 사춘기가 여성보다 일찍 시작된다고 해요. 남자는 평균 12세인데, 여자는 그보다 좀 늦어요.

하지만 미취학 여자아이가 성욕을 느끼기 시작했다는 보고도 있어요. 결혼 전에 성욕을 가져 봤거나 남자에게 어떤 느낌을 받은 적이 있나요?

펑샤 결혼 전에 고모부가 고모 손을 잡는 걸 본 적이 있는데, 참 좋아 보였어요. 깊이 생각해 본 건 아니지만, 남녀가 서로 포옹하는 상상은 해 봤어요. 제 기억에 강렬한 성욕을 느낀 적은 없는 것 같아요. 그땐 늘 야근해서 하루 12시간 넘게 일했거든요. 바쁠 때는 밤 11시까지 일했으니 그런 걸 느끼기 힘들죠. 내일 피곤해 죽을 지경이라 집에 오면 말할 기운도 없이 잠들었거든요. 그러니 다른 생각을 어떻게 하겠어요. 야근 없는 날에도 동료들과 놀러 나갔다가 집에 오면 자기 바빴고요.

자위

뤼투 자위라는 단어는 들어봤죠? 수음이라고도 해요.

펑샤 그 단어는 들어봤어요. 하지만 구체적으로 무슨 뜻인지는 몰라요. 남편에게 물어봤는데, 안 가르쳐 주더라고요. 그건 보통 남자가 하는 행위에 쓰이잖아요. 저는 한 번도 경험이 없어요. 건강에도 안 좋고, 나쁜 일이라고 생각해요.

뤼투 성욕이 정상인 것처럼 자위도 정상이에요. 윤리 도덕과는 상관없어요. 성의식이 생긴 사람은 성적 에너지를 해소할 필요가 있어요. 만약 독신이거나 배우자에 만족하지 않는다면 자위를 통해 해소할 수 있죠. 『킨제이 보고서』 통계에 의하면, 자위는 섹스 파트너와의 성생활에 영향을 미치지 않는다고 해요.

성생활

결혼 전까지 펑샤는 성교에 대해 잘 알지 못했다. 어릴 때 개들이 교미하는 걸 보고 서로 싸운다고 생각해 둘을 갈라놓기도 했다. 그러다 결혼 후에야 개들이 뭘 한 건지 깨달았다. 펑샤는 일주일에 두세 번 정도 남편과 관계를 하는데, 매번 10분 정도 한다. 결혼 초에는 남편이 비교적 세심하게 배려했지만, 지금은 펑샤의 감정을 그다지 살피지 않는다. 부부는 성에 대해 거의 대화하지 않고, 일하고 들어온 남편은 매일 피곤해한다. 펑샤는 남편에게 지나친 요구를 하는 것 같아 미안하다고 했다. 그래서 평소엔 능동적이지 않지만, 남편이 피곤해할 때는 자신이 주도하기도 한다.

펑샤는 남편의 잠자리 요구를 거절한 적이 없다. 자신은 직장에 나가는 것도 아닌데 남편의 요구를 거절하면 사이가 나빠질 것 같기 때문이다. 그래서 때로는 마음이 내키지 않아도 받아들인다. 이렇게 말한 뒤 펑샤가 힘주어 말했다. "그렇다고 남편이 늘 자기 맘대로 하는 건 아니에요. 그저 저를 신경 써 주길 바랄 뿐이에요. 작은 행동이나 눈빛이라도 관심받고 싶거든요."

『킨제이 보고서』에 따르면, 성욕은 남녀 차이가 크다. 하지만 펑샤의 연령대는 일주일에 평균 두세 번 관계한다.

펑샤의 외도

펑샤의 삶은 늘 가정과 남편에 둘러싸여 있다. 엄격한 어머니 영향으로 자신에게 남자는 남편 하나뿐이라 여겨왔다. 그런 펑샤가 외도한 경험이 있다고 했을 때 놀랄 수밖에 없었다. 그리고 동시에 그녀의 솔직한 고백에 감사했다.

평샤는 QQ 메신저를 통해 한 남자를 만났다. 그와 실제로 만난 건 채팅한 지 몇 달 후다. 채팅할 때 그는 허물없는 친구처럼 느껴져서 어떤 고민이든 다 말할 수 있었다. 그렇게 시간이 흘러 그를 신뢰하게 되면서 대여섯 번 데이트했다. 그리고 평샤는 그에게 흔들렸고, 마치 그를 정말 사랑하는 것 같았다. 어떨 때는 남편보다 그가 자신에게 더 잘해 준다고 느껴졌다. 남편과 함께한 시간이 오래돼서 다른 남자에게 관심이 갈 수 있다는 생각도 들었다. 그 후로 오랫동안 그와 만나는 시간이 편하고 좋았다. 그는 늘 평샤의 이야기에 귀 기울여 줬다. 하지만 남편은 평샤에게 허튼 생각하지 말라는 말만 반복했다.

그는 관계할 때도 정말 부드러워서 남편처럼 속전속결로 끝내지도 않았다. 그러다 남편과 이혼하고 그와의 재혼을 생각하기 시작하자 갑자기 "정신이 번쩍 들었다." 그리고 다시는 그와 만나지 않기로 결심했다. 그의 고향은 평샤의 집에서 먼 곳이었는데, 평샤는 자신만 생각해선 안 된다는 걸 깨달았다. 부모님을 생각하면, 여동생도 외지로 시집갔는데 자기까지 외지 사람과 결혼할 순 없었기 때문이다. 아이도 마음에 걸렸다. 이혼하면 아이가 큰 상처를 받을 테니 말이다. 그래서 평샤는 그와 계속 만나는 게 잔인한 짓이라는 결론을 내렸다. 그와 만나고 싶으면 때때로 온라인에서 대화하면 그만이다. 하지만 그를 직접 만나지는 않겠다고 결심했다. 그를 만나면 더 고통스러울 테니까.

결혼생활에 대한 만족도

평샤는 결혼생활에 대한 만족도를 10점 만점에 9점을 주며 이렇게 말했다. "결혼에 대한 만족도는 단순하게 평가할 수 없는 것 같아요. 어떤 부분은 만족하지만, 어떤 부분은 만족하지 못하거든요. 남편은 저를 많이 아껴요. 때때로 세심하게 배려하진 못해도 남자들 대부분이 그렇잖아요. 다른 사람에 비하면 좋은 점이 많죠. 무슨 일이든 저와 의논하고, 자기 마음대로 하지 않아요. 사실 제가 더 마음대로 살죠. 저는 남편에 대해선 거의 만족해요. 서로 갈등이 있는 것도 아니고, 다른 부부처럼 매일 싸우지도 않아요. 우린 정말 다툼이 적어요. 남편이 저를 구속하는 건 저를 너무 아껴서예요. 사실 그게 저를 정말 위하는 건 아니죠. 그렇다면 그토록 저를 통제하진 않을 테니까요. 저를 진정으로 위한다면 함께 나가면 되잖아요. 저는 남편과 소통하는 게 참 어려워요. 남편은 너무 이기적이에요. 그건 저의 자유와 상관이 있어요. 남편은 제가 다른 사람과 어울리는 걸 싫어하는데, 만약 제가 완전히 통제당하면 정말 참을 수 없을 거예요."

평샤의 말이 일리는 있지만, 그녀는 줄곧 자신을 합리화했다. 자신에게 남편과 가정 외에 다른 세상이 없기 때문에 불만이 있다고 말할 수 없는 것이다. 평샤에게 오늘날 여성의 지위가 어떠한지 물었다. "옛날에는 여성의 지위가 아주 낮았죠. 전족하고, 공부도 안 시키고, 밖에도 못 나가게 했으니까요. 요즘은 여성도 능력 있고 성적이 좋으면 계속 공부할 수 있잖아요. 외지에 나가 일할 수도 있고요. 어머니 때와 비교해도 훨씬 좋아졌죠. 어머니는 지금이 정말 행복한 거라고 늘 말씀하세요. 결혼 후에도 시어머니에게 아이 맡기고 일하러 갈 수도 있고, 일하지 않는다 해도 뭐라고 하는 사람이 없으니까요. 어머니 시대에는 혼자 밭일 하면서 아이도 봐야 했대요."

오늘날 여성의 지위가 높아졌다는 펑샤의 말은 어느 정도는 맞다. 남편이 반대한다곤 하지만, 펑샤가 일한다고 고집하면 서로 갈등은 있겠으나 아내를 통제할 방법은 없을 것이다. 오늘날 여성의 지위 향상은 대체로 여성에게 선택할 가능성이 주어졌다는 데 있다. 하지만 일반적으로 어떠한 선택에도 그에 상응하는 대가를 치러야 한다. 펑샤 남편의 선택도 그 대가를 치른 것이다. 그는 자신이 아내를 통제한다고 생각하는데, 그것이 아내의 외도를 부추겼음을 모르기 때문이다. 그는 자신이 가정을 좌지우지한다고 생각하지만, 아내가 자신의 생활방식을 싫어한다는 건 모른다. 더 비참한 건 부부관계 시 아내를 신경 쓰지 않기에 아내가 다른 남자를 영원히 동경하는 것도 모른다는 점이다. 문득 펑샤의 남편이 필요도 없는 새 차를 산 것이 떠올랐다. 차는 그에게 존재 가치를 느끼게 해 주지만, 바로 그 때문에 그는 펑샤를 느끼는 능력을 잃어버린 것이다.

1986년생 샤오타오

길들여지는 것

샤오타오小桃는 대학을 졸업한 지 5년이 넘었다. 그녀와 첫 만남은 대학 시절 피춘에서 열린 신년 파티에서였다. 샤오타오는 열정 가득하고, 사고력과 판단력이 뛰어났다. 그렇기에 많은 고민과 고통을 가진 사람이기도 했다. 요즘 사회에서 고통을 겪지 않는 사람은 없다. 돈과 성공의 가치관을 받아들이면 끝없이 목표를 추구해야 하고, 채워지지 않는 물질적 욕망과 부대껴야 한다. 평등, 공평, 노동의 정당한 대가라는 가치관을 따르면 자신이 처한 세상이 그리 공평하지 않음을 깨닫게 될 것이다. 또 이에 저항하려 한다면 비주류의 위치에 처할 것이고, 기득권이 누리는 물질적 풍요를 평생 포기해야 할 것이다. 이 세계에 살면서 지행합일할 수 있고, 하고 싶은 것을 하며, 되고 싶은 사람이 될 수 있다면 정말 행복할 것이다. 샤오타오는 현재 기관 도서관에서 일한다. 그녀가 꿈꾸던 일은 아니지만, 안정된 생활을 할 수 있는 직업이다.

1986년생인 샤오타오는 산시陝西성에서 태어났다. 부모님은 국유기업 간부로, 곧 정년퇴직을 앞두고 있다. 부모님의 모든 관심은 늘 세 자녀에게 쏠려 있었다. 샤오타오에게는 박사 졸업한 언니와 고등학생인 남동생이 있다. 샤오타오는 2005년 베이징의 한 대학에 합격해 예술학을 전공했다.

유난스러웠던 어린 시절

샤오타오가 입버릇처럼 하는 말은 '이건 왜지?'다. 그녀가 늘 이 말을 던지며 캐묻는 모습은 재밌기도 하고 귀엽기도 하다. 하지만 샤오타오는 이 질문 때문에 엄격한 교육 체제 내에서 많은 수난을 겪었다. 어릴 때 전학을 많이 한 이유도 선생님들에게 불쑥불쑥 왜냐고 물었기 때문이다. 초등학교 1학년 때 1+1이 왜 2가 되냐고 물었다가 크게 혼나고, 그 벌로 "1+1=2"를 공책 한가득 써야 했다. 샤오타오는 글씨를 크게 써서 금세 공책을 채워 나갔다. 다행히도 이를 본 어머니가 그녀를 전학시켰다. 그러나 이후에도 종종 같은 일이 일어났다. 그래서 1학년 때는 집에서 먼 곳으로, 2학년 때는 기숙학교로 전학했다. 거기서 반년쯤 다니다가 결국 적응하지 못해 3학년 때 다시 처음 학교로 전학했다. 하지만 어머니는 그런 샤오타오를 나무라지 않았다. 선생님에게 문제가 있다고 생각했기 때문이다. 샤오타오는 매번 같은 일로 혼이 났다. 게다가 울지 않는다는 이유로 더 많이 맞았다. 그 일이 상처일까 봐 조심스레 물어봤지만, 샤오타오는 아무렇지 않다는 듯 이렇게 말했다. "저는 지나간 일은 금방 잊어요. 선생님들이 불쌍하죠. 저 같은 학생을 다루는 건 정말 힘들 테니까요."

또 샤오타오는 글솜씨가 뛰어나서 어릴 때부터 어려움이나 억울함을 토로하려고 일기를 써 왔다. 중학교 시절에는 한 대학 부속중학교 가족

아파트에 살았는데, 주민들이 거의 대학교수였다. 이에 대해 샤오타오는 '지식인이 많은 곳은 정말 무시무시한 곳'이라며, '부모들도 경쟁하기 때문에 알게 모르게 아이들이 이런 점을 배운다'고 질색했다. 샤오타오의 이런 기억은 친구로부터 받은 상처 때문이다. 그 친구는 샤오타오의 천진난만함을 이용해 샤오타오의 과외 시간을 독차지했다. 수학 선생님이 성적이 뛰어난 10명을 뽑아 비밀리에 과외 수업을 했는데, 친구는 뽑혔지만 샤오타오는 그 안에 들지 못했다. 이후 샤오타오는 선생님이 일부 학생에게 과외해 주는 게 불공평하다고 생각해서 모두에게 말해 버렸다.

그 후 샤오타오는 중점고등학교에 합격했다. 비록 물리·화학 성적이 한자리 수였지만, 샤오타오는 늘 즐거웠다. 방과 후엔 교과서 외의 책도 많이 보고, 공부를 싫어하는 친구들과 신나게 놀았다. 샤오타오는 선생님이 자신을 속박하지 않아서 정말 고마웠다. 아마 선생님은 그녀를 야단치는 게 별 효과가 없다고 생각했을지도 모른다. 고등학교 3학년 때 한 선생님은 샤오타오가 책에서 인생의 해답을 찾으려 한다는 걸 알고 특별히 그녀에게 맘껏 책을 대출해 주라고 도서관 사서에게 부탁하기도 했다. 당시 읽은 책 가운데 루야오路遙의 『평범한 세계平凡的世界』가 샤오타오에게 깊은 울림을 주었다.

하지만 학생으로서 배워야 할 것에 관심이 없던 샤오타오는 친구들을 물들였고, 결국 교탁 옆에 단독으로 책상이 놓였다. 교실에는 대입 시험까지 남은 시간을 적은 판이 있었는데, 샤오타오는 그것이 정말 부담스러워서 매일같이 거기에 꽃을 꽂았다. 이후 졸업식 때 많은 친구가 '냉혹한 현실 가운데 인정 넘치는 일'이었다며 회상하기도 했다.

대입 시험에서 수학 성적을 겨우 27점 받은 샤오타오는 총점 5점 차이로 아쉽게 대학에 떨어졌다. 그나마 행운인 건 재수할 때 인내심 좋은 수학 선생님을 만났다는 것이다. 그분의 지도로 샤오타오는 많은 걸 깨달았고, 과거에 무작정 외운 것도 새롭게 이해할 수 있었다. 그 결과 다음 대입 시험에서 수학 100점을 맞아 순조롭게 합격했다.

대학 시절에도 '유난스러웠던' 샤오타오

샤오타오는 마치 어제 일처럼 대학 시절을 소상히 기억했다. 당시 교수가 '마르크스주의 원론' 수업 때 교과서만 줄줄 읽은 기억은 정말 끔찍했다. '여성학' 수업에선 여성 행동의 규범만 가르쳐서 학과 교수와 같이 총장에게 이의제기하려 했으나 무산됐다. '뉴스 취재' 수업은 첫 학기는 알찼는데, 다음 학기 수업이 별로여서 학생들과 함께 수업을 거부해 담당 교수를 울리고 말았다. 담당 교수는 유학 준비로 바쁘다고 해명했으나 학생들은 교수의 사적인 일로 모두의 수업을 망칠 순 없다고 반박했다. 그 후 교수가 이전보다 진지하게 수업에 임했지만, 샤오타오에겐 냉랭했다. 하지만 샤오타오는 우수한 성적으로 과제를 마쳤고, 담당 교수도 사적인 감정을 떠나 가장 높은 점수를 주었다. '외국 문학' 수업은 정원 40여 명 중 고작 몇 명만 들었는데, 어떨 때는 샤오타오 혼자 들을 때도 있었다. 꽤 수준 높은 강의였고, 담당 교수는 차를 마시며 작가들에 대해 설명했다. 교수와 달리 카프카를 좋아하지 않던 샤오타오는 이를 두고 교수와 논쟁하기도 했다. 기말고사에 카프카를 평론하라는 문제가 나오자 샤오타오는 자기 견해를 소신껏 펼쳐 만점을 받았고, 나머지는 모두 최하 점수를 받았다.

샤오타오는 유명 인사의 강좌를 들으러 다른 학교에도 다녔다. 당시 학교 규정이 엄격해서 월요일부터 금요일까지는 외출 금지였고, 일요일은 6시 전까지 돌아와야 했다. 외출 사유서를 쓰는 건 정말 귀찮은 일이어서 샤오타오는 늘 담을 넘었다. 지형을 살피고 담장이 가장 낮은 곳을 찾아 벽돌 하나만 갖다 놓으면 됐다. 한번은 담을 넘다가 발각됐는데, 겁이 나서 다른 이름을 말했으나 수위 아저씨가 샤오타오를 아는 바람에 들통나고 말았다. 결국 학장실까지 불려가 반성문을 써야 했는데, 화가 난 샤오타오는 사자성어로만 써서 제출했다. 이를 본 학장이 샤오타오의 재능에 탄복해 벌점 처분을 면해 줬다.

샤오타오는 졸업할 때 성적이 우수하고 대외 활동을 이끌었다는 이유로 베이징시 우수 대학생 졸업증서를 받았다. 그래서 졸업 후 베이징 후커우를 받을 수 있었다.

말괄량이

졸업 후 가장 큰 고민거리는 취업이었다. 샤오타오는 우수한 실력과 베이징 후커우가 있어서 다른 사람들보다 유리한 편이었다. 그래서 한 미디어 회사에 들어갔는데, 수습을 마치자마자 6월 1일 어린이날 대형 자선 프로그램의 감독을 맡게 됐다. 샤오타오는 정말 열심히 프로그램을 만들고, 기업 지원금을 받으러 다녔다. 연락을 취한 학교는 대부분 노동자 자녀가 다니는 학교였는데, 그 아이들을 출연시키고 후원자들에게 감사 인사를 하게 했다. 대다수 학교가 노래 〈감사하는 마음〉을 준비해 리허설을 했다. 샤오타오는 프로그램을 검토하면서 노래를 바꾸자고 건의했으나 학교는 학생들이 감사의 마음을 배워야 한다고 고집했다. 이런 작은 보조금 때문에 아이들이 법석을 떨며 감사를 표현하게 하고 싶진 않았지만, 끝내 학교를 설득할 수 없었다.

프로그램이 진행되면서 많은 아이가 감사 인사를 하는데 정말 눈물겨웠다. 참가자들과 방송국도 성황리에 끝났다고 칭찬했지만, 샤오타오는 마음이 불편했다. 이런 식의 무대를 더는 만들고 싶지 않아서 샤오타오는 회사를 옮겼다. 미디어 일은 샤오타오가 줄곧 하고 싶던 일이어서 크고 작은 미디어 회사에서 경력을 쌓았다. 하지만 대부분 말 잘 듣는 직원을 원했고, 샤오타오는 그런 재주가 없었다. 다른 사람들은 성낼 사연스럽게 아부하는데, 샤오타오는 도저히 그렇게 할 수 없었다. 샤오타오는 상사라도 물을 마시고 싶으면 스스로 따라 마셔야 한다고 생각했다. 능력도 도량도 없으면서 흠만 잡는 상사를 만날 때마다 샤오타오는 끊임없이 회사를 옮겼다. 정부기관에서도 몇 년간 일했는데, 매일 그럭저럭 사는 생활은 그녀가 원하는 게 아니어서 그만뒀다. 샤오타오는 자신이 주인공 역할인 일을 하고 싶었다.

아버지는 샤오타오가 적극적으로 능력을 발휘하기를 희망했다. 그래서 딸에게 이렇게 말했다. "일을 안 해도 좋은데, 다른 사람이 싫어하는 일은 하지 마라. 어느 위치까지 올라가라고는 말하지 않으마. 다만 양심에 어긋나는 일인지 늘 자신에게 물어야 한다."

어머니는 딸에게 그리 많은 걸 요구하지 않았다. 그저 안정적인 가정과 직장을 얻으면 된다고 여겼다. 샤오타오가 직장을 그만둘 때마다 어머니는 매번 화를 냈다. "남들은 다 참고 넘어가는 걸 너는 왜 못 참는 거니?" 그리고 늘 "나도 곧 퇴직인데 달리 바라는 건 없어. 너희 셋이 잘되기만을 바랄 뿐이야"라고 말했다. 이는 샤오타오가 가장 듣기 싫어하는 말이다. 다른 사람이 자신에게 기대하고, 이를 통해 행복을 느끼는 게 부담스러웠기 때문이다.

길들여진다는 것

최근 아버지가 샤오타오에게 무슨 일이 있냐고 물었다. 딸의 성격을 잘 아는 아버지가 평화롭고 조용해진 샤오타오가 이상하다고 여긴 것이다. 샤오타오는 요즘 '모난 돌이 정 맞는다'는 어머니 말씀을 진지하게 고민 중이다. '내가 사회에 맞추는 게 나을까, 아니면 나의 개성을 유지하는 게 나을까?'라고.

이전에는 무서울 게 없어서 그저 내키는 대로 행동하고, 하고 싶은 말을 하며 살았다. 하지만 요즘은 어떻게 그럴 수 있었는지 싶다. 굳이 변명하자면, 아마 자신의 반항적 기질 때문이었을 것이다. 그러나 이제 두려움도 생겼고, 삶의 균형을 맞춰야 한다고 생각한다. 어떤 문제는 당장 해결할 수 없어서 시간이 필요한 경우도 있다. 이전에는 옳고 그름을 그자리에서 판단했다. 이것 아니면 저것이라는 식으로. 하지만 지금은 사태의 맥락을 파악해 신중하게 사고한다.

앞으로 샤오타오는 자신이 견지하는 옳고 그름과 가치관을 더욱 분명히 할 수 있을 것이다. 그녀는 욕심이 없어서 돈을 아무리 많이 준다 해도 하기 싫은 일은 하지 않는다.

독서를 좋아하던 샤오타오는 기관 도서관에 취업했다. 한 달에 3000여 위안을 받아 그중 2000위안을 월세로 내고, 식사는 구내식당에서 무료로 해결한다. 하루 8시간씩 주 5일 근무하며, 주말에는 평소 하고 싶었던 일을 하며 보낸다.

나중에 샤오타오가 이 책을 본다면 어떤 생각을 할지 모르겠다. 우리는 사이가 좋았지만, 오랫동안 그녀와 연락하지 않았다. 그녀가 나와 연락하는 게 부담스럽고, 자기 일상이나 마음을 들여다보는 게 힘들다고 했기 때문이다. 그래서 그녀에게 스트레스받지 말라고 말해 줬다. 나는 모든 사람이 샤오타오처럼 살 수 있기를 바란다. 샤오타오는 이 책에 소개된 다른 여성노동자들과 많은 차이가 있다. 만약 모든 노동자가 매일 8시간씩 주 5일 근무하고 3000위안의 월급을 받는다면 조금은 삶이 달라지지 않을까? 노동자들의 값싼 노동력으로 이익을 취하는 사람들, 온갖 방법을 동원해 노동자들이 사고할 시간을 주지 않는 사람들이 우려하는 게 무엇인지 우리는 잘 안다. 그러나 그들이 우려하는 일이 정말 일어난다면 어떨까?

일류 대학과 전문대학 졸업생 사이에는 많은 차이가 있다. 일류 대학 졸업생 중 삼분의 일은 해외로 유학가고, 삼분의 일은 대학원에 진학하며, 그리고 나머지 삼분의 일은 취업할 것이다. 가령 베이징외국어대학 졸업생은 2014년 졸업 후 국유기업에 취업해 베이징시 후커우를 받는다. 월급 4000위안에 사회보험 혜택을 받으며, 하루 8시간씩 주 5일 근무한다. 그러나 월세가 3500위안이어서 생활비로 500위안만 남는다. 굶지 않을까 걱정할 필요는 없다. 그들의 부모가 도와주니까. 하지만 전문대학 졸업생에게는 그런 '행운'이 없다. 그들은 보통 소규모 민영기업이나 공장에 취업한다. 예를 들어 베이징외국어대학에 근무하는 미화원의 딸은 전문대학에서 회계를 전공했는데, 졸업 후 베이징으로 와 어머니와 함께 살면서 작은 민영기업에 취직했다. 월급 2700위안에 사회보험은 없으며, 하루 8시간씩 주 5일 근무한다. 그녀는 주말마다 다른 일을 해 월급의 부족분을 채운다. 물론 대학 졸업생 가운데 공장에 취업하는 경우도 있지만, 일반적으로 품질 검사나 서기, 비서 업무를 맡고 월급도 조립 라인 노동자보다 많이 받는다.

그렇다면 고등 교육을 받은 여성노동자와 그렇지 않은 여성노동자는 어떤 차이가 있는가? 대학 졸업생은 아마 다음과 같을 것이다. 첫째, 나이 들면 농촌에 돌아간다는 생각을 하지 않는다. 둘째, 도시에서 비교적 나은 생활을 하려고 아낌없이 돈을 쓴다. 비록 집을 사기는 어렵지만 비교적 괜찮은 집에 세 들어 살거나 일정 수준 이상의 생활을 영위한다. 셋째, 공장이나 민영기업에 취업해 그리 고되지 않은 업무를 하며, 비교적 풍족하고 갖춰진 삶을 산다. 넷째, 근무 외 취미 시간을 누리고, 어느 정도 삶의 자유로움을 보장받는다. 다섯 째, 스스로 다른 사람과 다르다고 생각해 우월감과 자신감이 넘친다.

나는 길들여지지 않고 거침없는 샤오타오의 모습이 늘 그립다.

1986년생 위안위안

평등의 대가

위안위안圓圓은 1988년 안후이安徽성 안칭安慶시의 농촌에서 태어났다. 가족으로 부모님, 두 살 위 언니, 여동생이 있다. 위안위안은 중학교 1학년까지 다니고 학교를 그만뒀다.

위안위안의 위챗에서 "머리카락을 자르고 싶은데 누가 미용사 좀 추천해 줄래요?"라는 게시글과 긴 머리가 휘날리는 그녀의 사진을 발견했다. 여자는 마음의 응어리가 생기면 생각이 복잡해진다. 머리카락은 종종 그 응어리의 해소 대상이 된다. 머리카락을 자르면 다른 사람이 된 것 같고, 새로운 마음이 드는 것 같다. 짧은 머리가 안 어울리면 긴 머리를 하면 된다. 위안위안의 일거수일투족은 대충 그린 수묵화 같다. 위안위안은 어릴 때부터 그림 그리는 걸 좋아했지만, 배울 기회가 없었다. 전문적으로 메이크업을 배운 뒤 위안위안이 내게 말했다. "고객의 얼굴을 도화시 심아 아름답게 만드는 데 제 기술과 능력을 발휘하죠." 위안위안을 만난 건 2011년이고, 눈 깜짝할 사이에 4년이 지나갔다.

"사람들은 다른 사람의 빛나는 시절을 부러워하며 자신
은 부족하다고 생각한다. 하지만 사실 대다수가 보통 사
람이다. 낙담할 것도, 허둥댈 필요도 없다. 오르기 위해
노력하는 달팽이나 날기 위해 애쓰는 둔한 새는 가장 평
범한 생활 속에서 겸손하게 노력할 뿐이다. 언젠가는 가
장 빛나는 곳에서 자신이 바라던 모습으로 살고 있을 것
이다."

－2016년 1월 17일 위안위안의 위챗 게시물 중

이리저리 떠돌며 일하다

톈진 노점상

중학교를 그만둔 위안위안은 집에서 할 일이 없어 2002년 14세가 되
던 해에 톈진에서 아침식사 노점상을 하는 친척을 돕기로 했다. 거기서
두 달간 일했는데, 옆 가게와 경쟁이 되지 않아 문을 닫는 바람에 집으
로 돌아왔다. 당시 숙식 제공에 월 300위안을 받았다.

고향의 호텔

고향의 한 호텔에서 종업원으로 일하며 설거지를 담당했다. 하지만 사
장이 3개월 장사하고 다른 사람에게 세를 주는 바람에 그만둘 수밖에
없었다. 여기서도 숙식 제공에 월 300위안을 받았다.

고향 마을 이발소

고향 마을의 이발소에서 반년간 견습생으로 일했다. 월급은 없고 집에서 쌀을 가져와 밥을 해 먹었다. 여름에 일을 시작했고, 위안위안이 맡은 일은 이발과 머리 감기기였다. 설이 다가오자 매직파마가 유행하기 시작했는데, 파마약 냄새가 너무 고약해 구역질이 날 정도였다. 그래서 어쩔 수 없이 그만뒀고, 사장이 한 푼도 주지 않아 빈손으로 나와야 했다.

창저우 전자 공장

15세가 되던 해 장쑤江蘇성 창저우滄州시의 전자 공장에서 한 달간 일했다. 그곳은 작업량에 따라 임금을 계산했는데, 컨베이어벨트 속도가 너무 빨라 동작이 느린 위안위안은 따라갈 수가 없었다. 손에 쥐가 날 정도로 힘들어서 퇴근하면 눕자마자 잠이 들었고, 아침에도 팔을 들지 못할 정도였다. 해 뜨기 전부터 오후 7시~10시까지 휴일도 없이 일했다.

월급은 600~700위안인데, 공장은 생활비로 200~300위안만 지급하고 나머지는 설에 몰아서 줬다. 일도 힘들고 잘 먹지도 못해서 한 달 뒤 그만두고 집으로 돌아왔다. 위안위안의 언니와 외숙모는 거기서 2년 동안 일했다.

창저우 라디오 공장

그 후 창저우 라디오 공장에 들어갔다. 이번에는 일이 아무리 힘들어도 견디겠다고 다짐하며, 그지 혼자 먹고 살 수 있으면 된다고 생각했다. 다른 사람은 손이 빨라 월 600~700위안을 받았지만, 손이 느린 위안위안은 300~400위안을 겨우 받았다. 거기서 1년을 버텼다.

창저우 전기기계 공장

여러 공장을 떠돌다 16세에 들어간 창저우 전기기계 공장에서 2년간 일했다. 에어컨 부품을 만드는 그 공장에선 작업량에 따라 임금을 받았는데, 월 1400위안을 받아 처음으로 조금이나마 저축할 수 있었다. 매일 아침 6시부터 저녁 5~6시까지 근무했다.

롄윈강 의류 매장

2007년 19세가 되던 해에 여러 지역을 떠돌다가 롄윈강連雲港의 의류 매장에 취업해 반년간 판매직으로 일했다.

쑤저우 패스트푸드점

20세에 형부의 누나가 쑤저우에 차린 패스트푸드점에 들어갔다. 거기서 공부도 하면서 1년간 일했고, 월급으로 1200위안을 받았다.

롄윈강 의류 매장

21세에 다시 롄윈강 의류 매장에서 1년간 옷을 팔았다. 첫 달에는 600위안, 둘째 달에는 700위안, 셋째 달에는 800위안을 받았다. 판매액이 1만 위안을 넘으면, 2%의 성과급도 받았다. 나중에 남성복 매장으로 옮겼는데, 기본급 1000위안에 성과급 1000위안을 받을 수 있었다. 하지만 판매원들 간에 성과급 경쟁이 너무 치열해서 그만뒀다.

쑤저우에서의 공장 생활

위안위안은 2009년에 쑤저우로 와서 지금(2016년 상반기)까지 지내고 있다. 여기서 여러 번 공장을 옮겼는데, 2012년에 그녀를 만났을 때는 독일자본 공장에서 일하고 있었다. 그녀에게 쑤저우의 대만자본 공장과 독일자본 공장의 차이점을 물었다.

[표3] 대만자본 공장과 독일자본 공장 비교

	대만자본 전자관 유리 공장 (2009년)	독일자본 가전제품 공장 (2010년 2월~2012년 2월 15일)
입사비용	없음	신체검사비 86위안, 훈련비 100위안
임금	기본급 850위안, 월급 3000~4000위안	기본급 960위안, 월급 2000여 위안
근무시간 및 평상시 야근	12시간 근무, 휴가는 임금에서 공제. 개근상 없음	8시간 근무, 원하는 경우만 야근
야근수당	12시간 30분 일해야 3시간의 야근수당 지급. 식사시간 30분, 휴식시간 30분이지만, 실제로 쉬는 시간은 없다. 어떤 직무는 출근해서 퇴근까지 계속 바쁘다.	2시간 야근하면 2시간 치 야근수당을 전부 지급
연차휴가	없음	매년 연차휴가 10일. 한 달에 한 번이든 연달아 내든 상관없다. 휴가 중에도 임금은 원래대로 지급한다.
주말근무	4일 근무에 2일 쉰다. 회사가 원하면 주말에도 출근하지만, 임금을 2배로 주진 않는다.	기본적으로 주말엔 쉬는데, 주말근무를 할 수도 있고 안 할 수도 있다. 주말근무를 안 해도 임금에서 공제하지 않고, 주말근무를 하면 주말근무수당을 더 많이 받는다.
병가	없음	1년에 7일 유급병가를 받을 수 있다.

근무시간에 대한 생각	밥은 밖에서 먹고, 퇴근 후엔 빨래할 시간이 없어서 쉬는 날에 몰아 한다.	출퇴근 시간이 비교적 합리적이고, 퇴근 후에 밥이나 빨래할 시간이 있다.

2012년 2월 15일 2년의 노동계약 기간이 만료되자 위안위안은 공장을 그만뒀다. 독일자본 공장은 5대 보험(양로보험, 의료보험, 실업보험, 산재보험, 양육보험)에 가입돼 있었고, 본인이 2년간 납부해서 월 720위안씩 4개월 동안 실업급여를 받을 수 있었다. 위안위안은 사회보험을 지속할 생각이 없었는데, 한 공장에서 13년이나 일하는 건 불가능하다고 생각했기 때문이다. 그리고 이후엔 더 이상 공장에서 일하지 않을 생각이었다.

구두를 팔며 메이크업을 배우다

2012년 3월부터는 백화점에서 구두를 판매했다. 하루 일하고 하루 쉬는데, 별도의 계약서를 쓰지는 않았다. 기본급 1140위안에 사회복지수당 420위안, 식대로 150위안을 받았다. 공장에서 일할 때는 돈 쓸 시간이 없어서 옷을 사지도 못했다. 이 일을 택한 중요한 이유는 메이크업 교육을 받을 시간이 있어서였다. 위안위안은 줄곧 분장사가 되고 싶었다.

2012년 8월부터는 수강료 5000위안을 내고 메이크업 학원에서 교육을 받기 시작했다. 촬영 메이크업, 신부 메이크업, 일상생활 메이크업, 직업 메이크업, 입체 메이크업, 올림머리, 미용 등을 배웠다. 먼저 종이에 그린 뒤 얼굴에 실습했고, 이론 과목도 배웠다. 메이크업에 대한 이야기가 나오자 위안위안이 흥분하며 말했다. "저는 메이크업이 정말 좋아요.

화장하면 예뻐지니까요. 인터넷에서 메이크업 작품을 볼 때마다 벅찼어요. 정말 창의적이더라고요. 메이크업은 미적일 뿐 아니라 일종의 창작과도 같죠. 메이크업으로 얼굴형을 바꿀 수도 있거든요.”

2012년 10월에는 메이크업 기술을 익힌 뒤 처음으로 관련된 일을 찾았다. 사진관의 메이크업 보조 업무였다. 기본급 1500위안에, 2만5000위안 이상 매출 달성 시 2.5%, 3만 위안 이상이면 3%의 성과급을 받았다. 그러나 첫 달에는 성과급을 주지 않았고, 둘째 달에는 3만 위안의 매출을 올렸다고 생각했는데 100위안의 성과급만 줬다. 위안위안이 사직서를 냈더니 사장 내외가 기본급을 올려주겠다고 했지만, 믿음이 안 가 그만뒀다.

2012년 12월에는 옛날 복장을 하고 사진 찍는 쑤저우 영암산靈岩山 관광단지의 사진관에 취업했다. 기본급 1200위안에 화장 1건마다 5%의 성과급을 받기로 했다. 화장 1건에 최저 15위안에서 35위안, 55위안, 100위안짜리도 있었다. 그래서 매일 성과급으로 40~50위안을 챙길 수 있었다. 매일 오전 9시부터 저녁 5시까지 일했고, 5~6명의 직원이 있었다. 그러나 한 달 후 사장이 월급을 보증금으로 압류한다는 사실을 알게 됐다. 다른 직원에게 물었더니 두 사람은 월급을 1년이나 압류당했다고 했다. 매달 생활비만 주고 나머지 월급은 연말에 지급한 것이다. 위안위안은 그만두겠다며 월급을 정산해 달라고 했지만, 사장이 자리를 피해 버렸다. 결국 사장과 통화가 되어 “사장님이 아무리 숨어다녀도 찾을 수 있어요. 가게가 여러 개 있어도 어디에 있는지 다 알거든요. 사장님이 이렇게 나온다면 저도 동네 깡패 몇 명쯤 데려와야겠네요”라고 다그쳤다. 그렇게 해서 기본급 1200위안과 성과급을 겨우 받아 낼 수 있었다.

2013년 1월에 다시 백화점에서 구두를 팔았다. 그리고 아르바이트로 메이크업 일을 했다. 보통 회사 행사가 있으면 직원들은 메이크업을 해야 한다. 그래서 위안위안은 직접 메이크업 도구를 들고 현장에 가서 사람 수대로 비용을 받았다. 보통 1명당 35위안을 받았는데, 행사가 한 번 있으면 200~300위안을 벌 수 있었다.

오랜 훈련 과정을 거친 뒤 위안위안은 비로소 자신의 메이크업 기술에 자신감이 생겼다. 그리고 2014년 1월 비교적 큰 사진관에 보조직으로 들어갔는데, 선배 분장사에게 배울 기회이기도 했다. 반년 후에는 기술이 더 늘어 마침내 작은 사진관에 분장사로 취직할 수 있었다. 기본급 2500위안에 성과급도 있어서 매달 4000위안 정도를 받았다. 계약서는 쓰지 않았고, 식사는 안 나오지만 잠자리는 제공됐다. 마침내 비교적 안정된 직장을 찾은 것이다. 매일 아침 8시부터 저녁 8시까지 12시간 일해서 근무시간도 안정적이었다. 예약해야 하는 웨딩촬영은 오후 5시에 오는 고객은 받을 수 없었는데, 사진 찍는 데만 4시간 이상 걸리기 때문이다.

그를 사랑하지 말아야 했어

위안위안은 2011년 설에 집에 가지 않고 쑤저우에서 일하는 샤오타오 小濤(가명)와 함께 보냈다. 그는 1년 동안 위안위안을 쫓아다녔는데, 가족들이 그를 반대했다. 위안위안도 자기보다 두 살이나 어린 그가 못 미더워 계속 내치다가 그해 설에 결국 받아들인 것이다.

2011년 10월에 둘은 약혼식을 올렸다. 당시 그의 형제들과 부모님이 집을 짓기 시작해서 경제적으로 어려운 상황이었다. 위안위안의 고향에는 신랑이 신부에게 축의금 2만 위안과 약혼 예물 1만1000위안을 주는 풍습이 있다. 하지만 그의 형편을 고려해 6000위안만 받기로 했다. 가족들은 불만이었지만, 위안위안은 둘만 좋다면 손해를 좀 보더라도 괜찮다고 생각했다.

둘은 2년 넘게 같이 살면서 여러 번 싸우고 헤어졌다가 화해했다. 그러다 결국 완전히 갈라섰다. 근본적인 이유는 그의 남성우월주의 때문이었다. 위안위안은 퇴근 후에도 늘 집안일을 해야 했지만, 그는 아무것도 하지 않았다. 그래서 항의하면 겨우 설거지 정도 하는 식이었다. 한번은 퇴근 후 너무 피곤한 위안위안이 쉬는 날이었던 그에게 말했다. "채소 좀 씻어 줘. 좀 있다 내가 볶을게." 그는 "채소 씻는 것도 내 일이야?"라고 따졌다. "당신이 씻는 게 어때서? 당신이 출근하는 날엔 내가 밥하고 빨래하고 설거지까지 다 했어"라는 위안위안의 말에 그는 이렇게 대답했다. "누가 너더러 여자하래? 밥하고 빨래하는 건 여자가 할 일이야."

위안위안은 다른 여자들과 달리 화도 내지 않고 늘 그를 받아줬다. 그래서 자신도 다른 여자들처럼 집안일도 안 하고 남편에게 화를 냈으면 어땠을까 후회했다. 헤어진 뒤에도 그는 사과나 위로 한마디 한 적이 없다. 한번은 그에게서 어디에 사냐고 묻는 문자가 왔다. 무슨 일인지 물으니 샤오타오가 말했다. "네 집에서 밥 먹고 싶어서. 네가 해 준 무말랭이 무침도 먹고 싶고, 네가 끓여 준 죽도 먹고 싶어." 위안위안은 너무 화가 나서 그에게 마지막 남은 동정심마저 없어졌다. 그가 그리워한 건 위안위안의 돌봄이었다. 그리고 그건 당연히 아내가 해야 할 일이라 생각한 것이다. 그 뒤로 다시는 그를 상대하지 않았다.

샤오타오와 왜 같이 살려고 마음먹었는지 물었다. "그에 대해 잘 모른 채 사랑에 빠졌어요. 그리고 그 사람만 생각했지, 제가 원하는 게 뭔지 잊

은 거죠. 제가 잘하면 그 사람도 잘할 거라 생각했어요. 당시 부모님은 우리가 같이 사는 걸 반대했지만, 그러면 제 행복이 무너질 것 같았어요. 너무 단순했죠. 둘이 즐겁고 행복하면 그만이라고 믿었으니까요. 물질적인 건 그다음 문제고, 노력만 하면 만들어갈 수 있다고 생각했거든요."

그를 사랑할 수 없어

2013년 샤오타오와 헤어진 후에 SNS를 통해 즈란志然(가명)이라는 젊고 부유한 사장을 만났다. 하지만 둘 다 너무 바빠서 1~2주에 한 번 만나는 게 고작이었다.

위안위안은 사람들이 둘의 만남을 안 좋게 볼까 봐 두려웠다. 부자에게 달라붙는다고 생각할지도 모르고, 반대로 그를 물리치면 결혼해 팔자 고칠 기회를 놓친다며 수군댈지도 모른다. 나는 조용히 그녀의 이야기를 경청했다.

위안위안은 그와의 따스한 첫 만남을 아직도 기억한다. 그는 어릴 때부터 무술을 익혀서 손을 뻗으면 관절에서 소리가 났고, 팔을 만져 보면 진정한 근육남이었다. 그는 위안위안을 좋아했지만, 그녀는 그와의 만남이 스트레스였다.

그가 물었다. "만약 우리 집 조건을 몰랐다 해도 나를 좋아했을까?" 위안위안은 "좋아했을 거야"라고 대답했다. 그는 "그럼 좋아. 내게 마음이 생길 때까지 기다려. 그때 정식으로 연인 사이가 되는 거야"라고 말했다.

즈란은 어릴 때부터 피아노와 서예를 배웠고, 대학 졸업 후 군대에 다녀왔다. 부모님은 현재 캐나다에서 노후를 보내고, 혼자 중국에 남아 회사를 운영하고 있다. 위안위안은 아무리 노력해도 둘의 거리를 좁힐 수 없다고 생각했다. 한번은 그가 일본에 출장 가면서 일부러 위안위안에게 문자를 보내지 않았고, 그녀 또한 연락하지 않았다. 즈란은 그녀에게 자신이 필요하지 않다는 생각에 상처를 받았다. 위안위안은 둘이 같이한다는 건 서로가 필요해서라고 생각한다. 그녀는 그와 헤어진 이유를 이렇게 말했다. "두 사람의 능력이 비슷한 게 좋아요. 그래야 평등하게 지낼 수 있거든요."

엄마처럼 살고 싶지 않아

메이크업을 배우는 동안 위안위안은 백화점에서 구두를 팔았다. 종일 서 있어야 하는 일이라 다리가 퉁퉁 부었다. 하지만 위안위안은 습관이 돼서 괜찮다고 했다. 원하던 일은 아니지만, 스스로 돈을 벌어 생활하는 게 정말 좋다고 했다. 자기 힘으로 생활하려는 그녀의 의지와 소박한 생각은 어머니로부터 비롯됐다.

위안위안은 어머니의 자해와 자살 기도를 여러 번 목격했다. 여섯 살 때는 어머니가 농약을 마시고 침대에 쓰러져 있었다. 아버지가 할머니를 불러오라고 해서 세 번이나 갔지만, 결국 할머니는 오지 않았다. 아버지는 어머니를 업고 병원으로 뛰었다. 또 한번은 아버지가 참깨가루를 먹고 싶다며 어머니에게 갈아 오라고 했다. 손이 더 필요해서 할머니와 작은삼촌에게 도움을 청했지만, 둘은 "참깨가루가 맛있긴 하지만 가는 게 어렵지"라며 비아냥대기만 했다. 그 자리에서 어머니는 벽돌을 들어 자기 머리를 내리쳤다. 아버지가 냉큼 달려와 어머니 손을 잡아챘지만, 이미 머리에서 피가 흘렀다. 초등학교 다닐 때는 집에 돌아와 보니 어머니 배에 상처가 있고, 옆엔 가위가 놓여 있었다. 그래서 채소밭에서 일하던 외할머니를 불러와 어머니를 업고 병원에 간 적도 있다.

위안위안은 이런 이야기를 담담하게 말했다. 그래서 그녀가 구두를 팔 때 왜 그토록 평화로웠는지 이해할 수 있었다. 그녀의 어머니는 단 한 번도 돈을 벌어 본 적이 없고, 아버지도 어머니에게 돈을 주지 않았다. 그녀가 보기에 어머니 일생은 너무나 비참했다. 위안위안은 확고하게 말했다. "저는 절대로 남에게 손을 벌리지 않을 거예요. 다시 가난해진다고 해도요. 저는 스스로 책임질 능력을 키울 거고, 능동적 태도를 잃지 않을 거예요."

평등의 대가

2013년 11월에 위안위안은 위챗 매칭 앱을 통해 알게 된 남자와 결혼했다. 우리가 처음 만났을 때 그의 사진을 봤는데, 나는 사실 실망스러웠다. 결혼 후 그녀는 남편의 빚을 같이 갚았다. 남편이 16만 위안을 들여 고향에 집을 샀는데, 그중 6만 위안이 빚이었다. 신용카드 3개로 2만 위안을 초과 대출했고, 각종 빚을 갚는 데 매달 2000위안이 필요했다.

결혼 전 설 연휴에 안후이 고향 마을에 갔을 때 집에서 맞선 자리를 마련했다. 2012년 설을 지내고 24세가 된 위안위안은 농촌에선 노처녀에 속했다. 그때 같은 마을의 비교적 잘사는 집 아들이 맞선만 보면 축의금 6000위안을 주겠다고 했다. 그 돈을 받으면 결혼 얘기를 꺼낼 수 있는 것이다. 조건은 괜찮았지만, 위안위안은 결혼하려면 남녀가 한동안 만나보고 결정해야 한다고 생각했다. 가족들은 그녀가 결혼하기를 원했다. 위안위안은 정말 기분이 나빴다. 6000위안을 받았다고 해서 반드시 결혼해야 하는 것도 아니고, 결혼이 장사냐며 가족들에게 따졌다. 또 돈 때문에 그쪽 집안이 자신을 얕잡아 볼까 봐 두려웠다.

2015년 7월에 만난 그녀에게 지금의 남편과 결혼한 이유를 물었다. 왜 그런 남자와 결혼했는지 줄곧 궁금했기 때문이다. 위안위안은 남편과 경제적으로 평등하다고 생각한다. 사실 그녀가 남편보다 더 많이 부담한다. 1년의 공부와 2년의 수련을 통해 숙련된 분장사가 된 위안위안은 기본급이 4000위안에 달한다. 남편은 공사장에서 일하거나 타일 붙이는 일을 하는데, 늘 불안정해서 지금은 용접 기술을 배우려 한다.

위안위안은 "삶은 복잡하고 나이는 점점 드는데, 혼자선 처량하고 너무 외로워서 결혼했어요. 하지만 아이는 꿈도 못 꿔요. 결혼하면 두 사람이 힘께 묶이잖아요. 남편은 아이를 낳자고 하지만, 너무 막막해서 그럴 수가 없어요. 아이를 낳으면 여자는 안정적으로 돈 벌기 힘들잖아요. 그러면 부부가 평등할 수 없고요. 저는 부부가 일종의 협력관계라고 생각해요. 아이 때문에 제가 돈을 벌 수 없으면 안 되죠. 이건 다 가정을 위한 거예요"라고 말했다.

위안위안은 자신의 노력과 실천으로 평등한 삶을 영위한다. 가정에서의 평등에 대한 그녀의 생각은 이처럼 단순했지만, 중국의 현실에 맞지 않는다.

위안위안에게 "그를 만난 뒤 어떻게 결혼을 결심할 수 있었나요?"라고 물었다. 나는 그녀의 대답에 마음이 아팠다. "그땐 그냥 결혼을 하고 싶었어요. 집에서도 결혼을 재촉하니까 아무하고라도 결혼하려고 마음먹었죠. 그렇게 남편을 만났는데, 저한테 잘했어요. 늘 저를 데리고 놀러가고, 밥 먹을 때 젓가락을 집어 주는 등 자상했죠."

2016년 5월 5일 위안위안에게 이 책에 들어갈 사진을 부탁했다. 그녀는 2015년 말에 이혼했다고 했다. 나는 조금도 놀랍지 않았다. "잘 했어요. 상대방은 동의하지 않았죠?" 내 추측대로 그는 위안위안이 이혼을 원하자 식칼을 주머니에 넣고 대화하자고 했다. 위안위안은 너무 무서웠지만 태연한 척 그에게 말했다. "그 칼로 뭐하려고? 나를 위협하려고? 아니면 찌르려고?" 그는 칼을 꺼내 위안위안에게 건네며 말했다. "네가 나를 찔러서 한을 풀어!" 위안위안은 "난 당신을 원망하지 않아. 당신을 위해 한 건 누가 억지로 시킨 게 아니라 내가 선택한 거니까. 나는 당신에게 할 만큼 했어. 비록 이렇게 됐지만, 노력했으니까 아쉬움도 없어"라고 말했다. 그래도 그는 이혼을 원치 않았다. 위안위안은 우선 별거하면서 냉정하게 생각해 보자며 그를 설득했다. 그리고 반년쯤 고향에서 지내다 돌아오니 그가 이사를 가고 없었다. 위안위안은 그가 자신을 찾을 수 없도록 직장도 옮겼다. 하지만 그때까지 그가 이혼해 주지 않아 협의이혼과 이혼소송 중 택하라고 종용해야 했다. 결국 그는 이혼에 합의했고, 다음날 위안위안은 매제와 함께 그의 고향에 가서 이혼 수속을 마쳤다.

다시 어딘가로

2016년 설에 위안위안은 집안의 소개로 건축자재업을 하는 남자를 만났다며 담담하게 말했다. 광시에 사는 38세의 이혼남으로, 딸이 둘 있다고 했다. 그는 여름방학과 겨울방학에는 집에서 딸들을 보살피며 지낸다. 두 사람은 7월에 혼인신고를 하고, 광시에서 살기로 했다.

뤼투　　 그 사람이 당신을 소중히 여겼으면 좋겠어요. 이렇게 좋은 아가씨가 너무 많은 일을 겪었네요.

위안위안　아마도 그런 일을 겪었기에 좋아진 것 같아요.

뤼투　　 맞아요. 살다 보면 때로 혼란스러운 시기가 있는 거죠.

위안위안　네, 그래요.

나는 한낱 티끌에 불과해

— 위안위안(2010년 12월)

나는 한낱 티끌에 불과해
때론 불빛이 환히 비추는 작업라인에 멈춰 서서
굳은살이 박인 두 손을 뻗어
얼음처럼 차갑고 단단한 쇳조각을 쓸어 만지지

나는 한낱 티끌에 불과해
때론 굉음을 내는 기계 옆에 멈춰 서면
귀를 찌르는 기계 소리가 비웃는 것 같아
내가 하찮고 보잘것없다고 비웃는 것 같아

나는 한낱 티끌에 불과해
햇볕과 미풍이 스쳐 가길 바라며
산 좋고 물 맑은 자연과 비단결 같은 풀밭
향기로운 과일과 아름다운 야생화가 그리워

나는 한낱 티끌에 불과해
갑자기 들이닥친 폭풍우에 내 어찌 맞설 수 있을까
잠잠해질 때까지 기다릴 수밖에
그제야 나는 어떤 결정이든 내릴 수 있을 거야

삶

― 위안위안(2012년 6월)

이상을 위해

떠돌아다니는 게 습관이 됐어

생활을 위해

있는 대로 절약하는 게 습관이 됐어

내 꿈은

너무 많이 늙어 버렸고

앞을 향해 내딛던 발걸음이 느려지고

걱정과 불안이 몸과 마음을 지배해

모든 게 그렇게 막막해졌어

부자 앞에서 나는 보잘것없어 보여

무릎 꿇고 싶어졌지

갑자기 외치는 소리가 들려

얼음으로 뒤덮인 이상이

한 떨기 눈꽃이 타는 듯 뜨거운 햇빛을 만난 것 같아

내게 말했어

산다는 건 얼마나 많은 재산이 있는가가 아니라

어떤 사상과 생각이 있는가라고

1986년생 자쥔

해바라기처럼

큰 키에 아름다운 외모를 지닌 자쥔佳俊은 조용하고 지적이다. 말하는 걸 좋아하진 않지만, 한 번 입을 열면 재잘재잘하기도 한다. 처음 그녀를 만났을 때는 정말 말이 없었다. 이후 함께 토론하고 만남이 잦아지면서 그녀가 진솔한 사람이란 걸 알게 됐다. 그녀의 검게 빛나는 두 눈에는 가까이 있을 때만 느낄 수 있는 단아함과 우아함이 있다. 우리는 이틀간 같은 방에서 묵으며 늦은 밤까지 이야기꽃을 피웠다. 이야기하다가 누가 먼저 잠들었는지 알 수 없을 정도로.

어린 시절

자쥔은 1986년 후난성 헝양衡陽현의 외진 마을에서 태어났다. 태어난 지 얼마 되지 않아 부모님이 광저우로 일하러 떠나면서 외조부모 밑에서 컸다. 어릴 때 자주 아팠는데, 세 살 무렵엔 거의 죽을 뻔했다. 걸음도 못 걷고 잘 먹지도 않던 그녀는 너무 깡말라 매일 수액을 맞을 정도였다. 그리고 한밤에 갑작스레 일어나 앉는 등 이상한 행동을 하기도 했다. 외할아버지가 무당을 불러 굿을 하기도 했지만, 그녀의 병세는 날로 심해졌다. 어머니가 이를 알고 월급도 마다하고 집으로 왔다. 정말 신기하게도 어머니가 돌아오자 자쥔의 병은 깨끗이 나았다. 그 후 어머니는 다시 외지로 일하러 나갔다.

자쥔의 세 살 아래 남동생은 태어나자마자 부모님이 광저우로 데려가 그녀는 농촌에서 홀로 자랐다. 남동생이 학교에 들어갈 무렵 잠시나마 온 가족이 한자리에 모였다. 아버지는 성격이 급하고 포악해서 자쥔은 늘 아버지를 무서워했다. 하나뿐인 침대에 네 가족이 자야 할 처지라 아버지가 집에 있으면 자쥔은 옷가지를 챙겨 외할머니 집에서 잤다. 고향 사람들은 옷 짐을 뒤에 멘 그녀가 비렁뱅이 같다고 놀려 댔다. 그 후 부모님은 다시 남동생만 데리고 광저우로 떠났다. 자쥔은 또 홀로 집에 남아 외할머니의 보살핌을 받았다. 외갓집은 가난했지만, 자쥔은 외조부모를 참 좋아했다. 두 분은 자쥔이 여자여서 설움 받는다고 느끼지 않도록 살뜰히 챙겼다. 어린 목숨을 두 분이 거둬 준 것이나 다름없었다. 딸 셋과 아들 하나를 둔 외할아버지는 가난한 형편에 손녀까지 돌보느라 더욱 힘들었다.

자쥔이 열 살이 되자 더는 두 분이 돌볼 수 없게 됐다. 그래서 그때부터 혼자 외롭게 살아야 했다. 그녀는 홀로 장 보고 빨래하고 잠들었다. 외진 동네라 등교 시간만 1시간 넘게 걸려 하루에 길에서 보내는 시간만 3시간이었다. 자쥔은 동네에서도 알아주는 말썽꾸러기였다. 남의 물건을 훔치면 괜히 기분이 좋아져서 보이는 대로 훔쳤고, 심지어 친구들을 데리고 도둑질에 나서기도 했다. 그땐 왜 그랬는지 모르지만, 너무 재미있었다. 길가에 벼 이삭이 보이면 손으로 말아 죄다 뽑았고, 물고기를 놓

2014년 9월 30일 광저우에서 자젠(왼쪽)과 함께한 래프팅.

아기르는 물웅덩이에 흙을 넣어 망가뜨리기도 했다. 마을 사람들에게 인사 한 번 하지 않았으나 부끄럽거나 자책하지 않았다. 그저 어떻게 나쁜 짓을 할까에 골몰했다. 그때는 몰랐지만, 지금은 어느 정도 자신의 행동을 이해할 수 있다. 자젠은 이렇게 말했다. "제 행동이 어른들 눈엔 잘못된 것으로 보였겠죠. 이것도 하지 마라, 저것도 안 된다고 하는 통에 자신감이 떨어졌고, 그런 심리 상태는 저를 좋은 방향으로 이끌지 못했어요. 그래서 온갖 방법으로 화풀이를 하려 했죠. 자신감이 없으면 한 인간으로서도, 여성으로서도 끝이잖아요. 정말 그랬어요. 전 늘 자신감이 없었고, 하는 일마다 잘못된 일투성이었어요. 그런데 나중에 머리가 좀 크니까 많은 일에 옳고 그름의 차이가 없다는 생각이 드는 거예요. 그래서 저는 제 딸도 방임하며 키워요. 제 딸은 저처럼 자라지 않았으면 좋겠어요. 사람들은 제가 너무 오냐오냐 키운다는데, 저는 그 아이가 대담하고 자유롭게 자랐으면 좋겠거든요."

열다섯에 학교를 그만두다

초등학교 3학년 무렵 남동생이 고향에 돌아와 1학년에 진학했다. 부모님은 계속 광저우에서 일해야 해서 자쥔이 동생을 돌봐야 했다. 얼마 지나지 않아 동생에게 신장병이 생겨 부모님이 다시 광저우로 데려갔다. 자쥔은 또 홀로 남겨졌다. 그러다 설에 광저우로 가서 온 가족이 모였다. 개학이 다가오자 부모님이 "동생은 광저우에서 1년간 치료받아야 하니까 너는 고향에 돌아가 학교를 계속 다니렴"이라고 했다.

자쥔은 혼자 고향집에 돌아가는 게 너무 두려웠다. 학교 환경도 좋지 않았고, 집에 빨래할 곳이나 옷을 말릴 곳도 없었다. 다른 학생들은 갈아입을 옷을 가족이 준비해 주지만, 혼자 사는 자쥔은 빨래를 못 해 늘 지저분했고, 성장기여서 그런지 옷이 금방 작아졌다. 그래서 매일 밑단이 짧은 바지를 입고 학교에 갔다. 집은 춥고 온수도 나오지 않아 언제 씻을 수 있을지 알 수도 없었다. 한번은 아버지가 학교에 와서 자신의 지저분한 모습을 목격했다. 자신을 딱하게 여기는 마음을 알게 된 후론 아버지에 대한 두려움이 눈 녹듯 사라졌다.

겨울방학이 끝나자 부모님이 고향 학교에 학비를 보냈다. 자쥔은 광저우를 떠나지 않겠다고 고집을 부렸다. 사실 학교에 다니기 싫었던 게 아니라 혼자 사는 게 싫었다. 그런 마음도 모른 채 부모님이 학교에 다니기 싫으냐고 물어서 대답하지 않았다. 그리고 매일 잠만 자고, 선생님 전화도 받지 않았다. 그 후 다시는 고향으로 가지 않을 수 있었다.

열여섯에 일을 시작하다

15세는 일하기에 너무 어린 나이였지만, 자쥔은 작은 무허가 공장에 들어가 판자 붙이는 일을 했다. 매일 양손에 풀이 묻어 시커멓게 진득거렸고, 잘 씻기지도 않아서 사람들의 놀림감이 됐다. 그래서 날마다 울다가 결국 일을 그만둬 버렸다.

16세가 되자 자쥔은 나이를 몇 살 올린 가짜 신분증을 만들어 의류 공장에 들어갔다. 의류 포장 업무를 맡았는데, 손이 빨라 포장한 제품이 금세 산처럼 쌓였다. 월급은 340위안이었고, 첫 달엔 170위안을 받았다. 자쥔은 너무 기뻤고, 그 흥분이 며칠이나 갔다. 월급 중 100위안을 어머니께 드리고, 나머지 70위안으로 필요한 물건을 샀다. 그 공장은 휴일이 없어서 심지어 노동절과 국경절에도 쉬지 않았다. 그렇게 하루도 쉬지 않고 반년을 일했다.

자쥔은 거기서 계속 일할 수 없다는 생각이 들었다. 농촌에서는 수공예를 중요하게 여기니 기술을 배워야겠다고 결심하고, 단추 공장에 들어갔다. 그러나 재봉틀을 잘못 밟으면 옷을 폐기해야 해서 스트레스가 컸다. 그때 키 160㎝에 겨우 40㎏ 정도 나갔는데, 3개월 일하고 나니 살이 더 빠져서 일을 그만둘 수밖에 없었다.

당시 어머니는 작은 방 한 칸에서 남동생과 살았고, 자쥔은 공장 기숙사에서 지냈다. 그런데 공장을 그만두자 살 곳이 없어졌다. 그때가 2003년이었는데, 일자리를 구하기 힘들어 친구들 집을 떠돌았다. 종일 일자리를 찾아다녀도 마땅한 곳이 없어서 마음이 조급해졌다.

그러다 대만자본 공장의 일자리를 구했다. 가죽 제품을 만드는 공장인데, 참으로 사람을 서글프게 만드는 곳이었다. 자쥔은 아직도 그때 기억이 생생하다. 생산라인 관리자는 늘 작은 일에도 직원들에게 욕을 했다. 오늘은 이 사람이, 내일은 저 사람이 욕먹고 그만두는 식이었다. 어쨌든 공장에 남은 사람들은 동작이 빠르고 일을 잘했다. 자쥔도 늘 욕을 먹었지만, 직장이 없으면 안 되니 굴하지 않고 다녔다. 자쥔은 매우 민첩했지만, 완성한 제품은 조금 엉성했다. 대부분 자정까지 근무했는데, 심할 때는 새벽 2시까지 일할 때도 있었다. 매일 그렇게 일하며 따뜻한 물 한 컵 마실 시간조차 없었다. 샤워하고 싶어도 긴 줄을 서야 했고, 매일 허기가 졌다. 심지어 공장 밥에 벌레가 들어 있기도 했다. 일을 처음 시작했을 때 월급은 600여 위안이었다가 이후 800위안까지 올랐고, 가장 많이 받을 때는 1600위안이었다. 19세가 되자 공장에 갇혀 일하는 게 싫증났다. 매일 죽기 직전까지 일하고, 눕자마자 기절하듯 잤기 때문이다. 자쥔은 놀고 싶었다. 특히 울적한 날이면 정말 공장을 뛰쳐나가고 싶었다. 그곳은 하루도 휴가 신청을 할 수 없었지만, 자쥔은 직원들과 약속을 잡아 무단결근하고 공장 밖으로 나갔다. 그렇게 하루 연장근무를 하지 않았더니 벌금으로 50위안을 내야 했다. 그래서 너무 화가 나서 다음날 출근하지 않았다. 관리자는 그녀에게는 벌금이 통하지 않는다는 걸 알고는 더는 벌금을 물리지 않았다. 공장을 그만두고 싶었지만, 관리자의 만류도 있고 반년간 일자리를 못 찾았던 기억도 있어서 두려운 마음에 눌러앉기로 했다. 그렇게 2년을 일하다가 동료 5명과 함께 공장을 그만뒀다.

그리고 마침내 노동법을 준수하는 의류 공장을 찾았다. 밤 9시 이후엔 연장근무를 하지 않고, 주말엔 보통 쉬었다. 월급도 이전 공장과 비슷해서 지옥에서 천국으로 온 기분이었다. 그러나 갑자기 시간이 많아지자 막막해졌다. '일 끝나면 뭘 할까? 돈 벌면 미용실을 하나 차릴까?' 공장 일이 수월한 편이어서 계속 일할까 싶다가도 이렇게 사는 게 무슨 의미가 있나 싶기도 했다. 이것이 진정한 삶일까? 출퇴근하고 밥 먹고 잠자는, 이 단조로운 생활을 어떻게 계속한단 말이지?

공익기구를 만나다

주말에 자유시간이 생긴 뒤 우연히 광저우 판위에 있는 노동자 공익기구를 알게 됐다. 고향 친구가 이 기관을 처음 언급했을 때는 믿어지지 않았다. 세상에 누가 공짜 점심을 준단 말인가? 당시에는 피시방에서 모르는 사람들과의 채팅에 푹 빠져 있어서 친구와 공익기구에 가 봤을 때 별 흥미를 느끼지 못했다. 그러다 채팅이 싫증났고, 2005년 설 무렵 온 거리가 조용해져 심심하던 차에 공익기구를 다시 찾아갔다. 이후 자쥔이 공익기구에 흥미가 생겨 계속 참여하게 된 계기는 그해 공익기구가 개최한 어머니날 행사 때문이었다. 자쥔은 이런 행사가 의미 있다고 생각해서 그 이후로도 자주 참여하게 됐다. 공익기구 활동가들은 다양한 행사가 있을 때마다 자쥔에게 연락했고, 나중엔 기숙사 동료들과 함께 참여했다.

새로운 인생의 시작

공장에 들어온 지도 어느새 2년이 지났다. 어느 날 공익기구 활동가가 인턴으로 들어와 일할 생각이 있느냐고 물었다. 수습 기간이 끝나면 정식으로 일해 보라는 것이었다. 당시 월급 1000여 위안에 휴일도 있어서 부모님이나 친구들이 봐도 꽤 괜찮은 직장이었다. 오랫동안 고민하던 자

공원 산책 중인 쯔쥔.

쯔쥔은 결국 공익기구에서 일하기로 마음먹었다.

인턴으로 일할 때는 월 600위안을 받았다. 컴퓨터를 다뤄야 해서 남는 시간에는 컴퓨터 학원도 다녔다. 그렇게 매일 오전엔 컴퓨터를 배우고, 오후 2시부터 밤 10시까지 공익기구에서 근무했다. 배운 건 바로 써먹는다고 공장 동료들에게 컴퓨터를 가르쳐주기도 했다. 하지만 학원비가 450위안이어서 생활비가 늘 부족했다. 가족들은 쯔쥔의 머리가 어떻게 된 것 아니냐며 이상하게 생각했다. 쯔쥔은 돈이 없어서 매일 부모님 집에서 밥을 먹었다. 아버지는 "그만큼 키워 놨더니 돈을 벌어 갖다주진 못할망정 아직도 부모 밥을 얻어먹다니!"라며 역정을 냈다. 그때가 2006년 쯔쥔이 20세 되던 해였는데, 그녀는 아버지에게 이렇게 대꾸했다. "18세 전까지는 부모가 자식을 돌봐야 하는데, 저는 16세 때부터 나가서 일하느라 부모님께 밥 한 번 얻어먹지 못했어요. 그러니까 그때

2년간 못 먹은 밥을 지금 먹을 거예요."

3개월 후 자쥔은 공익기구의 정식 직원이 되었고, 매달 1000위안을 받을 수 있었다.

여성노동자센터 설립

자쥔은 2012년 3월 한 여성노동자와 함께 '광저우 여성노동자센터'의 발기인이 되었다. 이곳에선 인근 여성노동자들의 여가활동을 무상 지원한다. 도서 및 간행물 열람, 영화 관람, 배드민턴과 바둑 등 취미 활동을 할 수 있는 공간이다. 또 어려움에 처한 여성노동자들에게 자문도 해 준다. 2013년 3월부터 7월까지는 주수이캉 공업구 여성노동자들의 권익 활동을 지원하기도 했다.

이러한 변화는 여성노동자의 현실적 요구와 맞닿아 있다. 광저우의 많은 여성노동자가 이곳에서 10여 년간 일했다. 길게는 20여 년을 일한 사람도 있는데, '다궁메이'에서 시작한 그녀는 어느덧 마흔이 넘어 퇴직을 앞두고 있다. 가장 시급한 일은 퇴직 전 15년간의 사회보험을 납부하는 것이다. 특히 지금 많은 기업이 이전과 폐업을 앞두고 있어 노동자의 권익을 보호받지 못하는 경우가 종종 생긴다. 수많은 기업과 마을위원회가 연대해 현지 토지를 임대해 사용하거나 공동 경영 방식으로 운영하고 있다. 이 상황에서 여성노동자들은 절대적으로 열세다. 현재 여성노동자의 수가 엄청나고, 그들이 기업을 위해 청춘과 피땀을 바치며 노동으로 가치를 창출했음은 극명한 사실이다. 하지만 법을 모른다는 것과 마땅히 의지할 곳이 없다는 것이 그들의 약점이다.

자쥔은 여성노동자 권익 활동에 자신이 없었다. 가족도 사회적 환경도 그들을 지지하지 않아 두렵기까지 했다. 그들은 뜻을 같이하는 몇몇 동료와 함께 힘겨운 투쟁을 하고 있었지만, 도움을 청할 길이 없었다. 권익 활동을 하다가 해고되거나 인사이동을 당하는 경우도 허다했다. 그런 상황에서 내부 고발자나 자기 잇속을 따지는 사람, 중도에 그만두거나 상황에 따라 입장을 바꾸는 사람들도 생겼다. 하지만 여성노동자들이 보여 준 용기와 정의감은 자쥔에게 큰 정신적 용기를 불어넣었다.

앞으로 나아갈 뿐

평소 자쥔은 위챗 게시판이나 메신저를 거의 사용하지 않는다. 내가 메시지를 보내도 몇 마디만 대답하거나 침묵으로 일관한다. 그러던 어느 날 그녀가 먼저 말을 걸어와 요즘의 큰 중압감을 토로했다. 이전에는 누우면 바로 잠들곤 했는데, 며칠째 거의 잠을 이루지 못한다고 했다. 노동자 권익 활동 지원도 힘들고, 더 중요한 건 그들에게 어떤 도움을 줘야 할지 막막하다는 것이다. 자쥔의 머릿속에 마치 영화의 여러 장면이 떠도는 것 같았다. 그녀는 혼잣말하듯 고백했다.

"저는 어릴 때 정말 외로웠고, 고생도 많이 했어요. 지금 돌이켜 보면, 그때 제가 왜 그리 불안하고 반항적이었는지 이해가 돼요. 어릴 때 맛있는 건 아버지와 동생만 먹었고, 부모님은 대부분 시간을 동생하고만 보냈어요. 그게 너무 억울했지만 표현할 길이 없었죠. 그러다가 부모님께 아들만 중시하는 건 너무 불공평하다고 말씀드렸어요.

제 고향엔 남녀의 옷을 같이 빨지 못하는 풍습이 있어요. 여자가 더럽다고 여겨서요. 그런데 모든 남자가 여자를 더럽게 생각하는 게 아니란 걸 외지에 나가서야 알게 됐어요. 특히 제 남편은 정말 여자를 존중하고 배려해요. 결혼 전에 자기가 직접 요리하고 집안일 하는 게 마음에 들었죠.

공익기구 활동은 처음이에요. 이전에는 한 번도 그렇게 많은 사람 앞에서 말해 본 적이 없어요. 심지어 제 이름을 소개하는 것도 떨리더라고요. 아마 그런 기회와 평등, 존중이 있었기에 사회와 인생의 다른 면을 볼 수 있게 됐나 봐요."

자쥔에게 다시 불면의 밤이 찾아왔다. 수년간 그녀를 지탱하던 것이 천천히 싹을 틔우면서 인생의 가치와 사회적 책임감으로 성장했다. 지금 남편과 딸은 모두 잠들었고, 그녀 혼자 어둠 속에 누워 있다. 그녀 안의 무력감이 어둠에 눌려 사라지는 것 같다. 동시에 내일의 태양이 떠오르고, 그것이 계속되어야 함을 잘 알고 있다. 더 이상 자신이 학교를 그만뒀던 열다섯의 철부지 소녀가 아님을 알기 때문이다.

1987년생 위원

얼떨결에 여기까지 오다

2014년 10월 피춘의 내 집에서 위원玉雯을 만났다. 그녀는 성생활 인터뷰 대상 가운데 세 번째 인물이다. 이 책에 등장하는 인터뷰이는 친구나 예전 동료로, 여러 번 만나 친숙한 사람도 있고, 위원처럼 한 번만 만난 사람도 있다. 위원은 처음 만난 사이지만, 민감한 질문에도 주저 없이 모든 걸 말했다. 그녀의 진심을 독자에게 보여 주는 것으로 그 고마움을 보답하려 한다.

얼떨결에 학교를 중퇴하다

위원은 1987년 쓰촨성의 농촌에서 태어났다. 1950년대 태어난 아버지는 초등학교를 1년밖에 다니지 못했다. 어머니는 1960년대생으로, 학교에 다닌 적이 없다. 어머니는 셋째로 아들을 임신했지만, 쓰촨성의 엄격한 산아제한 정책 때문에 끌려가 낙태할 수밖에 없었다. 그래서 자식은 언니와 위원, 딸 둘뿐이다.

위원은 중학교 2학년 때 중퇴했다. 스스로 머리가 나쁘다고 생각한 그녀는 교과서 암기를 싫어했고, 배움에 대한 성취욕도 없었다. 또 3학년이 되면 매일 시험 볼 것이 두려워 스스로 공부를 그만두고 말았다.

얼떨결에 남자와 하룻밤을 보내다

위원은 2003년 16세에 중학교를 중퇴하고 쑤저우에서 일하기 시작했다. 작은 전자 공장에 다니던 위원은 당시 그곳에서 일하던 아버지 집에서 지냈다. 그곳엔 고향 사람을 비롯해 각지에서 온 사람들이 많이 살았다. 위원은 거기서 남편 융제勇杰(가명)를 처음 만났다. 당시 상하이에서 일하던 그가 고향에 놀러 왔을 때였다.

둘이 공원에서 데이트하던 날 그가 인적 드문 곳으로 위원을 이끌더니 갑자기 몸을 더듬기 시작했다. 거부감 대신 그저 호기심이 생겼다. 하지만 그가 위원의 은밀한 곳을 만지는 순간 머리가 하얘져서 그를 밀쳐내고 말았다. 그와 헤어진 뒤 위원은 좀 더 깊이 그를 알고 싶어졌다. 다음날 둘은 다시 만났고, 그의 집에서 하룻밤을 보냈다.

얼떨결에 그와 관계를 가졌지만, 사실 그를 좋아하진 않았다. 관계를 맺을 때도 고통 외에 별다른 느낌이 없을 정도였다. 그저 단순한 호기심 때문에 관계를 가진 것이었다. 이것이 위원의 첫 경험이다. 다음날 그는 상하이로 돌아갔다. 둘은 오랫동안 만나지 못한 채 전화로만 연락하며 지냈다.

두 번째 남자와의 하룻밤

그 후 위원은 의류 공장에 취직했다. 당시 위원은 포장부의 남성노동자를 좋아했는데, 동료 언니들이 그 사실을 알고 수줍음이 많은 그를 놀려댔다. 어느 날 그가 사직서를 냈다는 소식이 들렸다. 언니들의 성화에 그의 기숙사에 가 하룻밤을 보냈다. 하지만 그가 너무 서툴러서 위원이 이끌어야 했다. 그렇게 두 번째 관계의 대상이던 그는 다음날 공장을 떠났고, 다시는 연락하지 않았다.

첫 경험의 남자와 결혼하다

이후 위원은 세 번째 남자를 만났다. 그가 "넌 처녀가 아니야"라고 했을 때 위원은 비로소 처녀성에 대해 알게 됐다. 그 후 남자들이 자신을 단정치 못한 여자라고 여길까 봐 두려워서 첫 번째 만난 남자가 연락하면 바로 그와 결혼하겠다고 다짐했다.

세찬 비가 내리던 어느 출근길에 경비 아저씨가 부르더니 누가 찾아왔다고 했다. 융제였다. 위원은 "난 지금 출근해야 해. 휴가를 내면서까지 당신을 만나고 싶진 않으니, 원한다면 퇴근할 때까지 기다리든가"라고 말했다. 그 말에 그는 위원이 퇴근할 때까지 기다렸다. 비도 오는데 공장 앞에서 한나절이나 기다린 것이다. 그건 자신을 마음에 두고 있다는 뜻이니 비록 그를 좋아하진 않지만 결혼해야겠다는 생각이 들어 집으로 데려갔다. 같은 집에 사는 아주머니와 언니들에게 그를 소개하려 했지만, 그들은 남의 일에 관여하기 싫다며 거절했다. 아버지는 다른 지역으로 이직해 옆에 없었고, 자기 일에 관심을 갖는 친구는 하나도 없었다.

융제가 집도 없고 가난하다고 해서 위원은 그의 고향집에 가 보기로 했다. 몇 달 후 2004년 섣달그믐에 위원은 후베이에 있는 그의 고향집으로 갔다. 산속에 있는 그의 집은 교통도 불편했고, 심지어 집 안에 아무것도 없었다. 하지만 위원은 그의 청혼을 받아들였다. 위원의 어머니는

"결혼하고 싶으면 해. 굳이 반대하진 않을게. 하지만 후커우를 주진 않을 거다"라고 말했다. 당시 그녀는 법적으로 결혼할 수 없는 17세였다. 그러나 인맥을 동원해 두 사람은 정식으로 혼인신고를 할 수 있었다.

가족과 지인의 축복도 없고, 둘이 서로 사랑한 것도 아니었기에 위원은 자신이 왜 결혼했는지 알지 못했다. 설마 세 번째 남자의 처녀가 아니라는 말 때문이었을까?

하지만 융제는 위원의 첫 번째 남자였음에도 이를 의심했다. 그와의 첫날밤에 출혈이 없었다는 이유 때문이다. 그런 지식이 없던 위원은 그의 질문으로 첫 경험 시 피가 나온다는 걸 알게 됐다. 그런데 이상한 건 두 번째 남자와 관계할 때 출혈이 있었다는 것이다.

위원은 이를 융제에게 말할 수 없었다. 다만 자신을 의심하는 그에게 이렇게 말할 뿐이었다. "당신이 첫 남자라는 건 당신이 제일 잘 알잖아. 하지만 당신이 원하는 증거가 나오진 않았지. 그건 나도 설명할 수 없는 부분이야." 그는 위원의 말이 일리가 있다고 생각했다. 이후에도 이 얘기가 나올 때마다 둘은 참 이상하다고 이야기했다.

둘은 2005년 정월에 혼인신고를 했다. 융제는 한 달 동안 가구와 침대를 조립했다. 위원은 그를 좋아하진 않지만, 남편의 손재주를 보고 상대를 잘 골랐다고 생각했다. 그리고 2005년에 첫딸을, 2007년에는 아들을 얻었다.

오리무중의 '성'

뤼투 언제 생리를 시작했나요?

위원 잘 기억나진 않는데, 아마 초등학교 5~6학년 때였을 거예요. 엄마가 얘기해 주지 않아서 여자가 생리를 하는지도 몰랐어요. 당시 집에서 언니와 텔레비전을 보는데, 아래가 축축해서 화장실에 가 보니 피가 묻어 있는 거예요. 먹은 게 잘못됐나 싶었어요. 언니에겐 말도 못 하고 화장지를 팬티에 깔았어요. 예전에 엄마가 생리대 쓰는 걸 본 적이 있거든요. 그런데 조금 지나자 화장지가 다 젖었더라고요. 마침 화장지도 떨어져서 공책 몇 장을 찢어서 깔았죠. 나중에 엄마가 의자에 묻은 핏자국을 보더니 당장 씻으라고 화를 냈어요. 그다음은 기억 안 나요.

뤼투 아이는 어떻게 생기는지 언제 알았어요?

위원 저는 쭉 몰랐어요. 아이가 어디로 나오는지 언니한테 물은 기억이 있는데, 언니가 사촌언니에게 물어보라고 했어요. 사촌언니도 부끄러운지 여러 번 물은 뒤에야 말해 주더라고요. 오줌 누는 데서 나온다고요. 지금은 제 딸이 똑같이 질문해요. 어떻게 대답해야 할지 몰라서 배를 갈라 두 손으로 아이를 꺼낸다고 했어요. 아이들은 호기심이 많잖아요. 나중에 하나하나 알아가겠죠.

뤼투 남편과 처음으로 관계하기 전에 성적 충동이 있었나요?

위원 아니요. 사실 남편과 같이 잔 후에도 그런 건 없었어요. 중학교 1학년 때 남자아이와 함께 놀러 간 적이 있는데, 당시 저는 스스로 못생겼다고 여겨서 남자가 먼저 다가온 게 너무 기뻤어요. 그런데 그 아이가 저를 만지더라고요. 너무 싫어서 거절했죠. 그러고는 사이가 틀어졌어요. 지금 생각해 보니 그 아이는 다른 여자에게도 그랬을 거예요. 제가 성에 눈뜨기 시작한 건 최근 2년 정도예요.

뤼투 언제부터 피임했나요?

위원 이제껏 피임을 어떻게 하는지 몰라서 해 본 적이 없어요. 처음 관계할 때도 안 했고, 다른 남자와 할 때도 마찬가지고요. 두 번째 남자와 잔 뒤에 언니가 생리했냐고 묻더라고요. 마침 생리를 안 했는데 성가시지 않고 좋다고 했더니 언니가 임신 테스트를 해 보라고 했어요. 다행히 임신은 아니었는데, 이후에도 피임한 적은 없어요. 2009년에 아이를 데리고 고향집에 갔는데, 산아제 한이 엄격하더라고요. 그래서 가난한 형편에 벌금이 두려워서 불임수술을 했죠.

그럭저럭 지내다

결혼 후에도 위원은 남편을 사랑하는 마음이 들지 않았고, 그가 자신을 사랑하는지도 알 수 없었다. 한번은 부부싸움 중에 남편에게 소리를 질렀다. "당신이 왜 나랑 사는지 알아. 당신은 단지 가정이 갖고 싶은 거야. 다른 사람들에게 아내가 있다는 걸 보여 주려고. 당신네 그 가난한 고향에 노총각들이 수두룩하니까!" 그는 반박하지 않았다. 아마 표현이 서툴러서였을 것이다.

남편은 10~20위안짜리 도박을 좋아해서 일찍 퇴근해도 집에 오지 않고 도박하러 가기 바쁘다. 그는 별 취미도 없고, 아내와 함께 뭔가를 하려 하지도 않는다. 자기 친구들을 만날 때도 아내를 데려간 적이 없다. 한번은 제일 친한 친구를 만난다고 해서 같이 가자고 했는데 혼자 가 버렸다. 위원은 남편에게 자기가 못생겨서 그러는 거냐고 따졌다.

남편은 집안일도 안 하고, 집안에 물건을 들이는 것도 용납하지 않았다. 한번은 위원이 산 이불을 보고 2년 뒤에 돌아갈 건데 뭐 하러 샀냐며 화를 냈다.

2010년 위원은 아이를 피춘에 데리고 왔다. 베이징의 겨울은 혹독해서 빨래를 밖에 널면 얼어서 입을 수가 없다. 아이들 옷은 자주 빨아야 해서 세탁기가 필요했지만, 남편은 낭비라며 못 사게 했다. 위원은 남편과 함께 사는 게 점점 지겨워졌다.

한 번의 외도

2008년 남편이 피춘에 직장을 얻어 이듬해 피춘으로 남편을 따라왔다. 그때 고향 남자를 만나 1년 넘게 연락하며 지냈는데, 어느 날 그가 "만난 지 1년이 넘었으니 이성 친구로 지내자. 애인보다 그게 더 좋잖아"라고 말했다. 위원은 그의 말이 일리가 있다고 생각했다. 그를 좋아하지만 결혼 상대로 생각해 본 적은 없었기 때문이다. 그리고 1년이 지난 어느 날(2011년) 그가 위원을 작은 숲으로 데려갔다. 그때 그와 관계를 가졌는데, 너무 빨리 끝난 데다 누가 볼까 두려워 아무 느낌이 없었다. 피춘으로 돌아가는 길에 그와 생맥주를 마셨는데, 고향 친구와 마주치고 말았다. 왠지 친구에게 자신의 외도를 들킨 것만 같았다.

어리석게도 이혼을 결심하다

그날의 외도 후 위원은 죄책감에 사로잡혔다. 최근 2년 동안 위원의 마음도 남편에게 조금씩 열리고 있었다. 이쨌든 지기 남편이고, 두 아이의 아빠였다. 계속 남편의 결점만 본다면 자신이 외도를 계속할지도 몰랐다. 그런 생각에 이르자 위원은 잘못된 행동을 사죄하듯 가정과 아이들을 더욱 생각하게 됐다.

위원은 친구에게 이 사실을 털어놓았다. 친구 역시 외도 경험이 있는데, 결국 남편에게 들켰다고 했다. 결혼한 지 3년째이고 아이도 있는 친구는 아이 때문에 이혼하기 싫었지만, 남편이 부부싸움 할 때마다 자신의 외도를 들먹이는 바람에 더는 참을 수 없어 이혼을 택했다. 위원은 자기 남편도 외도를 알게 되면 이혼하자고 나올 것 같아 혼란스러워졌다.

결혼 후 위원은 아이를 돌보느라 직장에 다니지 않았다. 그러다 올해 (2014년) 취업해 2만여 위안을 벌었다. 그렇게 원하던 핸드폰도 하나 사고, 아이 학습기기도 사 줬다. 지금은 생활비와 집세는 위원이 부담하고, 남편이 번 돈은 전부 빚 갚는 데 쓴다. 작년에 고향집을 짓느라 10만여 위안을 빌렸기 때문이다.

위원은 동료가 피춘 지역노동조합에 들어갔다는 소식에 호기심이 생겨 참여했는데, 남편이 이 사실을 알고 화를 냈다. 도박 외에 별다른 취미가 없는 남편은 위원의 외부 활동을 원치 않았다. 그래서 위원이 나갈 때마다 정신 나간 사람이라고 막말을 퍼부었다.

위원은 세심하지 못한 성격이어서 이전에는 남편에게 선물할 생각조차 하지 못했다. 그러다 올해 처음으로 인터넷에서 남편 셔츠를 한 벌 샀다. 남편은 아이처럼 좋아했다. 최근에는 남편 재킷을 샀는데, 아직 남편에게는 말하지 않았다. 이제 위원은 남편을 사랑하진 않지만, 싫어하지도 않는다고 했다. 또 외도의 죄책감으로 남편에게 무엇이든 보상하고 싶다고 했다. 이전에는 남편이 몇 달간 외지로 일하러 가도 그리워한 적이 없었는데, 이제는 남편이 집에 일찍 돌아왔으면 싶다. 위원의 외도는 마음속 응어리로 남아 만약 남편이 알게 된다면, 그가 용서하든 안 하

베이징 피춘의 작은 숲.

든 이혼할 생각이다. 친구를 보니 차라리 일찍 이혼하는 게 낫겠다 싶어서다.

위원과 오후 2시부터 2시간 넘게 인터뷰했는데, 그때 위원의 핸드폰이 울렸다. 딸인 듯했다. 딸과 통화하는 위원의 말투가 정말 따뜻했다. 왜 집에 없냐는 딸의 물음에 위원이 차분하게 설명했다. "엄마는 지금 박물관 쪽에 있어. 너도 와 본 적 있는 곳이야. 6월 1일 어린이날에 공연 보러 왔던 곳. 엄마가 지금 누굴 좀 만나고 있는데, 수다 떠는 건 아니고 정말 중요한 일이야. 곧 들어갈 테니 집에서 기다리고 있어."

그녀와 딸의 대화를 들으니 오후의 슬픔이 한 가닥 풀리는 것 같았다. 마치 고난에는 끝이 있음을 본 것 같아서다. 위원은 자기 어머니보다 더 크게 딸을 사랑해 줄 것이다.

전화를 끊은 뒤 인터뷰를 끝내려 했지만, 그녀는 계속 이야기하고 싶어 했다. 나는 서둘러 하고 싶었던 말을 꺼냈다. "당신은 정말 자신이 안 예쁘다고 생각해요? 물론 사람의 외모가 삶의 행복을 결정하진 않아요. 하지만 그것 때문에 부담을 느껴서도 안 되죠. 사실 당신이 안 예쁘다고 할 때마다 이상했어요. 저는 당신을 처음 봤을 때 정말 외모가 출중하다고 생각했거든요. 그래도 운동할 필요는 있는 것 같아요. 당신 아들딸이 당신 배에 '보따리'를 남겨 둔 것 같거든요. 하하."

우리는 마주 보며 깔깔 웃었다. 그때 위원의 전화가 또 울렸다. 이번에는 긴장한 표정이었다. 위원은 남편에게 "바로 집에 들어와!"라고 말하며 전화를 끊었다. 남편이 출장 갔다가 예정보다 일찍 돌아왔다고 했다.

1987년생 샤오멍

병의 원인

샤오멍曉夢은 몸이 아픈 지 벌써 2년째다. 그녀의 주요 증상은 알레르기와 가려움증인데, 베이징을 떠나면서부터(2013년 9월) 생겼다. 샤오멍은 2011년에 노동자대학 4기 교육을 받기 위해 베이징으로 갔고, 졸업 후 2013년까지 노동자대학 조교로 일했다. 『중국 신노동자의 형성』이 출판된 후 샤오멍이 내게 말했다. "이 책을 읽고 많은 도움이 됐어요. 왜 집을 지어선 안 되는지 부모님께 체계적이고 냉정하게 말씀드릴 수 있었거든요. 부모님은 아들이 결혼해 살 집을 지으려는 거지만, 정작 아들은 고향에 돌아와 살지 않을 거라고요. 만약 당신들이 살기 위한 집이라면 그렇게 크고 아름다울 필요도 없고요. 집을 짓는다고 누가 칭찬하는 것도 아니고, 유명해지는 것도 아닌데 말이에요."

하지만 2015년에 출간된 『중국 신노동자의 미래』를 본 샤오멍은 자신이 이미 겪은 내용이어서 어떤 감흥도 생기지 않는다고 했다.

샤오멍은 큰 키에 조금 마른 편이고, 쌍꺼풀이 없는 매력적인 눈매를 갖고 있다. 그녀의 웃음소리는 귓가가 쟁쟁할 정도이고, 지붕을 열어젖

힐 만큼 크다. 그녀는 분명한 조리로 솔직 담백하게 쉼 없이 재잘댔다. 같은 내용을 반복해 말하는 법 없이 생동감 있고 낭랑한 목소리였다. 그런 그녀를 나는 '라디오'라고 불렀다. 내가 굳이 말하지 않아도 줄곧 이야기를 이어가기 때문이다. 나는 그녀의 '라디오 방송'을 재미있게 들었다. 화제를 전환하고 싶을 때마다 샤오멍에게 '채널 좀 바꿔 달라'고 하면, 크게 웃으며 화제를 바꿔 계속 이야기했다. 노동자대학에서 근무하던 시절 그녀는 강한 책임감에 젖어 있었다. 사상 교육이 필요한 학생이 있으면 쉬지 않고 교육했다. 그러나 사상 교육은 하루아침에 이뤄지는 게 아니어서 병이 날 때까지 일한 것이다.

어린 시절

샤오멍은 1987년 광둥성 차오산潮汕의 농촌에서 태어났다. 그 지역 여성들은 반드시 아들을 하나 이상 낳아야 했다. 어머니가 첫딸을 얻은 뒤라 샤오멍의 탄생은 그리 환영받지 못했고, 어머니도 산모로서의 대우를 받을 수 없었다. 어머니는 샤오멍을 낳은 지 12일 만에 밭일을 했다. 어머니 젖도 못 먹고, 가족의 세심한 보살핌도 못 받은 샤오멍은 매우 허약했다. 생후 몇 개월이 안 돼 설사를 계속하는 바람에 약하디약한 작은 생명이 곧 꺼질 것만 같았다. 딸을 가엽게 여긴 아버지가 약을 구해 와 먹이니 기적처럼 나았고, 그 후론 배앓이를 하지 않았다. 하지만 체질이 워낙 약해 세 살이 돼서야 겨우 걸음마를 뗐다.

어머니는 큰언니, 샤오멍, 남동생 셋, 막내 여동생 등 총 여섯 아이를 낳았다. 샤오멍은 바로 아래 남동생과 세 살, 막내 여동생과는 아홉 살 터울이다. 그래서 그녀가 동생들을 보살폈는데, 둘째 남동생이 세 살 때

병으로 죽고 말았다. 이 일은 샤오밍 일생에서 가장 큰 아픔이다. 놀기 바빠 동생을 소홀히 대한 자신을 탓하기도 했다. 어머니는 아들을 떠나보낸 뒤 크게 상심해 자주 쓰러졌다. 일곱 살이 된 샤오밍은 학교에 다니고 싶었으나 감히 부모님께 내색하지 못했다. 그러다 아홉 살이 되던 해 어머니에게 얘기를 꺼냈다. 그때 샤오밍은 갓 돌을 넘긴 막내 여동생을 돌보고 있었다. 어머니가 처음에는 반대했지만, 학교에 안 보내면 나중에 원한이 될 거라는 이웃의 말에 겨우 학교에 다닐 수 있었다. 단, 학교에 갈 때도 막내를 데려가는 조건이었다.

샤오밍은 매일 어린 여동생을 안은 채 수업을 들었다. 동생이 울면 밖에 나가 달래기도 했다. 수업 시간 40분 내내 아이를 안고 필기했고, 하교 후엔 동생이 잠든 틈을 타 숙제했다. 3학년 때는 막내가 좀 자라서 가끔만 학교에 데려갔다. 그리고 4학년이 되자 더는 동생을 데리고 다니지 않아도 됐다. 그녀는 동생을 돌보며 집안일까지 했지만, 성적에 영향을 끼치진 않아 줄곧 반에서 3등 안에 들었다. 샤오밍은 어렵게 얻은 공부할 기회를 소중히 여겼고, 여자라서 관심받지 못했기에 더 열심히 노력했다.

중학교 1학년 여름방학 때는 어머니가 시내의 작은 이모 식당에서 아침식사 파는 걸 도우라고 했다. 스스로 학비를 마련하라는 의미였다. 개학이 다가와 집으로 돌아가려 하자 어머니는 그곳에서 계속 돈을 벌어 집안 살림에 보탬이 되라고 했다.

결국 샤오밍은 학교에 다니지 못하고 일해야 했다. 그녀는 책가방을 멘 학생들을 보며 괴로워했고, 한 달 내내 울었다. 이를 보다 못한 이모부가 샤오밍을 집으로 데려다줬다. 부모님은 산으로 일하러 갔는지 대문이 굳게 잠겨 있어 외삼촌 집에서 부모님을 기다렸다. 외삼촌이 샤오밍에게 "형제자매도 많고 집안도 가난한데, 중학교 마치면 곧 스물이고 고등학교 마치면 스물둘이나 된다. 부모님이 그렇게까지 너를 돌봐 줄 순 없지 않겠니? 게다가 그 대단한 대학이라도 가면 집안에서 학비를 감당할 수 있을 것 같으냐?"고 다그쳤다. 이에 샤오밍은 울면서 학교에 다니지 않겠다고 했다. 그리고 그 길로 이모부를 따라가 다시 아침식사를 팔았다. 그렇게 몇 년이 지났다. 샤오밍은 어디에 일하러 가든 중학교 2~3학년 국어, 영어, 수학 교과서를 꼭 갖고 다녔다.

노동의 경험

2003년 설을 지낸 뒤 샤오밍은 선전의 플라스틱 공장에 들어갔다. 기계 가동 업무를 맡았는데, 한 대에 4명이 달라붙어 일했다. 4명 다 숙련된 노동자라면 수월했겠지만, 갓 들어온 샤오밍은 일이 서툴렀다. 그래서 다른 3명에게 괴롭힘을 당했다. 당시 샤오밍은 18세가 되지 않았을 때인데, 불법 영업을 하던 그 공장은 외진 곳에 있었다. 하지만 한 달 넘게 찾아 헤매다 얻은 일자리여서 묵묵히 '고참'들의 괴롭힘을 참아가며 열 손가락에 물집이 잡히도록 일했다. 그렇게 시간이 흐르자 모두와 친해질 수 있었다. 그렇게 그곳에서 1년 넘게 일했다. 그 공장에서의 노동쟁의 성공은 샤오밍에게 깊은 인상을 남겼다. 당시는 야간 교대를 할 무렵이었다. 야간조는 저녁 8시부터 오전 8시까지 일하고, 11~12시에 야식을 먹는다. 4명이 같이 일하다가 아침 6시가 되면 돌아가며 아침식사를 한다. 그런데 공장이 오전 8시 전 외출을 금한다며 문을 잠그는 규정을 만들었다. 노동자들이 아침식사를 못 하게 하려는 의도였다. 노동자들은 이에 분노해 공장 게시판에 커다란 거북이[42]를 그리고, 공장장 의견에 조목조목 반박했다. 그게 효과가 없으면, 다음 날 아침 6시에 모든 업무를 중단하고 아침식사를 하러 가기로 했다. 샤오멍과 동료들이 주도한 게 발각됐지만, 공장은 숙련공인 그들을 해고하지 못했다. 그래서 형식적인 반성문만 요구한 뒤 모두 아침식사를 하러 가라고 했다. 공장에서 지낸 나날은 정말 힘들었다. 품질 검사 담당자의 눈치도 봐야 했고, 관리자의 화풀이도 견뎌야 했다. 게다가 그 둘은 부부였다. 얼마 후 더는 참을 수 없던 샤오멍이 그들과 크게 싸우는 바람에 더 심한 괴롭힘을 당했다. 그래서 그만두겠다고 했으나 관리자가 거부해 한 달 급여를 포기한 채 나와 버렸다. 당시 매일 12시간 일하고 연장근무수당으로 시간당 2.5위안을 받으면 월급이 700위안쯤 됐다. 공장을 나온 뒤에도 동료들과는 지금까지 연락하며 친하게 지낸다.

2005년에는 둥관 창안의 장난감 공장에 취직했다. 안료 분사팀에서 일했는데, 안료 분사 장치가 없어서 시너로 색상을 섞은 뒤 붓으로 덧입혔다. 온통 수작업이어서 손은 늘 유성 안료 범벅이었다. 그래서 작업이 끝나면 유성 용매제로 손을 씻었다. 용매제가 시원해 여름에는 모두가 양손을 푹 담그기도 했다. 하지만 그때는 그것이 얼마나 위험한 독성물질인지 알지 못했다. 거기서 1년 정도 일하다가 샤오멍의 이종사촌 부인이 심한 비염으로 일을 그만둔 뒤 샤오멍도 같은 증상이 생겨 곧 그만둘 수밖에 없었다. 그때 이후로 바람만 불면 코가 간질거리고 막혀서 감기에 자주 설렀다. 병원에 가 보니 알레르기성 비염이라고 했다. 그 공장엔

42　[역주] 중국어로 욕설을 의미한다.

당시 1만 명 정도가 다녔고, 노동법에 따라 연장근무수당이 지급되어 약 3000위안의 월급을 받았다.

그 후에는 마트에서 해산물, 찻잎, 옷 등을 판매하고, 월급으로 500위안에서 1000위안을 받았다. 거기서 안 좋은 일을 당하기도 했는데, 자기 집에 묵게 한 여자가 두 달 치 월급을 훔쳐 달아난 것이다. 옆집 여자가 강간 살해당한 무서운 일도 있었다. 하지만 보석상 여주인처럼 좋은 사람을 만나기도 했다. 어느 날 집에 놀러 온 여주인이 중학교 교과서와 연애소설 한 무더기를 보고 샤오멍이 배움에 대한 갈증이 있다고 여겨 『평범한 세계』라는 책을 선물했다. 샤오멍은 목마름을 채우려는 듯 그 책을 단숨에 읽었다. 그리고 이 책은 그녀가 가장 좋아하는 책이 되었다.

저도 아들 노릇 할 수 있어요

어린 시절 샤오멍은 "네가 아들이면 참 좋았을걸!"이라는 말을 수십 번도 넘게 들었다. 그래서 자신이 아들이었으면 어머니가 사람들에게 괄시도 안 받고, 자기도 제때 학교에 갈 수 있었을 거라고 생각했다. 그래서 어머니에게 말했다. "내가 여자라서 쓸모없다고 생각하지 마세요. 저를 남동생들과 똑같이 대해 주시면, 저도 나중에 동생과 똑같이 될 수 있어요. 엄마가 늙으면 동생들보다 더 잘 보살펴 드릴게요. 동생들이 하는 것의 두 배를 해 드릴 거예요." 그러나 엄마는 고개를 저었다. "계집애는 뿌리가 없어서 어디에 씨를 뿌리든 싹을 틔우지. 그런데 사내아이는 뿌리 있는 나무와 같아서 노후를 대비할 수 있어."

그래서인지 샤오멍은 어릴 때부터 반항심이 강해 가녀린 몸집에도 싸움을 서슴지 않았다. 때릴 수 있을 때까지 때리고, 질 것 같으면 도망가면 그만이었다. 남한테 맞아도 울지 않았다. 하지만 공부를 잘해서 줄곧 3등 안에 들었다. 부모님에게 아들보다 열등하지 않다는 걸 증명해 보이고 싶었기 때문이다. 비록 공부를 마치지 못하는 운명을 거스를 순 없었지만, 어머니에게 한 약속은 어기지 않았다. 플라스틱 공장에서 일할 때 받은 월급 700위안 중 500위안을 집에 보냈다. 나머지로 생활하기엔 너무 부족했지만, 월말이면 동병상련 처지인 친구들과 모여 밥을 먹었다. 그렇게 2003년부터 2007년까지 샤오밍은 매달 500위안 이상을 집으로 보냈다. 샤오밍은 "조금이라도 아끼려면 덜 먹어야 해요. 집에 보탬이 되고 싶거든요. 남는 돈은 얼마 안 되지만, 저축도 했어요. 나중에는 창업해서 돈을 많이 벌고 싶어요. 그래서 어머니에게 보여 드릴 거예요. 여자로 태어났지만 쓸모 있다고요"라고 말했다.

샤오밍은 결국 소원을 이뤘다. 선전시 푸톈구 여인세계女人世界[43] 쇼핑몰에 액세서리 가게를 연 것이다. 거기는 세를 주고, 자신은 선전 샤징의 대형마트에서 장아찌 코너를 맡아 갓절임, 무절임, 김, 목이버섯, 소금에 절인 콩깍지 등의 염장식품을 팔았다. 사업을 시작한 뒤로 어머니는 샤오밍을 달리 보기 시작했다. 비로소 그녀의 능력을 인정한 것이다. 그래도 딸은 시집을 잘 가야 한다는 어머니 생각은 변함없다. 어머니는 여자 혼자 물건을 팔고 옮기려면 힘드니 적당한 사람을 만나 같이 하면 사업이든 생활이든 더 안정될 거라 여겼다. 하지만 어머니의 채근에도 샤오밍은 아랑곳하지 않았다.

샤오밍에게 아들보다 못하지 않다는 걸 증명하고 싶은지 물었다. 그녀

43 [역주] 여성 의류 및 잡화 도소매를 취급하는 대형 상점.

는 "이미 증명했다고 생각해요. 이 집 아들들보다 제가 기여한 게 더 많거든요. 그리고 저희 고향에선 남자가 살림할 필요가 없지만, 제 남동생들은 결혼해서 집안일을 하고 있죠!"라며 웃었다.

전단지 한 장이 가져다준 새로운 세상

주주는 샤오밍이 일한 대형마트에서 의류를 판매하던 친구다. 어느 날 주주가 공익기구 활동가 모집 전단지를 샤오밍에게 보여 줬다. 샤오밍은 그곳에 지원하고 싶어서 공익기구를 찾아갔는데, 마침 활동가들이 병원 취재를 나가던 참이라 합류했다. 샤징沙井인민병원 5층 정형외과에 가니 한 층에 60여 명의 노동자가 있었다. 그들 모두 두 손이 퉁퉁 부어 있었고, 심지어 한쪽 손목을 절단한 사람도 있었다. 놀랍게도 그녀가 다닌 플라스틱 공장의 그 기계를 다루는 노동자였다. 샤오밍은 그 공장에서 기계에 손이 끼일 뻔한 기억이 떠올랐다. 그때 사고가 났더라면 그처럼 한쪽 손을 잃었을 것이다. 큰 충격을 받은 샤오밍은 그때부터 공익기구에서 일하기 시작했다. 공익기구 업무는 대개 주말에 바쁜데, 샤오밍의 사업도 주말이 가장 잘됐다. 그래서 처음에는 주말 오전에 장사하고 저녁에 공익기구에 출근했지만, 나중에는 사업을 팽개치고 주말 내내 공익기구에서 일했다. 한번은 산업재해 노동자를 인터뷰하던 중 그의 재해 신청을 도와주게 되어 매우 고무됐다. 산업재해 법률을 모조리 외워 노동자들이 쉽게 이해하도록 설명하고, 산업재해가 무엇인지, 보상 신청은 어떻게 하는지, 신청서 작성 요령은 어떠한지에 대해 교육했다. 그 과정에서 샤오밍은 성취감을 느낄 수 있었다.

활동가들이 즐겨 부르는 쑨헝의 〈이 세상 모든 노동자는 한 가족〉이라는 노래를 듣고, 노동자를 위해 수많은 노래를 만든 그를 동경하기도 했다. 또 활동가들과 영화를 보며 시야가 넓어졌고, 자신이 이전과 많이 달라졌음을 느꼈다. 어쨌든 샤오밍은 정말 즐거웠다.

한번은 장사를 일주일이나 쉬고 공익사업 직업 교육에 참여했다. 물건도 안 들이고 장사도 안 한다며 손님들이 화를 내기도 했다. 샤오밍은 어둠 속에 빛이 있음을 발견하자마자 스스로 용기 내어 앞으로 나아갔다. 직업 교육을 하며 수많은 사람이 노동자 권리 보호에 관심이 있다는 사실을 발견했고, 자신이 알던 세상과는 다른 세상이 있음을 깨달았다. 이후 샤오밍은 가게를 친구에게 넘기고 사업을 그만뒀다.

공익을 위해 뛰어들다

한 장의 전단지로 인해 샤오밍은 같은 세상의 다른 공간으로 들어올 수 있었다. 이때부터 샤오밍은 공익기구 활동가들과 끈끈한 인연을 맺었다. 비록 인생길이 변화무쌍하고 다채로워 고민과 걱정이 끊이지 않지만, 그녀의 세상은 이제 완전히 달라졌다. 처음에는 노동자 권익 운동을 하기 위해 공장으로 들어갈 생각이었다. 그래서 일자리를 찾다 보니 소음이 기준치를 넘어서는 공장도 있었다. 직업 교육을 받은 샤오밍은 장기간 그곳에서 일하면 청력을 잃을 수도 있다는 걸 알았다. 시너와 유성 용매제를 다루는 공장도 있었는데, 그때도 독성물질에 피해 입은 여성노동자들이 떠올랐다. 그들은 머리가 붓고 다리가 가늘어졌으며, 걸을 때 자꾸만 뒤로 넘어져 귀신처럼 흐느적댔다. 그들은 그렇게 평생을 살아야 한다. 일주일 동안 아홉 공장에 들어가 반나절 혹은 몇 시간 정도 일했는데, 정말이지 견디기 힘들었다. 일하다가 평생을 망칠 순 없다는 생각이 들었다.

그러다 결국 금속 플라스틱 공장을 택했다. 다른 업무는 안전하지 않아 포장부에 지원했다. 거기서 CD 케이스 접는 일을 1년간 했는데, 하루에 약 1만 개를 접었다. 그러다 관절이 손상됐고, 이 역시 직업병임을 깨달았지만 소송에서 이길 수 없다는 건 잘 알고 있었다. 그래서 사직 의사를 밝혔으나 생산조장과 관리자가 승인하지 않았다. 평소에 잘 지내던 그들은 그제야 본색을 드러냈다. 샤오멍은 "우리 관계를 생각해서 이렇게까지는 얘기하지 않으려 했는데, 당신들이 이렇게 나오면 나중에 큰코다칠 거예요"라고 말했다. 그리고 '노동관계 해지 통지서'를 작성해 회사 측에 전달했다. 사장실로 불려간 샤오멍은 사장의 호통에 온몸이 떨려서 결국 한마디도 하지 못했다. 회사 관리자는 그런 그녀에게 말했다. "너는 한낱 노동자에 불과해. 왜 이렇게 일을 복잡하게 만들어? 사회보험을 안 들어줬네, 노동계약서를 작성하지 않았네 하면서 말이야. 네가 뭐라도 되는 줄 아나 보지? 품팔이 노동자 주제에. 할 수 있으면 소송해보든가."

그의 말이 샤오멍을 자극했다. 샤오멍은 머리끝까지 화가 나서 그의 책상을 내리쳤다. "그럼 당신은 뭐라도 되는 줄 아나 봐? 당신도 고용된 사람 아니야? 소송하라면 할게. 무서워서 당신한테 빌 줄 알았나 본데, 똑똑히 봐 둬."

생각지 못한 샤오멍의 반응에 관리자는 겁을 잔뜩 먹고 경비를 불러 샤오멍을 공장 밖으로 끌어냈다. 샤오멍의 노동자 권익 운동은 그렇게 시작됐다. 그녀는 노동자협회, 노동국, 노동쟁의중재소 등을 찾아다녔다. 샤오멍은 기간 내 노동계약서를 작성하지 않았으므로 월급의 2배를 보상할 것, 1년 치 사회보험을 완납할 것, 조회 시간 15분을 추가 근무로 인정할 것 등을 따져 총 8000위안을 회사 측에 요구했다.

판사는 샤오멍에게 회사와 합의할 것을 권고했다. "원고가 지금 합의하면 가장 원만한 해결책이 될 겁니다. 만약 조정 신청을 계속한다면 30일을 기다려야 하고, 원고의 요구 사항이 많으므로 판결이 나온다고 하더라도 피고가 불복하면 2심으로 갈 수 있습니다. 2심은 또 30일을 기다려야 하는데, 이후 판결까지 또 30일이 소요됩니다. 그렇게까지 하면 피고는 문제없을 것이나 원고가 힘들어집니다." 판사의 말에 샤오멍은 회사와 합의하기로 했다. 회사는 샤오멍에게 7000위안을 배상했다. 그리고 더 기쁜 일은 이후 회사가 수천 명 노동자의 사회보험을 들어 준 것이다.

2011년 3월에는 베이징 핑구의 노동자대학에서 반년간 교육을 받았다. 그리고 9월에 졸업한 뒤 학교에 남아 조교로 일했다. 샤오멍은 예전부터 쑨형을 만나 보고 싶었다. 그러다 학교에서 바쁘게 지나가는 그를 만날 수 있었다. 샤오멍은 선전에 있는 친구들에게 전화를 걸어 "그 사람은 낡아빠진 스웨터를 입고 있더라. 생각보다 그렇게 멋있지는 않았어. 정말 실망이야"라고 말했다. 하지만 평범해 보이는 그는 따스함과 성실함이 느껴지는 사람이었다. 샤오멍은 이후 갈피를 잡지 못해 조급해하던 5~8기 학생들을 차례차례 맞았다. 그리고 앞길이 망망대해 같은, 세상을 대하는 눈이 확연히 달라진 노동자 졸업생들을 하나하나 환송했다.

2013년 9월 샤오멍은 베이징을 떠나기로 결심했다. 2016년 1월 8일 노동자대학 13기 학생 대표가 샤오멍에게 감사 메시지를 전달했다. "노동자대학은 우리의 험난한 인생 가운데 만난 아름다운 도원 같은 곳입니다. 이곳에서 저는 이제껏 한 번도 받지 못한 존중을 받았습니다. 그리고 행동으로 증명하는 단결된 역량과 실천력을 볼 수 있었습니다."

병의 원인

샤오밍이 노동자대학과 공익기구에 만족한 이유와 그곳을 떠나게 된 배경에 대해 5시간 동안 대화를 나눴다. 그중 일부를 정리하면 다음과 같다.

샤오밍 이 조직을 통해 저는 희망을 느꼈어요. 물론 그 가운데 실망도 했고요. 모든 기구는 그 자체로 훌륭해요. 하지만 모든 곳이 그렇듯 자신의 무언가를 계속 견지하려 하죠. 다른 조직이나 기구를 배척하기도 하고, 표면적인 것과 내부적인 게 조화되지 못하기도 해요. 그래도 모든 사람이 그렇듯 모든 기구도 개성이 있어야 나름의 장점을 살릴 수 있어요. 모순적이지만 맞는 말이에요. 이 공익기구는 거대해요. 그런데 정말 도움이 필요할 때 서로 도울 수 있는 네트워크가 없어요. 서로를 알게 됨으로써 기댈 곳이 생겼다고 느끼지만, 실제로 도움이 필요할 땐 그런 힘이 되어 주질 못하죠. 제가 굳게 지키는 일이 의미 있다고 생각하지만, 그 일의 미래가 어디에 있는지는 잘 모르겠어요.

뤼투 일리 있는 말이에요. 하지만 앞으로의 방향이 어찌 됐든 당신은 처음 이 일에 뛰어들었을 때 어둠 속에서 빛을 발견한 것 같았다고 했어요. 그러면서 새로운 사람이 됐고, 세상도 그때부터 달라졌다고 했고요.

샤오밍 정말 그랬죠. 그런데 저는 아직도 막막해요. 특히 2013년 10월

2011년 겨울 샤오멍(왼쪽)이 베이징 동심창업훈련센터 지도원으로 일할 당시.

에 선전으로 돌아온 이후에는 더 그랬어요. 사회로 돌아와 다시 노동자로 일하면서 모든 게 그대로라는 느낌이 들었어요. 늘 그랬듯 공장 관리자에게 욕먹고, 마트에서 일할 때도 매출에 신경 써야 했고요. 관리자의 압박뿐 아니라 동료끼리도 매출 경쟁 때문에 서로 화합하지 못했죠. 심지어 서로 죽이고 싶은 마음이 들 때도 있었으니까요.

뤼투   당신은 칠흑 같은 어둠 속에서 밝은 빛을 봤어요. 그 빛을 향해 가는 도중에 그곳에 여전히 어둠의 그림자가 드리워져 있음을 발견하는 과정 아닐까요? 그렇게 밝은 빛이었는데 알고 보니 겨우 작은 촛불에 지나지 않았구나, 이 어둠을 밝힐 수 없겠구나 하고요. 당신의 고민은 충분히 이해해요. 완벽하고 아름다운 사람들이라고 생각했는데, 불완전한 모습을 발견한 거죠. 그리고 희망 가득한 길에서 갑자기 막연함을 느꼈을 테고요. 당신이 알고 지낸 많은 사람이 사회를 바꾸기 위해 노력하는데, 당신은 사

2014년 선전 대형마트 판매원으로 일할 때.

회의 추악한 모습만 바라보고 있으니 더는 계속할 수 없는 거예
요. 그래서 이전의 당신으로, 열정적이던 당신으로 돌아가지 못
하는 거고요. 지난 교육에서 인생의 이상에 관해 토론할 때 당신
은 진정한 인간이 되고 싶다고 했어요. 당신이 생각하는 진정한
인간이란 남을 존중하고, 남에게 존중받는 사람이죠. 가장 중요
한 건 마땅히 해야 할 일을 하면서 일생을 살아가는 것 아닐까
요?

샤오밍 그런데 지금 저는 엉망진창인걸요. 제가 어떤 사람이 되어야 할
지 모르겠어요. 평생 제가 원하는 걸 찾지 못해서 인생이 비참
해질까 봐 너무 두려워요. 다 필요 없고 우선 요양이나 해야겠다
싶어서 매일 한약을 먹으며 조리 중이에요. 몸이 건강하지 못하

면 아무 소용없으니까요.

뤼투 너무 개의치 말아요. 처음 병이 생긴 게 노동자대학을 떠났을 때 죠? 큰 병원에 다녀 봐도 병명을 찾지 못한 거 보니 분명 마음의 병일 거예요. 당신답지 못한 당신이니 당연히 병이 생겼겠죠.

샤오밍 사실 저도 그렇게 생각했어요.

내 눈에 비친 세상
— 샤오멍(2012년)

나는 여자가 천대받는 환경에서 태어나 여자아이로 살았다. 그래서 내 반항심은 더욱 거세졌다. 나는 여성이 존중받고 받아들여지는 곳이 있다고 믿었기에 더욱 외부 세계로 나가고 싶었다. 남녀차별이 내가 태어난 그곳에만 존재한다고 생각해서 거기만 벗어나면 세상이 따스할 거라 믿었다. 그런 세상이야말로 여성이 살아가는 무대가 될 수 있으니까.

그렇게 아름다운 꿈을 꾸며 처음으로 노동을 시작했다. 그리고 평등함을 꿈꿨다. 공업구에서 일할 땐 여성들이 정말 많았다. 공장 일자리가 넘쳐났고, 남자보다는 여자를 뽑았기 때문이다. 남성이 공장에 들어가려면 조건이 훨씬 까다로웠지만, 여성은 가짜 신분증을 만들기만 하면 바로 취직할 수 있었다. 그때 처음으로 여자가 남자보다 좋다고 생각했다.

세월이 지나 철이 들어도 원했던 생활을 찾지 못하고 오히려 더 많은 문제에 부딪혔다. 그리고 대부분 농촌에 남녀차별이 존재함을 알게 됐다. 그리고 그저 여성이라는 이유로 관리자로 승진할 수 없음을 노동의 경험을 통해 깨달았다. 대다수 남성 상사가 여성에게 위해를 가했다. 용모가 예쁜 여성들은 늘 성희롱에 시달려야 했다.

당시 같은 작업반에서 일하던 얼굴이 예쁜 조장은 생산 목록과 작업 상황을 보고하러 관리자 사무실에 갈 때마다 엉덩이와 손을 내줘야 한다고 분노했다. 하지만 실직당할까 두려워 기숙사에서만 겨우 토로

했다. 여성이 일자리를 찾기 쉽다고 해도 조장이 되기는 어려웠다. 그래서 많은 여성이 성희롱을 당해도 인내하다가 도저히 참을 수 없는 지경이 되면 회사를 그만둔다. 어느 날 참다못한 여성이 성희롱 가해자를 고소했는데, 며칠 후 알 수 없는 이유로 해고됐다. 그 후 생활을 위해, 경제적 사정 때문에 우리는 그저 참을 수밖에 없는 처지라는 걸 깨달았다.

생산라인 여성노동자들은 생리통이 심해도 휴가를 쓸 수 없다. 그래서 무단결근이라도 하면 3일 치 임금이 삭감된다. 그러니 우리는 남성 관리자들이 영원히 알 수 없는 고통을 참아가며 일할 수밖에 없다. 그렇지 않으면 임금 삭감뿐 아니라 개근상을 비롯한 복지 혜택도 받지 못한다.

여성노동자들이 묵묵히 말 잘 듣고 관리하기 쉽다는 것은 세심함과 인내라는 번드르르한 말로 모범적인 여공의 사례가 되었다. 이 역시 수많은 공장이 여성노동자만 모집하는 중요한 이유다. 취업한 것 외에는 그 어떤 장점도 없다. 업무 환경이 직업병을 만들고, 연장근무와 초과근무를 할 수밖에 없는 살인적인 업무량이 우리를 산업재해로 내몰았다. 매년 셀 수 없을 만큼 많은 손가락이 기계에 잘려 나갔고, 17~18세의 꽃다운 숱한 청춘이 산업재해로 평생을 침대에서 보내야 한다. 이 모든 것에 누가 관심을 두겠는가?

혹자는 지금 우리가 남녀평등 사회에 산다고 이야기한다. 정말 남녀가 평등해졌을까? 사회가 여성에게 평등한 교육과 취업 기회를 줬을까? 남녀가 평등해졌는데 관리직 여성은 왜 그리도 적을까? 정말 여성의 능력은 남성보다 못한가? 남녀가 평등해졌는데 왜 남성이 여성보다 많이 배울까?

현재 노처녀 비율이 점점 높아지고 있다. 이를 두고 여성의 요구가 너무 많고 배금주의에 찌들어 있다고 한다. 정말 그러한가? 친구들은 내게 전화해 남편과 자녀가 보고 싶다며 힘들어한다. 그들은 결혼한지 5년도 되지 않아 먹고살기 위해 가족들과 떨어져 산다. 생활의 중압감에 여가도 못 즐기고, 그들의 자녀는 홀로 농촌에 남아 조부모와함께 산다. 가족이 만나는 건 꿈에서나 가능하다. 이전보다 더 열심히 일하지만, 그만큼 위험성이 높아졌다. 안정적인 직장과 수입을 얻기 위해 더욱 인내하며 일한다.

결혼은 원래 힘들면 서로 의지하고 즐거움을 함께할 가정을 이루는 것이다. 아이가 태어나면 동요를 가르치고 옛날이야기를 들려줄 수 있어야 한다. 가끔은 온 가족이 공원에 나가 산책도 해야 한다. 그러나 지금의 결혼생활은 이런 것에 만족할 수 없을 뿐 아니라 더 힘들고 외롭고 피로하다.

이런 가족이 점점 더 많아졌다. 그런데도 결혼할 용기가 있는가? 결혼한 친구들의 행동은 결혼으로 인한 각종 생활의 변화를 말해 준다. 그런데도 결혼하고 싶은가? 수많은 유동아동[44]과 농촌에 홀로 남겨진 아동의 생활과 처지를 보고서도, 자녀에게 좋은 환경을 마련해 줄 능력도 없으면서 과연 가정을 꾸릴 수 있는가? 나는 그럴 수 없기에 수많은 노처녀 가운데 하나가 되어 혼자인 삶을

---

44 [역주] 부모가 일하는 곳에 따라왔지만, 후커우가 없어서 교육 및 의료 혜택을 거의 받지 못하는 아동을 말한다.

만끽하고 있다. 나는 결혼을 원하지 않는 게 아니라 내 가정을 갖고 싶지 않은 것이다. 그리고 이 사회는 내가 원하는 가정을 마련해 주지 않는다. 한번은 우연한 기회로 이 세상에 NGO라고 부르는 단체가 있음을 알게 됐다. 이곳에서는 여성도 차별받지 않는다. 자기 생각을 가질 수 있는 데다 불만과 억울한 점을 마음껏 이야기할 수도 있다. 이곳은 그토록 꿈에 그리던 여성이 존중받고 하고 싶은 말을 할 수 있는 곳이기도 하다. 여기서 노동자들은 희망을 얻을 것이며, 나아가 더 강하고 독립적이며 자주적인 여성의 인생을 시작할 것이다.

1987년생 샤오베이

혼자인 삶을 선택하다

샤오베이小貝는 '쑤저우 노동자의 집' 활동가다. 이곳은 쑤저우에서 일하는 노동자와 그 자녀들을 위한 공익기구로, 2009년에 만들어졌다. 샤오베이는 2010년 대학을 졸업하자마자 이곳에 들어와 지금까지 일하고 있다. 샤오베이를 알게 된 건 첫 워크숍에서다. 그녀가 '노동자의 집' 대표로 연설했는데, 느릿느릿하지만 생생하게 사실을 전달하며 사람들을 즐겁게 하는 게 인상 깊었다. 또 그녀가 걱정스럽게 문제 제기할 때도 흥미로웠다. 샤오베이는 작은 키에 동안이며, 말할 때 고개를 갸우뚱하는 모습이 정말 귀여웠다. 그러나 그녀의 귀엽고 아담한 모습 뒤에 뛰어난 능력이 숨어 있다. 그녀는 혼자 모든 일을 맡고 있으며, 더 대단한 건 연애와 결혼도 마다하고 자기 삶을 살아간다는 것이다.

성장 과정

샤오베이는 1987년 장시江西성 상라오上饶시 교외의 한 마을에서 태어났다. 형제자매로 오빠와 언니가 하나씩 있다. 어머니는 요리사로 식당을 운영하다가 지금은 건축자재 상점에서 언니를 돕고 있다. 아버지는 어머니 식당에서 서빙을 돕기도 했고, 말솜씨가 좋아 1기 촌장을 지낸 적도 있다. 하지만 마을 선거에서 대다수가 뇌물을 써서 아버지는 늘 낙선했다. 그래도 여전히 마을 일에 적극적으로 참여한다. 아버지는 비교적 명망이 높아 복잡하게 얽힌 마을 일을 처리하는 데 도움을 준다. 그러면서 본인의 가치를 느끼는 것 같다.

부모님은 자녀 공부를 시킬 때도 아들과 딸을 차별하지 않았고, 샤오베이에게 늘 너그러웠다. 샤오베이는 첫 대입시험에 낙방하고 재수해 산둥성 지난대학에서 법학을 전공했다. 전공은 샤오베이 스스로 선택했는데, 이는 아버지와 처음으로 다툰 일과 관련이 있다. 샤오베이는 어릴 때부터 아버지와 논쟁하는 걸 좋아했는데, 그때 아버지가 "너는 말재간이 대단하니 나중에 변호사 해라"라고 말했다. 하지만 그녀가 법학을 택한 건 영화에 나온 정의를 수호하는 변호사가 멋있었기 때문이다. 물론 이후 사회현실을 알게 되면서 그런 정의로운 이미지는 영화 속에서나 가능하다는 것도 깨달았다.

샤오베이는 대학 시절 재능과 학식을 많이 얻지 못했다고 생각했다. 가족 중 유일하게 대학에 가서 그녀는 늘 부모님의 자랑거리였다. 그때마다 샤오베이는 숨기 바빴다. 그러나 대학 생활로 인해 시야가 넓어져 세계의 변화와 삶의 가능성을 찾을 수 있었다. 졸업을 앞두고 취업 준비할 때는 샤오베이를 비롯한 기숙사 친구 모두가 열등감에 빠져 자신이 보잘것없다고 여겼다.

'쑤저우 노동자의 집'에서 일하다

대학 시절 샤오베이는 신야新野 학생 동아리에 가입했다. 2010년 졸업 논문을 쓸 때 학과장이 '쑤저우 노동자의 집'에 지원할 의향이 있는지 물었다. 이후 '노동자의 집' 블로그에서 노동자들의 환한 모습을 보고 그곳 책임자인 샤오취안小全에게 이력서를 보낸 뒤 많은 이야기를 나눴다. 그리고 그곳에서 일해야겠다고 다짐하고는 그의 확답을 받기도 전에 짐을 쑤저우로 부쳤다. 그렇게 6월 28일 샤오베이는 졸업하자마자 기차를 타고 아름답고 낯선 도시로 왔다.

처음으로 노동자 집단을 만나다

'노동자의 집'은 노동자 출신이 아니라면 반드시 공장에 들어가 체험해야 한다는 입사 조건이 있었다. 이에 샤오베이도 공장에 들어가 한 달간 일했다. 공장에선 내내 힘들었지만, 그럭저럭 시간이 빨리 지나갔다. 이전에는 친척과 친구를 포함한 노동자들과 부딪힐 기회가 적어서 그들의 고통과 희로애락을 이해할 수 없었다. 지금은 기회만 되면 많은 노동자 친구들과 이야기를 나눈다. 그들의 풍부한 인생 경험은 감탄을 자아냈고, 많은 노동자가 선량하고 낙관적이며 스스로 발전하려 한다는 걸 느낄 수 있었다. 하지만 그들 대다수는 나아갈 길이 없어 아름다운 생활을 누리지 못한다. 매일 다양한 일을 시도하지만, 현재 상태를 바꾸기엔 역부족이다. 이에 샤오베이도 전체를 바꾸지 않는 한 개인의 운명을 바꿀 수 없다는 걸 알게 되었다.

불안정한 마음

샤오베이는 글도 잘 쓰고 말솜씨도 좋으며 실천력도 있는 능력 있는 활동가다. 그녀는 조직에서 많은 일을 맡고 있는데, 주로 문화예술팀 업무를 책임진다. 주 1회 노동자 문화예술팀을 조직해 발성 및 노래 연습을 하고, 집단창작팀을 만들어 재능 있고 적극적인 사람들을 발굴하기도 한다. 또 정기적으로 '노동자의 집' 강당이나 대형 공연장에서 크고 작은 문화 공연을 준비한다. 문화예술팀이 창작한 노래, 짧은 에세이, 상성相聲[45] 공연은 인기가 높다. 구성원들은 공연에 참여함으로써 자부심을 느끼고, 자원봉사자들은 강한 책임감을 갖게 된다.

샤오베이는 자기 일과 동료, 주변 노동자 친구들을 좋아한다. 하지만 종종 무력감에 빠져 헤어 나오지 못할 때도 있다. 노동자들이 마주한 법률문제, 주거문제, 실업문제, 심리문제 등이 너무 많고 복잡하기 때문이다. 공익기구에서 일할 때 어려운 점은 하나의 문제를 해결하면 또 다른 문제가 생겨서 끝이 없다는 것이다. 동료들 또한 오늘 이 문제로 기분이 상하면, 내일은 또 다른 문제로 마음이 상한다. 그리고 적극적인 노동자 친구들을 길러내도 며칠 못 가 떠나 버리기 일쑤여서 처음부터 다시 시작해야 한다.

샤오베이는 한동안 감정이 불안정해졌다가 다른 기구를 탐방하며 그들이 열심히 활동하는 모습을 본 뒤로 다시 힘을 내기 시작했다. 그녀는 사람들과의 교류와 소통을 통해서만 이 일에 희망과 미래가 있다고 생각하게 됐다. 그래도 어려움에 부딪히면 이미 없다고 느껴지거나 포기하

---

45 [역주] 중국 설창문예의 하나로, 만담 또는 재담을 말한다. 오늘날의 스탠딩 코미디와 비슷하다.

고 싶어질지도 모른다. 더욱이 문화예술팀을 꾸린 지 1년이 넘은 지금은 활동에서 받는 스트레스를 더 이상 견디기 힘든 상태다. 그래서 떠나고 싶다는 생각이 들 때마다 안정된 곳에서 단순한 생활을 하며 지낸다. 샤오베이는 여러 가능성을 따져 보다가 결국 두 가지 선택만 있다는 결론을 내렸다. 하나는 이곳에 계속 남는 것이고, 다른 하나는 자신이 좋아하는 곳에서 단순한 일을 찾는 것이다. 가령 호텔 직원으로 일하면서 매일 하늘에 떠다니는 구름을 보며 책을 읽는 그런 것 말이다.

라사에 가다

샤오베이는 현실에 맞춰 마음을 움직이고 싶었으나 쉽지 않았다. 공익 기구에서 일하는 건 일반 기업처럼 고용계약을 이행하거나 돈을 벌기 위한 게 아니기 때문이다. 그래서 그만두겠다고 마음먹은 순간부터 실행에 옮길 때까지 반년 넘게 걸렸다. 눈앞에 일을 쌓아 둔 채 차마 발걸음을 떼기 힘들었다. 설맞이 특별 공연과 노동절 공연이 끝난 뒤 2013년 5월 20일에 샤오베이는 오래 전부터 계획한 티베트 여행을 떠났다. 그리고 다시는 쑤저우로 돌아오지 않겠다고 결심하고, 책 한 권 남기지 않고 모든 짐을 쌌다.

라사拉薩시에 가기로 결심한 이유는 두 가지다. 첫째, 어릴 때부터 지금까지 특별히 하고 싶은 일이나 가고 싶은 곳이 없었다. 그래서 자신에 대한 믿음이 부족하다고 느꼈고, 그런 믿음이 있는 사람들이 부러웠다. 그러다가 티베트 사람들이 그러하다는 말을 듣고 꼭 한번 가 보고 싶었다. 둘째, 푸른 하늘과 순백의 구름이 있는 티베트 사진을 봤는데, 너무 아름다웠다. 이런 자연환경에서 한가한 일을 찾을 수 있다면 평생을 거기서 살 수 있을 것 같았다. 그리고 자신은 야망이나 큰 뜻이 없기 때문에 충분히 만족할 것이다.

그래서 샤오베이는 기차를 타고 라사에 갔다. 고원의 풍경은 확실히 아름다웠다. 그리고 다시 차를 타고 남초호納木错[46]에 갔는데, 바닥이 보일 정도로 물이 맑고 사진보다 더 아름다웠다. 샤오베이는 비로소 원하는 걸 이룰 수 있었다. 숙식을 제공하는 작은 게스트하우스 일자리를 찾았고, 그렇게 그녀의 낭만적인 상상을 실현했다.

게스트하우스 주인은 고위 관료의 딸이었는데, 두 사람은 바로 의기투합해 내부 수리부터 시범 운영과 개점까지 함께 했다. 게스트하우스에는 5개의 객실과 꽃과 나무가 심어진 정원이 있었다. 일이 많지 않아 샤오베이 혼자 다 할 수 있었다. 매일 아침 10시에 일어나 2시간 동안 객실 정리를 하면 더는 할 일이 없어 책을 보거나 멍하니 있는 게 전부였다. 마침내 자신이 원하던 한가로운 생활을 하게 된 것이다.

하지만 아무리 지난 일을 돌아보지 않으려 해도 스스로 묻지 않을 수 없었다. '이것이 내가 원한 삶인가? 매일 푸른 하늘과 흰 구름을 보며 단순하게 사는 걸 원한 걸까? 이건 내가 진짜로 원하던 삶이 아닌 것 같아.' 그러다가 이전에 자신이 했던 일이 정말 힘겨웠지만, 목표와 지향이 있었음을 깨달았다.

게스트하우스 생활은 또 다른 상상을 깨 버렸다. 이전에는 돈 많은 사람들의 삶에 호기심이 있었고, 돈이 있다면 가족을 돕겠다고 생각한 적도 있다. 물론 그녀의 삶이 궤적은 그것과 거리가 멀었다. 라사에서의 5

---

46 [역주] 중국 티베트 자치구에 있는 중국에서 세 번째로 큰 호수다.

개월 중 4개월을 게스트하우스 주인과 그녀의 개를 돌보며 살았다. 주인
은 돈도 여유도 있으나 어떤 취미도 관심사도 없었다. 그저 타오바오에서
불필요한 물건을 사는 게 전부였다. 갑자기 일을 벌이기도 했지만, 실행
에 옮긴 적은 드물었다. 예를 들어 아이스크림을 만들어 팔고 싶다며 인
터넷에서 온갖 재료를 사 놓고는 가을이 될 때까지 포장도 뜯지 않는 식
이었다. 그녀가 가장 잘하는 일은 친구의 돈을 자기 주머니로 꾀어내는
것이었다. 또 티베트를 여행하며 염주와 군도, 상아 등을 수백 위안에 사
서 수천 혹은 수만 위안에 되팔았다. 바가지를 씌우는 데 주저함이 없었
고, 주로 친한 사람을 등쳐먹었다. 그리고 게스트하우스를 연 뒤에는 돈
있는 친구들을 불러 모았다. 그들 또한 이곳에서 그저 경치나 감상하고,
각종 기념품 사는 데만 열을 올렸다.

샤오베이는 그곳의 여러 절을 방문했는데, 대부분 시내에서 멀리 떨어
진 산 중턱에 있었다. 하지만 그곳에 가면 편안해지고 귀속감을 느끼기
도 했다. 다만 그 귀속감은 샤오베이 것이 아니었다.

'쑤저우 노동자의 집'으로 돌아오다

샤오베이가 쑤저우를 떠난 5개월 동안 남은 세 동료는 일손이 부족해
쉬는 날 없이 일해야 했다. 어느 날 샤오취안이 샤오베이에게 언제 돌아
올 거냐고 문자를 보냈는데, 그 한 통의 문자가 기한 없는 약속을 일깨
운 듯했다. 이에 샤오베이는 게스트하우스를 정리하고 익숙한 쑤저우로
돌아왔다. 라사 여행에서 얻은 결론은 자신이 원하는 삶은 '노동자의 집'
같은 곳에서만 실현할 수 있으며, 이곳 동료와 일이야말로 자신에게 가
장 잘 맞는다는 것이다.

이러한 샤오베이의 성장에 조직은 더 많은 책임을 부여했다. 물론 이는 샤오베이가 가장 원치 않는 일이었다. 이제는 조직의 생존을 위해 그녀가 직접 프로젝트 계획서를 만들어 지원금을 신청해야 한다. 이전에는 조직 책임자인 샤오취안이 담당했다. 이 일은 정말 고통스럽다. '노동자의 집' 사무실은 철거를 앞두고 있고, 새 사무실을 얻으면 아동을 위해 활동할 예정이다. 샤오베이는 아동 지원 활동과 문화예술팀 둘 다 맡다가 새로운 활동가가 들어온 지금은 아동 지원 활동에만 전념하고 있다. 이제 '노동자의 집'은 점차 사회적 기업으로 발전하고 있는데, 프로젝트에만 의존하지 않는 게 목표다. 그리고 그 책임 또한 그녀의 어깨에 떨어졌다.

상황이 순조로울 때 샤오베이는 일에 집중했지만, 잘 안 풀릴 때는 허튼 생각을 하곤 했다. 2015년 국경절 연휴에는 다시 멍해져서 자신을 놓아 버렸다. 게다가 샤오취안의 화를 돋구고 말았다. "너는 나를 전지전능한 인간으로 만들고 싶은가 본데, 나는 그럴 생각이 없어. 넌 정말 이기적이야." 나중에야 그의 진심을 알 수 있었는데, 샤오베이가 자기 실속은 다 차리면서 선심 쓰는 척 한다고 생각해서 화가 난 것이었다. 그는 모든 사람이 바람에 흔들리는 잡초가 아닌 하늘을 찌르는 큰 나무로 성장해 많은 책임을 져야 한다고 생각했다. 그래서 샤오베이는 때때로 도망치고 싶어도 실행에 옮길 순 없었다. 아무리 생각해 봐도 어디로 가야 할지 몰랐고, 이전에 도망친 경험이 후회로 남았기 때문이다.

가족들은 샤오베이의 일을 이해하지 못했다. 아버지는 이런 활동이 정부를 트집 잡는 일이라 여겼고, 어머니는 그저 재미없는 일이라 생각했다. 오빠와 언니는 샤오베이가 좋은 일을 한다고 생각했지만, 결혼하지 않겠다는 그녀의 다짐은 불효라며 찬성하지 않았다. 현재 가족들은 샤오베이를 설득하는 걸 포기한 상태다. 그녀가 경제적으로 독립해 잘 살고 있고, 건강하고 안전하게 지내니 걱정할 필요가 없어서다. 샤오베이가 가장 걱정되는 건 어머니다. 어머니는 딸과 함께 살고 싶어 하지만, 고향에선 쑤저우에서처럼 살 수 없다. 이 일은 집단의 협력을 통해서만 실현될 수 있기 때문이다. 그래서 샤오베이는 처음으로 자신이 여자라서 다행이라는 생각이 들었다. 만약 자신이 아들이었다면 부모님 성화에 못 이겨 고향으로 돌아가 결혼하고 아이도 낳았을 테니까.

혼자 살기로 결심하다

샤오베이가 혼자 살기로 결심한 건 어머니의 영향이다. 어머니는 마음이 복잡하고 힘들 때마다 그녀에게 전화해 하소연한다. 그래서 가족 중 제일 신경이 쓰이는데, 어머니는 자신에게 가장 중요한 사람인 아버지와 오빠에 의해 희로애락이 결정된다. 두 남자가 어머니의 모든 것이자 고통의 근원인 것이다. 최근 2년 사이 결혼한 두 동료의 자주적이지 못한 결혼생활도 혼자 살겠다는 그녀의 결심을 확고하게 했다. 이런 결심은 하루아침에 이뤄진 게 아니다.

샤오베이는 아동 지원 활동을 하며 많은 학부모를 만났는데, 그중 여성들은 일하면서 집안일과 육아까지 병행하는 슈퍼우먼이었다. 그들이 결혼생활에서 짊어져야 할 책임과 희생은 너무 많다. 삶이 잔혹하다 보니 남성들도 힘들긴 마찬가지다. 그러니 혼자 살면 단순하고 편리하다.

그렇다고 샤오베이가 남자에게 마음이 움직이지 않았던 건 아니다. 쑤저우에서 일할 때도 매력적인 남자를 만난 적이 있다. 하지만 그와 오랜 시간을 같이할 수 있을지, 가고 싶은 길이나 하고 싶은 일을 합의할 수

노동자 자녀들과 함께하는 샤오베이.

있을지 두려웠다.

물론 샤오베이도 남자의 따스한 포용을 원한다. 하지만 현실적으로 남성은 사회적 압박을 많이 받기에 온전한 상태가 아니다. 그러니 상상 속 남성의 포용이 늘 따뜻하지 않을 것임을 잘 안다. 또한 아직도 남성이 결혼생활을 주도하는 지금 자기를 바꿔가면서까지 남자에게 맞추고 싶지 않으며, 그런 생활은 고통스러울 거라 생각한다.

뤼투 사람은 사회와 연결되어 있어요. 사회와 타인은 어떻게든 모든 사람의 사회적 위치를 정하려 하죠. 일하는 여성이 가정을 이루지 않는다면 지금의 사회관계에서 자리를 잃어 존재감이 없을 거예요. 일 자체가 사람에게 존재감을 느끼게 해 주진 않아요. 만약 가정과 자녀가 없으면 아무것도 아닌 게 되거든요. 당신은 달라요. 마음의 중량이 당신을 충분히 지지하고, 자신이 누구이며 뭘 하고 있는지, 왜 그런 선택을 했는지 잘 알죠. 대학 졸업장도 그저 학력에 불과할 뿐 신분은 아니에요. 그래도 대학 학력이 당신의 선택에 자신감을 줬다고 생각해요.

샤오베이 확실히 그래요. 사회는 각자의 역할과 사회적 위치를 정해요. 딸, 아내, 어머니, 대학생으로요. 혼자 살겠다고 결심하는 데 제가 하는 일이 중요한 역할을 했어요. 저는 결코 의지가 강한 사람이 아니에요. 환경에 굴복하거나 강자에게 고개를 숙일 수도 있어요. 그래서 원하는 삶을 살기 위해선 더더욱 고향에 돌아가선 안 돼요. 저 자신이 뭘 원하는지 잘 아니까 이 집단과 일을 택한 거예요. 제 동료들은 서로 감싸고 이해해 줘요. 일은 정신적이고 물질적인 모든 걸 주고요. 저를 방해할 수 있는 건 아무것도 없죠.

제가 하는 일이 안정된 삶을 보장한다면 계속 이 일을 할 거예요. 대학 졸업, 고향을 떠나며 한 약속, 내가 사랑하는 일이 저의 단순하고도 특별한 선택에 영향을 미쳤어요. 이전에 인생에서 바란 건 늙어서 자상하고 선량한 할머니가 되는 거였어요. 그런데 생각해 보니 이 소원은 노력하지 않아도 시간이 흐르면 이룰 수 있는 거잖아요. 제가 그렇게까지 재미없는 사람은 아니거든요. 그래서 소원이 바뀌었어요. 여전히 단순하지만요. 진실하게 살고, 삶의 매 순간을 직시하는 샤오베이가 되자!

1987년생 샤오춘
자책은 가장 큰 고통

    샤오춘曉春은 쑤저우에 인터뷰하러 다닐 때 처음 만났다. 그녀는 대학 졸업자여서 처음엔 인터뷰 대상이 아니었다. 그러나 그녀가 노동자 지원 활동에 적극적이며, 노동자들과 하나가 됐다는 걸 알게 되면서 그녀에 대한 '편견'이 없어졌다. 이후 그녀가 먼저 내게 다가왔다. 몇 번의 만남을 통해 우리는 서로를 잘 알게 됐다. 우리는 2011년 6월 2일, 2012년 3월 13일, 2012년 3월 16일 세 번에 걸쳐 만났는데, 당시 그녀가 심리적 고통을 겪고 있어서 분위기가 무거울 수밖에 없었다.

    샤오춘은 그리 크지 않은 키에 둥근 얼굴의 동안이다. 성격이 활발하고, 통통 튀는 걸 좋아하는 즐거움이 넘치는 사람이다. 노래와 춤도 좋아해서 무대에서 공연할 때는 마치 로큰롤 가수 같다. 평소에는 주머니가 많이 달린 헐렁한 카고 바지처럼 개성 있는 옷을 즐겨 입다가 어떨 때는 검정 스타킹에 딱 달라붙는 원피스를 입고 찍은 사진을 위챗에 올리기도 한다.

    2016년 2월 24일 샤오춘과 위챗 화상전화로 2시간 넘게 변화무쌍한 세상사와 숱한 고민을 나눴다. 그녀가 말하면 걱정스러운 일도 재미있고 웃음이 터져 나오는 일이 된다. 그토록 재치 있는 그녀를 유머 감각이 없는 내가 글로 옮기게 되어 유감일 정도다.

성장 과정

샤오춘은 1987년 푸젠福建성 장저우漳州시의 한 마을에서 외동딸로 태어났다. 아버지는 공장에서 일했고, 건강이 좋지 않은 어머니는 집안일을 하며 작은 텃밭을 가꿨다. 가족은 할머니가 남겨 준 집에서 살았는데, 풍족하진 않았으나 그럭저럭 살만했다. 중학교 2학년 때 어머니가 병에 걸려 가세가 기울었다. 샤오춘이 가장 존경하는 큰아버지 내외는 할머니가 살아 계실 때부터 극진히 모셨다. 그리고 샤오춘의 집안 형편이 힘들어졌을 때도 친척들과 돈을 모아 도움을 줬다. 당시 친척들에게 손을 내밀던 상황을 샤오춘은 아직도 잊지 못한다. 막내 외삼촌에게 빌린 70위안으로 온 식구가 2주간 생활한 적도 있다. 외삼촌에게 돈을 빌리러 갔을 때 외숙모가 매우 불쾌해하는 모습을 보며 눈물을 흘린 기억도 있다. 그렇게 샤오춘의 가족은 빚을 지며 8년의 세월을 버텼다. 쾌활했던 샤오춘은 돈이 없어 아무것도 할 수 없는 상황에서 자괴감과 분노를 느끼며 '이런 불행이 왜 내게 생겼을까?'라고 생각했다.

아버지는 어머니를 병간호하며 직장에 다녔다. 그래서 어머니는 아버지 직장 근처 아파트로 이사했다. 샤오춘은 혼자 할머니 집에 남겨져 학교에 다녔다. 그렇게 6년을 지냈다. 부모님 집과는 차로 30분 거리였지만, 그곳에 가는 일은 그리 많지 않았다. 샤오춘은 고등학교 1학년 때까지는 성적이 우수했으나 이후 인터넷에 빠져 성적이 크게 떨어졌다. 대입

시험 성적이 400점 조금 넘어서 전문대에 갈 수밖에 없었다.

샤오춘은 대학 시절인 2006년부터 2009년까지 비서 영어를 전공했다. 영어를 좋아해 시험 성적도 좋고, 회화 실력도 뛰어났다. 성급省級 영어회화 대회에 참가해 3등을 한 적도 있다. 샤오춘은 지금도 그 시절 교수님에게 매우 감사해한다. 여러 기회도 마련해 주고, 영어 실력이 향상되도록 도움을 줬기 때문이다. 덕분에 자신감도 생겼다.

처음 얻은 직업

2009년 대학 졸업 후 샤먼에 있는 기계 임대 회사에서 비서로 근무했다. 5~6명의 직원과 기계 조작이 가능한 기능공 20~30명이 다니는 민영 회사였다. 이곳에서 샤오춘은 문서 작성, 회의 준비, 비서 업무 등을 맡았다.

샤오춘은 하루 8시간씩 주 5일 근무하고 거주비를 포함해 월 1800위안을 받았다. 2~3시간이면 맡은 업무가 다 끝났고, 남는 시간에는 영화를 보거나 잡무를 처리했다. 하지만 단조롭고 재미없는 업무는 그녀가 원한 일이 아니었다. 대학 시절 큰돈을 벌겠다는 원대한 계획도 그곳에선 실현할 수 없어 보였다.

3개월 후 9월쯤 대학 친구 샤오예小葉에게 저장성의 일자리를 소개받았다. 그러나 그 제안을 받아들임으로써 치유할 수 없는 마음의 상처가 생길 줄은 예상치 못했다.

다단계 함정에 빠진 10개월

꽤 친한 사이였던 샤오예의 제안으로 저장에 간 뒤 10개월간 재난이 계속됐다. 다단계 판매 조직에 들어간 것이다. 그 사업장은 저장성 자싱嘉興시와 핑후平湖시, 그리고 풍경이 아름다운 신안장新安江시에 있었다.

첫째 날 샤오예는 샤오춘을 데리고 백화점과 마트 등을 돌아다니며 이것저것 가르쳐 줬다. 저녁이 되어 샤오예와 함께 숙소에 갔는데, 다단계 조직원들이 머무는 곳이었다. 3개의 침실과 거실 하나에 5~6명의 남녀가 각각 한방을 썼고, 작은 방엔 이들을 관리하는 총책임자가 기거했다. 샤오춘이 숙소에 들어오자 모두가 자기소개랍시고 황당한 거짓말을 늘어놓기 시작했다. 하나는 의류공장에 다닌다고 하고, 또 하나는 종업원으로 일한다고 했다. 제품을 운반하는 사람도 있고, 택시 기사라고 소개한 사람도 있었다. 신입이 들어오면 어떻게 대화해야 하는지 철저하게 계획한 것이다. 한 사람이 이야기를 꺼내면 다음 사람이 이어서 이야기하고, 그러다 밖에서 다른 사람이 들어와 이야기를 잇는 등 모든 게 짜인 각본이었다.

다음날 몇 사람이 주거니 받거니 하며 경영에 대한 새로운 생각을 말했다. 그런 후 두 사람이 종이에 그림을 그려 설명하자 나머지 서너 명이 주변을 에워싸고 앉았다. 샤오춘은 이런 상황에 거부감이 들기 시작했다.

셋째 날 샤오춘의 속마음을 알아챈 샤오예와 사람들이 달라붙어서 그녀를 구슬렸다. 샤오춘의 가정 형편이 그리 좋지 않다는 걸 알고는 한 여성이 말했다. "우리가 밖에서 돈을 벌면 얼마나 벌겠어요. 한 달에 2000위안 벌어도 물가가 비싸서 집에 부칠 돈도 얼마 안 돼요. 저축도 못 하고요."

넷째 날에는 강좌를 들으러 갔는데, 한 줄에 5~6개씩 5~6줄의 의자가 놓여 있었다. 강사 옆에는 분위기를 북돋아 주는 사람이 하나 서 있었다. 강사가 마지막 억양을 위로 올릴 때마다 그가 객석의 호응을 이끌어서 분위기가 달아올랐다. 본격적인 강의에 앞서 강사가 맥도날드 사례를 꺼냈다. 한 점포가 1년에 10만 위안을 버는데, 자신들은 100명에게 소개하면 1000만 위안도 번다는 것이다. 그리고 처음 시작하는 사람이 보통 10%의 이익을 취해 100만 위안의 수입을 올릴 수 있다고 했다.

다섯째 날과 여섯째 날은 여러 곳에 끌려다니며 강좌를 들었다. 공장에서 상품을 받아 고객에게 방문 판매하는 최신 마케팅 방식을 소개하는 자리였다. 그들은 중간 유통마진을 없애는 이런 방식이야말로 돈을 벌 수 있다고 홍보했다. 반신반의하는 샤오춘에게 샤오예가 자기는 해외 무역을 하고 싶지, 저런 일은 하기 싫다고 말했다.

일주일째 되던 날 다단계 조직의 일명 '구멍 파기' 작전이 시작됐다. 이전 단계가 사람을 '유인'하는 과정이었다면, 이 단계에선 총책임자가 신입회원과 함께 '이곳은 다단계 회사'라며 허심탄회하게 대화한다. 다단계 회사는 심리를 공략해 사람을 끌어들인다. 피도 눈물도 없는, 주도면밀하고 노련한 총책임자가 부드럽고 간곡하게 '친구'라는 호칭을 쓰며 다가왔다. 난처하고 괴로워진 샤오춘이 울음을 터뜨렸지만, 샤오예는 "지금은 보내줄 수 없어. 나중엔 이 모든 게 널 위한 것임을 알게 될 거야. 지금은 아무것도 안 해도 좋으니 여기에 머물면서 돌아가는 상황을 지켜보자"라고 말했다.

며칠 후 샤오예가 샤오춘의 마음을 움직였다. 샤오춘은 긴 머리에 큰 눈망울로 조리 있게 말도 잘하는 샤오예를 참 좋아했다. 샤오예는 두 부류의 사람을 다단계에 끌어들였다. 하나는 친인척, 친구, 대학 동창이고, 다른 하나는 인터넷 채팅을 통해 만난 남성들이다. 다단계 회사의 신입으로 들어오면 일단 최소 2명 이상을 데려와야 한다. 이를 그들의 은어로 '쌍끌이'라 한다. 그리고 돈이 들어오길 기다리면 된다. 샤오예는 샤오춘이 작업하기 쉽게 미리 설계를 마친 대상을 소개해 줬다. 그는 바로 샤오예의 전 남자친구 샤오리小李였다. 그렇게 '한 마리'를 물었으니 샤오춘이 나머지 '한 마리'만 물어 오면 된다. 샤오춘은 대학 동창 샤오원小文을 유인했지만, 끈질기지 못해서인지 속임수가 부족해서인지 실패하고 말았다. 그리고 그 회사가 경찰에 소탕되기 전까지 단 한 명도 끌어들이지 못했다. 샤오춘은 2009년 9월부터 2010년 6월까지 10개월 동안 매일 8위안의 식사비와 2800위안의 가입비 등 모두 1만여 위안을 다단계 회사에 바쳤다.

자책의 고통과 대면하기

뤼투 이전에 다단계 회사에 들어간 노동자들을 만난 적이 있어요. 그래도 그들은 어떻게 해서든 빠져나오려 했는데, 열 달이나 그곳에 있었던 이유는 뭔가요?

샤오춘 그 사람들이 제게 좌절감을 느끼게 했거든요. 아무리 열심히 일해도 부모님께 더 좋은 환경을 마련해 줄 수 없다면서요. 한편으로 요행을 바라기도 했고요. 샤오예가 한 명을 소개해 줘서 제가 하나만 더 끌어들이면 되니 쉬울 거라 생각했어요. 그렇게 하루하루 지내다 보니 뭔가 해야만 얻을 수 있겠다는 마음도 생겼어요. 그렇게 나쁜 물이 들어서 저도 신입회원을 꼬드기는 데 관여했죠. 그때는 마치 약이라도 먹은 사람처럼 귀신에 홀린 것 같았어요. 돌이켜 보면 머리털이 쭈뼛거릴 정도예요. 한밤중에 그때

샤오춘이 촬영한 자신의 옛집.

일이 생각나서 화가 치밀어 오르기도 하고요.

뤼투 얼마나 암울하고 고통스러운 기억이었을지 짐작이 가네요. 그런데 왜 아직도 떨쳐 버리지 못하고 자신을 괴롭히나요?

샤오춘 샤오예를 생각하면 정말 마음이 아파요. 정말 좋은 친구였는데, 저를 비롯해 수많은 사람을 속였어요. 사람 사이의 정을 이용하는 방식으로 말이죠. 그래서 그 친구 생각이 날 때마다 가슴이 아프다가도 밉기도 해요. 하지만 당시엔 저도 샤오예처럼 다른 사람을 속이려 했었죠. 비록 성공하진 못했지만 그런 생각을 했다니 정말 괴로워요.

뤼투 혹시 샤오예와 자신이 본질적으로 같은 사람이라고 생각하는 것 아니에요? 물론 그 일에 '성공'하진 못했지만.

샤오춘 네, 그런 생각도 했어요. 그래도 나중엔 제가 그 친구와 다르다는 걸 깨달았어요. 전 늘 샤오원에게 미안하고 부끄럽기도요. 그는 대학 시절에 제가 어려울 때 1000위안을 그냥 주기도 했어요. 그런 사람을 속이려 했다니, 비록 성공하진 못했지만 어쨌든 속이려 했잖아요. 나중에 그를 한 번 만났는데, 천진난만한 모습을 보니 아무 말도 할 수 없더라고요.

뤼투   알아요. 그 경험이 당신에게 엄청난 심적 부담을 줬을 것 같아요. 그 고통에서 벗어나는 길은 자신의 약점과 잘못된 길로 들어선 계기를 깊이 생각해 보는 거예요. 그리고 남을 속이면 얼마나 자책하고 상처받는지 인식하는 거죠. 그런 자책과 심리적 압박은 스스로 짊어져야 해요. 남에게 이야기하면 일시적으론 해소되는 것 같지만, 나중엔 더 큰 압박으로 다가오거든요. 그러니 그 고통을 이후 당신의 행동에 경종을 울리게 하는 계기로 삼아 보세요. 그러면 어느 정도 스스로 떳떳해지지 않을까요?

무역회사에서 일하다

2011년 3월부터 샤오춘은 쑤저우시 가오신高新구의 무역회사에서 일하기 시작했다. 그녀는 대학 졸업자에 영어 실력이 뛰어나서 일자리를 구하는 게 그리 어렵지 않았다. 이 회사엔 약 100여 명이 다녔는데, 주로 미국인을 상대로 작은 부채, 접이식 의자 등의 마케팅 상품을 판매했다. 샤오춘이 공장에 가서 적당한 물건을 골라 제품 정보와 사진, 가격 등을 타오바오 사이트에 올리면 해외 고객이 이를 보고 구매하는 방식이었다.

1800위안의 기본급을 받으려면 한 달에 6000위안 이상의 주문서를 받아야 한다. 그러면 이윤의 20%를 가져갈 수 있다. 예를 들어 4000달러 주문에 남는 이윤이 800달러이니, 거기서 샤오춘이 800달러의 20%, 즉 160위안을 가져가는 것이다. 매달 샤오춘이 받는 주문량은 일정했다.

가장 많을 때는 주문량이 월 1만 달러 정도여서 1600위안을 더 받을 수 있었다. 그러나 최근 캐나다 퀘벡에서 주문한 유리공 받침대에 접착 문제가 생겨서 공장이 1만3271위안, 샤오춘이 2643위안을 보상해야 했다.

사장 월급은 70만 위안에 달한다. 5명의 중간 관리자는 월 30~50만 위안을 받는다. 또 우수한 성적의 일반 사원들은 1만 위안 이상을 받는다.

샤오춘은 일이 너무 즐거웠다. 출근도 자유롭고 영어를 마음껏 쓸 수 있기 때문이다. 사무실에 있을 때 주요 업무 수단은 컴퓨터, 인터넷, 전화였다. 업무에 숙련되면 나중에 고향에 가서도 이런 일을 할 수 있을 것이라 생각했다.

시골 마을 공무원이 되다

2012년 8월에는 쑤저우를 떠나 고향인 핑허平和현의 작은 마을로 돌아왔다. 처음 몇 년간 샤오춘은 공장과 무역회사에서 일했는데, 공장은 오염이 심했고 무역회사는 불경기였다. 2015년 11월에는 지방 공무원 시험에 합격했다. 여기서 3년 이상 일해야 정식 발령을 받을 수 있다. 샤오춘은 민정사무실[47]에서 신형농촌합작 의료제도[48]를 담당하고, 이에 대한 국민 부담금 수납 업무를 맡았다. 즉 집마다 찾아다니며 매년 1인당 120위안을 수금한다. 샤오춘의 기본급은 1800위안으로, 2012년 이전에는 부수입도 있어서 괜찮았는데, 지금은 청렴을 강조해서 그렇지 못하다. 근무하는 곳은 예전에 살았던 할머니 집과 도보 5분 거리여서 정말

---

47 [역주] 한국의 주민센터에 해당한다.

48 [역주] 국가가 조직한 의료공제 제도로, 국가가 보조하고 국민이 일부 부담한다.

로 고향에 돌아온 기분이다. 샤오춘은 "일도 적지만, 너무 청렴해서 쥐어 짜면 물만 나올 것 같다"고 했다.

상사에게 보고하러 갈 때마다 그가 서예에 몰두하는 모습을 보고 자신도 요즘 너무 한가하니 문방사우를 챙겨 출근해야겠다고 다짐했다. 바로 위 상사는 대부분의 시간을 개인 사업에 써서 그림자도 보이지 않는다. 그는 컴퓨터를 다룰 줄도, '신형농촌합작의료'가 무슨 일인지도 모른다. 그저 찻잎이나 담배 종류만 훤히 꿰고 있고, 아랫사람이 보고하는 걸 듣기만 한다. 샤오춘은 그가 주머니마다 가격이 다른 담배를 넣어 두고, 만나는 사람에 따라 다른 담배를 건네는 모습을 관찰하곤 한다.

요즘 샤오춘은 이 직업을 평생 할 수 있을지 고민이다. 월급이 적고, 복지 수준이 낮으며, 업무도 지루하기 때문이다. 하지만 이 직업은 안정적인 데다 부모님 옆에서 지낼 수 있어서 몸과 마음이 편안하다. 또 조금 무료하긴 하지만, 퇴근 후 자신을 위한 시간도 많다.

자신이 바라는 삶

샤오춘은 자신이 바라는 삶에 대해 이렇게 말했다.

"외국 아이들은 웃으면서 학창 시절을 보내는 것 같아요. 그런데 우리는 늘 찡그린 얼굴로 학교에 가기 싫어하죠. 외국 영화를 보면 그들은 일하면서도 자유로워 보여요. 예를 들어 목공일이 재미있어 보이면 그걸 배워서 10년 후에 근사한 목공예품을 만들어 성공하고요. 목수는 시인이 될 수 있어요. 농부도 시인이고요. 유럽 전원시인들은 포도밭을 가꾸며 포도의 아름다움을 찬미해요. 포도를 심고 가꾸는 과정을 노래하면서요. 와인을 음미하기도 하죠. 이런 게 삶을 온전히 누리는 거예요. 공무원이 되어야 누릴 수 있는 게 아니라.

제가 가정을 꾸리면 남편도 아이도 생기겠죠. 하지만 저는 제가 원하는 삶을 살고 싶어요. 제 목소리로 노래하면서요. 그 미래는 꿈이 아니에요.

5년 후나 10년 후엔 집안 형편도 나아질 테고, 부모님도 만족하실 거예요. 저는 매일 아침 9시부터 오후 5시까지 출퇴근하는 생활을 하고 싶진 않아요. 집 근처에 작은 바를 열거나 땅을 빌려 꽃 몇 포기를 심고 싶어요."

떨쳐버릴 수 없는 것

샤오춘의 상상은 정말 아름답다. 그런 상상을 들을 때마다 왜 그토록 많은 사람이 '노동은 영예로운 것'이라는 말에 점점 의문을 가질까 생각한다. '아름답다'라는 말은 편안함, 즐거움, 자유로움 등의 개념과 같다. 아름다운 건 어쩌면 사람들을 기분 좋게, 유쾌하게 할지도 모르니까. 하지만 나는 아름다운 것이 노동, 땀, 노력, 고난의 개념과 깊은 관계가 있다고 생각한다. 그러나 누가 이에 동의하겠는가? 누가 편안한 생활을 싫어하겠는가? 그렇다면 고생하는 것보다 편안한 삶을 원하는 것과 '노동하지 않아도 얻어지는 것'의 경계는 무엇일까?

우선 이런 사상적인 문제는 토론하지 않기로 했다. 나는 샤오춘의 불안한 심리 상태가 걱정됐다. 아직도 한밤중에 그때 기억이 떠오르냐고 물었다. 샤오춘은 "고향에 돌아와 공장에 다니는 동안 연애를 했어요. 결국 헤어졌지만 그때 기억을 많이 떨칠 수 있었죠"라고 말했다. 그리고 지금은 경제적인 걱정을 덜고 스트레스도 덜 받아서 그때 고통이 거의 느껴지지 않는다고 했다.

1988년생 민옌

즐거운 신부

2015년 6월 19일에서 21일까지 '톈진 노동자의 집'이 개최하는 노동자 커뮤니티 활동에 베이징과 톈진 지역의 노동자 조직이 모두 참여했다. 이 기회를 이용해 이곳 상황도 알아보고, 몇몇 여성노동자와 이야기를 나누며 이 책에 수록할 몇 편의 이야기를 정리했다. 1988년생 민옌敏艷, 1993년생 왕치, 1994년생 쥔졔의 이야기가 그것이다.

'톈진 노동자의 집' 책임자 이타오藝濤에 따르면, 이 지역에는 톈진 공업구, 사이다賽達 공업구, 마이크로전자 공업구, 국제공업시티 등이 있으며, 이들 공업구와 협력하는 몇몇 공업구와 1·2·3호 아파트, 허셰和諧 아파트, 블루칼라 아파트, 화이트칼라 아파트, 쥔타이君泰 여성 전용 아파트 등의 노동자 거주지가 있다. 이타오는 2010년부터 주변 공장에서 일하며 노동자를 위한 커뮤니티 활동을 전개했는데, 이를 통해 짧은 시간 내에 이곳 공업구의 거대한 변화를 몸소 겪었다. 이타오의 조사에 의하면, 이곳 공업구의 노동자 수는 2013년에 약 50만 명에서 2015년에는 약 8만 명으로 줄었다. 이타오가 한 아파트에 우리를 데려갔는데, 건물 2층이 너

2015년 6월 20일 시칭 공업구에서 열린 '대지의 민요' 공연에서 〈공장 아가씨〉를 열창하는 민옌(가운데).

무 황량해서 놀라웠다. 한때 번화했던 흔적이라곤 온갖 상점의 간판과 광고지뿐이었다. 텅 빈 상점들은 천정이 내려앉았고, 조명은 손을 뻗으면 닿을 곳까지 내려와 있었다. 당시 50만 명을 수용하던 시설들을 이제 어떻게 처리해야 할까? 이처럼 무분별한 발전에 휘말린 수많은 노동자가 몰아치는 폭우에 떨며 방향감을 상실한 상태다.

2015년 6월 20일 저녁 7시에 신노동자예술단 동료들과 함께 톈진 시칭西青 공업구에서 현지 노동자들을 위한 콘서트를 열었다. 출연진은 공업구에서 일하는 여성노동자들이다. 개막식 공연은 쥔제가 맡았는데, 그

녀의 날렵한 춤동작은 '주링허우90[49]' 스타일("1994년생 쥔제" 이야기 참고)
이었다. 베이징에서 온 건설 노동자가 시를 낭독했고, 민옌이 〈공장 아가
씨〉를 열창했다. 그녀의 아름다운 노랫소리가 시끌벅적한 상점 입구에
가득 울려 퍼지면서 이에 매료된 수많은 인파가 몰려들었다.

> 좋아하는 옷을 벗어 던지고 똑같은 옷으로 갈아입어
> 시끄러운 공장에 들어서니 교대조의 지친 얼굴이 보여
> 부품 하나하나 내 손으로 조립하니
> 내 손에서 완성품이 태어나, 마치 내가 온 세상을 조립하듯
>
> 찬란한 청춘이 상품을 따라 떠나가 교대할 시간이 됐어
> 공장에는 나 같은 사람이 얼마나 많을까 스무 살의 아가씨여
> 청춘은 야박한 월급과 맞바꾸기 위한 것 같아
> 기계로 가득한 세상에 조용히 피어나는 내 청춘
> 조용히 피어나네

병으로 그만둔 학업

민옌은 1988년 산시성 셴양咸陽시의 농촌에서 태어났다. 가족은 아버
지, 어머니, 언니, 두 오빠 등 총 여섯 식구다. 막내인 민옌은 산아제한
정책 때문에 태어나자마자 고모 집에 맡겨졌다가 세 살이 돼서야 집에
올 수 있었다. 어머니가 민옌을 데려와야 한다고 우기지 않았더라면 계

---

49 [역주] 1990년대에 출생한 세대를 일컫는다.

속 그 집에서 살았을지도 모른다. 당시 아버지가 민옌을 데리러 갔는데, 아버지가 낯설었는지 집에 가지 않겠다며 떼를 썼다고 한다.

민옌의 부모님은 농사일을 하는데, 아버지는 중학교를 졸업했으나 어머니는 학교에 다닌 적이 없다. 큰언니는 전문대에서 회계를 전공한 뒤 형부와 함께 회계 일을 한다. 큰오빠는 초등학교 졸업 후 농사를 짓고, 둘째 오빠는 중학교 졸업 후 선전에서 일한다.

민옌은 1995년에 초등학교에 입학했다. 중학교 3학년 설 무렵에 갑자기 머리가 어지럽고 눈앞이 아른거려 동네 병원에서 일주일간 링거를 맞았지만 소용이 없었다. 그래서 큰 병원에서 진찰을 받고 약을 먹었더니 차도가 있었다. 지금 생각해 보니 빈혈이었던 것 같다. 몸이 아프기 전엔 공부를 곧잘 했지만, 빈혈이 너무 심해 학교를 그만둘 수밖에 없었다.

미용 기술을 배우다

2004년에 몸이 나아졌지만, 학교를 그만두고 시안에 미용실을 개업한 친구를 따라 미용을 배우러 갔다. 거기서 1년간 미용 기술을 배우며 일했는데, 월급은 800위안이었다. 처음 반년은 시안 본점에서, 나머지 반년은 셴양 분점에서 일했다. 그런데 셴양에 온 지 3개월 무렵 미용 약품 때문인지 갑자기 피부 알레르기가 생겼다. 이후 증상이 갈수록 심해져 결국 습진으로 번졌다.

언니가 그녀를 시안 병원에 데려가 한참을 치료받았으나 호전되지 않았다. 이후 이머니의 권유로 고향 중의원[50]의 명의가 개업한 병원에서 반

---

50 [역주] 중국 전통의학 병원.

년간 치료받고 완쾌했다.

종교를 믿어도 사장은 사장이다

몸이 완쾌된 후 집에 있으려니 무료했다. 하지만 어머니는 민옌이 다시 외지에 나가면 병이 도질까 우려했고, 아버지도 집 근처에서 일자리를 찾아보라고 했다. 민옌을 비롯한 고향 사람 대부분은 천주교 신자다. 어느 날 천주교신문에서 천주교 신자가 저장에 세운 공장의 구인 광고를 발견했다. 게다가 민옌의 삼촌과 이모도 저장에 살고 있었다. 그래서 2009년 4월 민옌은 고향 친구들과 함께 저장성 원저우溫州시로 갔다.

그곳은 의류 액세서리 공장으로, 1000여 명의 노동자가 일하는 제법 규모가 큰 공장이었다. 그러나 도급임금제여서 일이 정말 힘들었다. 아침 7시에 출근해 저녁 7시에 퇴근했는데, 대다수가 추가근무를 자청했다. 어떤 사람은 밤 10시가 넘어서야 퇴근했다. 월급은 1000위안 정도였다.

민옌에게 물었다. "사장이 천주교 신자라는 신문 광고를 보고 그곳에서 일하기로 결정했다고요? 당신의 일과 천주교는 어떤 관계가 있나요?" 민옌은 "아무 상관이 없어요. 그냥 거기서 일할 뿐이에요. 사장이요? 사장을 본 적도 없는걸요!"라고 대답했다.

그해 10월 민옌의 삼촌과 이모가 집으로 돌아가기 위해 사직했다. 민옌도 혼자 그곳에 있기 싫어서 공장을 그만뒀다. 10월에 집에 가면 사과 수확을 도울 수 있다. 고향 집에는 7무(약 1400평)가 조금 넘는 사과밭이 있는데, 친척집에 관리와 재배를 위탁한 5무(약 1000평)의 과수원을 합하면, 총 12무(약 2400평)의 사과밭이 있는 셈이다.

톈진의 S핸드폰 공장에서 일하다

민옌은 고향 친구와 함께 둥관의 핸드폰 공장에서 2009년 11월부터 1년간 일했다. 월급은 약 1600위안이었다.

2011년 3월 설을 지낸 뒤엔 톈진의 S핸드폰 공장에 들어갔다. 이곳은 민옌이 가장 길게 일한 곳으로, 4년 넘게 다녔다. 수입도 괜찮고 복지혜택도 좋았기 때문이다. 정식 직원이 아닐 때는 1800여 위안을 받다가 2015년 6월부터는 기본급 2278위안에 매달 사회보험료와 주택공적금을 공제하고 2400위안을 받았다. 민옌은 개근상으로 200위안을 받았는데, 근속은 A~D 등급으로 구분한다. 휴가는 국경절, 추석, 설에 세 번 쓸 수 있다. 또 침구, 그릇세트, 도자기, 전자레인지 등을 선물로 주기도 했다.

기숙사 여건도 꽤 좋았다. 6인이 방 하나를 썼는데, 에어컨과 샤워 시설을 갖춘 화장실, 옷장, 서랍장 등이 구비되어 있었다. 또 기숙사 건물에는 컴퓨터실, 노래 연습실, 텔레비전 시청실도 있다. 매 층마다 2개의 텔레비전 시청실과 소파가 있어서 모두 모여 금요일 저녁엔 〈번파오바슝디奔跑吧兄弟〉[51]을, 토요일 저녁엔 후난위성텔레비전의 〈콰이러다번잉快樂大本營〉을 시청했다. 2011년에는 2교대로 근무했는데, 일주일에 한 번 야간조를 하다가 주간조로 교대하는 방식이어서 정말 고통스러웠다. 2014년부터는 모두 전일제 주간조로 바뀌어서 오전 8시에 출근해 오후 5시에 퇴근했다.

처음에는 6000여 명의 노동자가 일했는데, 2015년 6월경 1000여 명으로 줄었다. 당시 월급 2개월 치를 주며 많은 파견공을 내보냈다. 민옌은

51　[역주] 한국의 〈런닝맨〉을 리메이크한 저장위성텔레비전 프로그램.

그해 8월에 정리해고 대상이 됐는데, 회사는 해고하며 한 달 치 급여와 기숙사 공동 적립금을 주었다. 그래서 자신이 낸 비용과 회사가 부담한 비용을 합쳐 2000여 위안을 받았다. 그리고 매달 실업수당 800위안을 받았는데, 톈진에 거주하지 않는 사람은 매달 이곳에 와서 실업수당을 받아야 했다. 민옌이 공장을 떠나기 반년 전 기숙사에 남은 사람은 그녀 혼자였다. 2011년 공장에 막 들어왔을 때는 한 방에 6명이 떠들썩했는데 결국 혼자 남겨진 것이다. 뭐, 그것도 나쁘진 않았다. 조용했고, 언제든 불을 끌 수 있었으며, 음악을 틀어놓고 잠을 청할 수 있었기 때문이다.

맞선을 보다

민옌의 나이는 농촌에선 꽤 많은 편이었지만, 정작 본인은 그리 조급하지 않았다. 부모님이 딸이 외지인과 만나는 걸 원치 않아서 그동안 만나는 남자도 없었다. 물론 자신을 좋아하는 남자는 있었지만, 그녀 마음엔 들지 않았다. 민옌은 연애가 필수는 아니라고 생각했기에 개의치 않았다.

2014년 설 연휴에 가족들 성화로 3명의 남자를 만났다. 첫 번째 맞선 상대는 말수가 너무 적었다. 두 번째 상대와는 대화할 때마다 다투게 되었다. 그가 거절한 이유를 물어서 "저는 제 말에 트집 잡는 사람을 좋아하지 않아요"라고 말했다. 대화할 때 재미있지 않았냐고 해서 민옌은 "대화하는데 화가 나다 못해 상처받을 뻔했어요"라고 응수했다. 이후 둘은 사귀진 않았으나 이따금 연락해 농담을 주고받는 사이가 됐다. 세 번째 남자는 첫인상이 좋았다. 됨됨이도 그렇고 생김새도 괜찮았다. 말도 잘 통해서 이후 전화로 연락을 주고받았다. 설 이후 다시 만났는데, 어찌 된 일인지 갑자기 마음에 들지 않아 거기서 끝내고 말았다.

즐거운 신부

2015년 설에 또 맞선을 봤다. 세 살 연상의 가오시펑高西峰은 첫인상이 별로였으나 이야기를 해 보니 그럭저럭 괜찮았다. 그는 이웃 마을 출신으로, 전문대에서 기계 제어 공학을 전공하고 시안에서 일했다. 설을 지내고 톈진으로 가려는데 그가 기차역에 배웅하러 나온다고 했다. 민옌이 거절했더니 다행히 억지를 부리진 않았다. 그러면서 "기회가 되면 시안에 놀러 와요. 어려운 일 생기면 연락하고요"라고 말했다. 민옌은 그가 사람을 챙길 줄 아는 속 깊은 사람이라는 생각이 들었다.

그 후 그를 만날 때마다 더욱 호감이 생겼다. 민옌의 생일날 같이 생일 선물을 사러 갔는데, 그녀가 마음에 들어 하는 2400위안이나 하는 목걸이를 그 자리에서 사 줬다. 그는 평소엔 절약하는 사람이었지만, 민옌에게 쓰는 돈은 아까워하지 않았다.

가오시펑은 시안의 기차 부품 공장에서 몇 년간 일했다. 그의 업무는 기계에 수치를 입력한 뒤 30분 정도 정밀도를 체크해 완성품을 만드는 일이다. 그렇게 해서 월 6000~8000위안을 받는다.

2015년 음력 8월 12일에 두 사람은 약혼했다. 민옌의 고향에는 신랑이 예단으로 5만 위안과 3가지 금품을 보내고, 양가가 함께 식사하는 풍습이 있다. 약혼 후 그는 셴양 교외에 30여 평의 분양 주택을 구했다. 약 35만 위안이 집값 중 15만 위안을 선지급하고, 나머지는 월 2000위안씩 10년간 갚으면 된다.

약혼 후 민옌은 다시 일할 필요가 없어서 부모님의 사과 수확을 도왔

신부복을 입은 민옌.

다. 12무(약 2400평)의 과수원에서 약 2만kg의 사과를 수확해 한 근에 2위안에 팔았다. 지난 12월에 올케가 아이를 낳아서 현재는 함께 돌보고 있다.

민옌과 가오시펑은 2016년 음력 3월 22일에 결혼식을 올린다. 시댁에서 예단비로 8000위안을 보내왔다. 부모님이 혼수로 뭘 원하냐고 물어서 애플 맥북이 갖고 싶다고 했다. 부모님은 결혼 후 일하러 다니려면 생활이 불안정하니 나중에 사라면서 현금 7000위안을 건넸다.

뤼투 이전엔 감정 동요가 별로 없었다고 했는데, 이제 결혼을 앞두고 있네요. 가오시펑도 당신에게 아주 잘하고요. 어때요, 좀 열렬해졌나요?

민옌 그렇지도 않아요. 아주 덤덤해요.

뤼투 남편을 좋아하긴 하죠?

민옌	좋아하는지 안 좋아하는지 잘 모르겠어요.
뤼투	그럼 남편은 당신을 좋아하나요?
민옌	메신저로 저를 사랑한다고, 앞으로도 잘하겠다고 했어요. 그리고 저랑 결혼하면 정말 행복할 것 같대요.
뤼투	정말 잘됐군요. 결혼 후 남편 직장 근처에 일자리를 찾을 건가요?
민옌	그러고 싶지 않아요. 아직도 충분히 둘러보거나 놀지 못했어요. 장쑤에서 옷 장사하는 친구가 있는데, 사업이 잘되면 저도 가 보려고요.
뤼투	남편은 뭐라고 해요?
민옌	제가 하고 싶은 대로 하라고요. 결혼하면 현금카드도 준댔어요. 매달 2000위안의 대출 상환비와 남편 생활비 1000위안을 제외한 나머지는 제 맘대로 쓰라고 했어요. 저는 정말 좋다고 했죠!

1988년생 주주

특별한 여성

　예전 동료 가운데 특별한 여성 두 명이 있는데, 하나는 샤오밍이고 다른 하나는 주주珠珠다. 둘은 참 다르지만 우연찮게 서로 비슷한 점도 많은데, 둘 다 광둥성 차오산 출신이며, 똑똑하고 배우는 걸 좋아하지만 학교를 일찍 그만뒀다. 또 말솜씨도 뛰어나고, 남존여비 사상의 피해를 받았으나 노력을 게을리하지 않았다. 또 사회에 깊은 책임감을 느꼈지만, 정해진 방식에 얽매이지 않았다. 가장 중요한 건 그들이 웃기 시작하면 천지가 진동할 정도로 소리가 컸다는 점이다.

　2010년 7월 13일 『중국 신노동자의 미래』 집필 과정에서 주주를 인터뷰한 적이 있다. 그때 6시간 넘게 이야기했는데, 그녀의 각종 신기한 경험이 내 귀를 아주 즐겁게 했다. 돈 한 푼 없이 외지에서 여러 일을 겪었으나 위험한 상황에는 처하지 않았다는 것이 주주의 행운이다. 주주는 초등학교도 못 마치고 13세부터 일하기 시작해 동생들을 보살폈다. 그녀는 선전, 주하이珠海, 둥관, 광저우, 중산, 상하이, 톈진, 베이징 등 여러 곳에서 일했다. 2010년에는 베이징 동심창업교육센터(노동자대학 2기)에 참여했고, 졸업 후 피춘 동심실험학교에서 일했다. 이후 2014년 고향으로 돌아가 란뱌오覽表 마을도서관을 열었다.

이 책을 쓰기 위해 2016년 1월 주주에게 인터뷰를 제안했으나 거절당했다. 주주는 지금 하는 일이 스스로 원한 일이고, 괜히 다른 사람들에게 알려져 불필요한 말이 더해지는 걸 원치 않는다고 했다. 또 자기 일이 높이 평가될 필요도 없다고 생각했다.

2016년 5월 27일 오후 원고를 마감하려는데, 주주의 마음이 달라졌다는 소식을 들었다. 우리는 오랜 우정과 신뢰를 바탕으로 다시 마음을 터놓고 이야기를 나눴다. 하지만 전화로 소통하는 게 썩 시원치 않아 직접 만날 기회를 만들기로 했다.

면학 분위기가 없던 마을

주주는 1988년 광둥성 후이라이惠來현 치스岐石진 란뱌오촌에서 태어났다. 맏이인 그녀 아래로 여동생 셋과 남동생 하나가 있다. 아버지는 초등학교를 나왔고, 어머니는 학교에 다닌 적이 없다.

주주의 고향에는 면학 분위기가 별로 없었다. 그래서 주주는 초등학교 3학년까지, 첫째 여동생은 초등학교 4학년까지 공부했다. 주주는 학교를 그만두고 몹시 후회했다. 그래서 동생들은 계속 공부하기를 바랐지만, 첫째 여동생은 외지에 일하러 나간다며 학교를 그만둬 버렸다. 둘째 여동생은 중학교 1학년, 남동생은 고등학교 2학년까지 공부했다. 현재 셋째 여동생은 중학교 3학년으로, 곧 고등학교에 진학할 예정이다.

주주는 "제 고향에선 공부하는 걸 그리 좋아하지 않아서 사람들이 일하러 나가면 너도나도 따라갔어요. 집안 형편이 아무리 좋아도 공부를 싫어하죠. 남존여비 사상도 팽배해서 여자가 공부하는 건 중요하지 않다고 생각하고요"라고 말했다.

자기 운명을 지배하기 어렵다

주주의 고향은 바닷가에 있어서 마을 사람들은 원래 어민이었고, 주주 부모님도 어선과 어업 수역을 갖고 있었다. 마을 사람 중 일부는 수역을 나눠 천연 양식을 했는데, 전문적으로 양식하지 않아도 게, 새우, 물고기가 잘 자랐다. 이후 주주의 부모님은 어업 수역을 다른 사람에게 저렴하게 넘겼다. 만일 부모님이 지금도 양식을 했다면 돈을 잘 벌었을지도 모른다.

주주가 어릴 때 아버지가 돼지고기 정육점을 운영해서 마을에선 꽤 형편이 좋은 편이었다. 아버지는 장사를 마치고 돌아올 때마다 주주를 위해 솜사탕이나 장난감, 당시 유행하던 꽃무늬 치마를 사 왔다. 이후에는 란뱌오에서 선전까지 운행하는 버스 사업을 했는데, 매일 밤 많은 사람이 앞좌석을 달라고 졸랐다. 당시엔 도로가 정비되지 않아 란뱌오에서 선전까지 11시간이 걸렸다(지금은 3시간 걸린다). 그러다 아버지가 운행하던 버스에 강도가 들어 승객을 때리고 물건을 강탈하고 차를 부수는 바람에 손해배상 및 수리비로 가진 돈을 다 날리고 말았다.

운수업을 그만둔 뒤 아버지는 주하이에서 굴 양식을 하다가 나중에 선전으로 넘어갔다. 하지만 선전의 부동산 개발업자가 아버지의 양식장을 매립해 버렸다. 아버지는 이 사업으로 돈을 잘 벌었지만, 손해 또한 어마어마했다. 아버지가 그토록 목숨 걸고 일했기에 가족들은 부유하진 않아도 배를 곯진 않았다.

젠더 의식

주주의 어머니는 고생을 참 많이 했다. 일곱 자녀 중 큰아들과 막내아들을 잃고 지금은 다섯만 남았다. 큰아들이 한 살 때 병으로 죽자 어머니는 큰 충격을 받고 정신을 놓아 버렸다. 혼자선 아무것도 할 수 없는 어머니를 할머니가 극진히 돌봐 회복했지만, 막냇동생마저 태어나자마자 죽고 말았다. 주주는 동생의 죽음이 아직도 선하다. "엄마가 정말 슬퍼하며 침대에 누워 있고, 저는 그 옆에 있었어요. 죽은 동생은 옷으로 덮여 있었고요. 엄마가 제게 막내를 보여 달라고 했어요. 하지만 엄마가 슬퍼할까 봐 걱정도 됐고, 차마 죽은 아이를 안을 수 없었어요. 너무 두려워서 가만히 서 있기만 했죠. 그 일이 있고 난 뒤 저는 어머니에게 왜 그렇게 아이를 많이 낳았냐고 물었어요. 어머니는 사람들에게 무시당할까 봐 두려웠다고 했어요. 저는 아이를 많이 낳아도 돌보지 못하면 소용없다고 대꾸했어요. 어머니가 어떻게 그런 말을 하느냐며 화를 내시더라고요. 세상에 자기 자식에게 무관심한 부모가 어디 있냐면서요."

주주의 고향은 남존여비 사상이 심해 여자는 시집가면 그만이었다. 어린 주주는 여자를 무시하는 사람을 볼 때마다 항의했다. 그리고 부모님이 딸이라는 이유로 자신을 차별할 때 이렇게 말했다. "저는 남자보다 못하다고 생각하지 않아요. 제가 꼭 증명해 보일게요." 부모님뿐만 아니라 마을 사람들도 남자는 쓸모가 있어서 어디든 갈 수 있지만, 여자는 그렇지 않다고 생각했다. 주주는 이런 관념에 동의하지 않았다. 한번은 동년배 남자아이와 싸워 이겼는데, 이 일로 자신이 남자보다 못하지 않다는 믿음이 생겼다. 주주는 자신을 증명하기 위해 전국 곳곳에서 죽을힘을 다해 일했다. 그래서 같은 일을 하는 남자들보다 더 많이 벌 수 있었다.

일찍 철들다

부모님이 늘 생계에 바빠서 주주는 조부모님 손에 자라야 했다. 처음엔 부모님이 집 근처에서 일하다가 나중엔 주하이와 선전에서 일했다. 부모님은 얼마간 주주와 동생들을 데리고 주하이에서 살았지만, 일이 바빠 아이들을 돌볼 시간이 없었고 생활의 중압감으로 자주 화를 냈다. 주주는 할아버지와 할머니 곁으로 가고 싶었다. 그래서 "집에 갈래! 집에 갈래!"라며 잠꼬대한 적도 있다.

결국 학교 문제로 주주와 동생들은 고향으로 돌아갔고, 부모님만 외지에 남았다. 주주는 어린 나이에 동생들을 돌보며, 돈을 벌어 가족을 부양해야 했다. 초등학교 2학년 때는 하교 후에 친구들과 놀지도 못하고 할아버지와 숙부가 연 과일가게에서 일을 도왔다. 그게 너무 싫어서 가게 문을 열지 않으면 좋겠다고 생각한 적도 있다. 그 무렵 공부에도 흥미를 잃었다. 그래서 자주 수업에 빠졌고, 남의 밭에서 고구마를 훔쳐 먹기도 했다. 그리고 학교 끝날 시간이 되면 할아버지를 도와 과일을 팔았다.

12세에 초등학교 3학년이 됐는데, 등교 전엔 할아버지와 함께 과일을 운반하고, 하교 후엔 가게 일을 도와서 눈코 뜰 새 없이 바빴다. 과일 파는 데 익숙해져 손에 과일을 쥐면 몇 근인지 바로 알 정도였다. 그리고 집에 돌아오면 할머니를 도와 집안일을 했다. 어떨 때는 동생들 밥을 챙기기도 했다.

주주는 자신도 철이 안 든 나이에 동생들을 돌봐야 했다. 하루는 남동생이 유치원 가는 길에 원격 조종 비행기를 사달라고 졸랐다. 가격은 당시 하루 생활비인 16위안이었다. 주주는 동생에게 아버지가 돈을 보내면 사주겠다고 했지만, 동생은 안 사주면 유치원에 가지 않겠다고 떼를 썼다. 주주는 "갈래? 안 갈래? 셋 센다. 하나, 둘, 셋!"이라고 으름장을 놓았으나 동생은 꿈쩍도 하지 않았다. 그래서 결국 동생의 뺨을 때리고 말았다. 동생 얼굴에 남은 손자국을 보자 정작 주주가 울어 버렸다. 주주는 아직도 그때 기억을 떠올리면 괴롭다. 이웃들은 자기가 때려놓고 울었다며 놀려 댔다.

선전 플라스틱 공장에서 일하다

2002년 14세가 된 주주는 외지에 나가 일하기 시작했나. 처음에 일한 곳이 선전의 플라스틱 공장인데, 사장이 고향사람이었다. 공장에는 100여 명의 직공이 다녔고, 대부분 여성노동자였다. 주주는 거기서 1년 넘게 일했다.

사람들은 당시 키도 덜 자라고 피부색이 까무잡잡하며 자주 웃는 주주를 놀리곤 했다. 공장 관리자가 "너 그렇게 까만 걸 보니 아프리카에서 온 거 아니야?"라고 해서 주주가 진지하게 대답했다. "저는 아프리카에서 온 게 아니라 차오산에서 왔어요." 공장 관리자가 다시 물었다. "올해 몇 살이니?", "열여덟이요." 그가 깜짝 놀라며 말했다. "누가 네게 이렇게 말하라고 시켰지?" 주주가 대답했다. "언니들이 알려줬어요." 그가 놀리듯 또 물었다. "분유는 가져 왔니?" 주주가 대답했다. "분유요? 없는데요. 어릴 때도 분유는 먹지 않았어요."

월급은 그리 많지 않아서 월 400위안을 받았다. 직원 가운데 외지인이 많았고, 차오산 출신은 10여 명 정도로 모두 미성년자였다. 그래서 조사하러 나올 때마다 조장이 미성년 직공들은 출근하지 말라고 귀띔했다. 그러면 어린 직공들은 신이 나서 놀러 다녔다.

나중에 공장 기숙사에서 한 노동자가 뛰어 내리는 바람에 고향 출신의 노동자들이 공장을 떠났다. 주주는 공장에 남았지만, 너무 무서워서 매일 무사하기를 마음속으로 빌었다.

선전 액세서리 매장에서 일하다

2004년 설을 지내고 주주는 액세서리 매장에서 일하기 시작했다. 그곳은 1000위안을 팔면 50위안이라는 비교적 높은 성과급이 나와 한 달에 평균 2000위안을 받았다. 주주는 마음이 넓고 호탕했다. 월급 전부를 부모님에게 보냈고, 닭고기를 좋아하는 남동생을 위해 퇴근 후 까르푸에 들러 통닭 한 마리를 사 가곤 했다.

선전에서 일할 때 하얀 수염을 기른 거지 할아버지를 봤는데, 마치 산타클로스 같아서 마주칠 때마다 돈을 건넸다. 주주는 그런 사람들에게 주려고 늘 동전을 갖고 다녔다. 비가 쏟아지던 어느 날 거지 할아버지가 목발을 짚고는 비를 맞고 있었다. 마침 가게에 손님이 두고 간 우산이 있어서 가여운 마음에 할아버지에게 우산을 줬다. 그렇게 그 할아버지를 알게 됐다. 나중에 할아버지가 자신이 사는 곳에 주주를 초대했는데, 한 집에 10명이 세 들어 살고 있었다. 주주가 집으로 들어가자 할아버지가 말했다. "여기 냄새가 좀 심할 거예요." 주주는 "별거 아닌데요, 뭐. 전 괜찮아요"라고 말했다. 집 안엔 깡통따개 등 폐품이 가득했다. 그때부터 주주와 동료는 성과급을 받을 때마다 그 집 할아버지들에게 간식거리를 사다 드렸다. 주주와 친구가 2위안짜리 10그릇을 사면 할아버지들의 끼니가 해결됐다. 처음엔 고생해 번 돈이라며 한사코 거절했지만, 주주의 성화에 못 이겨 고맙게 드셨다. 주주는 할아버지들과 이야기하는 걸 좋아했다. 주주는 그분들을 회상하며 말했다. "당신도 그분들을 보면 딱하다는 생각이 들 거예요. 대여섯 분은 연세가 아주 많으시고, 한 분은 눈이 멀었고, 한 분은 다리가 하나뿐이죠. 허리가 안 좋으신 분도 있는데, 아직도 고등학생 딸을 뒷바라지하고 있어요. 정말 안됐어요. 어찌나 가여우신지."

주주는 액세서리 매장에서 1년간 일했는데, 손님에게 늘 친절하고 장사를 잘해서 3개월 만에 점장이 됐다. 당시 다른 분점 점장이 자신은 반년 후에야 점장이 됐는데, 어린 주주는 너무 빨리 점장이 됐다고 반발하기도 했다. 사장은 홍콩 출신이고, 인색하긴 했으나 배울 점이 많았다. 사장과 주주는 자주 부녀 행세를 하며 학생 고객을 끌어모았다. 한번은 사장이 주주에게 학생의 귀를 뚫어 주라고 시켰는데, 아무리 연습해도 겁이 나서 잘할 수가 없었다. 처음에 뚫은 곳이 잘못됐다며 사장이 눈짓해서 다른 곳을 찔렀더니 손님이 고래고래 소리를 질렀다. "왜 다시 뚫는 거예요?" 주주가 태연하게 대답했다. "귀걸이에 문제가 있어서 다른 걸로 바꿔 드리는 거예요." 그런 후 집에 가서 바르라며 항생제 연고를 쥐여 줬다. 이후 주주의 귀 뚫는 기술은 날로 좋아졌고, 자신이 프로임을 보여주기 위해 자기 귀와 코, 눈썹까지 피어싱을 했다. 가게 일에 점점 자신감이 붙고 익숙해질 무렵 그녀는 사직서를 냈다. 사장은 월급을 더 올려주겠다며 주주를 말렸다. 하지만 주주는 "월급을 올려 줘도 소용없어요. 제가 원하는 삶은 이런 게 아니거든요"라고 말했다.

이후 주주는 혼자서 주하이로 갔다. 떠날 때 달랑 100위안뿐이었는데, 뱃삯 75위안을 쓰고 밥 한 끼 사 먹으니 빈털터리가 되고 말았다.

주하이 의류 매장에서 일하다

주하이에 도착했지만, 여관에 머무를 돈이 없어 바로 일할 곳을 찾아야 했다. 그래서 주주는 숙식을 제공하는 의류 매장에서 월급도 묻지 않고 일하기로 했다.

주주는 어릴 때 살아 본 주하이를 아주 좋아했다. 일이 없을 땐 해변에 가서 바다를 바라보며 파도 소리를 들었다. 어느 날 해변에 가려고 다리를 건너는데, 한 여자가 바다에 뛰어드는 걸 목격했다. 허겁지겁 달려가니 그녀가 물속에서 허우적대고 있었다. 주주는 지나가던 차를 막아 서고 구해 달라고 도움을 청했다. 하지만 운전자가 그녀를 구하러 바다에 들어갔을 땐 이미 그 여자가 보이지 않았다. 주주는 가슴이 너무 아파 그 자리에서 엉엉 울었다. 경찰이 위로하며 주주를 차에 태워 사는 곳까지 데려다줬다. 그 후 주주는 매일 바다에서 허우적대는 악몽에 시달렸다. 너무 괴로워서 결국 한 달 만에 주하이를 떠날 수밖에 없었다.

둥관 아동복 매장에서 일하다

공장일보다 판매에 자신이 있던 주주는 아동복 매장에 들어갔다. 얼마 후 점장의 횡령 사실을 알게 됐다. 사장도 알고 있었지만, 일할 사람이 필요했기에 그를 해고할 수 없었다.

이후 다른 지점으로 전근 갔는데, 그곳의 횡령은 더 심했다. 그들은 주주에게도 횡령한 돈을 나눠 주려 했지만 거절했다. 주주는 이런 모습이 너무 싫어서 일을 계속할 수가 없었다. 이때 주주를 좋게 본 총지배인이 다른 지점 점장으로 보내 줬다. 주주는 늦잠을 자서 지각이 잦았지만, 늘 판매 실적이 높았다. 거기서 1년 정도 일했는데, 한 달 평균 수입이 약

3000위안이었다. 그때부터 경제관념이 생겨 일부는 부모님과 할머니에게 보내고, 나머지는 자신을 위해 남겨 뒀다.

그즈음 사건이 하나 발생했다. 주주는 친구 페이메이肥妹와 늘 함께 퇴근하고, 쉴 때는 클럽에 가서 즐겼다. 주주는 무대 한가운데서 미친 듯 춤추는 걸 좋아했는데, 그때만큼은 모든 것에서 해방되는 느낌이었다. 어느 날 클럽에서 친구와 술을 마시는데, 갑자기 샤오린曉琳이 뛰어오더니 여자 둘이서 자신을 때리려 한다고 했다. 춤출 때 그녀들과 부딪혔는데, 자신이 사과하지 않았기 때문이라고 했다. 주주는 샤오린에게 옆문으로 도망치라고 말하고는 혼자 두 여성과 마주했다. 하지만 보안직원이 주주와 페이메이를 밖으로 끌어냈다. 밖에 나가 보니 30여 명의 남자가 서 있어서 소스라치게 놀랐다. 두 여성은 샤오린을 데려오라는 말을 듣지 않는다며, 주주를 미친 듯 때리기 시작했다. 얼굴에 감각이 없어질 정도로 맞았지만, 손으로 얼굴을 막는 것 외엔 방법이 없었다. 이후 한 남자가 그녀들을 막아섰다. "그 정도면 됐어, 그만해." 그리고 주주를 향해 "너 같은 친구를 둘 만큼 괜찮은 사람인가 보네"라며 자리를 떴다. 그의 말에 주주는 갑자기 자신이 많이 성장했다는 느낌이 들었다.

중산 청바지 매장에서 일하다

주주는 상하이에 가 보고 싶었다. 특별한 이유가 있다기보다는 한 번도 가보지 못했고, 동방명주도 보고 싶었기 때문이다. 주주는 먼저 부모님이 실딘 선전에 기서 상하이에 갈 채비를 했다. 딸을 이상하게 여긴 아버지는 돈을 모조리 압수했다. 결국 주주는 돈 한 푼 없이 집을 나왔는데, 광저우에 사는 친구가 그녀의 사정을 듣고 200위안을 빌려줬다. 하지만 상하이에 갈 여비로는 턱없이 부족해 중산으로 발길을 돌렸다. 주주는 당장 살 곳과 일자리를 찾았지만, 마땅한 곳이 없었다.

그러다가 청바지 매장에 들어갔다. 판매직에 익숙했고, 잠자리를 제공했기 때문이다. 주주는 점장과 한방에서 살았다. 점장은 판빙빙范冰冰과 비슷할 정도로 예뻤으나 성격이 괴팍했다. 점장은 다른 사람들이 자신을 해코지할까 봐 늘 잡지에 칼을 숨겨 몸에 지니고 다녔다. 잘 때도 칼을 침대맡에 둘 정도였다. 주주는 그녀의 이런 모습이 정말 무서웠다. 점장과 자주 말다툼했기 때문이다. 주주가 점장에게 말했다. "점장님이 몽유병 때문에 밤중에 일어나 저를 칼로 찌를지 모르잖아요." 이런 걱정에 주주는 잠을 이루지 못했다. 사장 친척인 점장은 장사할 줄도, 손님을 끌어들일 줄도 몰랐다. 그래서 모든 걸 주주가 가르쳐야 했다. 손님이 많아서 매일 정신없이 바빴고, 소리를 많이 질러 늘 목이 쉬었다. 하지만 이 매장에서 일한 지 일주일이 지나도 주주에겐 한 푼도 없었다. 돈을 빌려달라는 부탁을 점장은 단호히 거절했다. 그러면 주급을 달라고 했고, 그것도 안 되면 그만두겠다고 했다. 그러나 점장은 "지금은 안 돼. 당신이 온 뒤로 한 사람을 해고했거든"이라며 그 또한 거부했다. 주주가 "그건 저랑 상관없는 일이죠. 점장님이 돈을 빌려주지 않으면 밥 먹을 돈도 없단 말이에요"라고 애원했지만, 결국 점장은 아무 요구도 들어주지 않았다. 이에 주주는 점장의 밥을 빼앗아 먹기 시작했다. 점장도 참을 수 없었는지 결국 주주에게 돈을 빌려줬다.

한 달 정도 일하자 상하이에 갈 여비가 생겨서 일을 그만뒀다. 점장이 주주에게 말했다. "상하이 가서 잘 놀다 돌아와. 월급 정산해 줄게. 돌아와서 계속 일할 거지?" 주주는 점장의 제안을 거절했다. 그래서 월급 정산 때 겨우 600위안만 받을 수 있었다. 친구에게 빌린 돈을 갚은 뒤 400위안을 들고 상하이로 떠났다.

상하이로 가다

광저우에서 상하이로 가는 기차표는 208위안이었다. 처음 기차를 타 본 주주는 신이 나서 창밖 풍경을 정신없이 내다봤다. 옆자리의 중년 남성 둘과 젊은 남자 하나가 주주에게 물었다. "상하이에 가서 뭘 하려고?" 주주는 "동방명주를 보려고요"라고 대답했다. 그들은 "거기에 아는 사람이 사니?"라고 물었다. "없어요. 그저 동방명주를 보러 가는 것뿐이에요"라는 주주의 대답에 그들이 깜짝 놀라며 말했다. "그다음엔 어떻게 하려고?" 주주가 "일자리를 찾아야죠"라고 했더니 "그건 너무 위험해. 돌아가는 게 좋을 거야"라며 걱정했다. 하지만 주주는 "지금은 돌아갈 수 없어요. 제 수중에 90위안밖에 없거든요"라고 대답했다.

두 중년 남성은 내릴 때가 되자 젊은 남자에게 주주를 도와주라고 당부했다. 젊은 남자는 주주에게 명함을 내밀며 어려운 일이 생기면 전화하라고 했다. 기차에서 내린 뒤 주주는 젊은 남자에게 동방명주로 가는 길을 물었다. 그는 지하철을 타면 된다고 알려줬다. 주주가 지하철 입구로 향하는데 그가 붙잡았다. "아무래도 안 가는 게 좋겠어. 우선 우리 집으로 가자." 주주는 피곤하기도 했고, 그가 자신을 속일 것 같지는 않아서 그를 따라가기로 했다.

그는 작은 디자인 회사를 운영하며 3~4명의 직원과 집에서 일했다. 그와 부인은 주주가 행여 사기를 당할까 봐 밖에 나가지 못하게 하면서 타자치는 법을 가르쳐 줬다. 타자를 다 배우면 컴퓨터도 가르쳐 주고, 용돈도 주겠다고 했다. 그 대신 주주는 집안일을 도왔다.

그러나 부부가 한밤중에 자주 싸우는 게 문제였다. 그럴 때마다 부인이 집을 나갔는데, 그녀가 걱정된 주주는 늘 따라 나갔다. 부부는 다음 날이면 어김없이 화해했다. 일주일에 이런 일이 서너 번은 됐다. 그들은 괜찮은 듯 보였지만, 주주는 미칠 것 같았다. 그렇게 한 달쯤 지난 뒤 주주는 베이징에 가겠노라고 말했다. 부부는 걱정했지만, 주주에게 여비를 쥐여 주며 잘 가라고 인사했다.

둥관에서 두 가지 일을 하다

2007년에 주주는 둥관으로 돌아왔다. 당시 둘째 여동생과 사촌 남동생도 둥관에 있어서 작은 아파트를 빌려 함께 살았다. 세 사람의 생활비는 주로 주주가 부담했다. 주주는 오랜 시간 부모님의 생활비도 보내야 했다. 당시 주주는 둥관의 의류 매장 G2000에서 일했는데, 매일 6시간 일하고 월급이 2000위안이어서 생활비를 충당하기에 턱없이 부족했다.

그래서 호텔 입구에서 손님을 안내하는 일을 겸해야 했다. 오후 3시부터 밤 10시까지 의류 매장에서 일하고, 새벽 12시부터 아침 8시까지는 호텔에서 일했다. 이후 호텔 플로어 서비스 부서로 변경되어 손님을 객실까지 안내하고, 각 층의 안전을 점검하는 업무를 맡았다.

어느 날 남자 손님이 패스트푸드를 찾길래 음식 메뉴판을 가져다줬다. 그가 말한 '패스트푸드'가 여자를 불러 달라는 뜻인지 그땐 몰랐다. 화가 난 그가 프런트에 전화해 항의했고, 주주는 동료에게 핀잔을 들어야 했다. "넌 어쩜 그렇게 멍청하니? 정말 그 남자가 심심해서 호텔에 패스트푸드 먹으러 왔다고 생각한 거야?" 주주는 답답하고 괴로웠다. 그 후 실제로 그런 여성들을 많이 볼 수 있었다. 한 여성은 주주에게 누가 자신을 부르면 몰래 전화해 달라고 부탁하기도 했다. 사적인 예약인데 사장을 통하면 돈을 많이 떼인다고 했다. 하지만 주주는 이런 일에 끼어들고 싶지 않아서 대답하지 않았다.

두 가지 일을 하니 시간이 비어도 잠들 수 없어 늘 두 눈을 크게 뜨고 있었다. 그렇게 가까스로 버텼지만, 곧 무너질 것 같았다. 어느 날 사촌 동생에게 담배를 한 대 얻어 피웠다가 이후부턴 담배에 의지해 잠이 들었다. 주주는 자신이 무엇을 해야 할지 알 수가 없었다.

고통스러운 마음

주주는 각지를 돌아다니며 일도 하고 놀다가 선전으로 돌아왔다. 가족들은 주주가 더 이상 밖으로 돌지 않았으면 했다. 주주도 마음을 가라앉히고 일하고 싶었지만, 나아갈 길을 찾지 못해 답답하기만 했다. 자기가 뭘 하는지, 뭘 하고 싶은지 알 수 없었다.

그저 홀로 떠돌아다니고 싶었지만, 마음이 놓이지 않았다. 할머니가 아프거나 집에 무슨 일이 있으면 바로 집에 와야 했다. 그래서 선전에서 일하는 내내 살아 있는 송장 같아 고통스럽기만 했다.

주주는 괴로울 때마다 일하며 달랬다. 울고 싶어도 눈물이 나오지 않아 머리에 문제가 생긴 게 아닌가 의심할 정도였다. 도저히 고통을 참을 수 없을 땐 1년에 두 번쯤 헌혈도 했는데, 그러면 잠시나마 평온해졌다.

[표4] 주주의 일자리 변화

연도	지역	일한 곳	월급(위안)	이직 이유
2003	선전	플라스틱 공장	450	학교에 다니지 않으려고
2004	선전	액세서리 매장	2000	자신이 원하는 생활이 아니어서
2006	주하이	의류 매장	1000	자살한 사람을 목격한 뒤 악몽을 꿔서
2007	둥관	아동복 매장	3000	상하이에 가고 싶어서
	광저우	의류 매장	300	하루에 13시간 일하는데 월급이 너무 적고 피곤해서
	중산	청바지 매장	800	상하이에 가고 싶어서
	상하이	한 부부의 집		부부 싸움을 견딜 수 없어서
	베이징	인터넷 카페	700	할머니가 아파서
	둥관	아동복 매장	2000	일하고 싶지 않아서
2008	둥관	G2000 의류 매장 + 호텔	2000+ 1000	자신이 뭘 하고 있는지 몰라서
	주하이	식당에서 30일 술집에서 15일	2000	녹아들어갈 수 없다는 생각이 들어서
	선전	보모	2000	다른 시도를 해 보고 싶어서
	톈진	목욕관리사	1000	'노동자의 집'에 가고 싶어서
2009	베이징	'베이징 노동자의 집'	일과 공부	

마음은 고향에

2004년에 할아버지가 돌아가셨다. 당시 할아버지는 70세가 넘었는데, 생활의 압박을 못 이겨 스스로 생을 마감했다. 할아버지와 할머니는 사이가 정말 좋았다. 마을에서도 인정하는 모범적인 부부여서 마을 경조사가 있을 때마다 두 분과 의논하곤 했다. 할아버지가 그렇게 떠나니 할머니가 너무 가여웠다. 두 분은 잠이 오지 않으면 도란도란 이야기를 나눴다. 이제 할머니는 밤에 이야기할 사람이 없어진 것이다. 당시 할머니와 남동생을 보살펴야 한다는 생각을 안 했다면, 주주도 할아버지를 따라가고 싶은 심정이었다.

매년 마을에서는 바다의 여신媽祖을 찬양하는 전통극을 공연한다. 주주는 외지에서 번 돈으로 친구와 공연을 보러 가곤 했다. 할아버지는 5위안도 아까워하시던 분인데, 그땐 할아버지께 공연을 보여 드려야겠다는 생각조차 못 했다. 할아버지는 아직 미혼인 삼촌 때문에 몸이 아파도 죽을힘을 다해 사탕수수를 팔아 돈을 벌었다. 주주는 그때를 생각할 때마다 철없던 자신을 책망하며 눈물을 흘렸다.

고향 이야기가 나오자 주주의 근심 걱정이 끝이 없었다. "고향에선 아이들이 13~14세면 공부를 그만두고 외지에 나가 일해요. 그렇게 일해도 변하는 게 없는데, 왜 그러는지 모르겠어요. 그건 다 부모 잘못이에요. 예전에는 고향이 활기차고 북적였는데, 지금은 노인과 아이들만 남았어요. 하지만 저는 고향으로 돌아가고 싶어요. 거기가 좋거든요. 고향에서 할머니와 같이 살고 싶어요. 예전에 저는 늘 새로운 곳에 가보고 싶었어요. 가서 뭘 하려는 건지는 몰랐지만요. 이제야 여행을 마치고 돌아왔네요."

'베이징 노동자의 집'에서 일하다

주주가 곳곳으로 다닌 건 무언가를 찾으려면 멈추지 말고 여러 곳에 가 봐야 한다는 막연한 생각 때문이다. 누군가 주주에게 물었다. "너는 왜 그렇게 여기저기 돌아다니는 거야?" 주주가 말했다. "모르겠어요. 무언가를 찾으러 가야 한다고 생각했는데, 아직 못 찾았어요. 그래서 계속 찾으려는 거예요. 만약 찾게 되면 멈추겠죠. 그러기 전까지는 계속할 거예요."

선전에 있을 때 주주는 한 공익기구를 알게 됐다. 왠지 친밀감이 느껴져서 그곳 '사랑의 모임'에서 자원봉사를 했다. 이전부터 주주는 공익활동을 동경했는데, 자신만 위해 사는 게 아니라 사람들을 위해 봉사하니 의미 있다고 생각했다. 그리고 그것이야말로 자신이 찾던 일이었음을 깨달았다.

이후 공익기구의 소개로 '베이징 노동자의 집'을 알게 됐고, 2009년 9월부터 동심실험학교에서 일하기 시작했다. 여기서 일한 지는 4년이 넘었다. 이전에는 이렇게 오래 일해 본 적이 없었다. 주주는 "저는 이곳이 참 좋아요. 제가 찾고 싶었던 곳이거든요"라고 말했다.

2010년 5월에는 노동자대학 2기 학생으로 참여했다. 노동자대학은 반년제로, 모든 학생이 같이 먹고 자고 공부하고 일하며 깊은 우정을 나눈다. 졸업 후 주주는 오랫동안 교우회 조직 활동을 책임졌다.

동심실험학교에서 주주가 맡은 일은 총책임자의 비서직이다. 주주의 말에 따르면, 잡일꾼이라고 했다. 총책임자가 가라는 곳이면 어디든 간다. 주주의 업무는 수강료 관리, 위생과 안전 관리, 손님 접대, 외부 회의 준비, 학생 문제 처리, 교사 의견 조정 등 정말 잡다했다.

한번은 유치원에서 한 아이가 배탈이 났다. 주주는 교사에게 아이를 건네받아 우선 학부모에게 전화한 뒤 똥 묻은 바지를 벗기고 따뜻한 물로 엉덩이를 씻겼다. 학부모는 탈이 난 아이를 혼내기 바빴다. 배탈이 나서 바지에 실수한 것뿐인데, 아이를 탓하는 학부모가 너무 답답했다.

이후 총책임자 진화金花가 주주에게 여성노동자 협동조합 업무를 맡겼다. 조직 활동에 뛰어난 능력이 있던 주주는 이 일에 전념했다. 주주가 조직한 협동조합 부모들은 매주 요가나 컴퓨터 등의 단체 활동을 했다. 주주는 협동조합의 수공예품을 확장하는 과정에서도 자신의 능력을 맘껏 발휘했다. 그래서 베이징 예술 지역 789에서 위탁 판매도 할 수 있었다.

주주가 늘 잊지 않는 건 진화를 비롯한 동료들과의 깊은 정이다. 주주는 수강료 관리와 자료 정리로 자주 밤을 새우는 데다 늦잠 자는 버릇까지 있어 매일 아침 진화가 전화로 깨워 준다. 이곳에서의 몇 년은 거의 매일 그랬다.

고향에 돌아가 향촌 도서관을 만들다

2014년 설을 지내고 주주는 고향으로 돌아갔다. 베이징에서 배운 지식을 고향 아이들에게 전할 계획이다. 아이들이 자기처럼 일찍 중퇴하지 않기를 간절히 바라기 때문이다. 4만여 명이 사는 란뱌오 마을에는 학교가 3개뿐이다. 거기에 학생 5000여 명이 다니는데, 그중 절반 이상이 부모가 외지로 떠나고 농촌에 남겨진 아이들이다. 그리고 7~8개의 유치원이 있다. 란뱌오 마을은 교통이 편리하고, 성급 간선도로가 구축되어 있다. 그래서 선전에서 버스를 타고 4시간이면 도착한다. 대다수가 외지에 나가 일하고, 남은 사람들은 장사하거나 바다에 나가 고기를 잡는다.

마을 해변을 걷는 주주.

주주는 모교인 란뱌오학교 교장을 찾아가 자신의 계획을 설명했다. 꼭 정규 과목으로 편성하지 않아도 괜찮으니 학생들에게 사회교육 및 성교육을 하고 싶다고 했다. 또 시간이 나면 학생들과 소그룹 토론도 하고 싶다고 말했다. 교장과 교사들은 주주의 계획을 지지했다. 학생들도 주주를 많이 따랐는데, 이야기 방식으로 수업하고 학생들이 의견을 발표하도록 격려하기 때문이다. 주주는 이야기를 공유하는 게 자신의 장기이며, 아이들도 좋아한다고 했다. "제가 어릴 땐 공부가 소용없다고 생각해서 저를 비롯한 많은 친구가 외지에 나가 일했다고 말해 줬어요. 하지만 나중에 많은 일을 겪으니 지식이 정말 중요하다는 걸 깨달았다고요. 제 이야기를 듣더니 자신들도 그런 상황인데 어떻게 해야 할지 모르겠다고 하더군요."

주주가 개설한 사례 공유 과목은 3개월간 지속했다. 많은 학생이 주

2016년 8월 8일 도서관에서 80세가 넘은 마을 할머니들이 아이들에게 옛날이야기를 해 주는 '이야기하기' 활동을 했다.

주를 신뢰했는데, 이 때문에 곤란하기도 했다. 고민이 있는 아이들이 방과 후 주주의 집에 찾아와 늘 북적거렸기 때문이다. 그래서 이 상황이 견디기 힘들 때면 집을 비우기도 했다.

이를 해결하기 위해선 모두가 모일 공간이 필요해 도서관 설립을 준비했다. 많은 학생이 주주의 생각에 찬성하며, 도서관에 적합한 장소를 찾기 시작했다. 그러다 마땅한 곳을 찾았으나 임대료가 1년에 무려 2500위안이었다. 지난 2년간 아무런 수입이 없던 주주는 할머니와 여동생도 돌봐야 해서 그동안 빚을 내어 생활하고 있었다. 다행히 공익 인사의 도움으로 매달 임대료를 지원받을 수 있었다. 교장도 책상과 의자를 무료로 제공했다. 아이들이 자원해서 도서관을 청소하고 단장했는데, 정말 최고였다.

뤼투   인력, 물자, 자금도 없이 도서관을 만들 수 있었던 힘이 뭘까요?

주주 학생들이죠. 그 아이들이 힘을 보태지 않았다면 못 했을 거예요. 예를 들어 도서관을 막 열었을 때 대학생들이 자원봉사하러 오겠다고 연락이 왔어요. 중학교 1학년 학생 하나가 묻더라고요. "생수가 진짜 비싼데, 내일 많은 사람이 오면 어떻게 해요? 생수를 또 사실 거예요?" 저는 이렇게 말했죠. "생수를 더 사면 난 죽을지도 몰라. 우리 집 주전자를 가져올 거야." 학생이 "그럼 선생님은요?"라고 물었어요. 저는 주전자가 많아서 괜찮다고 했죠. 그러자 말없이 집에 가더라고요. 다음날 그 학생이 제게 150위안을 주는 거예요. 아버지에게 도서관 사정을 말했더니 기부금을 줬다면서요. 혼자가 아니라는 생각에 가슴이 뭉클했어요.

뤼투 마을 사람들도 지원하나요?

주주 그들은 좋게 보지 않아요. 지원도 안 하고요. 그저 무슨 목적으로 이런 일을 하는지 궁금해하죠. 제가 어떻게 하는지 두고 보겠다는 건데, 이해해요. 제 험담을 하며 돌아다닌 여자가 있었는데, 학생들이 항의한다고 해서 말렸어요. 개에게 물렸다고 너희도 물려고 하느냐면서요. 3달 후 한 여자가 뛰어와 자기 아이가 여기 있는지 묻더군요. 그래서 도서관에서 책 본다고 했더니 저와 얘기 좀 하자는 거예요. "여긴 참 좋아요. 도서관이 생긴 후부터 아이가 강변에 나가 놀지 않아요. 밥 먹을 시간이 되면 여기로 와서 데려가면 되니 이전처럼 멀리 찾아다니지 않아도 되고요. 이런 일은 정부가 진작 했어야 했는데. 제 말이 맞죠?" 전 그때 미친 듯이 웃었어요. 그런 생각을 한다는 게 뜻밖이었거든요.

뤼투 부모님은 이제 당신을 지지하나요?

주주   처음엔 두 분 다 반대했어요. 베이징에도 오래 있었고, 하고픈 일도 충분히 했으니 이제 결혼하라고 하세요. 부모님 뜻에 따르진 않지만, 제가 왜 이 일을 해야 하는지 설명은 드렸죠. 아버지는 비교적 세상 이치나 도리에 밝은 분이라 "정 그렇다면 반대하지 않으마. 내가 가난해서 실질적으로 지원할 순 없지만, 정신적으로는 너를 지지한다"라고 말씀해 주셨어요. 저는 그걸로 충분하다고 했죠. 아버지는 유머 감각도 좋으세요. 그리고 정말 감동적인 일이 있었어요. 도서관 밖에 큰 나무가 몇 그루 있어서 실내가 좁으면 밖에 나가 수업하거든요. 그 모습을 본 작은 할아버지가 나무 아래 돌의자를 만들어 주셨어요. 그래서 여름에 수업할 때 정말 편해요.

뤼투   현재 도서관 자금을 지원받나요?

주주   2014년부터 지금까지 고마우신 분들께 월 2000위안씩 후원받고 있어요. 민간공익기구 지원사업인 '다리 프로젝트'[52]에 신청한 게 잘 되면, 약 4만 위안도 지원받을 수도 있고요. 최근 2년간은 개인적으로 빚을 내서 유지했어요.

뤼투   계속 유지할 방법이 있나요?

주주   이전에는 극단적 생각도 했어요. 사람들은 제게 왜 집으로 돌아갔냐고 묻는데, 제가 마지막에 찾은 답이 할머니가 살아 계실 때 옆에 있겠다는 거였어요. 그런 후에 다시 일하면 되니까요. 예전

---

52   [여주] 2011년 북경시 서부태양농촌발전재단과 정로공익재단正荣公益基金会이 함께 설립한 민간풀뿌리 공익기구 지원사업 프로그램.

엔 할머니가 돌아가시면 나도 따라갈까 하는 마음도 가졌어요. 지금은 도서관을 계속 운영하고 싶어요. 제가 정말 어른이 됐나 봐요.

뤼투 '베이징 노동자의 집'에서 일한 것과 도서관을 설립한 건 어떤 관계가 있나요?

주주 만약 제가 '노동자의 집'에서 지내지 않았다면 도서관을 열 수 없었을 거예요. '노동자의 집'이 우릴 키운 거죠. 거기가 없었다면 지금의 우리도 없었을 거예요. 노동자대학 학생과 기구의 젊은 활동가 모두 포함해서요. 사상의 변화나 조직을 구성하고 관리하는 모든 걸 거기서 배웠죠. 사실 그곳을 떠난 뒤에야 더 이해하고 사랑하게 됐어요.

주주가 설립한 란뱌오 도서관은 2014년 7월 6일 정식으로 열었다. 현재 도서관은 일주일에 6일을 열고, 목요일은 쉰다. 개방 시간은 오전 10시에서 12시까지, 오후 2시에서 5시까지, 저녁 7시에서 9시까지다. 정기적으로 금요일과 토요일 저녁에 영화를 상영하고, 토요일 오후 이야기 과목 시간에는 학생들이 자신의 이야기를 펼친다. 그리고 일요일에는 그림 그리기 강의가 있다.

주주는 마을 정류장 옆에 다시 도서관을 만들 계획이다. 그러면 도서관 운영과 함께 수익을 낼 상점도 열 수 있다. 물론 지금은 아직 구상 단계다. 중요한 건 사람도 있어야 하고, 공동체의식이 있는 사람들이 일해 나가야 한다는 것이다. 현재 도서관의 핵심 일꾼은 주주, 샤오주小竹, 샤오링이다.

2016년 6월 8일 단오절에 아이들과 함께 도서관에서 쫑쯔粽子를 만들었다.

희망의 들판

주주 집 근처의 대다수 밭은 농사를 지어도 손해만 봐서 묵혀 둔다. 고향의 주요 생산물은 리즈인데, 시장이 작고 판매가 부진한 데다 집마다 노인뿐이어서 리즈 농가가 생태 과수원으로 자연스레 전환했다. 부모들은 아이들을 고향에 방치하며 아이들이 학교를 그만두거나 외지에 나가 일하기를 바란다. 고향에는 희망의 들판이 없다.

주주는 이 황폐한 땅과 방치된 아이들을 놓을 수가 없다. 주주가 바라는 건 아이들이 자기처럼 학교를 일찍 그만두지 않고 오래 공부하는 것이다. 하지만 이렇게 단순한 일을 실행하기도 쉽지 않다. 주주는 최근 2년간의 노력으로 변화가 있었다고 말했다. "아이들이 변하는 걸 직접 봤어요. 적어도 학교를 그만두려 한 10여 명이 그 생각을 버렸거든요."

한번은 한 아이와 이야기를 나눴다. 마침 주주의 할머니도 옆에 있었다. "저는 지금 너무 괴로워요. 공부는 재미없지만, 그렇다고 일하러 가고 싶지도 않아요. 언니가 말한 것처럼 종업원이 되거나 공장에 들어가는 건 제가 원하는 게 아니에요. 저는 어떻게 해야 할까요?" 주주의 할머니가 되물었다. "집이 가난하니? 네가 일하지 않으면 밥 먹고 살 수 없는 거야?" 아이가 대답했다. "아니요!" 주주가 말했다. "봐. 우리 할머니도 항상 문제를 생각하잖아. 너를 공부시킬 만큼 집안 형편도 좋은데, 뭐가 문제야? 너는 아직 어려서 어른이 해야 할 일을 할 수 없어. 지금은 공부가 네 할 일이야. 가족을 위해 공부하는 게 아니라, 너 자신을 위해 공부하는 거지."

또 다른 아이도 주주에게 물었다. "언니, 공부가 도대체 무슨 소용이 있나요? 대학 졸업생을 본 적이 있는데, 바보 같고 소양도 부족했어요. 그런데 초등학교도 졸업 안 한 사람은 사장이 돼서 돌아왔고요." 주주가 말했다. "공부하는 목적이 없다면 안 해도 돼. 너는 장래에 뭘 하고 싶니?" 아이가 말했다. "중의학을 배워서 의사가 되고 싶어요." 주주는 근처의 중의사를 찾아가 방과 후에 아이를 공부시켜 달라고 부탁했다. 그도 아이를 좋아해서 흔쾌히 동의했다. 마침내 공부의 목적이 생긴 것이다.

억누를 수 없어

-주주

나가서 기분을 풀면 나아질 거라 생각했어
하지만 지난 일이 머릿속에 파노라마처럼 떠올라
마음이 평온해지지 않아
다행히 오늘은 활기차
어떨 때는 그녀가 정말 부러워
매일 바보 같지만 그래도 즐겁지
6년 전 나를 떠올리는 나를 봐
그땐 정말 천진난만하고 바보 같았어
그런 경험이 좋은 걸까, 나쁜 걸까?

모든 일이 늘 그래
일이 일어나야 무서운 줄 알고 후회하지
지금 내 고민은 나를 다스려야 한다는 것
피를 억누르는 것처럼
손에 피가 흘러도 상처가 작다면
밴드 하나면 피를 멈추게 할 수 있어
하지만 잘 치료하지 않으면 염증이 나 짓무르지
사람들은 작은 상처에 주의를 기울이지 않아
상처가 짓물러야 주의할 걸 하고 후회해
상처를 치료하기 위해 소염제를 사용해, 아프다

상처는 회복되면 다시 좋아질 거야, 하지만 발작하면 또 아파

너무 고통스러워, 울음을 참을 수 없어

이때가 되면 모든 악몽이 따라와, 막고 싶어도 막을 수 없어

이전의 모든 노력이 전부 헛수고가 돼

1990년생 샤오링

반항과 의존, 탐색과 추구

샤오링曉靈(가명)은 베이징 동심희망원에서 일한 지 4년 남짓 된다. 민간 기구인 동심희망원에서 일하는 15명 모두가 여성이며, 대부분 아이가 있고 외지에서 왔다. 이 기구는 2005년에 설립됐고, 운영 자금은 주로 중고 의류 매장 5곳의 수익으로 충당한다. 동심희망원은 기업 형태로 운영되며 시장에 참여하지만, 수익이 공동으로 귀속되고 그중 일부가 사회 공공 서비스를 위해 쓰이므로 사회적 기업이라고도 할 수 있다.

나는 동심희망원과 오랫동안 관계를 맺어 왔다. 샤오링과 심도 있는 대화를 나눈 건 허난성 뤄허漯河에서 베이징으로 향하는 고속철도 안에서였다. 우리는 5일간 함께 교육받고 베이징으로 돌아가는 길에 쉬지 않고 4시간 동안 이야기를 나눴다. 샤오링은 느리지도 빠르지도 않게 말하며, 줄곧 부드러운 미소를 띠고 있었다. 기차가 역에 도착하자 샤오링은 "기차가 멈추지 않고 계속 달리면 좋겠네요"라고 말했다. 샤오링의 이야기를 글로 쓰고 싶다고 말하자 깜짝 놀라며 물었다. "제 이야기가 뭐가 대단하다고 글로 쓴다는 거예요?"

산아제한 정책을 어기고 얻은 귀한 막내딸

1990년 산둥에서 태어난 샤오링은 읍내 병원 의사인 부모님 덕분에 비교적 좋은 가정환경에서 자랐다. 부모님은 두 아들을 낳은 뒤 딸을 갖고 싶어서 산아제한 정책을 어기고 샤오링을 낳았다. 그래서 샤오링은 이모 집에서 자라다가 여덟 살이 되어서야 후커우를 받아 부모 곁으로 돌아올 수 있었다. 샤오링은 부모님과 두 오빠의 사랑을 한 몸에 받고 자랐다.

부모님은 공부를 잘하는 샤오링에게 위생학교에서 간호학을 배울 수 있는 길을 마련해 줬다. 이런 고등직업학교는 졸업 후 전문대에 준하는 학력을 인정받을 수 있다. 부모님이 귀한 막내딸을 위해 직업과 미래를 준비해 준 것이다.

부모님 뜻에 저항하다

샤오링은 의사나 간호사가 되고 싶지 않았다. 부모님이 매일같이 하는 일이 지루하게 느껴졌기 때문이다. 피를 보는 것도 두려웠고, 다친 사람들을 보면 밥도 안 넘어가고 잠도 오지 않았다. 그러나 그녀의 저항은 소용없어서 어쩔 수 없이 부모님의 권유를 받아들여 간호학을 배웠다. 샤오링은 큰오빠를 무척이나 동정했고, 부모님에 대한 그의 반항을 이해할 수 있었다. 성적이 좋았던 큰오빠는 대입시험 당일에 시험장 담을 넘어 도망쳤다. 그리고 그길로 베이징으로 가 취업했다(물론 주머니에 단돈 10위안뿐이라 며칠간 풍찬노숙을 해야 했다).

샤오링이 고등직업학교를 졸업하자 부모님은 맞선을 주선했다. 짧은 시간 동안 6명의 남자를 만났는데, 그중 3명이 읍내 건물의 상점 주인이었고, 또 하나는 교육위원의 아들이었으며, 다른 하나는 아버지가 토지

국장을 지냈다. 샤오링은 그런 상황이 마음에 들지 않았다. "정말 참을 수 없었어요. 그 남자가 어떤 사람인지 상관없이 아버지가 뭐 하는 분인지, 집이 있는지 같은 물질적인 것만 고려했거든요."

냉정하게 당시 기억을 떠올려 보면, 맞선 상대가 모두 마음에 들지 않은 건 아니었다. 오히려 거세지는 집안의 결혼 압박에 더 반감이 생겼다. 지금은 부모님이 왜 그랬는지 이해한다. 하지만 지금껏 샤오링에게 고통을 준 건 경제적 어려움이 아니었다.

농담이 진담이 되다

부모님의 결혼 압박에 샤오링은 대응 방법 하나를 생각해 냈다. 가짜 남자친구를 집에 데려가면 간단히 해결될 문제였다. 그럼 잠시나마 급한 불은 끌 수 있을 것 같았다. 그래서 같은 반에서 공부한 즈산志山 오빠를 점찍었다. 그는 첫인상이 참 좋았다. 성실하고 진심을 다해 미소 짓는 모습이 좋아 보여서 그를 부모님께 데려가면 되겠다고 생각했다. 그러면 부모님도 더는 맞선을 강요하지 않을 것이다. 당시 즈산이 자신을 어떻게 생각하는지는 관심 밖이었다. 부모님의 성화를 면하면 그만이었으니까. 샤오링의 집에 가던 날 즈산은 부모님과 두 오빠, 그리고 조카 선물까지 준비했다.

부모님은 즈산의 가정환경을 탐탁지 않아 했다. 가난한 농촌 출신에 중학교도 마치지 않았고, 남동생이 둘이나 있으며, 베이징에서 인테리어 사업을 하고 있었기 때문이다. 하지만 딸의 상대니 우선은 연애를 허락했다. 그렇게 부모님을 속이고 고비를 넘긴 후 이 일을 까맣게 잊었다. 약 보름후 즈산이 "도와주면 밥 산다더니 언제 살 거야?"라며 연락해왔다.

이후 샤오링이 정말로 즈산과의 결혼을 결심하자 부모님은 강하게 반대했다. 부모님 사랑을 한 몸에 받던 샤오링은 집에 들어가지 않은 채 낮이고 밤이고 반항했다. 시간이 흘러도 어머니가 계속 반대하자 샤오링은 큰 소리로 울면서 모녀관계를 끊겠다고 선언했다. 어머니는 딸의 완강한 태도에 몰래 눈물을 훔칠 수밖에 없었다. 그리고 어쩔 수 없이 딸의 결혼에 동의했다. 당시 19세였던 샤오링은 법적 혼인 연령이 되지 않아 관습에 따라 결혼식만 먼저 올렸다. 딸과 사위를 사랑하는 마음에, 그리고 사위의 가정환경을 고려해 부모님은 신랑 측 예단을 크게 문제 삼지 않았다. 결혼 후 샤오링은 남편을 따라 그렇게 원하던 베이징으로 왔다. 당시 기차표 살 돈도 없던 둘에게 어머니가 2000위안을 건네더니 눈물을 흘리며 말했다. "베이징에서 사는 게 여의치 않거든 다시 돌아오렴!"

꿈꾸던 베이징에 첫발을 내딛다

샤오링의 베이징에 대한 환상은 드라마에서 시작됐다. 화이트칼라가 자동차로 출퇴근하고, 핸드백을 메고 하이힐을 신은 여자가 또각또각 거리를 걸으며, 밸런타인데이에 남자친구가 커다란 장미꽃 한 다발을 건네는 등 드라마 속 베이징은 너무나 근사했다. 이에 비하면 자신이 살던 시골 읍내는 낡고 허름하기만 했다. 마침내 샤오링은 부모님 강압에서 벗어났고, 베이징에서 일하는 큰오빠도 만날 수 있었다.

2009년 샤오링은 남편을 따라 베이징 스징산石景山에 도착했다. 결혼식 때 산 하이힐을 신고 걷는데, 가면 갈수록 허름하고 지저분한 거리가 나왔다. 길도 울퉁불퉁해서 걸을 때마다 샤오링의 몸이 기우뚱거렸다. 남편이 사는 베이징 변두리에 이르자 아스팔트는 고사하고, 높은 건물 하나 없이 작은 식당의 초라하고 낡은 간판만 바람에 덜컹거렸다. 샤오링은 걸으면서 울기 시작했다. '여기가 어디지? 정말 베이징인가? 여기가 어떻게 베이징일 수가 있지!'

즈산의 작은 셋방에는 커다란 침대 말고는 아무것도 없었다. 바람이 불자 지붕이 떨어져 나갈 것처럼 덜컹거렸다. 샤오링은 눈물조차 나오지 않았다. 애초에 남편이 베이징 어디에 사는지 묻지 않았었다. 샤오링의 머릿속엔 셋방살이 개념 자체가 없었기 때문이다. 그저 살 곳이 있다고 해서 남편 소유의 집이라고만 생각했다. 샤오링은 실의에 빠져 그 작은 집에서 일주일이나 틀어박혀 나오지 않았다. 그렇게 침대에 누워 생각했다. '베이징에 온 건 남편 탓도 부모님 탓도 아니다. 이 모든 게 내 선택이다!'라고.

일주일 뒤 생각을 정리한 샤오링은 일자리를 찾기로 했다. 남편은 샤오링이 일하지 않았으면 했다. 아내가 도망이라도 칠까 봐 걱정했는지 그녀를 위로하면서도 신분증을 감춰 버렸다. 그러면서 얼마간 이곳에 적응한 뒤 직장을 구해도 늦지 않다고 타일렀다. 샤오링은 그러고 싶지 않았지만, 온종일 힘들게 일하고 들어온 남편이 자신을 위해 집안일을 하는 등 너무 잘해 줘서 그의 의견에 따르기로 했다. 그리고 얼마 지나지 않아 아이가 생긴 걸 알았다.

200위안이 몰고 온 풍파

결혼 후 직장생활을 하지 않은 샤오링은 자기 수입이 하나도 없다. 그날 쓸 돈은 남편이 출근 전에 주고 갔다. 남편은 아이 간식비로 매일 10위안을 주며 다른 데 쓰기라도 하면 아내를 추궁했지만, 샤오링은 기억나지 않을 때가 많았다. 어려서부터 부족함 없이 자라 어디에 돈을 썼는지 별로 신경 쓰지 않는 탓이었다. 그래서 이후 남편이 같은 질문을 하자 이렇게 대답했다. "그럼 10위안을 어디에 썼는지 매번 적을까요?" 그때 샤오링은 자신도 일해서 돈을 벌고 싶다고 생각했다. 하지만 아이가 어려서 어쩔 도리가 없었다.

2010년 국경절에 샤오링의 어머니가 베이징에 왔다. 샤오링은 주인집에 얘기해 맞은편 빈방을 임시로 빌렸다. 남편이 200위안을 건네며 말했다. "나는 출근할 테니 장을 미리 봐 놔. 점심은 밖에서 먹고. 저녁상은 내가 퇴근 후에 차릴게."

다음 날 밤 남편이 습관처럼 물었다. "200위안 다 썼어? 어디에 썼어?" 샤오링은 "네, 다 썼어요. 그런데 어디에 썼는지 기억 안 나요"라고 대답했다. 남편이 갑자기 화를 내기 시작해 두 사람은 말다툼을 했다. 샤오링은 그동안 쌓인 서러움이 폭발했다. "난 어릴 때부터 군것질을 좋아했는데, 결혼한 뒤로는 그런 습관도 잊고 살았어요. 상관없다고 생각하기도 했고요. 엄마가 우리 집에 오더니 어째 집안에 해바라기씨 먹고 남은 껍질도 안 보이냐고 하시더군요. 아이 옷도 예전에 엄마가 보내 주신 건데, 아이가 이렇게 컸는데 아직 입히느냐고 물으시고요. 그래서 아이 옷을 샀더니 순식간에 200위안을 다 쓴 거예요." 가난한 생활이 힘들진 않았으나 남편의 이런 행동이 서러웠던 샤오링은 울음을 터트리고 말았다.

다음 날 아침 남편이 출근하자 어머니가 샤오링에게 말했다. "엄마랑 같이 집에 가자. 내가 너랑 손주 정도는 부양할 수 있어." 샤오링은 갑자기 정신이 아득해지면서 그제야 어머니가 자신들의 다투는 소리를 다 들었을 거라는 생각이 들었다. 어머니는 원래 사나흘 머물 예정이었는데, 너무 상심하셨는지 그날 바로 집으로 가셨다. 샤오링은 어머니 심정을 헤아릴 수 있었다. 어려서부터 온갖 귀여움을 받고 자란 딸이 돈 몇 푼 때문에 남편과 싸우는 걸 보니 억장이 무너지셨을 것이다. 그러나 한편으론 사위가 딸에게 잘하고 당신에게도 정성스레 대하는 모습에 마음이 놓이셨을 것이다. 샤오링은 어머니가 자신을 안타깝게 여기는 마음은 이해했지만, 결혼해 아이도 있는데 문제가 생겼다고 해서 도망칠 순 없다는 생각이 들었다. 그리고 설령 도망치더라도 남은 인생은 어쩔 것인가?

퇴근한 남편이 장모가 가 버린 걸 알고는 미안해서 어쩔 줄 몰라 했다. 이런 풍파를 겪고 난 뒤 샤오링은 깊은 생각에 빠졌고, 이것이 그녀의 결정을 재촉했다. '더 이상 남편에게 의지해 살 순 없어. 반드시 나가서 일할 거야!'

인생의 전환점

딸아이가 14개월이 되자 샤오링은 모유 수유를 중단했다. 그동안 아이를 돌보느라 지칠 대로 지쳐 있었다. 샤오링은 마을의 동심희망가정에서 운영하는 '아이신 슈퍼마켓'에 일자리를 얻었다. 처음에는 점원으로 일하며 옷을 팔다가 점차 정기 회의나 기구 활동에 참여하기 시작했다. 정기 회의 때는 5개 지점의 점장, 재고 담당자, 어린이 돌봄 담당자, 체인점 직원들이 모여 평등하게 자기 의견을 내놓았다. 그렇게 새로운 세계가 샤오링 앞에 펼쳐졌다. 샤오링은 성실하게 일하며 적극적으로 교육에 참여해서 5개 매장을 관리하는 책임자가 되었다. 그래서 사무실에서 일하는 시간이 점차 많아졌다.

중책을 맡고 난 뒤 샤오링은 새로운 현실에 눈뜰 수 있었다. 조직 생활에서 항상 여성들의 소통을 중시하는 마제馬姐[53]는 사람들을 찾아가 담소를 나누고, 때로는 사람들이 그녀를 찾아오기도 했다. 이런 소통을 통해 샤오링은 본래 자신이 가진 문제가 혼자만의 것이 아닌 모든 여성의 문제임을 깨달았다. 여성으로서의 고민 역시 모든 여성의 고민임을 알게 됐다. 그리고 이러한 인식 과정이 집단의식을 만들어 낸다는 것도 알 수 있었다. 이제는 모든 문제가 개인의 운명이 아닌 전체의 운명임을 인식한 것이다. 마제는 이따금 전문가를 초빙해 사회와 여성의 문제를 함께 나누는 시간을 마련했다. 그들은 여성이 가정에서 아이를 돌보며 주방에서만 맴도는 삶을 살아선 안 된다고 강조했다. 이러한 가르침은 오랫동안 그 문제로 고민하던 샤오링에게 깊은 감명을 주었다. 샤오링이 베이징에 온 목적은 자기가 좋아하는 일을 찾기 위해서였다. 하지만 줄곧 자신이 뭘 찾는지조차 모르는 혼란 상태에 빠져 있었다. 이제 그녀는 자신이 가야 할 방향을 찾았다. 바로 이 일이야말로 자신이 그토록 원하던 것이었다.

남편의 변화

샤오링은 직장에서 깨달은 바를 남편에게 들려줬다. "내가 이렇게 산 건 당신 때문이에요. 그동안 내가 보낸 시간들이 얼마나 아까운지 몰라요." 당황한 남편은 아내가 무슨 생각을 하는지 도통 이해할 수 없었다. 그래서 남편은 샤오링의 일에 의구심을 갖기 시작했다. "아이신 슈퍼마

---

53 [역주] 마 씨 성을 가진 언니라는 뜻.

켓에서 옷을 판다고 하지 않았어? 대체 뭐 하는 곳이야? 혹시 이런저런 말로 사람을 현혹하는 다단계 조직 아니야?" 남편이 너무 걱정하자 행여 출근도 못 하게 할까 봐 샤오링은 자기 일에 대해 더는 말하지 않았다. 나중에 안 사실이지만, 남편은 자신을 미행해 사무실 담을 넘어 창밖에서 지켜봤다고 했다.

마제는 이곳에서 일하는 주부들이 남편의 의심을 받는다는 사실을 알고 가족 친목회를 만들었고, 2012년 추석 무렵에 모두가 함께 식물원에 갔다. 이 자리에서 마제는 회사 업무를 소개하고, 직원들이 일하며 느낀 점을 남편에게 말할 시간을 마련했다. 이를 계기로 남편들의 의심은 곧바로 지지로 바뀌었다. 그래서 유아원을 만들 때 인테리어업에 종사하는 남편들이 지원자로 나서 시멘트와 페인트 작업을 돕기도 했다.

이후 부모와 아이가 함께하는 프로그램과 가정교육 학습 모임을 신설했다. 샤오링이 받았던 교육은 대부분 거칠고 폭력적이어서 아이들이 말을 듣지 않으면 때리거나 벌을 주는 방식이었지만, 이제 아이들의 이야기를 경청하는 것이 진정한 교육임을 알게 됐다. 그래서 배운 대로 딸의 말을 들어주다가 놀라운 사실을 발견했다. '와! 아이들에게 이런 면이 있구나. 이렇게 생각할 수도 있네. 어른도 생각하기 힘든 걸 아이들은 생각할 수 있구나!' 남편은 아이를 거칠게 다루는 편이어서 아이가 밥을 안 먹으면 때리곤 했다. 본인도 어릴 때 맞으며 자랐기 때문이었다. 그 결과 아이는 아빠를 따르지 않고 심지어 싫어했다. 이후 남편은 샤오링이 아이와 잘 지내는 걸 보고 자신을 돌아봤다. 그리고 이렇게 말했다. "나도 이제부터는 아이를 안 때릴래. 그러지 않으면 아이가 자라서 나를 찾지도 않을 테니까. 아이 교육 방식은 다 당신에게 맡길게."

샤오링에게도 남편에게도 변화가 찾아온 것이다.

삶의 의미

현재 베이징시는 외지에서 온 사람들에 대한 통제를 강화하고 있지만, 샤오링은 고향에 돌아갈 생각이 없다. 고향에 돌아가는 건 퇴로일 뿐 앞으로 나아가는 길이 아니라고 생각하기 때문이다. 우선 시골의 임금은 정말 형편없다. 슈퍼마켓에서 아침 8시부터 밤 9시까지 13시간을 일해도 월급이 고작 1000위안 정도다. 더 중요한 건 이제 더는 그런 식으로 살고 싶지 않다는 것이다. 고향의 젊은 여성들은 매일같이 아이를 돌보고, 기껏해야 시내를 구경하거나 친정집에 간다. 그들에게 삶은 그런 것이다. 결혼해 아이를 낳고, 시어머니와 입씨름하고, 내키면 일하고 그렇지 않으면 집에서 시간을 보낸다. 샤오링은 그런 삶을 원하지 않는다. 특히 이 일을 시작한 뒤로 일과 생활의 의미가 완전히 달라졌다. 고향에서 사람들을 선도해 어떤 일을 도모하지 않는 한 그녀가 고향에 갈 일은 없을 것이다.

1993년생 왕치

가방을 메고 출발

2015년 6월 19일 '톈진 노동자의 집'에서 인터뷰할 때 톈진 공업구의 전자 공장에서 일하는 왕치王琪를 만났다. 그녀와의 두 번째 만남은 2016년 1월 23일 베이징 차오양문화관의 노동자 춘완 녹화 현장이었다. 그날 왕치는 '톈진 노동자의 집'에서 일하게 됐다는 소식을 전했다. 나는 너무 기뻐서 그곳 책임자 이타오를 찾아가 축하 인사를 건넸다. 최근 몇 년간 톈진 공업구에서 여성노동자들을 위해 문화 교육과 여가활동을 기획하며 이타오 혼자 안간힘을 쓰고 있었기 때문이다. 대학 졸업생들은 들어왔다가 바로 그만둬서 노동자 가운데 직원을 뽑고 싶었는데, 왕치는 그에게 보석 같은 존재였다.

왕치의 가족

왕치는 1993년 신시성 창즈長治시 장쯔長子현의 농촌에서 태어났다. 가족은 4명으로 아버지, 어머니, 오빠가 있다. 아버지는 곧 50세가 된다. 왕치는 "현재 엄마 나이는 모르고 생일만 기억해요. 엄마가 나이를 드셔도 제 마음속엔 영원히 46세예요"라고 말했다.

부모님은 초등학교를 졸업하지 못해 한어병음[54]도 익히지 못했다. 오빠는 창즈시 대학에서 미술을 전공했다. 졸업 후에는 왕치와 함께 톈진에서 일하고 있다.

오빠의 대학 진학을 위해

왕치가 고등학교 입시 시험에 합격한 해 오빠도 대학에 합격했다. 고등학교에 다니려면 학비와 생활비가 필요해서 가정형편이 안 좋은 왕치는 학교를 그만둘 수밖에 없었다. 어머니는 이를 정말 안타까워했다. 다른 집은 왕치만큼 성적이 좋으면 공부를 계속 시켰기 때문이다. 어머니가 안타까워하는 게 너무 마음 아파서 왕치는 중학교 졸업 후 3일 만에 가방을 꾸려 읍내로 나가 컴퓨터 학원에 다녔다. 학원비는 15일에 300위안이었고, 타자를 비롯해 명함이나 광고 전단지 만드는 방법도 배웠다. 하지만 시간이 없어서 연습을 많이 하지는 못했다.

아! 베이징

2008년 왕치는 노동자로서의 인생을 시작했다. 부모님과 함께 오빠의 학비를 책임져야 했기 때문이다. 이웃집 친구가 베이징으로 일하러 간다는 소식에 어머니는 왕치에게 베이징에 가겠느냐고 물었다. 단숨에 좋다고 말하고 짐을 꾸려 베이징으로 출발했다. 그리고 순이의 한 식당에서 종업원으로 일하며 한 달에 700여 위안을 받았다. 식당은 점심과 저녁에

---

54 [역주] 중국어 음을 알파벳으로 표기하는 법.

만 영업하는데, 공업구 근처에 있어서 대부분 손님이 공업구 직원이었다. 왕치는 매일 오전 7시에 출근해 저녁 7시가 넘어 퇴근했다. 그렇게 힘든 일은 아니었으나 정말 재미없었다. 매일 아침 호기심을 가득 안고 눈을 떠도 아무 일도 일어나지 않았기 때문이다. 돈을 많이 버는 것도 아니고, 그저 시간만 낭비하는 것 같았다.

이후 왕치는 돈을 좀 더 벌기 위해 소니 에릭슨 공장에 들어갔지만, 보름 만에 그만두고 말았다. 작업라인에서 일하려면 속도도 빨라야 하고 제품의 완성도를 유지해야 했는데, 왕치는 세심해서 남들보나 손이 느렸기 때문이다. 집에 있을 땐 별 상관없었는데, 공장에서는 그게 큰 문제가 됐다. 또 스트레스도 크고, 실내외 온도 차이가 심해 자주 감기에 걸렸다. 2009년 10월 말 베이징의 가을바람은 스산해졌지만, 공장 내부가 너무 따뜻해서 감기에 걸리고 말았다. 작업반장에게 휴가를 신청했지만, 받아들여지지 않아 그 길로 공장을 그만뒀다. 45일을 일했지만, 한 달치 급여인 1400위안만 받을 수 있었다. 그래도 식당에서 일했을 때보다 많아 마음은 즐거웠다.

이후 직업 중개소를 통해 베이징 차오양구 주셴챠오酒仙桥 부근의 전자공장에 소개받았다. 그날 저녁 바로 짐을 싸서 헤이처黑車[55]를 타고 달려갔다. 중간에 위험천만한 일이 생길 수도 있었는데, 그땐 정말 대담했다. 그래도 운이 좋았는지 별일 없이 그곳에서 일하게 됐다. 왕치는 그 공장에서 3년간 일했다. 거기서 생산하는 모니터와 스크린이 유명해서 종종 피시방에서 발견할 때도 있었다.

---

55 [역주] 불법 영업 택시.

고향을 떠나며.

주간 근무는 오전 8시에서 오후 8시까지, 야간 근무는 오후 8시에서 다음 날 아침 8시까지이며, 한 달에 한 번 2교대로 일했다. 주말에도 쉬지 않았고, 근무 교대 시 겨우 하루 쉴 수 있었다. 하지만 월급이 꽤 높아서 계속 일했는데, 1년 이상 일해 숙련공이 되면 월평균 3500위안을 받을 수 있었다. 숙련공이 되어 좋은 점이 또 있었다. 왕치는 서 있기도 힘들 정도로 생리통이 심했는데, 작업반장에게 생리휴가를 신청해 매달 쉴 수 있었다. 또 숙련공은 연차휴가도 쓸 수 있어서 1년에 5일을 썼다. 작업반장은 왕치가 3년 차가 됐을 때 작업 성적이 좋다며 작업조장을 시켰다. 그러나 주임과 소통해야 하고 다른 작업조장들의 비위도 맞춰야 해서 그만두고 제자리로 돌아갔다.

왕치가 외지에서 노동자로 일한 지 4년째 되던 해 오빠가 대학을 졸업했다. 그래서 자신도 뭔가를 배워야겠다 싶어 공장을 그만뒀다. 하지만 뚜렷한 목표가 없었다. 몇 년간 경험한 일을 돌이켜 보니 자신의 시야가 그렇게 좁을 수가 없었다. 바깥세상에 너무 무관심하게 살았던 것이다. 오빠가 발전 가능성이 있다며 제빵 일을 권유해서 고향 창즈시에서 남방 출신의 사장이 운영하는 케이크 가게에 들어갔다. 하지만 열흘 남짓 배워 보니 자기가 할 수 있는 일이 아니라는 생각이 들었다. 완벽한 빵을 만들고 싶어서 성에 찰 때까지 연습했지만, 동작이 느려 결국 그만두고 말았다.

왕치는 상심했다. 공장에선 작업 속도를 따라가려고 부단히 노력해 결국 조장으로 발탁되기도 했다. 그런데 새로운 일을 하려니 능력이 안 따라줬다. 제빵 기술을 배우려다 적응도 못 하고 자신감만 상실했다. '나는 왜 이렇게 뒤떨어질까?' 상심한 왕치는 혼자 외지에 있는 게 너무 외로워 '상처받은 마음을 치유하기 위해' 어머니 곁으로 돌아가기로 했다.

친구 같은 엄마

내 마음을 알아주는 가장 친한 친구가 엄마라고 말하는 딸은 그리 많지 않을 것이다. 왕치는 그런 행운을 가진 사람이다. 왕치는 "엄마는 정말 친구 같아요. 저는 무슨 일이 생기면 모두 엄마에게 말씀드려요"라고 했다. 중학교 다닐 때 같은 반의 두 남자아이가 왕치를 좋아했다. 둘은 왕치 때문에 서로 감정이 상하기도 했다. 왕치는 이 일을 부모님에게 말했다. 당시만 해도 학생이 연애하는 걸 안 좋게 봐서 왕치는 아버지의 꾸중을 들어야 했다. 왕치는 엄마에게 걱정을 끼쳐 드리고 싶지 않았다. 엄마가 "둘 중 누가 더 잘생겼니?"라고 물을 때 내심 연애에 대한 호기심도 생겼지만, 어린 나이에 연애하는 건 옳지 않다는 생각에 스스로 마음을 다잡았다.

왕치는 엄마와 대화할 때마다 자기 결점을 늘어놓곤 했는데, 엄마는 늘 그것을 분석하고 평가해 줬다. 그 순간 왕치는 엄마야말로 자신을 제일 잘 이해하는 사람임을 깨달았다. 왕치가 행동이 느려 일하기 힘들다고 토로하자 엄마는 "그러면 네 적성에 맞는 일을 찾아야지"라고 위로했다. 그 날 이후 식욕이 왕성해진 왕치는 한 끼에 두 그릇 이상을 먹기도 했다. 그렇게 집에 머무는 동안 생각을 정리할 수 있었고, 상처받은 마음도 서서히 회복했다.

집은 잠시나마 쉴 수 있는 공간이었고, 왕치는 이를 큰 행운이라 여겼다. 왕치는 매일 농사일을 거들며 집안일과 식사 준비를 했다. 당시 집을 수리하던 중이어서 왕치가 수리 기사들에게 식사나 공구 등을 날라 줬다. 어느 날 집안일을 마치고 아버지와 바닥 타일을 사러 시장에 갔는데, 타일이 한 장에 8~9위안이었다. 집 바닥이 꽤나 넓은데 그러면 얼마나 많은 돈이 들까 걱정이 됐다. 더는 집에서 쉬고만 있을 순 없었다. 그래서 집에 돌아오자마자 가방을 싸 들고 집을 나섰다.

톈진 S핸드폰 공장에서 일하다

2013년 7월부터 왕치는 톈진 S핸드폰 공장에서 일하기 시작했다. 2년간 매달 3000위안에서 7000위안까지 받았으니 평균 월급이 4000위안 정도였다. 2015년 5월부터 몇 달간은 업무량이 고르지 않아 일주일 일하고 며칠 쉬기도 했다. 작업량이 생기면 출근하고, 없으면 기숙사로 돌아갔다. 어떤 날은 출근할 필요가 없다는 전화가 오기도 했다. 쉬는 날이 많아지니 월급도 줄었다. 하지만 왕치는 쉬는 게 너무 좋아서 정말 신나게 놀았다. 책을 읽어도 좋고, 뭘 해도 좋았다. 업무량이 많을 때는 한 달에 하루도 쉬지 못했기 때문이다.

베이징 전자 공장과 톈진 핸드폰 공장에서 일할 때는 위아래가 붙은 방진복을 입고, 모자와 마스크까지 써야 했다. 사람들은 답답해서 힘들어했지만, 왕치는 적응이 돼서 괜찮았다. 마스크는 한 달에 서너 개만 지급돼서 직접 빨아서 썼다.

가장 힘든 점은 제대로 쉴 수 없는 것이었다. 왕치는 새벽 5시에 일어나 출근해 아침식사를 한 뒤 작업장에 들어갔다. 그러려면 일찍 자야 하는데, 아침 8시에 출근하는 기숙사 동료가 밤 11시에 씻고 늦게 잠들어서 그럴 수가 없었다. 그래서 왕치는 매일 밤 안대를 하고 자는 습관이 생겼다.

S공장에서 1년을 일하자 더는 비전이 없어 보여 그만두고 싶다는 생각이 들었다. 하지만 여길 떠난다고 해도 마땅히 할 일이 없었다. 앞으로 어떻게 살아야 할지도 막막했고, 자신이 좋아하는 일이 뭔지도 몰랐다. 흥미를 느끼는 일은 많았지만, 어떻게 발전시켜야 할지 알지 못했다. 왕치는 문화예술 쪽 일이 너무 좋았다. 특히 사진 찍는 걸 좋아해서 핸드폰에 사진을 잔뜩 모아 둘 정도였다.

2015년 6월에는 업무량이 확 줄었는데, 공장은 직원들을 직접 해고하지 않고 스스로 그만두게 만들었다. 이때 왕치는 압착부에서 조립부로 발령받아 완성품 검사 업무를 맡았다. 거기서 일하다 보니 시력이 나빠지고 적응도 힘들어 결국 공장을 그만뒀다. 왕치는 사진관에서 사진을 배우며 일하고 싶었다. 그때는 돈보다 하고 싶은 일을 찾는 게 더 중요했다. 돈이 얼마가 됐든 자신이 즐거워야 하니까 말이다.

미술을 전공한 오빠

왕치 저는 고등학교도 못 다녔지만, 그렇게 아쉽진 않아요. 학교 다니는 것보다 더 의미 있는 걸 많이 배웠으니까요. 오빠는 미술 전공이라 학비가 비쌌어요. 1년에 2만 위안쯤 들었죠. 저는 오빠에게 매달 생활비와 물감 살 돈, 출사 비용을 보냈어요. 오빠 학교 학생들은 가정형편이 좋은데, 오빠만 컴퓨터가 없는 게 안타까워서 모아 놓은 돈으로 컴퓨터를 사 보내기도 했어요. 당시 잘 나가던 4300위안짜리 삼성 노트북이었죠.

뤼투 오빠는 지금 뭘 하나요?

왕치 제과점에서 일해요. 하루에 8시간 일하고, 월급은 3000위안 정도예요. 일한 지 1년 좀 넘었어요. 오빠가 졸업 후에 톈진으로 왔는데, 둘이 같이 있으니까 의지도 되고 좋아요.

뤼투 네? 오빠가 제과점에서 일한다고요?

왕치 미대를 졸업해서 일자리 찾기가 쉽지 않았어요. 오빠가 그러는데, 케이크 만드는 일이 앞으로 유망하대요. 그래서 기술을 배워보라고 제가 4000위안을 줬어요.

뤼투 그럼 4년간 배운 게 아무 소용없단 말인가요?

왕치 아니요. 어떻게 그럴 수가 있겠어요. 대학에 다닌 것과 안 다닌 건 완전히 달라요. 다만 요즘 대학생들 취업하기가 어려워서 그렇죠.

뤼투 오빠는 미술을 계속하지 않을 생각인가요? 아니면 지금 과도기인가요?

왕치 미술이요? 먹고사는 것과 취미를 같이 놓고 말할 순 없죠.

뤼투 그럼 오빠가 대학 4년간 취미를 배웠단 말이에요?

왕치 취업이 정말 쉽지 않아요. 오빠 대학 친구들도 일자리가 없어서 집에 있대요. 집에 있으니 뭐라도 배워서 가족을 부양하는 게 낫잖아요.

뤼투 맞아요.

왕치 저는 어려서부터 줄곧 엄마를 편하게 해 드리고 싶었어요. 엄마는 오빠 걱정이 태산이에요. 그래서 제가 오빠를 돕는 거예요. 오빠가 잘 지내면 엄마도 행복하니까요.

그리고 왕치가 조심스럽게 이야기를 꺼냈다.

왕치 오빠가 대학 졸업생인데도 제과점에서 일하지만, 배운 걸 살리지 못한다고 생각하진 않아요. 요즘 대학생들은 현실은 모르고 눈만 높아요. 대학 졸업했다고 우쭐대며 자기를 낮추려 하질 않잖아요. 그래도 대학을 나오면 달라요. 어떤 문제든 깊게 생각할 수 있으니까요. 저는 이해할 수 없는 일이 생기면 오빠에게 물어요. 그러면 오빠는 제가 이해할 수 있도록 설명해 주죠. 오빠와 대화하다 보면 여러 사회 문제에 대해 생각할 수 있어요.

아이디어가 기술을 따라잡지 못해요

전자 공업구에서 일하는 남녀 노동자에게 여가활동 프로그램을 제공하기 위해 2010년 1월 '톈진 노동자의 집'이 설립됐다. 왕치가 처음 '노동자의 집' 프로그램에 참여한 건 2014년 여름인데, 그 뒤로도 자주 이곳을 드나들었다. 왕치는 사람들과 함께 노래도 부르고, 도서관에서 책을 읽기도 했다. 또 '노동자의 집' 책임자인 이타오와 이야기 나누는 것도 즐거워했다.

2015년 7월 말 공장을 그만둔 왕치는 보험금 등의 문제를 처리하던 한 달간 '노동자의 집' 기숙사에서 지냈다. 기숙사를 떠날 때쯤 이타오가 왕치에게 같이 일하자고 제안했다. 왕치는 3일간 고민한 뒤 그러겠노라고 답했다. 왕치는 고향에 가서 휴식을 취한 뒤 돌아오겠다고 약속했다. 그리고 한 달 동안 이것이 과연 자신이 원하고 좋아하는 일인지 고민했다. 비록 명확한 답을 얻진 못했지만, 의미 있는 일임은 분명했다. 게다가 그곳엔 책이 많아서 자신의 부족한 부분을 채울 수 있을 것 같았다.

9월 말부터 왕치는 '톈진 노동자의 집'에서 일하기 시작했다. 이전에 했던 일과는 완전히 달라서 배워야 할 것도, 배우고 싶은 것도 많았다. 하지만 어디서부터 해야 할지 막막했다. 막상 일을 시작하니 혼자 힘으론 해낼 수가 없었다. 설 연휴를 앞두고 이타오가 왕치에게 휴가를 주면서 곰곰이 생각해 보라고 했다. 왕치는 도서관에서 고리키의 『나의 대학』과 『어머니』라는 책을 빌렸다. 두 권을 읽고 나자 왕치는 노동자 문화를 조금은 이해할 수 있었다. 그리고 '이 일이 진정 내가 원하던 일인가'에 대해서도 다시 고민했다.

2016년 4월 10일 왕치는 자신이 제작한 첫 다큐멘터리를 인터넷에 올렸다. 이타오의 기획 하에 왕치가 인터뷰, 기록, 편집까지의 모든 과정을 책임지며 열정을 바쳤다. 왕치가 격앙된 목소리로 내게 말했다.

왕치　다시 보면 정말 부족한데, 느낌은 좋아요. 제가 한 거라고 믿어

왕치가 제작한 단편 다큐멘터리 〈핸드폰이 나오기까지 감춰진 여성노동자의 이야기〉의 한 장면.
http://v.qq.com/page/n/w/e/n0187zccbwe.html

지지 않을 정도라니까요. 예전에는 뭔가를 배울 때 물이 한 방울씩 떨어지는 것처럼 느리다고 생각했는데, 이번에는 정말 빨랐어요. 몸은 빨리 움직이는데, 오히려 생각이 따라잡지 못했거든요. 이 문제를 해결하기 위해 고심 중이에요.

뤼투 어떤 문제를 해결하려고요?

왕치 몸은 너무나 빨리 뛰는데, 영혼이 따라잡지 못하는 느낌이랄까요. 이 영상을 제가 만들었다는 게 믿기지 않아요.

뤼투 제가 보기에 당신은 기획력이 있어요. 이제야 자기 자신을 찾은 거죠.

기억

— 왕치의 일기

2008년 8월의 어느 날 꿈에 엄마가 나를 키우지 않겠다고 해서 엉엉 울다가 깼다. 같이 자던 아주머니가 내 울음소리에 놀라 왜 그러느냐고 물었지만, 아무 일도 아니라고 하고 아래층으로 핸드폰을 가지러 내려갔다.

시계를 보니 새벽 5시였다. 집에 전화를 걸고 싶었지만, 가족들이 깰까 봐 그만뒀다. 창문 아래 쪼그려 앉아 한참을 울었다. 6시가 다 될 무렵 엄마에게 전화를 걸었다. 엄마에게 꿈 이야기를 하면서 다시 울음이 터졌다. 엄마는 "내가 널 왜 쫓아내? 일이 힘들면 그냥 집에 오렴"이라고 말하며 나를 달랬다. 나는 여기서 잘 지낸다고, 너무 걱정하지 말라고 당부하고 전화를 끊었다. 엄마와 한참을 통화하니 그제야 평온을 되찾을 수 있었다. 그리고 출근 시간이 다 되어 씻고 문을 나섰다.

후기

2016년 9월 29일부터 10월 6일까지 노동자대학 14기 인터넷 강좌반을 모집했다. 왕치는 노동자대학 우수생으로 여기에 참여할 수 있었다. 다음은 10월 4일 인생 이야기 시간에 왕치가 들려준 이야기로, 그녀의 동의를 얻어 간략히 소개한다.

"부모님은 첫딸을 낳고, 저를 둘째로 낳았어요. 제 밑으로 남동생이 태어났고요. 저는 딸이라는 이유로 남동생이 태어나기 전에 다른 집으로 보내졌어요. 처음에는 외삼촌 집에서 자랐죠. 음, 제 이야기를 들으면 다들 어리둥절하실 거예요.

아버지는 둘째 아들인데, 큰아빠가 아들만 둘이라 딸을 낳고 싶어 했대요. 그래서 외삼촌 집에 있던 저를 큰아빠 집으로 보냈죠. 그런데 며칠 뒤 큰아빠가 저를 다시 외삼촌 집으로 돌려보냈어요. 큰엄마(지금의 엄마)가 화가 나서 저를 키우기 싫다고 하셨나 봐요. 당시 큰엄마가 딸을 낳았는데, 저만 했을 때 먹지도 못하고 바로 죽었거든요. 그래서 제가 큰집에 보내진 건데, 큰엄마가 충격을 받아서인지 젖이 나오지 않더래요. 그래서 젖도 안 나오니 저를 키울 수 없다고 했다네요.

그때 아무도 저를 키우려 하질 않아서 할머니가 큰집에 저를 다시 보냈는데, 큰엄마는 저를 쳐다보지도 않았대요. 한 달 무렵에 제가 사람을 알아보기 시작하자 큰엄마가 문득 저는 아무런 잘못이 없다는 걸 깨달았죠. 그래서 제게 한 달간 분유를 먹였더니 갑자기 안 나오던 젖이 나오더래요. 큰엄마가 젖을 물리면 저는 한밤중에도 울지 않았대요. 그 후론 제가 큰엄마만 찾는 통에 다른 사람은 저를 안아 볼 수도 없었고요. 그래서 큰엄마가 화장실 갈 때도 저를 안고 갔대요. 엄마는 오빠도 돌봐야 했는데, 큰아빠(지금의 아빠)가 집안일을 안 거들어서 많이 힘들었나 봐요. 제가 걷기 시작하자 엄마는 더 이상 저를 안아 주지 않았죠. 계속 그러면 앞으로 힘들어질까 봐요.

제가 열한 살 때 큰엄마와 큰아빠가 이혼했어요. 큰엄마는 당신 집안 자식이니 둘 다 데려가라고 했는데, 큰아빠는 저는 데려가지 않으려 했대요. 그러면서 큰엄마에게 '걔는 당신이 키워. 18세가 되면 자기 가족 찾아 갈 테니 걔는 키워 봤자 소용없어'라고 했다네요. 정말 웃기죠. 제가 큰엄마를 얼마나 위하는데요. 우리 큰엄마는 제 친엄마나 같아요. 그런데 제가 어떻게 다른 집에 갈 수 있겠어요."

결혼 준비를 하다

2015년 6월 19일부터 21일까지 나는 '톈진 노동자의 집'이 개최한 '베이징—톈진 노동자를 위한 공동체 워크숍'에 참가했다. 6월 20일 저녁 워크숍에 참가한 각 기구의 문예 활동가들이 공동 프로그램을 공연했다. 공연 장소는 공업구 상가 앞 작은 광장이었다. 주말이라 상가 앞엔 삼삼오오 무리를 지은 젊은 친구들이 끊임없이 오가며 북적거렸고, 구경하는 사람이 500명가량 됐다.

춤추는 걸 좋아하는 쥔제俊杰는 저녁 파티의 모든 프로그램을 주도했고, 그녀의 춤으로 시작한 파티는 인기 만점이었다. 이후 아름답고 가냘픈 쥔제를 인터뷰했다.

여자로 태어나다

쥔제는 1994년 허베이 칭지우시 하이싱海興현의 농촌에서 태어났다. 형제자매는 언니 둘과 남동생 하나가 있다. 1989년생인 큰언니는 중학교 1학년까지 마치고 중퇴했고, 1992년생인 둘째 언니는 중학교까지 다녔다.

2016년 6월 20일 저녁 시칭 공업구에서 쥔제가 춤추는 모습.

1996년생인 남동생은 중학교 3학년 때 중퇴했다. 쥔제는 고등학교 2학년 까지 다녔으니 집안에서 가방끈이 가장 긴 셈이다.

대학 입시를 포기하다

쥔제는 선생님의 권유로 학업을 중단했다. 지금은 이상한 일이지만, 예전에는 선생님의 뜻대로 진학과 학업 중단이 결정됐다. 대학 진학률에 따라 교사가 상여금을 받기 때문이다.

쥔제는 고등학교 2학년 때부터 대학 입시를 준비했다. 하지만 대입을 준비하려면 등록 신청을 해야 하는데, 주임 선생님이 반대했다. 대입 등록 신청한 학생들의 성적이 모두 좋으면, 진학률이 높아져 상여금을 받을 수 있는데, 쥔제의 성적은 중간 정도였기 때문이다. 그래서 자기 뜻과는 상관없이 대학 입시를 포기할 수밖에 없었다.

쥔제가 대학에 못 간 이유는 하나 더 있다. 방송과 문예를 좋아하던

활동실에서 춤 연습 중인 쥔제.

쥔제는 고등학교 때 교내 방송국 아나운서로 활동했다. 대학에 갈 수 있다면 분명 예술을 전공할 텐데, 쥔제의 성적은 기껏해야 단과대학이나 사립대학에 합격할 수준이었다. 하지만 그런 대학의 예술 전공은 1년 학비가 2~3만 위안이나 해서 쥔제의 가정형편으론 어림없었다.

미용실에서 일하다

쥔제는 2012년 여름에 학교를 그만뒀다. 당시 언니들은 텐진의 미용실에서 일하고 있었다. 부모님은 허약한 그녀가 혼자 외지에 나가 일하는 걸 걱정했지만, 쥔제는 언니들을 따라가 미용 기술을 배우며 일해 월 800위안을 벌었다. 세 자매는 다른 지점에서 일했는데, 아마 관리 차원에서 그랬을 테다. 쥔제는 종일 실내에서 일해야 하는 그 일이 너무 싫었다. 바깥세상을 느낄 수도 없고, 매일 똑같은 일을 반복하는 것도 지겨웠다. 숙식 제공도 되고 사장도 괜찮았지만, 1년만 일하고 미용실을 그만 뒀다.

'남자'에게 사기당하다

쥔제의 첫사랑은 고통스러운 기억이다. 그 '남자'의 이름은 밍성明生인데, 키가 168cm로 작고 몸도 허약했다. 쥔제는 2012년 친구 소개로 알게 된 그에 대해 자세히 알아봐야겠다는 생각은 하지 않았다. 그의 부모님이 모두 돌아가셨다고 해서 그를 더 사랑하게 됐다. 그는 몸이 약한 쥔제를 정말 살뜰히 보살펴서 둘이 같이 있을 땐 쥔제가 아무 일도 못 하게 했다. 얼마 후 그를 부모님과 언니들에게 소개했다. 처음엔 반대하시던 부모님도 성실하고 예의 바르다며 차츰 그를 받아들였다. 어머니는 그가 의지할 곳 없이 외로운 처지임을 알고 더 예뻐했고, 그의 형편을 개의치 않고 약혼까지 생각했다.

쥔제는 2013년 8월 둘째 언니 결혼식에 그와 함께 참석했다. 그런데 그날 둘째 형부가 500위안을 잃어버린 사건이 있었다. 형부가 언니에게 선물한 수만 위안의 금 장신구도 없어졌다. 쥔제는 문득 남자친구의 짓이 아닐까 의심했는데, 결국 그의 소행으로 드러났다. 게다가 주머니에서 남녀 신분증 두 장이 나왔는데, 남자 신분증 사진은 코와 눈이 훼손돼 알아볼 수 없었다. 쥔제가 남자 신분증 번호를 검색해 보니 밍성의 것이 확실했지만, 성별은 여자라고 되어 있었다.

쥔제는 펑펑 울다가 실신하고 말았다. 화가 난 형부가 밍성의 뺨을 때리자 어머니가 막아섰다. 어머니가 그를 진심으로 아꼈던 것이다. 쥔제는 정신을 차린 뒤 그를 소개한 친구에게 그에 관해 물었다. 친구는 그가 자기 집에서도 큰돈을 훔쳤다고 했다. 그제야 쮠제는 그가 행방이 묘연할 때마다 인터넷에서 수많은 여자를 만나고 다녔음을 알게 됐다. 그는 여자의 마음을 이용해 사기 치며 살아 온 거짓말쟁이였던 것이다. 비록 가난한 쮠제는 큰돈을 잃진 않았으나 첫사랑이었기에 마음의 상처가 깊었다. 하지만 그게 어떤 상처인지 분명하게 표현할 순 없었다.

시간이 흘러도 그가 쮠제에게 준 상처는 사라지지 않았다. 그저 이런 일을 겪은 자신이 문제라고 자책했다. 더 심각한 건 다른 남자가 잘해 주면, 자기를 속이거나 다른 의도가 있는 건 아닌지 의심하게 된 것이다.

식당에서 일하다

'남자'에게 사기 당한 후 쮠제는 가족들의 권유로 한 달간 집에서 휴식을 취했다. 하지만 아버지가 힘들게 일하는 모습을 보니 더는 집에 머물 수가 없었다. 집에만 있으니 자꾸 그때 기억이 나서 잠도 이루지 못했다. 눈을 감으면 그의 그림자가 어른거렸다. 그래서 큰형부가 일하는 톈진의 식당에서 일하기로 했다.

식당 일은 정말 힘들었다. 매일 오전 9시에 출근해 정해진 퇴근 시간 없이 자정이나 새벽 1시까지 일했다. 월급은 2200위안이었다가 나중에 2400위안까지 올랐다. 주문량에 따라 성과급을 받았지만, 몇 백 위안 되지 않았다. 쮠제는 몸은 왜소해도 야무지게 일해서 얼마 되지 않아 매니저로 승진했다. 사장이 1층을 맡고, 2층은 쮠제에게 맡겼다. 월급도 2800위안으로 인상됐다. 하지만 이전보다 일이 훨씬 힘들었다. 종업원이 해야 할 일과 매니저가 해야 할 일을 전부 해야 했기 때문이다. 쮠제는 카운터도 보고, 화장실 청소까지 했다. 화장실은 담배 냄새 같은 역겨운 냄새로 가득해서 청소할 때마다 구토를 했다. 8월 15일부터 연말까지 고생하며 일하다가 너무 힘들어 그만두고 싶었지만, 사장이 놓아 주질 않았다.

톈진 공업구 르신공장에서 일하다

쥔제는 2014년 설을 지내고 톈진 공업구의 르신日新공장에 들어가 반년 후 정직원이 됐다. 기본급 1900위안에 사회보험, 주택공적금, 기숙사비 등 650위안을 공제하고 매달 손에 쥐는 돈이 1800위안 정도다. 주 5일 하루 12시간 근무에 야근은 없지만, 월급 산정 시 근무시간은 10시간으로 한다. 식사시간과 휴식시간은 근무시간으로 치지 않기 때문이다. 이 공장에선 아이폰 5C 제품의 뒷면 커버를 생산한다.

2015년 설 이후 원래 일하던 작업장이 문을 닫아서 남은 직공들은 다른 부서에 배치됐다. 주야간 교대도 없어져 전 직원이 매일 오전 7시부터 오후 7시까지 주 6일 일한다.

야간근무가 있을 때는 월 300위안 정도를 더 벌 수 있었다. 하지만 야간근무에서 주간근무로 바뀔 때마다 얼굴에 여드름이 났다. 지금은 월 2800위안을 받는다.

틀어진 혼담

쥔제는 공장에서 자신보다 네 살 많은 자싱家興(가명)을 만났다. 둘의 고향은 도보 10분 거리의 창저우시 이웃마을이다. 1년 정도 만난 뒤 둘은 약혼하기로 했다. 농촌에선 자유연애를 하더라도 혼담이 오가면 격식을 차려야 한다. 2014년 설에 남자친구 집안에서 중매인을 통해 혼사를 의논해 왔는데, 그 바람에 두 집안 사이에 갈등이 생겼다.

자싱의 부모님이 찾은 중매인은 쥔제의 어머니와 잘 아는 사이다. 그런데 중매인이 쥔제 어머니에게 혼사를 의논하자며 자기 집으로 부른 것이다. 그 소식에 쥔제는 화가 났다. 아무리 자유연애라지만 사람을 오라 가라 하면 안 된다고 생각했기 때문이다. 특히 신부 측 어머니를 중매인 집으로 부르는 건 말도 안 되는 일이었다. 쥔제는 어머니에게 전화해 그냥 돌아오라고 했다. 그렇게 첫 만남부터 좋지 않았다.

다음 날 중매인 집에서 자싱의 집안 어른을 만났다. 그의 어머니는 오지 않고, 아버지, 숙부, 숙모만 참석했다. 그의 아버지는 바로 약혼하자고 나왔고, 쥔제의 부모님은 처음 만나는 자리니 좀 더 시간을 갖자고 했다. 고향 풍습에 따르면 남자는 돈, 네 가지 예물, 담배, 술 등을 가져와야 약혼할 수 있다. 자싱은 약혼 예물로 6600위안을 가져왔고, 쥔제 부모님이 이를 받아야 약혼이 성사되는 것이다. 하지만 쥔제 부모님은 약혼 예물로 1만1000위안을 기대했었고, 이런 의사를 확인하지 않고 마음대로 정한 게 불만스러웠다. 어머니가 쥔제에게 받을 건지 물었다. 쥔제는 남자친구와 어머니를 번갈아 보다가 결국 받지 않았다. 쥔제가 남자친구를 밖으로 불러냈다. "일을 이렇게 하면 어떡해?" 자싱은 "너네는 우리 집을 빈털터리로 만들려는 거야?"라며 투덜댔다. 쥔제는 "그럴 거였으면 애초에 너를 만나지 않았어. 우리 부모님은 내가 좋은 조건의 남자를 만나서 농촌에서 고생하지 않길 바라시거든. 하지만 내 생각은 달라. 나보다 돈이나 능력이 많은 사람은 분명 나를 무시할 거야. 아마 내 부모님도 무시하겠지. 나는 돈이 없는 것도, 고생하는 것도 두렵지 않아. 하지만 사람에게 무시당하는 건 싫어. 그래서 너희 집이 우리 부모님 체면만 좀 세워 줬으면 하는 거야"라고 말했다. 자싱은 부모님과 상의해 보겠다며 돌아갔다. 다음 날 그는 아무래도 약혼 예물이 너무 많다는 문자 메시지를 보냈다. 그렇게 혼담이 깨졌고, 그에게 받은 건 모두 중매인에게 돌려보냈다.

연말에 톈진으로 돌아갔는데, 자싱에게서 문자가 왔다. "잘 지내? 보고 싶어." 사귄 지 오래되어 감정이 아직 남아 있던 둘은 다시 만나기로 했다. 하지만 집안 얘기가 나올 때마다 싸울 수밖에 없었다. 자싱은 조금 가부장적이지만, 정말 세심해서 위경련으로 고생하는 쥔제를 위해 줄곧 아침밥을 챙겼다. 쥔제가 이를 부모님에게 말했지만, "결혼 전에는 잘해도 결혼하면 달라져"라고 하셨다.

남녀차별

쥔제는 남녀차별이 자신에게 미친 영향이 심각하다는 걸 느꼈다. 여성은 자라면서 얻은 가족의 보살핌을 일종의 '채무'로 느낀다. 이는 왜 그토록 많은 여성이 어린 나이에 학교를 그만두고 외지에 나가 일하는지, 외지에 나가 번 돈을 전부 부모에게 보내는지 알 수 있게 한다. 부모의 고생과 사랑을 잘 알지만, 한편으론 어릴 때부터 여자로서 일종의 '빚'이 있다는 생각이 자기도 모르게 주입된 것이다.

쥔제는 외지에서 일하면서 생활비를 제외한 전부를 부모님에게 보냈다. 남동생 결혼 준비를 위해서였다. 쥔제가 말했다. "요즘 어떤 여자가 결혼할 때 집을 원하지 않겠어요? 저는 집안에서 공부를 제일 많이 해서 부모님이 제게 돈을 많이 썼다고 생각했어요. 저도 몇 년간 일하면서 몸이 아파 병원비를 많이 썼고요."

쥔제는 다른 사람 밑에서 일하는 게 싫어서 옷가게 사장이 되기를 꿈꾼다. 그러려면 돈이 필요한데, 번 돈은 전부 가족에게 줘서 남은 게 없다. 아버지와 의논했더니 "일해서 돈 버는 건 당연하지. 네가 하고 싶은 일은 결혼하면 해라. 그땐 우리도 상관하지 않을 테니. 몇 년 잠시 쉬면서 기다려"라고만 했다. 만약 아들이 하고 싶은 일이 있다고 했다면, 분명히 도와줬을 것이다. 그래서 쥔제는 빨리 일을 그만두고 결혼하고 싶었다.

결혼 준비

2015년 국경절 연휴에 사촌언니의 중매로 칭슝慶雄(가명)을 만났다. 그는 첫눈에 쥔제에게 반했다. 1995년생인 칭슝은 쥔제보다 한 살 어렸고, 전문대학을 졸업하고 고향 현성의 수력발전 회사에 다닌다. 그는 현성에 분양받은 집도 있다. 2016년 정월 초이틀에 사촌언니가 남자 쪽의 지참금과 약혼 예물을 가져왔다. 다음 날 쥔제는 그의 집에서 3일간 함께 지냈다. 그건 둘의 혼사가 성사됐다는 뜻인데, 고향에선 약혼도 하지 않은 남녀가 같이 지내면 말이 많기 때문이다. 그래서 보통 남녀가 서로 마음에 들면, 우선 약혼부터 하고 같이 살다가 적당한 시기가 되면 결혼한다.

미래의 계획

2016년 2월 16일에 쥔제와 위챗 음성통화로 대화를 나눴다. 쥔제는 곧 회사를 그만두고 고향으로 돌아간다고 했다. 남자친구를 따라 고향에 가 일자리를 찾는다는 것이다. 서로 이해할 시간을 더 갖기 위해서이기도 했다. 르신공장에서 일한 지도 2년이 넘어 이제 외지에서 일하는 것도 싫어졌다고 했다.

쥔제 제가 바라는 건 남편과 함께 작은 가게를 여는 거예요. 아니면 제가 좋아하는 일을 하고 싶은데, 아마 불가능할 거예요. 취미로나 할 수 있겠죠.

뤼투 이해해요. 공장에서 일하는 건 참 고생스럽죠. 자유롭지도 않고요. 더 중요한 건 앞날이 보이지 않는다는 거예요. 하지만 자영업도 요즘은 경쟁이 치열해서 수많은 가게가 폐업하잖아요. 그건 한 사람의 노력이 물거품이 되는 것과 같아요. 자기 가게니까 얼마나 더 전념했겠어요. 아마 매일 일하는 시간이 식당이나 공장보다 길 거예요.

쥔제 무슨 가게를 하든 제일 좋은 건 둘이 함께 노력한다는 거예요. 혼자선 힘에 부쳐서 아무것도 할 수 없어요. 솔직히 저는 물질적인 걸 좋아하지만, 제가 바라는 건 우리 둘이 노력해서 얻는 거예요.

뤼투 노력해서 일정한 보답을 얻는 건 '물질적'이라고 생각하지 않아요. 당신이 말한 '물질적'이라는 건 일하지 않고 얻는 것, 또는 자기 존엄을 물질적 보상으로 바꾸는 걸 뜻하는 것 같아요. 당신은 결혼을 통해 조건 좋은 남자를 찾거나 가만히 앉아서 남이 한 결과를 누리길 원하지 않잖아요. 평등하지 않으면 상대방의 존중을 얻을 수 없다고 생각하고요. 저는 당신의 이런 생각을 정말 존경해요. 칭슝과는 잘 지내죠?

쥔제 칭슝은 아주 성실한 사람이에요. 그가 수줍음이 많아서 제 성격도 변했죠.

쥔제는 결혼 상대를 선택할 때 권세나 경제적 능력보다는 동고동락하며 함께 창업할 수 있는 반려자를 원했다. 결혼하면 '자유'를 얻을 수 있고, 자기가 하고픈 일을 하거나 둘이 함께 할 수 있을 거라는 환상도 있다. 쥔제는 지금 결혼 준비 중이다. 결혼 후 여러 풍파에 부딪히면서 아름다운 환상도 깨지겠지만, 강인하고 자신을 사랑하는 쥔제는 자신의 미래를 계속 찾아 나갈 것이다.

대화의 시작

이 책을 쓰면서 몇몇 여성노동자의 이야기를 사람들에게 읽어 보게 했다. 첫 번째 이유는 집필 방식이나 흐름을 조절하기 위해서였고, 다른 이유는 글을 계속 쓰기 위한 자신감을 얻기 위해서였다. 사람들의 피드백 가운데 질책도 있고 격려도 있었다. 이 책을 다 쓸 수 있었던 동력은 매 편의 이야기를 선별해 써나가는 과정 자체에 있다. 사람들의 질책을 받을 때마다 의기소침해지기도 했지만, 더 잘 써야겠다는 자극이 되기도 했다. 격려는 내게 힘과 용기를 주었고, 결코 내가 외롭지 않은 사람임을 깨닫게 했다.

이야기 주인공과의 대화

이야기 주인공들을 만날 때마다 내가 누구인지, 왜 이 인터뷰를 하는지에 관해 설명했다. 대부분 여성노동자는 자기 이야기가 기록될만한 가치가 없다고 생각했지만, 내 질문에 답하고 자기 이야기를 털어놓고 싶어 했다. '털어놓기'와 '존중받기'는 누구에게나 필요하다. 매번 인터뷰가 끝날 때마다 본명을 실어도 되는지, 책에 들어가면 안 되는 이야기가 있는지 물었다. 이 책이 나에 대한 그들의 신뢰를 이용한 것이 아니길 바랐기 때문이다.

대화가 끝날 무렵 대다수가 자신의 옛일을 이토록 자세히 생각해 본 적이 없다고 했다. 그리고 그들에게 초고의 피드백을 요청했을 때 한 여성 노동자가 이렇게 말했다. "많은 걸 잊고 살았는데, 제 이야기를 글로 읽으니 정말 좋은 기념이네요. 제 인생을 돌아보는 데 도움도 됐고요. 구체적으로 어떤 교훈인지는 모르겠지만, 저를 일깨워주는 계기가 됐어요."

루위의 이야기는 비극적이다. 루위와는 좋은 친구로 지내는데, 그녀는 전화할 때마다 눈물을 흘렸다. 그래서 더더욱 나에 대한 그녀의 믿음을 '이용'하고 싶지 않았다. 나중에 그녀의 이야기를 책에 실어도 되겠냐고 조심히 물었다. 루위는 자신의 이야기가 다른 여성들에게도 일깨움을 주고 귀감이 될 수 있다면 괜찮다고 했다. 루위는 초고를 읽고 의견을 주면서 "이렇게 고치는 게 당신 책 작업에 도움이 될까요?"라고 물었다.

샤오멍은 처음엔 내가 쓴 이야기를 읽지 않았다. 그녀가 인터뷰 요청을 받아들인 건 온전히 나에 대한 지지와 신뢰 때문이었다. 샤오멍은 강인하고 꿋꿋한 사람이지만, 아무리 노력해도 앞날이 불분명해서 의심과 망설임으로 가득 차 있었다. 이후 초고를 읽은 그녀에게 이메일을 받았다. "단숨에 3편의 이야기를 읽었습니다. 정말 감동받았어요. 32편의 이야기도 다 읽고 싶었지만, 일부러 남겨 뒀어요. 모든 이야기마다 잘 새기고, 더 깊이 소화하고 싶거든요. 저는 책을 많이 읽은 사람이 아니라 책한 권을 읽는 데 오래 걸려요. 하지만 관심 있는 책을 읽을 땐 한 글자도 빠뜨리지 않고 자세히 읽는 편이에요. 이런 느낌을 받은 건 정말 오랜만

이네요. 쉬지 않고 읽고 싶다고 생각한 건 몇 년 전 『평범한 세계』를 읽을 때뿐이었어요."

몇몇 대도시 공항 서점에서 눈에 띄는 건 서가의 한 줄 가득 진열된 비즈니스 성공에 관한 책들이다. 여성노동자들은 자신의 이야기가 담긴 책을 그 책들과 같은 위치에 두고 바라볼 수 있을까? 내가 바라는 건 단 하나다. 샤오밍과 같은 피드백을 받을 수 있다면, 나의 노력은 이미 충분히 가치 있을 것이다.

대학생과의 대화

두 편의 이야기를 골라 베이징에서 공부하는 한 대학생에게 보냈다. 그녀는 학교에 다니면서 줄곧 노동자를 위한 각종 활동에 자원봉사자로 참여했다. 그녀는 내게 다음과 같은 피드백을 보냈다.

이야기를 쓰는 것과 쓰지 않는 것의 차이는 무엇인가요? 이런 이야기를 노동자들에게 보여 준다고요? 그 사람들은 아무 느낌도 없을 것 같아요. 너무 일상적이고, 여성노동자들이 매일같이 느끼는 일들이니까요. 이성적인 비판이 결여된 것 같아요. 너무 감성적이고요. 이전의 당신 책 스타일이 반복되는 것 같네요.

노동자들은 자신들의 이야기가 보편적인 현실로 읽히기를 원치 않는다. 이 점은 부정할 수 없다. 하지만 이제 노동자가 스스로 자기 이야기를 쓰기 시작했다. 이들의 이야기를 누가 읽으면 좋을지, 누가 독자가 될지는 알 수 없다. 1994년에 태어난 노동자가 1990년대생 노동자의 이야기는 읽고 싶지 않겠지만, 1980년대에 태어난 노동자들의 이야기는 궁금해하지 않을까? 그 대학생의 답변에 조금 난감했다. 노동자들이 어떻게 느낄지 묻고 싶었던 게 아니라 그녀의 느낌을 듣고 싶었기 때문이다.

이후 두 편의 이야기를 충칭에서 공부하는 한 대학생에게 보냈다. 이전에 충칭 학회에서 발표한 적이 있는데, 그 내용이 인상 깊었는지 메신저로 연락해 온 학생이다. 그녀는 여름방학 때 공장 체험을 한 뒤 상당히 고무되어 노동자들에게 관심이 많았다. 그녀는 다음과 같은 피드백을 보냈다.

> 설 연휴에 이 글을 읽었는데, 이제야 답장을 보냅니다. 왜냐하면 글을 읽은 뒤 말로 표현할 수 없는 상당히 모호한 느낌을 받았거든요. 선생님이 위챗에 '누군가는 여성노동자 이야기를 읽고 별다른 느낌을 받지 않은 것 같다'라고 남긴 걸 보고 줄곧 생각했어요. 보내 주신 이야기는 현재 이 사회에서 일어난 일이자 사회문제인데, 왜 저는 별다른 점을 느끼지 못했나 싶어서요. 요 며칠 푸코의 이름 없는 자들의 생활에 관한 글을 읽었어요. 문학사와 역사 서술에 관한 글도 읽었고요. 일반적으로 역사는 주요 인물을 기록할 뿐 평범한 사람들에겐 역사의 페이지를 허용하지 않아요. 보통 사람은 너무 많고, 생활은 너무 평범하며, 대부분이 그렇게 살아가기에 별로 기록할 것이 없어서겠죠. 그런데 신노동자의 이야기는 등장인물도 많고, 이미 생활화되어 버린 평범한 이야기이므로 이것이야말로 다수 인간의 생활이라 할 수 있어요. 선생님은 인터뷰 내용을 기록하는 형식으로 이야기를 보여 주며, 여성노동자들의 실제 생활상을 그리고 있어요. 게다가 독자에게 현실

이 어떠한지도 알려주고요. 저는 그 점이 정말 좋았어요.

선생님, 건의할 게 하나 있어요. 최근 루쉰의 『아Q정전』을 다시 읽고 있는데요. 물론 이 책은 선생님 글과는 매우 다릅니다만, 루쉰은 소설이라는 형식을 통해 아Q라는 전형적 인물을 그리고 있죠. 아Q는 어쩌면 수많은 사람의 특성을 모아 하나의 인물로 환원한 것일지도 몰라요. 아Q에게서 많은 사람의 특징을 발견할 수 있으니까요. 하지만 제가 하고 싶은 말은 다수의 기록이 주는 효과가 『아Q정전』이 갖는 영향력에 미치지 못할 수도 있다는 점입니다. 그래서 만약 선생님이 신노동자의 이야기를 소설 형식으로 쓴다면, 더 많은 사람에게 영향을 미칠 수 있을 것 같아요. 단지 제안일 뿐이에요. 사실 선생님의 인터뷰 기록 방식이 더 현실감 있어요. 이 글을 읽고 여성노동자들의 생활을 상상할 수 있었거든요.

이후 대학을 졸업한 젊은 동료에게 이 두 학생의 피드백을 어떻게 생각하느냐고 물었다. 자신 또한 대학 졸업 전에는 그렇게 생각했다고 했다. 대학생은 아직 노동자가 아니고, 그런 현실을 아직 겪어 보지 않았으니 말이다.

직장 동료와의 대화

두 명의 동료에게 이 글을 보냈는데, 그중 하나는 '베이징 노동자의 집'에서 일하는 장기 자원봉사자이자 박사 과정 중인 허우리치候力琪라는 친구다. 다음은 그녀가 몇 편을 읽은 뒤 보내준 감상을 옮겨 적은 것이다.

천위의 이야기를 읽었습니다. 저는 천위의 자아의식이 아직은 그리 강하지 않다고 생각합니다. 하지만 통찰력도 있고, 내면세계에 충실한 사람인 것 같아요. 당신이 쓴 이야기는 페미니즘 측면에서의 영향뿐 아니라 저층 여성이 희망을 품을 수 있게 해요. 또 인간은 빈부와 귀천을 떠나 모두 평등하다는 걸 일깨워 주죠.

쥐라의 이야기를 다 읽었어요! 당신이 말한 것처럼 세련되지 못한 느낌은 없었어요. 생활의 세밀한 묘사에 공감되는 부분이 많았으니까요. 그리고 제가 존경하는 사회학자들이 중국 저층 민중 연구에서 민중의 일상생활 가운데 정서적인 것과 이성적인 것을 모두 중시한다는 게 생각났어요. 민중이 정의를 어떻게 바라보고, 현실에서 어떻게 처신하는지를 포함해서 말이죠. 그 학자들은 이를 중국의 가장 중요한 '사회적 분위기'라고 해요. 당신의 글에서 그런 사회적 분위기를 읽을 수 있었어요.

옌샤의 이야기를 세 번이나 정독했어요. 그들에 대한 응시와 체험, 그들과 함께 흘린 눈물이 한데 모여 이 글이 완성되기까지 당신 마음속에 하고 싶은 이야기가 많다는 걸 깨달았어요. 그 깊이를 글로 담는 게 쉽지 않았을 거예요. 저는 이런 산문이 아주 중요하다고 생각해요. 여성이 대면하는 수많은 곤경과 겹겹이 둘러쳐진 속박을 잘 표현할 수 있으니까요. 모든 계급 내부에서 여성은 한 인간으로서 자유, 평등, 행복을 누리고 싶어 해요. 하지만 그러기엔 남성보다 어려움이 많죠. 여성은 선구자예요. 그렇기에 그녀들은 더 많은 고통을 감내해야 해요. 그래서 여성이야말로 조금씩 사회 진보를 이루는 사람이라고 생각해요.

아후이의 이야기는 정말 재미있어요. 구구절절한 사연이 많은 쓰디쓴 사랑 이야기네요. 그녀가 복수심에 동료의 남편을 받아들이는 부분을 읽을 때 마음이 아팠어요. 이 이야기는 정신적 공허로 생겨난 혼란과 가정에 대한 책임을 방기한 현상을 반영하고 있어요. 이건 개인의 악한 성품 때문이라기보다는 선량하지만 눈 코 뜰 새 없이 바쁘고 스트레스가 많아 희망 없는 생활을 이어나가다 생겨난 행위라고 할 수 있어요. 이 역시 안타까운 일이죠. 이런 현상을 묘사하는 저층 문학작품이 꽤 있습니다. 예를 들어 후쉐원鬍學文의 소설 『구부러진 나뭇가지虬枝引』는 한 시골 남자가 외지에서 일하던 중 그곳에서 만난 여자와 동거하는 내용이에요. 그건 정말 어쩔 수 없는 선택인 것 같아요.

셋째 숙모 이야기를 컴퓨터 화면에 띄워 놓고 꼼꼼히 읽었어요. 이야기의 핵심은 셋째 숙모가 일반적인 노동자로서 시대 변화에 따라 운명도 변화했다는 것이죠. 그녀의 이야기를 통해 개혁·개방 이전 국유기업 노동자의 삶으로 들어갈 수 있었어요. 이 이야기는 요즘 유행하는 담론에 저항하는 의미가 있어요. 우리는 줄곧 국유기업은 효율이 낮아 파산시켜야 한다고 들었어요. 그런데 셋째 숙모의 서술을 통해 국유기업 노동자들이 얼마나 공장을 자기 집처럼 여겼는지, 사적인 이익을 따지지 않고 얼마나 헌신했는지, 공장이 파산에 이른 것 또한 얼마나 교활한 자본의 게임으로 인한 건지를 알게 됐어요. 다른 이야기들처럼 결론에 당신 생각을 덧붙였는데, '시대의 큰 흐름은 어떻게 형성되는가'라고 했죠? 이는 저도 오랫동안 고민하던 문제였어요. 우리는 왜 상대적으로 공평한 사회에서 갑작스럽게 자본이 주도하는 세상으로 들어가게 됐을까요? 대체 무슨 일이 일어난 걸까요? 사회적 환경에 어떤 변화가 생겨난 걸까요? 이건 아마도 평생 공부하고 실천하는 과정에서 답을 찾아야 할 것 같아요. 덧붙이자면, 저는 당신 책에 나온 셋째 숙모를 참 좋아합니다. 마치 제 어머니처럼 친근해서요. 하하.

'베이징 노동자의 집' 쑨형도 대부분의 이야기를 읽고 피드백을 보냈다. 다음은 두 편의 이야기에 대한 그의 감상을 일부 옮겨 적은 것이다.

위원의 이야기를 통해 일상화되고 습관화된 상식이지만 그런 중요한 지식을 우리 아이들에게 알려 주지 못하는 교육의 실패를 깊이 통감했어요. 다른 한편으로는 한 여성이 어린 소녀에서 아내로, 그리고 어머니로 성장하는 과정이 얼마나 평범하면서도 고난이 따르는지 깨달았어요. 어쨌든 이는 대다수 노동자가 겪는 현실이죠. 이렇게 묵묵히 소리 없이 살아가지만, 사회의 기반이 되는 평범한 사람들의 이야기를 기록해 주셔서 감사합니다.

저는 샤오밍의 이야기가 참 잘 쓴 글이라 생각해요. 이런 생생한 인생 이야기가 당사자에겐 별것 아닐지 모르지만, 이것이야말로 수천수만 보통 사람의 일상생활이고, 이런 일상이 바로 우리의 정치, 생활 정치

입니다. 만약 우리 스스로 현실 생활을 보지 못하고, 반성하지 않는다면 새로운 길을 만들지 못할 겁니다. 깨닫는 것과 새로운 길을 찾는 건 근본적으로 다른 일이죠. 깨달음에 특정한 환경과 분위기가 필요하다는 건 스스로가 설정한 가상입니다. 하지만 새로운 길을 찾기란 쉽지 않아요. 우선은 그럴싸한 감상부터 버려야 합니다.

학자와의 대화

상하이사범대학上海師範大學 쉐이薛毅 교수와 대담을 나눴다.

뤼투   저는 40~50명의 여성 이야기를 쓰려 합니다. 교수님께 보내 드린 샤오멍의 이야기는 그중 하나이고요. 언급하고 싶으신 점을 교수님이 좀 짚어 주셨으면 합니다.

쉐이   샤오멍의 이야기는 아주 잘 썼어요. 그렇지 않다면 제가 샤오멍의 현재 상황을 묻지 않았을 테니까요. 단지 어떻게 하면 그녀의 이야기를 더 사회학적인 전형으로 서술할지는 좀 더 고민해 봤으면 합니다.

뤼투   무슨 뜻인지 잘 알겠습니다. 독자들이 10개 혹은 40개의 이야기를 읽으면 분명히 알게 될 거예요. 또 그러기를 바라고요. 지금 저는 '여성노동자 이야기'를 쓰고 있다고 생각하지만, 이야기마다 진정한 전기와는 거리가 있다는 걸 압니다. 하지만 제 의도는 여성노동자가 중심인 이야기를 쓰는 겁니다. 전기의 사회학적 의의는 무엇일까요?

쉐이   '여성노동자 이야기'라고요? 좋아요! 당신이 특히 잘하는 분야잖

아요. 의의를 말하자면, 현대 사회와 미디어가 보여 주지 않는 정
서와 경험에 대해 이야기한다는 겁니다.

뤼투　　저는 전기를 세 가지 의미로 이해하고 있어요. 하나는 역사성인
데요. 한 개인의 역사를 반영하고 있는 것이고요. 두 번째는 정
서와 체험입니다. 모든 사람이 특이성을 갖고 있죠. 비록 역사의
누적과 계승이 있긴 하지만, 대부분 자기 생활과 체험 속에서 성
장할 수밖에 없거든요. 세 번째는 평범한 노동자 인생에서의 존
엄과 생명력의 빛입니다. 이는 인생의 본질이죠. 그런데 이런 것
들이 숨겨지고 경시되고 무시되고 있습니다. 그래서 여성노동자
이야기를 통해 역사와 현실, 가치관 등을 이해하길 바라는 거예
요.

쉐이　　이 점에 대해 같이 이야기해 보죠. 모든 개인이 충실히 역사를
반영할 수 있는 건 아닙니다. 작가가 해야 할 일은 어떻게 하면
그 개인을 역사가 충실히 반영된 전형으로 만드는가 하는 것이
죠. 그래서 깊이 고민해야 합니다.

뤼투　　앞으로 작게나마 역사를 반영하는 여러 이야기를 쓸까 합니다.

유일하게 모든 이야기를 다 읽은 이는 청년학자 리천李晨이다. 그녀는
다음과 같은 피드백을 보냈다.

보내주신 원고를 전부 출력해 한꺼번에 읽었는데, 끊임없이 감동했어
요. 제가 감동한 건 생생하게 살아 있는 보통 사람들의 이상과 추구,
생명력, 옳고 그름에 관한 소박한 감각과 선택이었습니다. 비록 여러

연령층과 다양한 시대 배경으로 사람들이 겪는 사건과 경험이 모두 달랐지만, 하나로 종합하면 여성노동자들의 귀한 품성 역시 중국 여성과 중국인이 대대로 전승한 특별한 품격이라 할 수 있겠죠. 원고를 다 읽은 뒤 어떤 힘과 자신감을 느꼈어요. 숭고하거나 많은 이상을 품은 건 아니지만, 사회적 숨결에 내재해 있으면서, 특히 시대가 급변하는 과정에서도 여전히 잃지 않던, 중국을 중국답게 하는 그런 핵심이었습니다. 이런 것이 있기에 우리는 미래의 위기에 잘 대응할 수 있으리라 생각합니다. 종합적인 판단과 느낌은 이상입니다.

저는 선생님이 설정한 이 책의 위치에 관해 묻고 싶습니다. 독자의 위치 설정을 포함해서요. 이 책에 나온 광범위한 노동자의 생활상이 많은 느낌을 줄 것 같진 않습니다. 물론 사고가 깊은 노동자들이 적극적인 반응을 보이는 경우를 제외하고요. 그리고 학술 측면에서도 여성노동자 이야기가 이론적 서술이 부족하다거나 사상적 검토가 불충분하다는 의혹을 받을 가능성이 있을 것 같아요. 이런 상황은 선생님께서도 충분히 짐작하리라 생각됩니다.

이 책은 기존 학술/학과 체계에서 쉽게 받아들여지기 어려울 것 같아요. 물론 장단점은 있겠죠. 단점은 이미 형성된 여러 '전례'로부터 질의와 부정적 반응까지 대면해야 한다는 것이고, 장점은 새로운 형식을 탐색할 수 있다는 것입니다. 지금 원고가 절반 정도 완성된 상태고, 나머지는 독자의 피드백을 반영해 완성해야 한다고 생각해요. 선생님의 작업은 이야기를 정리해 기록한 것이죠. 책에서는 인터뷰이를 대신해 어떤 결론도 내리지 않아요. 여성노동자들보다 더 높은 위치에서 의견을 내놓지 않으려는 것이겠죠. 그러면 노동자 혹은 그와 연관 있는 사람들에게 먼저 읽어 보게 한 뒤 짧게 후기를 붙이면 어떨까요? 그러면 더 폭넓고 풍부한 내용이 될 것 같아요. 형식적으로도 참신하고요.

그 외 중요한 건 이야기 방식의 구조인데요. 선생님께서는 이야기를 털어놓고 있지만, 이는 이야기를 전달하는 것과는 거리가 있습니다. 선생님이 문학 전공자도 아니고, 이 책 역시 문학 작품이 아니지만, 이런 서술 방식은 사회학 방식과는 거리가 있어요. 오히려 문학과 더 가깝다고 할 수 있죠. 이런 방식 자체는 각 이야기의 서술과 설계에서도 더 많은 요구사항이 요청됩니다. 어려운 점은 바로 여기에 있다고 봅니다. 이야기 소재를 파악한 뒤 어떻게 그것을 배분하는지는 작가의 텍스트 형식에 대한 민감도와 장악력에 달려 있겠지요. 그리고 이야기를 잘 풀어가는가의 여부는 총체적으로 독해 및 이해 과정과 관련이 있습니다. 이 점은 평범한 노동자 독자와 지식인 독자를 막론하고 모두에게 중요해요. 제가 걱정되는 건 무엇을 쓰는가, 어떻게 쓸 것인가의 문제까지 포함합니다. 하지만 이런 걱정은 제가 문학 전공자로서 문학적 표준을 제고하려는 본능에서 나온 것일지도 모르겠네요. 앞서 나온 책 속 여러 이야기를 떠올려 봅니다. 보통 사람 이야기, '베이징 노동자의 집'에서 일하는 다섯 활동가 이야기 등 모두 정말 재미있었습니다.

뤼투 이야기
네 번의 내 인생

이 책을 쓰면서 마음을 다해 여성노동자의 이야기를 기록했지만, 내 이야기를 써야겠다는 생각은 하지 못했다. 쓸 수 없다기보다 쓸 필요가 없다고 생각했기 때문이다. 2016년 10월 초 노동자대학 14기 학생들을 위한 연수반을 개설했을 때 학생들이 내 인생 이야기를 열렬히 듣고 싶어 했다. 이를 계기로 지금까지의 내 삶을 간단하고 짧게 기록했다. 때마침 이 책 편집자가 내 이야기도 넣자고 제안했다. 그래서 학생들에게 들려준 내용을 정리해 독자들과 나누고자 한다.

나는 내 인생이 너무 길다고 생각했다. 하나하나 정리하니 네 번의 삶을 살았다. 첫 번째 삶은 부모님과 함께한 시절이다. 그 후 세 번의 삶은 결혼과 감정에 관한 것이니 세 번의 다른 삶을 살았다. 이러한 경험은 분명 뒷담화 거리라 생각하지만, 사람들이 물어오면 절대 피하지 않을 것이다. 나는 약점이 많은 사람이라 특히 다른 사람이나 사물을 접할 때 모르는 것도 많고, 제대로 못하는 일도 많다. 내가 인식하는 한 힘껏 고쳐 나갈 테지만, 완벽한 사람은 없으니 인식하지 못하는 것과 고치지 못

하는 것 사이에서 갈등하진 않을 것이다. 인생에서 가장 중요한 건 해야 할 일을 어떻게 계속해서 잘하는가이니까.

어린 시절: 첫 번째 인생

나의 본적은 랴오닝성 슈옌岫巖현이다. 할아버지는 어릴 때부터 똑똑해서 당시 현에서 1등을 도맡아 했다. 할머니는 지주 집안 출신으로, 부모님이 애지중지해 전족은 하지 않았다. 그래서 큰 발 때문에 결혼이 늦었다고 한다. 할아버지는 큰 발을 가진 할머니가 걸을 때 안정감이 있어서 좋다고 중매인에게 말했단다. 할머니 집에는 서당이 있었는데, 남자아이만 들어갈 수 있었다. 그래서 할머니는 매일 창밖에서 수업을 들으며 글자를 익혔고, 각종 서적을 막힘없이 줄줄 외웠다. 하지만 붓으로 연습할 기회가 없어 글을 쓸 줄은 몰랐다.

할아버지, 할머니가 젊은 시절엔 일본군이 동북지역을 막 점령하던 때라 세상이 어수선했다. 할머니는 할아버지가 일본군에 잡혀 매국노가 될까 봐 걱정했다. 당시 슈옌현에는 덴마크 교회가 개설한 병원이 있었는데, 구시대 여성이지만 대담한 할머니는 혼자 그곳 병원장을 찾아가 남편이 의학을 배울 수 있게 해 달라고 부탁했다. 그렇게 할아버지는 그곳에서 간호학과 의학을 각각 4년씩 공부하고 얼마간 자원봉사를 했다. 신중국 성립 후 그 병원이 슈옌 제1인민병원으로 접수되자 할아버지는 은퇴할 때까지 거기서 의사로 일했다. 어린 시절에 느낀 할아버지 인상은 아직도 또렷하게 남아 있다. 할아버지는 퇴근할 때마다 나를 위해 군옥수수를 가져왔는데, 이후 내가 제일 좋아하는 음식이 되었다.

외할아버지는 화가이고, 신중국 성립 후 첫 국립회화전에 작품을 출품하기도 했다. 1949년 이전에는 장사해 번 돈으로 황무지를 사서 친척들에게 농사를 짓도록 나눠 줬다. 어머니 기억에 따르면, 외할아버지는 암산 실력이 뛰어났다고 한다. 외할아버지는 일찍 돌아가셔서 나는 한 번도 뵌 적이 없다. 다만 아주 작은 발을 가진 외할머니가 걸을 때 휘청거리던 모습만 기억난다. 내가 어릴 때 외할머니가 우리 집에 잠시 머물렀는데, 그때 나는 자주 외할머니 발을 씻겨 드리며 발이 아프지 않냐고 물었다.

나의 아버지 린커성林克勝은 둥베이사범대학東北師範大學 고전문학과를 졸업하고 다양한 일을 했다. 나중엔 〈장춘일보〉에서 기자와 편집자로 오래 일하다가 부편집국장까지 올랐다. 아버지는 글솜씨가 뛰어나 많은 글을 썼고, 70세가 넘은 나이에 책을 내기도 했다. 상무인서관이 출간한 중국 고전시와 사의 격률에 관한 3부작『시율상해詩律詳解』,『사율총론詞律綜述』,『사보율석詞普律析』이 그것이다. 내가 어릴 때 아버지는 매주 고전시 한 수를 외우게 하고 해석해 줬다. 그리고 나의 열다섯 살 생일을 앞두고 지은 두 편의 칠언고시가 수록된 시집『청석산집靑石山集』을 출판하기도 했다.

그중 〈수신명이즉시삼녀修身銘二則示三女〉라는 시를 소개한다.

立國立家首立身, 正言正行在正心
靈境高潔人恒敬, 舉止文雅自首尊
溫良恭儉讓形事, 仁義禮智信做人
當念民族傳統久, 無愧中華風俗淳

수신하는 것이 제가 치국의 근본이듯
바른 마음이 있어야 바른 말과 행동을 한다
아름답고 고결한 사람은 항상 공경함을 지녀
품격있는 행동으로 스스로를 존귀하게 한다
온화, 선량, 공경, 절약, 겸양을 실천하고
인의예지신을 지닌 사람이 되어라
민족 전통의 유구함을 생각하며
중화의 순수한 문화에 부끄러워하지 마라

우리 집엔 딸이 셋이고, 내가 셋째다. 큰언니는 화학 박사, 둘째 언니는
경영학 석사, 나는 사회학 박사 학위를 받았다. 이후 내가 노동자 집단에
서 일하고, 결혼에 관한 일까지 겹쳐 아버지와 옥신각신하는 사이가 됐다.
어머니 뤼진화呂金華는 외할아버지 때문에 가고 싶은 대학에 못 가고
전문대학에서 러시아어를 전공했다. 당시 외할아버지는 지주나 부농으
로 분류되지 않았는데, 자신의 토지를 형제들에게 나눠 주고 농사를 짓
지 않았기 때문이다. 어머니는 러시아어 실력이 뛰어나 바로 교편을 잡
을 수 있었다. 이후 문화대혁명이 일어나 마오쩌둥의 '오칠지시五七指示'[56]
에 따라 아버지와 함께 농촌으로 갔다. 어머니는 어디에 가든 빛이 났고,
어떤 환경에서든 빨리 적응해 그곳에서 소학교 교사와 맨발의 의사로 활
약하기도 했다. 문화대혁명 이후 창춘으로 돌아와서는 창춘세무학교의

---

56   [역주] 1966년 5월 7일 마오쩌둥이 린뱌오에게 보낸 편지에 의거한 주요 지시로, 모든 분야에서 정
     치, 군사, 문화를 교육하고, 자본가계급을 비판할 것을 언급하고 있다. 이후 문화대혁명 기간에 주
     요 학습 방침이 되었다.

학보 편집장과 문학 글쓰기 수업을 맡았다. 1997년 11월 말 저녁 어머니는 갑자기 뇌출혈로 쓰러져 14일간 투병하다가 결국 깨어나지 못했다. 어머니 일생은 아주 평범했지만, 가족과 친구, 학생들의 사랑을 많이 받았다. 어머니의 관이 나가던 날 선생님들과 전교생이 길 양쪽에 서서 어머니를 배웅했다. 학생들이 건 현수막엔 "어머니 선생님은 우리 마음속에 영원히 살아 있습니다"라고 쓰여 있었다.

나는 1968년 창춘에서 태어났다. 중국농업대학 생물학부에 1지망으로 합격했고, 2지망은 노먼 베쑨 의과대학, 3지망은 창춘중의대학이었다. 당시 나는 농업이나 의학을 배워 도움이 필요한 사람에게 봉사하고 싶었다. 세부 전공은 식물생리생화학이었고, 전공과목을 배울 땐 주로 현미경을 사용했다. 1학년 때는 농업 기초 지식인 경작 면적이 큰 농작물에 관해 배웠다. 대학 졸업 후 1년이 가장 기억에 남는데, 당시엔 학교에 남은 젊은 교사들은 반드시 농촌에 내려가 수련해야 하는 규정이 있었다. 나를 비롯한 4명의 교사가 허베이 우안으로 배정받아 1년간 실습했다. 그땐 사실 지방정부에 폐를 끼쳤을 뿐 우리가 공헌한 건 아무것도 없다. 그보다 더 웃긴 건 '대학생 콤플렉스'가 있었다는 점이다. 대학생은 농민보다 많이 알아야 하고, 모르는 것도 아는 척해야 한다는 것 말이다. 물론 대학에서 가치 있는 지식을 많이 쌓긴 하지만, 그 지식은 반드시 현실과 결합해야만 진정한 지식, 살아 있는 지식이 될 수 있다. 전공 공부를 열심히 한 대학생이 농민을 통해, 실천을 통해 더 배운다면 분명히 농민보다 더 체계적인 농업생산 기술을 가질 수 있을 것이다. 하지만 오늘날 구조는 농민, 대학생, 학자를 서로 분리한다. 게다가 요즘 농업대학에서 배우는 지식은 농업과 농촌을 위한 것도 아니다.

1993~1994년에는 네덜란드 헤이그대학Hague University에서 '여성과 발전' 전공으로 석사 과정을 밟았다. 처음 3개월 동안은 영어를 못 해서 수업 내용을 이해하지도, 토론에 참여하지도 못했다. 언어 장벽 외에 더 큰 문제는 사고의 장벽이었다. 한 과목을 배울 때마다 다양한 유파의 관점을 토론했는데, 나는 어떻게 사고하고 비판해야 할지 몰라 혼란스러웠다. 내게 '정확'한 관점이 없는 건 아닌지 의심하기도 했다. 돌아보니 1년 반의 석사 과정 동안 사상과 사유의 측면에선 얻은 게 많지 않지만, 여러 개념과 이론을 배워 중국으로 가져올 수 있었다. 석사 졸업 후 중국농업대학으로 돌아가 '젠더와 발전 개론'이라는 교과목을 개설했다. 나는 대학의 면학 분위기를 좋아했고, 열심히 학생들을 가르쳤다. 하지만 나는 선생으로선 불합격이다. 내가 가르치는 내용을 진정으로 이해하지 못하기 때문이다. 특히 사회학과 선생은 인생과 실천의 경험이 있어야 진정한 지식을 장악할 수 있다. 그래서 자격은 없지만, 열정적으로 학생들을 가르치려 노력했다. 한번은 교학 부문에서 우수 교사상을 받은 적이 있다. 학생들이 무기명으로 교사 평가를 했는데, 전교에서 90점 이상을 받은 선생은 열 몇 명에 불과했다고 한다.

1997~2003년에는 네덜란드 바헤닝언대학Wageningen University에서 발전사회학 박사 과정을 공부했다. 특히 발전사회학과 교수이자 학과장인 노먼 롱Norman Long 지도교수에게 무한히 감사하다. 발전사회학에 대한 사유의 문으로 나를 이끌었을 뿐 아니라 내 경력과 연구가 깊어짐에 따라 그의 지도를 더 깊이 이해하게 됐다. 나는 정밀하게 중국 현지를 조사 연구했다. 나의 연구 대상은 정부의 자원 이주 빈민구제 사업으로, 즉 이주가 빈곤문제 해결에 도움이 되는지에 관한 연구다. 그래서 윈난雲南과 닝

샤뚱夏를 중심으로 원거주지와 현거주지를 대조 조사했다.

　박사 학위를 받기까지는 6년 넘게 걸렸다. 2년은 연구 대상 및 관련 자료 조사, 또 2년은 현지 조사를 했다. 꼬박 11개월 동안 매일 평균 6시간씩 논문을 쓰고, 수정 및 심사를 거쳐 최종 심사를 받았다. 이 과정은 나의 사유 훈련에 많은 영향을 끼쳤다. 오늘날 나의 연구 방향과 분석, 그리고 끈기 있는 글쓰기가 가능한 까닭은 모두 그 시절의 훈련과 떼놓을 수 없다. 영국인인 노먼 롱 교수는 네덜란드어를 할 줄 몰라서 학생들과 영어로 소통했다. 그는 학생들이 문제를 제기하면, 긍정적이지도 부정적이지도 않은 답변을 내놓았다. 언젠가 그가 해 준 트랙터 이야기가 깊은 인상을 남겼다. 한 빈민구제 프로젝트에서 남미 빈민구제 팀에게 고급 트랙터 한 대를 사 줬는데, 1년 뒤 현지 조사를 나간 담당자가 소가 트랙터를 끄는 걸 발견했다. 현지 농민은 트랙터 연료를 살 돈도 없었고, 고장 나도 수리할 방법이 없었던 것이다. 하지만 농민들은 트랙터를 버리는 대신 사용할 수 있는 방법을 찾았다. 이 이야기를 통해 많은 이치를 깨달을 수 있었다.

대학 교수와 조사연구 전문가:
두 번째 인생

　1990~2002년에는 대학에서 조교, 강사, 부교수로 일하며 석·박사 학위도 받았다. 또한 수많은 국제개발 원조사업의 조사 전문가로 활동하며 빈민구제 사업을 병행하고, 전국 모든 성과 자치구에서 사업 가능성 연구 및 사업 계획 수립, 사업 감독 및 평가를 수행했다. 이때 중국의 외국 기관, 즉 유럽연합, 세계은행, 아시아개발은행, 국제기획단, 캐나다 국제

개발단, 국제사랑협회의 모든 국제사업을 수행했는데, 국제개발 원조사업은 매우 대단한 일이다. 외국기관이 중국 정부에 빈민구제기금을 원조하면, 전문가 집단을 채용해 현지 조사 후 계획을 수립한다. 진문가 집단은 외국 전문가와 중국 전문가로 구성한다. 1996년에 외국기관이 지원한 빈민구제사업과 환경발전사업을 진행할 때 홍허红河지역의 소수민족인 이족마을로 현지 조사를 나갔다. 당시 외국 전문가와 이족마을 주민의 소통은 통역가를 통했는데, 우신 영어를 중국 표준어로 통역한 뒤 다시 지역 표준어로, 그리고 다시 이족어로 통역하는 과정을 거쳤다. 서로 주고받는 과정까지 총 6단계이니 그 정보가 과연 정확했을까? 아마 반 이상이 누락됐을 것이다.

그때 모든 사업의 목표와 취지는 빈민구제와 농민을 위한 봉사였다. 사업 수행을 위해 베이징에서 지방으로 비행기를 타고 가면 성의 대연회장, 성에서 차를 타고 시로 가면 시의 대연회장, 시에서 차를 타고 현으로 가면 현의 대연회장에서 연회를 했다. 한 급씩 내려갈 때마다 책임자 몇 명과 지프차 몇 대가 더해졌다. 전문가가 성에서 마을로 도착하면, 수십 대의 도요타 지프차가 대기해 있었다. 이 모든 과정을 거치고 한 농민을 인터뷰하러 갔을 때 나는 그의 두 눈을 어떻게 마주해야 할지 안절부절못했다. 5성급 호텔에서 나온 전문가들이 무슨 자격으로 빈민구제와 농민을 위해 봉사한단 말인가! 또 전문가는 무슨 진정한 지식을 갖추고 있는가! 하지만 당시엔 이 모든 것이 뭘 의미하는지 정확히 의식하지 못했다. 심지어 나는 득의양양하게 전문가의 후광을 달고 날별로 계산되는 고액의 조사비를 벌었다. 누가 이걸 마다하겠는가?

남다른 국제개발 원조사업과 사업 담당자를 만난 적도 있다. 한 국제기구는 외진 산간 마을에 원조사업 사무실을 세웠는데, 내가 교육하러 갔을 때 담당자와 농민을 직접 만날 수 있었다. 더 좋은 교육 효과를 위해 나는 원조사업 담당자와 함께 농민을 인터뷰하며, 담당자에게 직접 관찰하고 배울 것을 요청했다. 우리는 한 요족마을에 가서 마을 의사를 찾아 통역을 부탁했다. 그는 마을에서 유일하게 표준어를 할 줄 아는 사람이었고, 대학 졸업 후 고향으로 돌아와 마을 주민을 위해 봉사하고 있었다. 하루를 그와 함께 일했는데, 그는 나와 직접 대화하지 않고 나를 등진 채 기계적으로 통역했다. 다음날 한 할머니를 만났는데, 우리는 할머니보다 아래에 앉아 천천히 할머니 삶에 관해 물었다. "할머니, 가장 즐거웠던 때가 기억나세요?" 그러자 할머니가 눈물을 흘렸고, 의사도 함께 울었다. 나는 그저 그들을 방해하지 않고 기다려야 했다. 그때부터 의사는 마치 다른 사람이 된 듯이 내게 말도 걸고 미소도 지었다.

당시 나는 첫째 딸을 낳았다. 그 아이는 1999년생이다. 딸이 자란 뒤 마음을 터놓고 오랫동안 딸의 출생에 관해 이야기를 나눴다. "네가 엄마 생명을 구했다고 하면, 네가 기뻐할지 마음 아파할지 모르겠네. 당시 엄마는 쥐구멍에 사는 것처럼 암담하고 삶에 미련이 없었단다. 기회만 있으면 수면제를 수십 병 샀고, 적당한 날을 찾아 죽으려 했지. 그런데 네가 태어난 거야." 딸이 말했다. "엄마, 내가 엄마를 구해서 정말 기뻐요."

외교관 부인과 가정주부:
세 번째 인생

2001년에는 네덜란드에서 박사 과정 중이었고, 그해 성탄절에 독일로 가 아이크러의 집에서 보냈다. 아이크러는 둘째 딸의 아버지로, 그가

1992년부터 1997년까지 유럽연합 주중 대사관에서 일하던 당시 유럽연합의 중국 원조사업을 수행하던 중 만났다. 외교관은 보통 4년마다 주재국을 바꾸는데, 둘째 딸은 2002년 유럽연합 본부가 있는 브뤼셀에서 태어났다. 연말에는 아이크러가 인도네시아 자카르타에 부임해서 두 딸과 함께 그곳에서 살았다. 2002년부터 2006년까지 그는 주인도네시아 유럽연합 대사의 정치 참사관으로 일했다. 외교관 부인이 남편의 부임국에서 취업하는 게 허가되지 않아 나는 가정주부로서의 삶을 시작했다. 자카르타는 열대 지역이라 1년 사계절 아름다운 꽃들이 만발했다. 아침에 일어나 창밖을 바라보면 야자수, 바나나 나무, 플루메리아를 볼 수 있었다. 침실 문을 열면 바로 뒤뜰과 수영장이 있었고, 이른 아침부터 정원사가 수영장에 떨어진 꽃잎과 나뭇잎을 깨끗하게 치워 놓았다. 하지만 나는 매일 아침 눈뜰 때가 제일 고통스러웠다. 오늘 하루는 또 어떻게 보내야 하는지 필사적으로 생각했기 때문이다. 몇 걸음만 가면 되는 바닥이 보일 정도로 투명한 수영장에도 흥미가 없었고, 여러 빛깔의 꽃들도 아름답지 않았다. 내 삶 자체가 사회적 의미를 잃어버리자 그 모든 아름다운 풍경과 편안함이 아무 의미도 없었던 것이다.

2003년 박사 과정을 마치고, 하루하루가 무료한 나머지 박사 논문을 중국어로 번역해 출판했다. 책 제목은 『누가 이주했는가? ―자발적 이주 빈민구제 사업의 사회와 경제, 그리고 정책 분석』이다. 그때 나는 운 좋게도 아시아 사회운동 연구 프로젝트의 중국 책임자가 되었다. 연구 대상으로 도시 이주노동자 집단을 선택했는데, 그들이 중국의 현 상태와 미래를 결정할 중대한 의제라고 생각했기 때문이다. 이를 계기로 현재 일하는 '베이징 노동자의 집'에 합류하게 됐다. 당시엔 '농민공의 집'이라

불리며 위안밍위안시루圓明圓西路에 있는 이주노동자 자녀학교의 작은 방을 잠시 빌려 썼다. 내가 처음으로 쑨헝을 만난 곳이기도 한데, 불이 켜진 난로가 있는 자그마한 공간에서 본 그의 첫인상은 무표정했다. 그의 팀이 공연하는 걸 처음 본 것도 그해다. 인도네시아 동료들과 공사장에서 열린 공연을 봤는데, 무대 위에 펼쳐진 그들의 노래가 나를 사로잡았다. 이후 무대에서 내려온 쑨헝은 내 연구가 쓸모없어 보인다고 했다. 하지만 다른 동료들은 관심을 가지며, 사람들에게 나를 소개했다. 그날 나는 쑨헝의 연락처를 삭제하고, 사적인 연락마저 끊었다.

내가 처음으로 피춘에 간 건 2005년 겨울이다. '베이징 노동자의 집'은 2005년 7월에 피춘 동심실험학교를 만들고 피춘에 입주했다. 왕더즈王德志를 인터뷰하던 날 나는 한국산 흰색 대우자동차를 몰고 피춘에 갔다. 왕더즈는 점화기를 들고 난로에 불을 붙이고 있었다. 동심실험학교의 난로가 얼어서 제때 녹이지 않으면 다음 날 수업에 지장이 있다고 했다. 그는 친절하게 나를 맞았지만, 괜히 시간을 빼앗는 것 같아 마음이 편치 않았다. 그리고 이런 연구가 무슨 쓸모가 있는지 의문이 들었다. 그저 국제무대에서 연구를 공유하는 것 외에 이것이 피춘에서 무슨 쓸모가 있단 말인가? 당시 '노동자의 집'의 책임자가 이렇게 말했다. "당신들처럼 외부에서 온 연구자들은 고정된 뷰파인더로 우리 세계를 보죠. 그렇게 틀에 박힌 뷰파인더가 바로 당신들 인식이에요. 그 세계는 우리 세계가 아닌 당신들 틀에 박힌 세계죠." 나는 그의 의견에 정말 동의한다.

이러한 교류는 본질적으로 외부자의 연구 목적과 진실성, 유용성을 의심하게 한다. 외부 연구자들과 피춘 노동자들은 완전히 다른 생활세계에 살고 있다. 생활세계를 대표할 수 있는 건 의, 식, 주, 그리고 행위다. 나는 깔끔한 하늘색 다운재킷을 입고 더럽고 어지러운 피춘에 왔으며, 자동차를 가져와 비좁고 허름한 길모퉁이에 세웠다. 그리고 내 연구 목적에 따라 노동자 인터뷰를 끝내고 다시 운전해서 돌아갔다. 나는 그들의 세계와 무슨 관계가 있단 말인가? 내 연구는 아시아 사회운동에 관한 연구 보고서를 위한 것이다. 나와 노동자들 사이에는 거리가 있어서 서로 이해하지 못하는 것도 많을 것이다. 이런 조건에선 신뢰와 효과가 있는 소통이라고 말할 수 없다. 피춘의 생활세계를 접한 뒤 나의 부지함을 깨달았다. 무지에 기초한 연구는 결국 총체적이지 않고, 심지어 잘못된 결과를 낳을 수 있다. 어쨌든 내가 이 연구를 유용하다고 생각한다면, 그것은 내가 무지할 뿐 아니라 부도덕하다는 걸 말해 준다. 그렇다고 해서 노동자 스스로 연구 보고서를 쓸 순 없다. 그러나 그것이 노동자가 무지하고 의식이 없다는 뜻은 아니다. 그들은 단지 다른 지식 체계에 있을 뿐이다.

나는 늘 좋은 엄마가 되기 위해 노력했다. 그래서 큰딸 시시를 임신한 첫 달부터 태교를 시작했다. 처음 태동을 느꼈을 때부터 매일 정해진 시간에 태동 횟수를 기록했고, 시시가 태어난 지 한 달이 될 무렵부터는 책을 읽어 주기 시작했다. 그 후 시시는 일어설 즈음이 되자 아침에 눈을 떠 책을 찾았고, 말문이 트일 땐 글자는 못 읽지만 내가 자주 읽어 주던 그림책을 펼치고 있었다. 둘째 취안취안泉泉이 태어났을 땐 작은 침대에 늘 책을 쌓아 놓았다. 나는 아이들이 나이에 따라 학습 리듬과 인식 구조가 다르며, 나이가 어릴수록 반복 학습을 좋아한다는 걸 발견했다. 시시는 서너 살 때 곰돌이 푸 그림책을 가장 좋아했다. 나는 시시에게 10권이 넘는 그림책을 두 번씩 읽어 주기도 했고, 어떨 땐 한두 시간씩 읽어 줬다. 취안취안은 네다섯 살 때 아기 곰 시리즈를 제일 좋아해서 무수히 많이 읽어 줬고, 두 아이가 잠들기 전까지 4권의 책을 돌아가며 읽어 줬다. 이제 아이들은 더는 그림책을 읽지 않지만, 수많은 기억이 담긴 그 책들을 나는 아직 버리지 못했다.

'베이징 노동자의 집'에서 일하다:
네 번째 인생

아이크러는 2006년부터 2015년까지 브뤼셀 유럽연합 본부에서 일했고, 나는 2006년 9월부터 2007년 8월까지 벨기에 은행에서 고위 관리직으로 1년간 일했다. 내가 일을 막 그만뒀을 때 쑨헝이 회의에 참석하기 위해 벨기에로 왔다. 나는 그를 벨기에 곳곳에 데리고 다니며 많은 대화를 나눴다.

2007년부터 2008년까지는 자주 중국에 들러 가사도우미 여성노동자에 관한 '지역사회 가사서비스업' 프로젝트에 참여했는데, 처음으로 '베이징 노동자의 집'의 큰 지지를 받았다.

2008년 1월 중순의 어느 날 밤 쑨헝이 내게 문자를 보냈다. "'베이징 노동자의 집'에서 일할 생각이 있나요?" 나는 너무 놀라서 "거기에 샤워 시설은 있나요? 저는 매일 저녁 샤워하지 않으면 안 되거든요. 그리고 피춘 화장실은 너무 더러워요. 아마 10년 후에나 갈 수 있을 것 같은데요. 그땐 아이들도 다 자랐을 테고요"라고 말했다. 하지만 나는 몇 개월 후 '베이지 노동자의 집'에서 일하기 시작했다.

2008년부터 2009년까지는 노동자 거주 상황에 관한 연구를 확대하며, 「노동자 거주상황과 미래 발전」이라는 보고서를 썼다. 2009년부터

2010년까지는 유동아동 교육 프로젝트에 참여해 「유동하는 마음의 소리: 아동발전 교육 프로젝트 행동 연구」라는 보고서를 1, 2부로 나눠 썼다. 현실적인 필요로 진행한 이 보고서들은 이후 '중국 신노동자' 시리즈를 쓰는 데 기초가 됐다. 2010년부터 지금까지 나는 '베이징 노동자의 집'에서 일하며, 노동자대학에서 교학을 맡고 있다. 그리고 또 하나 중요한 연구로 '중국 신노동자' 3부작인 이 책을 썼다. 나는 일생 동안 겪은 모든 일이 나의 네 번째 인생을 위한 준비 과정 같다는 생각이 든다.

2015년 초에는 베이징 핑구로 업무 및 생활공간을 옮겼다. 2009년에 '베이징 노동자의 집'은 핑구의 버려진 신좡^{新庄}초등학교 부지를 임대해 동심창업교육센터의 기지로 삼았다. 2013년에는 2만3000여 평의 근처 과수원을 빌려 동심도화원을 건설했다. 현재(2016년) 노동자대학 14기를 운영 중이며, 나는 거기서 꾸준히 학생들을 가르치고 있다. 노동자대학 1기에서 13기까지는 오프라인으로 강의했고, 한 학기에 6개월 과정이었다. 거의 노동자대학 캠퍼스에서 수업하며, 주로 강의한 과목은 '지역사회 조사방법'이다. 학생들과 아침저녁으로 마주치는 시간에는 수많은 이야기가 끝없이 펼쳐져서 즐거우면서도 괴로웠다. 학생마다 기수마다 다르지만, 변하지 않는 것도 있었다. 해야 할 일을 끝까지 하면 늘 효과가 있었고, 학생들도 얻는 게 많았다. 노동자대학 14기는 인터넷 강의로 운영하며, 나는 교과 과정 개설과 학생 지도 총책임자 역할을 맡았다.

지금부터는 나의 고양이 이야기다. 핑구의 겨울은 특히 춥다. 노동자대학 건물은 오래되고 낡아서 난방을 해도 춥다. 그래서 겨울엔 늘 두꺼운 이불을 몸에 두르고 있다. 매일 강의가 있는 게 아니어서 평소엔 노동자대학 기숙사에서 지내는데, 어느 날 들어갔더니 둘둘 말아 놓은 이

불이 쥐들의 안식처가 되어 있었다. 그렇게 매일 밤 쥐들이 활개 치며 방을 돌아다녔고, 행여 내 얼굴에 기어오를까 봐 너무 무서웠다. 쥐들의 난을 다스리기 위해 나는 피춘의 정원에서 고양이를 데려오기로 했다. 그곳 고양이들은 사람들과 평화롭게 지냈다. 그중 작은 고양이 두 마리를 데려와 몇 달간 키운 동료가 나를 위해 한 마리를 보내 줬다. 그 아이는 사람에게 찰싹 달라붙어 있는 걸 좋아해서 '껌딱지'라 이름 붙였다. 하지만 고양이를 한 번도 키워 보지 않아 어쩔 줄 몰랐고, 사실 너무 바빠서 고양이를 돌볼 시간도 없었다. 껌딱지는 매일 밤 내 침대에서 잠들며 무럭무럭 커갔다. 어느 날 껌딱지가 책상 밑에 숨어 우두둑 소리를 내며 작은 참새 한 마리를 먹고 있었다. 마지막 깃털이 달린 뼈까지 뱃속에 들어간 뒤 바닥에 남은 핏자국을 보니 껌딱지가 다정하게 내 손가락을 핥던 게 떠올랐다. 그제야 순결한 야만성이 무엇인지 조금은 알 것 같았다. 또 어느 날은 껌딱지가 급하게 밖에서 뛰어 들어왔는데, 매서운 눈빛으로 쥐 한 마리를 물고 있었다. 입 밖으로 드러난 쥐꼬리가 움직여서 깜짝 놀라 까무러칠 뻔했다. 그리고 한편으론 내 허위와 무능을 깨달았다. 쥐를 잡으려 데려왔는데 막상 쥐를 잡으니 무서워한 것이다. 그때부터 나는 껌딱지에게 사료를 먹였다. 그렇게 가을이 되고, 다시는 참새 먹는 모습을 볼 수 없었다. 이제 애완동물이 되어 본성을 잃어버린 것이다. 인간의 비정상적인 상태는 동물도 비정상적으로 만든다. 부디 나의 고양이가 자기 본성을 완전히 잃어버리지 않기를 바란다. 껌딱지는 밤이 되면 외출했다가 아침에야 들어온다. 뭘 하고 다니는진 모르겠다.

'베이징 노동자의 집'에는 규정이 하나 있는데, 사무직 직원들은 일주일에 한 번 육체노동을 해야 한다는 것이다. 그래서 나도 일주일에 하루

농원에서 일한다. 2016년 6월에 이 책의 초고를 완성했다. 비교적 시간이 여유로워서 매일 오전에 글 쓰고, 오후엔 농원 일을 했다. 작년(2015년)에는 농원에서 800여 마리의 암탉을 길렀다. 토종닭이 낳은 달걀을 팔아 돈을 벌고 싶었으나 판로를 찾지 못했다. 닭들이 나무 아래 풀들을 다 뜯어 먹어서 작년엔 제초 작업을 할 필요가 없었다. 그러나 올해는 닭을 기르지 않는다. 농원에선 제초제 사용을 엄격히 금지해서 사람 손으로 풀을 뽑아야 한다. 그리고 복숭아나무가 너무 작아서 닭을 풀어 놓아서도 안 된다. 올해 봄여름에는 농원 대표인 궈량國良, 노동자대학 12기 졸업생인 하이칭海慶, 요리사인 리제李姐와 함께 제초 작업을 했다. 궈량과 하이칭은 매일 농원에서 일한다. 하이칭은 저녁에 노동자대학 온라인 교육을 하며, 동영상 제작, 공식 계정 관리, 주간회의 준비도 맡고 있다. 리제는 주방 일이 끝나면 바로 농원에 가 일을 돕는다. 이런 동료들과 함께하니 일은 피곤해도 늘 즐겁다. 제초제를 뿌리면 편해서 요즘 농민들은 손으로 작업하지 않는다. 그러나 제초제는 잡초를 죽이고 땅의 건강마저 해친다. 생태계와 인간의 삶은 균형을 이루고 있다. 편한 것만 도모하면 좋은 결과가 없을 것이다. 5월 중순에는 사흘 반나절 동안 복숭아나무 열매를 솎았고, 6월 초순에는 이틀 반나절 동안 복숭아 열매에 주머니를 씌웠다. 과수원에 200여 그루의 복숭아나무가 있었는데, 2016년에 1600그루를 새로 심어 그중 1400그루가 살아남았다.

『중국 신노동자의 미래』의 공장 문화에 대한 장을 쓰기 위해 나는 쑤지우 대만사본 공장 컨베이어벨트에서 일한 적이 있다. 비록 짧은 시간이었지만, 그때 인상은 아직도 강렬하다. 나중에 쑤저우에 갈 일이 있어 그 공장 앞을 지나는데, 갑자기 심장이 조이고 감옥 같던 작업장에 다시

가게 될까 봐 두려웠다. 지금 중국엔 8000만 명의 노동자가 공장에서 밤낮으로 일하고 있다. 그들은 힘든 노동을 하며 미래에 대한 보장이나 존중을 받지 못한다. 그래서 신노동자 예술단이 〈노동, 노동이 가장 영광스러워〉와 〈노동자 찬가〉를 부를 때 논쟁이 되기도 했다. 노동자의 지위가 그토록 하락했는데, 어찌 노동이 영광이라 말할 수 있냐는 것이었다. 노동은 부를 창조하고, 사람의 본질을 이루는 데 필요하다. 노동자는 세상의 주인이어야 하며, "노동이 영광스럽다"는 말은 이런 의미에서 유효하다. 따라서 노동자의 사회적·경제적 지위 하락은 불공평하고 불공정하다. 공장 노동과 비교하면, 농원에서의 노동은 사치라는 생각이 든다. 여기엔 고용주가 없으며, 노동의 성과가 노동자에게 돌아오기 때문이다.

『우리들은 정당하다』는 뤼투의 신노동자 시리즈 세 번째 책이다. 첫 번째 책인 『중국 신노동자의 형성』은 개혁개방 이후 등장한 도시 이주노동자들을 '신노동자'로 개념 정의하며, 그들이 처한 사회구조적 상황을 방대한 인터뷰와 분석을 통해 총체적으로 제시한다. 두 번째 책인 『중국 신노동자의 미래』는 신노동자들을 둘러싼 자본의 통제와 억압, 그리고 물질 만능과 소비주의로 물든 일상생활을 보여 주고, 이런 문화적 현실에서 새로운 노동자 문화를 모색하는 이들을 통해 노동자의 주체성 확립을 촉구하고 있다. 그리고 이 책은 저자가 말했듯이 '노동자의 이야기'가 아닌 '여성노동자'의 이야기이며, 세대를 아우르는 많은 여성노동자의 이야기다. 이 책에는 총 34명의 여성노동자의 삶과 노동의 역사가 담겨 있다. 그들의 역사는 34명 각자의 열악한 환경, 고단한 노동, 사회에 만연한 여성 차별, 결혼과 육아로 인해 제한된 삶의 조건을 극복하며 살아가는 평범하지만 특별한 역사다. 그리고 이들 여성노동자의 전기를 통해 우리는 여성과 노동을 둘러싼 중국의 시대적 변화를 살펴볼 수 있으며, 중국 여성노동자들의 강인하고 따뜻한 생명력을 느낄 수 있다.

이 책에 기록된 여성노동자들을 세대별로 보면, 50년대생이 3명, 60년 대생이 3명, 70년대생이 11명, 80년대생이 14명, 90년대생이 3명이다. 40여 년의 시간을 아우르는 이들 34명의 삶은 세대별로 나름의 특징이 있다. 노동자로서 노동에 대한 인식과 여성으로서의 삶의 조건에 대한 인식에서 세대에 따라 차이점과 공통점이 나타난다.

우선 노동자로서 노동에 대한 인식에서 특히 눈길을 끄는 것은 사회주의 시기에 태어나 교육받고 사회에 나가 일한 50년대생들이다. 국유기업 노동자였던 뤼슈위는 당시 노동자들은 일터인 공장을 자신들의 것으로 여겼고, 그래서 일하는 것이 즐거웠으며, 노동자인 것이 자랑스러웠다고 말한다. 민영학교 교사였던 쉐제는 당시에는 모두가 돈과 상관없이 나름의 목표와 자아성취를 위해 열심히 일했다고 말한다. 의사였던 싼제는 생명을 다룬다는 사명감으로 환자를 대했고, 병원이 이익을 추구하자 그만뒀다. 이 세 명의 사례는 수적으로 적지만, 적어도 노동이 개인의 삶과 자아성취 그리고 이상의 추구와 분리되지 않았던 때가 있었음을 알게 한다. 하지만 비교적 공평했던 사회가 어느새 자본이 주도하는 사회로 변했고, 일하는 것이 힘들고 고통스러워졌으며, 노동자는 사회에서 무시당하는 존재가 되었다. 중국은 왜 이렇게 된 것일까? 우리는 좀 더 근본적인 원인을 탐구할 필요가 있다.

개혁개방 이후 도시 이주노동자 1세대에 속하는 60년대생과 70년대생 여성노동자들은 대부분 공장 노동자와 환경미화원으로 일하고 있다. 이들은 가난한 집에서 태어나 가난과 여성 차별로 인해 충분한 교육을 받지 못했고, 무엇을 할지 어떻게 살아야 할지 생각할 틈조차 없이 노동을 시작했다. 이들은 노후 보장과 노동조건 개선이라는 자신과 밀접한 이해관계의 사회보험 쟁취 및 노동자 권익 투쟁을 통해 노동자 의식을 자각하고 연대와 단결의 중요성을 깨닫는다. 하지만 이들은 언젠가는 고향에 돌아갈 생각으로 빚을 내 고향에 집을 짓는다. 그리고 그 빚을 갚기 위해, 자녀를 교육하고 양육하기 위해 도시에서 계속 노동한다.

80년대생 여성노동자들은 수적으로 가장 많고 다양하다. 이들 역시 가난과 여성 차별로 인해 부모의 보살핌이나 충분한 교육을 받지 못했고, 생존을 위해 노동을 시작하는 경우가 대부분이다. 그중에는 비교적 여유 있는 집안에서 부모의 보살핌과 대학 교육까지 받은 이들도 있지만, 무엇을 하며 어떻게 살아야 할지 고민하는 건 마찬가지다. 그렇지만 몇몇 여성노동자들은 노동자대학에서의 배움을 통해 공익기구와 지역사회에서 활동하며 삶의 의미와 미래의 희망을 찾고 있다. 차이원과 자쥔은 자신이 사는 지역에서 여성노동자센터를 설립하여 여성노동자들의 여가활동과 권익활동을 지원한다. 여성 차별의 굴레 속에서 자신을 증명하며 살았던 샤오멍은 노동자대학을 이수하고 공익기구에서 노동자 권익을 위해 활동했다. 가난과 여성 차별 속에서 온갖 노동을 하며 생존했던 주주도 노동자대학의 교육을 통해 이전과 다른 삶을 추구하게 되었다. 주주는 공익기구 활동을 거쳐 고향으로 돌아가 마을 도서관을 열어 소녀·소년들을 위해 일한다. 이들은 각자의 방식으로 노동과 삶의 분리를 넘어선 다른 삶을 모색하고 있다. 이런 다른 삶에 대한 추구는 언젠가 고향에 돌아가 평범한 노후를 보내고 싶다는 70년대생 여성노동자들과 다른, 이들 세대의 특징이라 할 수 있다. 그리고 80년대생의 이런 특징에는 노동자대학 및 민간 공익기구 활동가들이 큰 영향을 미쳤다.

다음은 여성으로서의 삶의 조건에 대한 인식이다. 전 세대를 아울러 거의 모든 여성노동자가 여성의 삶에서 결혼과 자녀 양육을 불가분의 관계로 받아들이고 있다. 극히 소수의 여성만이 자신의 삶에서 결혼을 선택하지 않고 있다. 여성의 삶에서 결혼생활과 자녀 양육은 남편과의 관계, 경제적 조건과 밀접한 관련이 있고, 이는 남성 중심 사회가 결혼한 여성에게 요구하는 역할과 관계가 있으며, 이 모든 것은 여성 차별을 기저에 둔다. 하지만 중국 여성노동자들은 노동자로, 아내로, 어머니로, 또 하나의 인격적 자아를 갖춘 인간으로 이제 막 자신의 목소리를 내기 시작했다. '그녀들'은 운명에 의해 겹겹이 둘러쳐진 가난과 절망의 굴레에도 공감을 바탕으로 연대하고자 하는 희망, 미래에 대한 꿈을 노래하고 있다.

이 책을 번역하면서 중국 여성노동자들의 고단하고 다채로운 삶에 울고 웃으며 그동안 내 주위에 없다는 이유로 관심이 없었던, 그래서 잘 몰랐던 한국 여성노동자들의 삶에 주의를 기울이게 되었다. 한국에는 여성노동자들의 삶을 기록한 책들이 많이 출간되어 있다. 여성과 노동자라는 공통분모 속에서도 한국과 중국 여성노동자의 삶은 시대와 사회구조의 차이로 구체적으로는 다르지만, 여성+노동자가 이중의 굴레로 작용했다는 점은 비슷하다. 중국 여성노동자의 삶을 기록한 이 책이 한국 여성노동자들에게 공감과 관심, 연대의 작은 계기가 되길 바란다.

마지막으로 우여곡절 끝에 이 책의 번역을 맡겨 주신 뤼투 선생님께 감사드린다. 그리고 나름북스를 소개해 주신 연광석 선생님과 이 책의 출간을 흔쾌히 맡고 부족한 번역문을 편집해 준 나름북스의 조정민 대표님을 비롯한 편집자분들께 감사드린다. 쉬운 작업은 아니었지만 고윤실 선생과 같이 번역하는 동안 서로 의지가 되어 든든했다. 우리는 각자 맡은 부분을 번역한 후 상대의 초고를 서로 교정하며 전체 문장의 흐름을 통일했다. 그럼에도 부족한 부분이 있을 것이고, 그것은 모두 역자의 몫이다. 다시 마지막으로, 세상의 모든 여성노동자가 그 어떤 차별과 속박에 얽매이지 않고 자신의 삶을 살아갈 날이 오기를 바란다.

2020년 3월 31일 새벽에

옮긴이를 대표하여 고재원